ARSÈNE DARMESTETER

LES

# GLOSES FRANÇAISES

DANS LES

# Commentaires talmudiques de Raschi

TOME PREMIER

TEXTE DES GLOSES

PARIS
LIBRAIRIE ANCIENNE HONORÉ CHAMPION
5, QUAI MALAQUAIS (6e)

1929

*Cet ouvrage forme le fascicule n° 254 de la Bibliothèque de l'École des Hautes Études*

LIBRAIRIE ANCIENNE HONORÉ CHAMPION
5, Quai Malaquais, 5 — PARIS Téléph. Gobelins 28-20

# BIBLIOTHÈQUE DE L'ÉCOLE DES HAUTES ÉTUDES

PUBLIÉE SOUS LES AUSPICES

DU MINISTÈRE DE L'INSTRUCTION PUBLIQUE

## SECTION DES SCIENCES HISTORIQUES ET PHILOLOGIQUES

## LISTE DES FASCICULES PARUS

De l'origine (1869) à 1929

(Les prix sont majorés de 200 °/ₒ jusqu'au fascicule 212).

1. La stratification du langage, par Max Müller, traduit par M. Havet. — La chronologie dans la formation des langues indo-germaniques, par George Curtius, trad. par M. Bergaigne. (Epuisé.) 10 fr.
2. Etudes sur les Pagi de la Gaule, par Auguste Longnon. 1re partie : l'Astenois, le Boulonnais et le Ternois. Avec 2 cartes. (Epuisé.)
3. Notes critiques sur Colluthus, par Edouard Tournier. 6 fr.
4. Nouvel essai sur la formation du pluriel brisé en arabe, par Stanislas Guyard. (Epuisé.)
5. Anciens glossaires romans, corrigés et expliqués, par Frédéric Diez. Trad. par Alf. Bauer. 4 fr. 75
6. Des formes de la conjugaison en égyptien antique, en démotique et en copte, par G. Maspero. (Epuisé.) 20 fr.
7. La vie de saint Alexis. Poème du XIe siècle, et renouvellements des XIIe, XIIIe et XIVe siècles, publiés avec préface, variantes, notes et glossaire, par Gaston Paris et L. Pannier. (Epuisé.)
8. Etudes critiques sur les sources de l'histoire mérovingienne, par Gabriel Monod et par les membres de la Conférence d'histoire. 1re partie. Introduction. Grégoire de Tours, Marius d'Avenches, par Gabriel Monod. 6 fr.
9. Le Bhâminî-Vilâsa. Recueil de sentences du pandit Djagannâtha. Texte sanscrit publié pour la première fois en entier avec une traduction et des notes par Abel Bergaigne. 12 fr.
10. Exercices critiques de la conférence de philologie grecque (1er août 1872-1er août 1875). Recueillis et rédigés par E. Tournier. 10 fr.
11. Etudes sur les Pagi de la Gaule, par Auguste Longnon. 2e partie : Les Pagi du diocèse de Reims. Avec 4 cartes. 7 fr. 50
12. Du genre épistolaire chez les anciens Egyptiens de l'époque pharaonique, par G. Maspero. (Epuisé.)
13. La procédure de la Lex Salica. — Etude sur le droit Frank. — La *fidejussio* dans le droit Frank. — Les *Sacebarons*. — La *Glosse malbergique*. — *Barbarus*, etc. — *Tacit*. Germ. c. 13. Par R. Sohm, traduit et annoté par Marcel Thévenin. 7 fr.
14. Itinéraire des Dix-Mille. Etude topographique, par Félix Robiou. Avec 3 cartes. (Epuisé.)
15. Etude sur Pline le Jeune, par Th. Mommsen, traduit par C. Morel. (Epuisé.)
16. Du C dans les langues romanes, par Charles Joret. 12 fr.
17. Cicéron. Epistolæ ad Familiares. Notice sur un manuscrit du XIIe siècle, par Charles Thurot, membre de l'Institut. 3 fr.
18. Etude sur les Comtes et Vicomtes de Limoges antérieurs à l'an 1000, par Robert de Lasteyrie. 5 fr.
19. Traité de la formation des mots composés dans la langue française, par Arsène Darmesteter. Deuxième édition, revue, corrigée et en partie refondue. 12 fr.
20. Quintilien. Institution oratoire, collation d'un manuscrit du Xe siècle, par Emile Chatelain et Jules Le Coultre. 4 fr.
21. Hymne à Ammon-Ra des papyrus égyptiens du musée de Boulaq, traduit et commenté par Eugène Grébaut. 22 fr.
22. Pleurs de Philippe, poème en vers politiques de Philippe le Solitaire, publié dans le texte pour la première fois d'après six mss. de la Bibl. nat., par l'abbé Emmanuel Auvray. 3 fr. 75.
23. Haurvatât et Ameretât. Essai sur la mythologie de l'Avesta, par James Darmesteter. 4 fr.
24. Précis de la déclinaison latine, par M. François Bücheler, traduit de l'allemand par L. Havet, enrichi d'additions communiquées par l'auteur, avec une préface du traducteur. (Epuisé.)
25. Anis el-'Ochchâq, traité des termes figurés relatifs à la description de la beauté, par Cheref Eddin Râmi, traduit du persan et annoté par Clément Huart. 5 fr. 50.
26. Des Tables Eugubines. Texte, traduction et commentaire, avec une grammaire et une introduction historique, par Michel Bréal. Accompagné d'un album in-fol. de 13 pl. 30 fr.
27. Questions homériques. I. Fragments de mythologie pélasgique conservés dans l'*Iliade*. — II. Géographie de l'Asie Mineure au temps de la guerre de Troie. — III. Institutions et coutumes de la Grèce, aux temps héroïques, comparées à celles des divers peuples aryens, par Félix Robiou. Avec 3 cartes. 6 fr.
28. Matériaux pour servir à l'histoire de la philosophie de l'Inde, par P. Regnaud. 1re partie. 9 fr.
29. Ormazd et Ahriman, leurs origines et leur histoire, par James Darmesteter. (Epuisé. Il reste quelques exemplaires sur papier fort.) 25 fr.
30. Les métaux dans les inscriptions égyptiennes, par C. R. Lepsius, trad. par W. Berend, avec des additions de l'auteur, accompagné de 2 pl. Volume in-4. 12 fr.
31. Histoire de la ville de Saint-Omer et de ses institutions jusqu'au XIVe siècle, par A. Giry.
32. Essai sur le règne de Trajan, par C. de la Berge.

# LES GLOSES FRANÇAISES

DANS LES

# COMMENTAIRES TALMUDIQUES DE RASCHI

BIBLIOTHÈQUE
DE L'ÉCOLE
DES HAUTES ÉTUDES
PUBLIÉE SOUS LES AUSPICES
DU MINISTÈRE DE L'INSTRUCTION PUBLIQUE

SCIENCES HISTORIQUES ET PHILOLOGIQUES

DEUX CENT CINQUANTE-QUATRIÈME FASCICULE

# LES GLOSES FRANÇAISES
DANS LES
# COMMENTAIRES TALMUDIQUES DE RASCHI

PAR

ARSÈNE DARMESTETER ET D. S. BLONDHEIM

TOME PREMIER

PARIS
LIBRAIRIE ANCIENNE HONORÉ CHAMPION
5, QUAI MALAQUAIS

1929


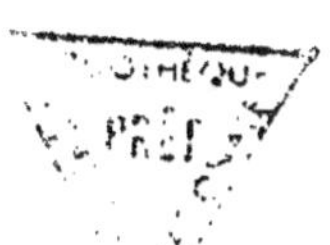

ARSÈNE DARMESTETER et D. S. BLONDHEIM

LES

# GLOSES FRANÇAISES

DANS LES

## Commentaires talmudiques de Raschi

TOME PREMIER

TEXTE DES GLOSES

PARIS
LIBRAIRIE ANCIENNE HONORÉ CHAMPION
5, QUAI MALAQUAIS (6e)

1929

A

HELENA ARSÈNE DARMESTETER

Sur l'avis de M. A. Thomas, directeur de la Conférence de philologie romane, et de MM. Mayer Lambert et Mario Roques, commissaires responsables, le présent mémoire a valu à M. D. S. Blondheim le titre d'Élève diplômé de la section d'histoire et de philologie de l'École pratique des Hautes Études.

Paris, le 22 juin 1919.

*Le Directeur de la Conférence,*
Signé : A. Thomas.

*Les Commissaires responsables,*
Signé : Mayer Lambert.
Mario Roques.

*Le Président de la Section,*
Signé : Louis Havet.

# AVANT-PROPOS

Comme son titre l'indique, cette publication est due à la collaboration de deux éditeurs. La part qui revient à chacun d'eux peut être indiquée de la façon suivante. Arsène Darmesteter, qui ne paraît pas s'être occupé de Raschi de façon systématique après 1876, avait recueilli les gloses de Raschi dans des éditions imprimées modernes et les avait classées, d'après l'ordre du Talmud, dans des cahiers qui ont été d'un grand secours au continuateur du travail.

Ils contiennent, d'abord, les gloses, qui sont quelquefois transcrites en caractères romans; elles sont accompagnées d'une traduction française du contexte des commentaires de Raschi. On y trouve ensuite les leçons des manuscrits connus de Darmesteter. Ce sont :

1° Vingt textes anglais décrits dans ses *Reliques scientifiques*, I (Paris, 1890), 112-117 ;

2° Seize textes italiens dont Darmesteter a donné la description (*ibidem*, 120-6) et six manuscrits du Vatican. Ces derniers sont ceux qu'il a appelés k, l, m, n, p, et qu'il avait fait copier.

3° Six textes parisiens, qu'il a désignés par a, b, c, d, e, f.

D. S. Blondheim a vérifié les leçons de trente-six manuscrits utilisés par Darmesteter, mais il a laissé de côté les douze manuscrits du *Pseudo-Raschi* (cf. *Rel. sc.*, I, 113, 171) sur l'Alfasi. Il a aussi ajouté les données de vingt-sept manuscrits complets, dont deux de l'Alfasi, et de vingt-six fragments [1].

1. Les manuscrits de l'Alfasi sont mis à part ici, parce que leur contenu varie de ms. en ms. et qu'il est généralement peu utile. Darmesteter ne les avait donc pas dépouillés de façon systématique ; le continuateur du travail a suivi, à cet égard, le plan du premier éditeur.

Darmesteter avait, en outre, recueilli les leçons de la première édition Bomberg du Talmud (Venise, 1520 et suiv.) ; son continuateur y a ajouté les leçons d'autres éditions imprimées, entre autres celle de Soncino (1489 et suiv.) et celle de Vilna (éd. Romm, 1884 et suiv.), et il a rassemblé des citations éparses dans des œuvres rabbiniques postérieures à Raschi.

En plus des matériaux réunis dans ses cahiers, le premier éditeur avait copié les gloses et les avait disposées alphabétiquement sur fiches, qui contiennent assez souvent des indications précieuses relatives à l'identification et au sens des gloses. Par malheur, Darmesteter n'avait pu qu'ébaucher cette partie du travail, de sorte que la responsabilité de la transcription et de l'interprétation des gloses retombe surtout sur son collaborateur. On trouvera des détails sur les notes de Darmesteter dans les articles du commentaire qui paraîtra dans le deuxième tome de cette publication, avec une introduction générale.

Ces indications sommaires ont trait au côté matériel du travail accompli par Darmesteter. Elles ne peuvent donner aucune idée du talent, de l'énergie et du courage qu'il a déployés pour pousser cette étude aussi loin, étant donné les conditions et l'époque où il l'a entreprise. Son magnifique enthousiasme n'avait pas manqué de lui gagner le concours dévoué de ses amis. Leurs noms sont mentionnés dans ses *Reliques scientifiques*, qui réunissent, sous une forme commode, les études judéo-françaises du maître.

Son successeur, qui vit éloigné des centres où se poursuivent des études de ce genre, a eu besoin de concours encore plus nombreux. Ce sont les travaux imprimés de Darmesteter qui l'avaient intéressé et lui ont donné le désir de les continuer.

Grâce à M. Louis Brandin, il a pu être mis en rapport, dès 1908, avec M^me^ Arsène Darmesteter et avec son frère, Sir Philip Hartog. Ceux-ci l'ont encouragé à terminer l'œuvre de Darmesteter et lui ont confié les précieux matériaux réunis par le grand savant. Pendant les longues années de préparation qui ont suivi, ils lui ont témoigné une confiance et une bienveillance dont il ne saurait trop les remercier.

Sa tâche a été facilitée, d'autre part, par la publication des *Gloses françaises de Raschi dans la Bible* (Paris, 1909), due à MM. Brandin et Julien Weill, qui ont reproduit le manuscrit de Darmesteter, en le modifiant au point de vue de la forme et en y ajoutant des notes. Ce travail parut d'abord dans la *Revue des études juives*, LIII-LVI (1907-8).

La publication du présent volume a été facilitée par une subvention accordée par les Trustees de la John Simon Guggenheim Memorial Foundation, de New York. Le continuateur de Darmesteter leur doit aussi une bourse qui lui a permis de passer une année à Paris (1926-1927) et de compléter ce tome. L'Université Johns Hopkins lui a accordé un congé de même durée ; elle lui avait déjà permis de travailler de façon ininterrompue aux gloses en lui accordant, pour l'année 1913-1914, une « bourse Johnston », sur la proposition du professeur Edward C. Armstrong. L'Université d'Illinois lui avait donné un premier congé pendant la durée de cette bourse et lui avait procuré des copies de manuscrits qui ont été utilisées pour ce volume.

C'est surtout au Dr. Cyrus Adler qu'il doit d'avoir pu consacrer l'été de 1919 à l'étude des manuscrits italiens et anglais. M. Sylvain Lévi a bien voulu s'intéresser à cette publication avec son habituelle et généreuse bienveillance.

M. Alexander Marx a indiqué la grande masse des manuscrits inconnus de Darmesteter et, avec M. Louis Ginzberg, a prêté au continuateur de l'œuvre entreprise par le savant français, un appui intellectuel et moral sans lequel ce livre n'aurait pu paraître. M. Antoine Thomas a donné de précieuses indications sur de nombreux points de détail. M. Mario Roques a fait plusieurs suggestions importantes. Mlle Grace H. Blondheim a prêté en maintes circonstances son aide dévouée et utile. Mlle E. Droz et M. Gilbert Chinard ont fait quelques utiles retouches de style.

Bien qu'on ait fait un effort sérieux pour compléter la documentation du livre, les conditions dans lesquelles il a été écrit, entre autres la dispersion des sources, expliquent certaines défectuosités, et surtout des omissions. Le lecteur les excusera et, le cas échéant, y portera remède. S'il est romaniste, il s'apercevra bien vite que les gloses de Raschi sont loin de nous être parvenues intactes, car nos textes ont subi tant d'altérations à travers les siècles qu'on n'en connaît pas un seul qui soit complet et réellement bon. Il est donc impossible, actuellement, d'établir un texte définitif des gloses. Il faudra être satisfait si ce volume, et celui qui suivra, représentent un progrès sur ce qu'on a su jusqu'ici.

Ce premier tome comprend trois parties. La première se compose d'une description des textes, manuscrits et imprimés, du commentaire de Raschi, cités dans ce volume. Ces textes sont classés dans l'ordre du Talmud, excepté les traités dont l'authenticité est douteuse, qui sont rejetés à la fin.

L'étude des auteurs qui ont cité Raschi est réservée au tome II.

A la fin de cette première partie, se trouve un tableau des caractères hébreux, avec les équivalents qui ont été employés ici pour les transcrire, ainsi qu'une liste des sigles qui désignent les textes.

La deuxième partie de ce premier tome renferme le texte des gloses. Elles sont rangées dans l'ordre de l'alphabet français. Les trente-trois gloses qui n'ont pu être transcrites sont, à la fin, classées dans l'ordre de l'alphabet hébreu.

Suivant le plan de Darmesteter, la page est divisée en deux parties. Le haut est destiné aux romanistes qui ne connaissent pas l'alphabet hébreu. On y donne, avec une traduction en français moderne, une reconstitution de la glose en caractères romans, telle qu'on peut supposer qu'elle a été prononcée par Raschi. Cette reconstitution n'est pas accompagnée d'un texte critique de la glose en caractères hébreux, car trop d'incertitudes planent sur plusieurs détails de la graphie de l'auteur.

Cette difficulté de reconstituer la graphie de Raschi s'applique surtout aux voyelles. Celles de nos transcriptions en caractères romans sont presque toujours hypothétiques. Cependant, en faisant ces transcriptions, on s'est efforcé de ne pas procéder à la légère. On s'est laissé guider quelquefois par la comparaison de textes judéo-français postérieurs à l'époque de Raschi. En d'autres cas, ce sont des matériaux français, notés en caractères romans, qui ont suggéré les transcriptions. L'orthographe de notre reconstitution est donc plus ou moins une orthographe de convention qui ne peut prétendre à un caractère d'authenticité. Ceci ne veut pas dire que les transcriptions en caractères hébreux soient sans valeur, mais seulement qu'elles sont très vagues. Donc, avant de tirer des conclusions qui pourraient être trompeuses, le lecteur fera bien d'attendre la publication du tome II, et, en tout cas, de se reporter aux données hébraïques de la partie inférieure de la page, où on trouvera, sous un numéro qui correspond à celui de la glose de la partie supérieure :

1° L'indication du traité et de la page du Talmud où la glose se rencontre ;

2° Le mot hébreu ou araméen que Raschi traduit en français ;

3° Les leçons des textes. Chaque leçon est transcrite en caractères romans, suivant le système indiqué en détail à la p. LXX. L'absence d'une glose dans un texte est indiquée par un zéro. Les manuscrits et les imprimés sont cités dans l'ordre de leur découverte, les manuscrits avant les imprimés. Les citations de Raschi extraites d'auteurs postérieurs viennent en dernier lieu. Quand une glose est traduite en langue étrangère, on ajoute, entre parenthèses, après la transcription mécanique, l'indication de la langue et la transcription de la glose dans l'orthographe courante de cette langue. Comme les dialectes judéo-romans présentent beaucoup d'emprunts, on n'a pas spécifié ici le dialecte précis dont provient une glose, mais on indique par it. (italien), par ex., une glose qui sera probablement vénitienne, par esp. (espagnol), une glose qui est peut-être aragonaise, etc. Comme beaucoup de gloses peuvent être ou provençales ou catalanes, on remarquera assez souvent pr.-cat., ce qui veut dire que la glose pourra être ou l'une ou l'autre. On trouvera des renseignements plus étendus sur ces mots dans le commentaire.

En outre, il y a lieu de faire deux remarques au sujet des mots en langue étrangère. D'abord, on a cherché à n'en donner que des transcriptions certaines. Par conséquent, les mots de forme ou d'origine douteuse ne sont pas transcrits ; on discutera ces mots au t. II. Ensuite, il faut noter que les textes qui renferment le Pseudo-Raschi sur l'Alfasi traduisent en allemand beaucoup de gloses françaises. Comme ces traductions sont sans valeur pour la constitution du texte des gloses françaises, on les a exclues de ce tome.

Dans cette partie du volume, des notes, au bas des pages, renseignent sur des points qui touchent de près au texte. On y trouvera aussi des détails sur des gloses qui ont été interpolées dans certains manuscrits et dans certains imprimés, mais dont on a des exemples authentiques ailleurs, etc.

La troisième partie du volume comprend une liste des gloses selon l'ordre du Talmud, trois index, des additions et corrections qui ont trait surtout au ms. 52, découvert trop tard pour qu'on pût incorporer ses leçons dans le texte, une énumération des manuserits décrits, etc.

---

# INTRODUCTION

## DESCRIPTION DES SOURCES QUI ONT SERVI A L'ÉTABLISSEMENT DU TEXTE DES GLOSES[1]

### TRAITÉ BERAKOT.

Pour les textes de Berakot, la parenté la plus frappante qu'on remarque est celle qui relie θ et 11. Ces deux mss. présentent beaucoup de formes italiennes communes : voir les nos 81, 115, 331 a, 633 a, 646 a, 773 a, etc. Ils s'accordent, d'autre part, pour omettre bon nombre de gloses : cf. 360, 431 a, n. 1, 517 a, 802 a, etc. Ils proviennent tous les deux d'une source ou de sources provençalisées, bien qu'ils ne présentent pas de forme provençale commune. θ n'est pas la source de 11, ni 11 de θ.

Une tradition plus pure que celle qui est représentée par θ et 11 est conservée dans S, qui présente des accords avec les fragments 18 et 25. S a généralement été suivi pour le texte, excepté quand les gloses sont traduites ou rajeunies (voir *infra*, p. XII).

θ, le meilleur des deux mss. complets, est le n° 2589 (n° 1309 dans *MSS. Codices hebraici biblioth. I. B. De-Rossi...*, 3 tomes [Parmae, 1803]), de la Bibliothèque palatine de Parme. Écrit sur vélin, relié en demi-chagrin. Dimensions extérieures (c'est-à-dire la page avec les marges) : 22 1/2 cm. × 17 cm. ; dimensions intérieures (c'est-à-dire la page sans les marges) : 14.8 × environ 11 cm. Il contient 260 feuillets de 24 lignes à la page. Écriture rabbinique italienne. Du XIVe ou du commencement du XVe siècle, selon Rossi

1. Le lecteur de cette description fera bien de noter que le mot « rajeunissement » y est employé pour désigner la substitution à la glose de Raschi d'une expression *française* qui en est sensiblement différente de forme, ou même de sens On n'applique pas ce terme au remplacement de la glose originale par un mot d'une langue autre que le français.

(*loc. laud.*). Il contient Raschi sur Berakot (f[os] 1 a-61 b) et Houllin (f[os] 62 a-260 a). Il se termine avec les mots : נתקנו לעשה לומ' אם עברתה (*sic*) על אזהרה זו (= Houl. 141 a). Propriétaire : Abr. J.S. Graziano de Modène (f° 1 a, 62 a). Censeurs : Fra Luigi [da Bologna], 1595, Camillo Jaghel, 1613, Fra Renato da Modena, 1626, Fra Girolamo da Durallano, 1640.

Les gloses sont italianisées, comme Darmesteter l'a noté (*Reliques scientifiques*, I, 121) dans les deux parties du ms. ; voir ci-dessus, p. VII et n[os] 73, 688 e, 829 c. Il y a peut-être des traces de provençalisation aussi ; cf. n[os] 68 c, 135 a[1].

11. Ms. Oriental 5975 du British Museum, Londres. Écrit sur vélin. Les dimensions extérieures sont de 31 × 22 cm., et les dimensions intérieures sont de 21 cm. × 14.5 cm. 136 feuillets, 38 lignes à la page. Écriture italienne. Du XVe siècle, d'après le catalogue de Margoliouth[2]. Il contient (f° 1 a) Raschi sur Berakot et (f° 37 a) Sabbat. Il se termine par les mots לא שנו מטה על צדה דחבות אלא בשכח, Sab. 142 b.

Les gloses sont italianisées ; cf. ci-dessus, p. VII, et voir, pour Sabbat, 33 a, 518, 624 b, 798 a, etc. Quelques gloses italiennes ajoutées : 62, 89 a, n. 3. Des traces évidentes de provençalisation : 20 a, 543 a, 565 a. Une glose catalane : 624 a.

18. Ms. Heb. d. 34 (quatrième fragment) de la Bodléienne, Oxford. Papier. Dimensions extérieures : 17.75 cm. × 13.5 ; intérieures : 17.5 × 12 cm. 10 feuillets, 27 lignes à la page. Écriture syrienne, d'après le catalogue Neubauer-Cowley[3]. Raschi sur Berakot, à partir de f. 23 b (תיובתא דרב) jusqu'à f. 34 b (שהתפללו).

25. Ms. Elkan N. Adler 147 du Jewish Theological Seminary, New York. Papier. Dimensions extérieures : 21.75 cm. × 16 ; intérieures : environ 16 cm. × environ 13.5. 10 feuillets. Écriture cur-

---

1. Le regretté D. Camerini a aidé D.S. Blondheim dans l'étude des ms. de Parme.
2. *Catalogue of the Hebrew and Samaritan Manuscripts in the British Museum*, Part II (Londres, 1905), n° 409. D'après Margoliouth, le manuscrit serait « apparemment » d'origine espagnole.
3. *Catalogue of the Hebrew Manuscripts in the Bodleian Library*, Vol. II (Oxford, 1906), n° 2680, 4.

sive orientale. Il contient le texte du Talmud, traité Berakot, avec Raschi. Commence Ber. 5 b (texte du Talmud) : אי משום תורה שנינו אחד המרבה. Se termine Ber. 7 a (texte du Talmud) : ר' אבין ואיתימא ר' אבינא רגע וכמה רגע אמ'.

28. T.-S. 18. F° 1[1] de la Collection Taylor-Schechter, Bibliothèque de l'Université, Cambridge, Angleterre. Vélin. Dimensions extérieures : environ 35 cm. × 29 ; intérieures : 22.5 cm. × 18.3. 2 feuillets, de 39 lignes à la page. Écriture espagnole (?). Le texte de Berakot, avec Raschi. F° 1 a commence par (texte de Ber. 24 a, en bas) : או הכי מאי למימרא מהו דתימא תבעי. F° 1 b se termine (texte de Ber. 25 a) : גניבא משמיה דרב אמ' כל זמן שרשומן ניכר. Le Raschi de f° 1 commence par (Ber. 24 a) אשטרנודיר et se termine (Ber. 25 a) : [ל]הפסיק : הטמא עומד. Le 2e feuillet ne renferme pas de gloses.

Une glose rajeunie, *monton* pour *menton*, 697 a [1].

44. Staatsbibliothek de Koenigsberg, n° 2369, 4°. Papier. Dimensions extérieures : 19.75 cm. × 14 cm. ; intérieures : 14 cm. × 8.25 cm. 51 feuillets, environ 35-37 lignes à la page. Écriture italienne cursive ; XIVe-XVe siècle (?). Il contient surtout des extraits du commentaire de Raschi sur Berakot, Sabbat, Houllin et Béça ; f°s 30-31 en blanc, f°s 37 b-38 a des comptes de l'année 1533, avec les noms Taqqanah Tchelebi (cf. *Rev. ét. juives*, LXXXII [1926], 385, n. 1) et Raphaël Yehiel. Propriétaire (*ibid.*) : Hayyim. b. Isaïe Massaran. Censeurs : Dominico Irosolomitano, Giovanni Dominico Carretto, 1618.

Les gloses sont italianisées : cf. n°s 22, 166 d, 440 b, 629, 668 c, 713 a, 785 a, 789 a, etc. Glose provençalisée (?), 283 i. Dans Sabbat, les gloses s'accordent souvent avec ι ou 12 ; dans Houllin avec θ ou S ; dans Béça avec λ et 45 [2].

47. Fragment dans la bibliothèque du Jewish Theological Seminary, New York. Papier. Dimensions extérieures : env. 19.3 cm. × 17.3 ; intérieures : env. 17 cm. × 14. 2 feuillets, le 2e déchiré.

---

1. Ce fragment, comme plusieurs autres qui sont à Cambridge, a été indiqué à D.S. Blondheim par le professeur J. Mann.

2. Le professeur F. Perles a communiqué avec beaucoup d'obligeance, à D. S. Blondheim, des renseignements au sujet de ce ms., sur lequel A. Marx avait appelé l'attention de ce dernier.

23 lignes à la page, la partie inférieure de la page manque. Écriture orientale, environ XVIe-XVIIIe siècle (?). Il contient Raschi sur Berakot. F° 1 a commence par (Ber. 28 b) באסדא׳ כמו ותשם, se termine (= 29 a) בנאת ארצך..נוה; f° 1 b commence (= 29 a) [*sic*] שבתקון שלש ראשונות ; derniers mots lisibles : ליראיך נחת רוח (= 29 b). F° 2 a commence par (Ber. 30 a) נשמעתי ועד כמה, se termine (Ber. 30 a) גאולה לתפלה וכו׳..; f° 2 b commence par (Ber. 30 a) דעתו מיושבת, se termine (Ber. 30 b) שוהין שעה אחת.

a. Bibliothèque nationale, Paris, 311, fonds hébreu (ancien fonds de la Sorbonne, n° 7). Vélin, relié en maroquin, aux armes du Cardinal de Richelieu. Dimensions extérieures : 48 × 36 cm. ; intérieures : 35-40 cm. × 25-28 cm. 200 feuillets, en moyenne 55 lignes de texte à la page, à peu près 86 en marge. Écriture allemande ; XIVe (?) siècle. Renferme les Halakot de l'Alfasi, accompagnés du commentaire du Pseudo-Raschi et de « tosaphoth ou gloses » (Cat. Zotenberg). Commence par שלח אפי׳ מאה פעמי׳ תשלח (Baba Meci'a, Pér. II, f° 17 a, texte de l'éd. de l'Alfasi de Romm); f° 25 a, Baba Batra ; f° 55 a, San. ; f° 62 b, Mak. ; f° 64 a en blanc ; f° 64 b, Nid. ; f° 67 b, Scheb. ; f° 74 b, 'A. Z. ; f° 83 b, Yeb. ; f° 105 b, Ket. ; f° 131 a, Qid. ; f° 140 a, Guit. ; f° 153 a, Ber. ; f° 168 b, Ta'an. ; f° 172 a, Meg. ; f° 177 b, R. H. ; f° 180 b, Yom. ; f° 183 a, Souk. ; f° 188 a, Béça ; f° 196 a, Pes. Le texte se termine (f° 200 b) : א׳ רב אין אומרים (Pes., Pér. X, f° 22 b de l'Alfasi de Romm).

s, ms. Opp. 6 (ancien 649), Bibliothèque Bodléienne, Oxford [1]. Vélin. Dimensions extérieures : 48.7 cm. × 36 ; intérieures : environ 32.3 cm. × 25.3. 134 feuillets de 47 lignes de texte à la page, environ 70 lignes de commentaire. Écriture allemande carrée pour le texte, rabbinique pour le commentaire ; XIVe siècle (?). Alfasi, accompagné du Pseudo-Raschi. Contient Ber., Yom., Souk., M. Q., Pes., 'Er., Sab., Béç., Meg., Ta'an., R. H. Il y a en outre un commentaire anonyme sur Ber., Yom., M. Q., Pes., Sab., et R. H. Sur les autres traités, il a le *Séfer ha-Mordekaï* de Mardochée b. Hillel.

v, ms. n° 2 de la Bibliothèque du Talmud Tora, Livourne [2].

1. Cf. A. Neubauer, *Catalogue of the Hebrew Manuscripts in the Bodleian Library* (Oxford, 1886), n° 545.

2. Cf. Carlo Bernheimer, *La bibliothèque du Talmud Tora de Livourne*, *Rev. ét. juives*, LXV (1913), 304-5 ; le même, *Catalogue des manuscrits et livres rares*

Vélin. Dimensions extérieures : 35 × 24 cm. ; intérieures : environ 29 cm. × 22. 350 feuillets, à peu près 22 lignes de texte et 60 lignes de commentaire à la page. Ms. allemand du XIVe siècle. Contient les Halakot d'Alfasi avec le Pseudo-Raschi et des Tosafot anonymes sur l'Alfasi pour les traités suivants : f° 23 b, Baba Qamma ; f° 50 b, B. M. ; f° 108 b, B. B. ; f° 183 a, San. ; f° 197 a, Mak. ; f° 200 a, Nid. ; f° 208 a, Scheb. ; f° 222 a, Ned. ; f° 245 b, 'A. Z. ; f° 264 b, Ber. ; f° 295 a, Ta'an. ; f° 302 b, Meg. ; f° 316 a, R. H. ; fol. 323 a, Yom. F° 2-23 a : Table des *Dinim ; Teschoubot*. Parmi les propriétaires (f° 1) figurent David b. Uri (-1473), Hayyim b. Ascher (1473-), Daniel Israël חולי (-1634/5), Joseph b. Samuel Gabriel de Carpi (1634/5-), etc.

1, ms. 3273 de Parme (Cat. De-Rossi 134). Vélin, relié en demi-chagrin. Dimensions extérieures : 36.5 × 26 cm. ; intérieures : environ 25.5 × environ 17.5 cm. 372 feuillets de 51 lignes de texte et d'environ 70 lignes de commentaire à la page. Des enluminures. Écriture italienne ou allemande du XVe (?) siècle. Contient l'Alfasi avec le Pseudo-Raschi et des tosafot allemands sur les traités suivants [1] : f[os] 1 b-35 b, Sab. ; 36 a-53 a, 'Er. ; 53 a-66 a, Pes. ; 66 b-88 a, Houl. ; 88 a-106 a, Ber. ; 106 a-110 a, Ta'an. ; 110 a-113 b, R.H. ; 114 a-116 a, Yom. ; 116 b-117 b, תשובות שאלנ' מיום הכפורי' ; 117 b-124 a, Souk. ; 124 a-132 b, Béç. ; 132 b-143 b, 'A. Z. ; 143 b-154 b, M. Q. ; 155 a, Hilkot Tum'ah ; 155 b-159 a, Nid. ; 159 b-160 b, Hilkot Séfer Torah ; 160 b-161 b, Hil. Mezouzah ; 161 b-164 a, Hil. Tefillin ; 164 a-166 a, Hil. Çiçit ; 166 b-174 a, Meg. ; 174 a-193 b, B. Q. ; 193 b-232 a, B. M. ; 232 a-273 a, B. B. ; 273 a-281 a, Scheb. ; 282 a-289 a, San. ; 289 b-291 a, Mak. ; 291 a-313 a, Yeb. ; 313 b-339 b, Ket. ; 340 a-349 a, Qid. ; 349 b-364 a, Guit. ; 365 en blanc ; 366 a-372 a, les vingt *Sche'arim* de R. Isaac b. Reuben, qui se terminent : תמו כ' שערים מויסדין מיסוד רבי' יצחק מפס ב"ר ראובן הנקרא רב אלפס והיה מנוחתו כבוד. Sur cet

*hébraïques de la Bibliothèque du Talmud Tora de Livourne* (Livourne, [1914], col. 2). Le fac-similé d'une page de ce ms. se trouve dans la planche XI des « Facsimiles » qui accompagnent ce catalogue. C'est à M. Bernheimer que D. S. Blondheim doit la faveur d'avoir pu consulter ce ms. dans des conditions très avantageuses pour son travail.

1. Cf. C. Bernheimer, *Rev. ét. juives*, LXV (1913), 304, n. 1.

écrivain, voir Michael, *Or ha-Hayyim* (Francfort s. M., 1891), § 1085 et S. Assaf dans *Kirjath Sepher*, III (1927), 295-7.

S, la première édition imprimée d'un traité du Talmud qui porte une date, a paru à Soncino, en Lombardie, en 1483-4 ; les leçons dans le texte proviennent de l'exemplaire du British Museum. Texte généralement assez pur (cf. ci-dessus, p. VII). Traces d'italianisation : 637 a, 788 (?). Quelques provençalismes douteux : 482 a, 877. Des rajeunissements : 81 a (*bailler* pour *badailler*), 433 a, b (*éternuer, esternuer* pour *esternuder*) [1].

S² (environ 1511) fait quelques changements insignifiants dans les leçons de S ; cf. 404, 625 b, 797 a.

B, la première partie de la première édition complète du Talmud, imprimée par Daniel Bomberg (Venise, 1520), offre une nouvelle leçon (177 a) de provenance incertaine.

B², la deuxième édition Bomberg (Venise, 1529) présente des formes de l'Italie du Nord : 433 a, b, 673 a, 845 a.

F désigne deux fragments de l'édition du Talmud qu'on supposait imprimée à Fez [2]. Le premier, dans la collection E. N. Adler du Jewish Theological Seminary, New York, s'étend de 10 a (texte) : מבלין אותו מדת jusqu'à 10 b : בזכות עצמו שנאמר. Le deuxième, dans la Collection Taylor-Schechter à Cambridge (boîte marquée « Talmudic (printed) »; la couverture porte la note « J. Mann, no. 3 ») s'étend de f° 58 a : שוקדות ובאות (*sic*) אומנוות jusqu'au f° 58 b : על בניה תנחם אלמא.

F est indépendant de S. Il a deux gloses qui manquent dans S, 274 et 1016. Gloses espagnoles : 274, 633 a (forme portugaise), 1056.

A, les extraits de Raschi renfermés dans le commentaire dit de Raschi sur l'Alfasi (éd. Venise, 1521). A n'offre rien de remarquable. On note une influence allemande dans 129.

1. Pour savoir où se trouvent les rares exemplaires des éditions du Talmud antérieures à 1520, et pour d'autres renseignements sur eux, voir *Zeit. f. hebr. Bibliographie*, VIII (1904), 143-4 ; XII (1908), 14 ; XIV (1910), 80, et n. 2, ci-dessous.

2. Sur cette édition, qu'on croit maintenant avoir été imprimée en Espagne vers 1485, voir en dernier lieu E. N. Adler, *Talmud Printing before Bomberg*, dans *Festskrift i Anledning af Professor David Simonsens 70-aarige Fødselsdag* (Copenhague, 1923), 81-84. M. Adler a facilité généreusement à D. S. Blondheim l'accès de sa belle bibliothèque, et il l'a aidé de ses conseils précieux.

E (les extraits du commentaire de Raschi renfermés dans l'*En Jacob* de Jacob ibn Habib [Salonique, 1516 ?]) présente une forme catalane, 543 a, et une forme espagnole, 802 a. L'auteur a dû se servir non seulement de S, mais d'une source manuscrite aussi; cf. 203 a, 347 a, 966.

## Traité Sabbat.

Le texte de Raschi est représenté le plus fidèlement par les mss. e et l. Ils sont presque toujours suivis ici quand ils s'accordent. D'autre part e, ι, 11 et 50 ont tous subi une influence provençale; e et ι ont des traits frappants en commun. ι, 11 et 50 ont subi plus tard des italianisations; 11 et 50 montrent des accords particulièrement remarquables. 6, texte italianisé, présente des ressemblances avec 11.

e, ms. 324, fonds hébreu (ancien fonds Sorbonne 220) de la Bibliothèque nationale, Paris. En partie vélin, en partie papier; relié en maroquin, aux armes du Cardinal de Richelieu. Dimensions extérieures : 26.5 cm. × 16 cm.; intérieures : 23 × 14.5 cm. 316 fos de 28 lignes à la page. Écriture provençale du XIVe (?) siècle. Contient Raschi sur Sabbat (fo 1 a) et 'Eroubin (fo 178 a). Censeur (fo 316 a) : Gio. Domenico Carretto, 1617.

C'est en général le meilleur de nos textes, excepté quand il est provençalisé, ce qui arrive assez souvent, p. ex. : 53, 215 a, 218, 334, 565 c, 623, 624 b [1].

ι, ms. 2087 (Cat. De-Rossi 1324) de la bibliothèque de Parme. Vélin, relié en demi-chagrin. Dimensions extérieures : 19 cm. × 13.5 cm.; intérieures : 13.5 cm. × 8.75 cm. 260 feuillets de 24 lignes à la page. Écriture rabbinique italienne; XIVe siècle, d'après De-Rossi. Contient Raschi sur Sabbat. Les premiers feuillets sont difficiles à lire et plusieurs pages au début du ms. sont mutilées.

Gloses provençalisées : 81 b, 84, 258 c, 269 a, 854 a, etc. 68 a semble être une forme catalane. Italianisations : 33 a, 166 a, 222 b, 283 a, etc.

---

1. M. Israël Lévi a donné à D.S.B. des indications utiles sur ce ms.; il l'a aidé d'autres façons aussi.

k, ms. Vat. ebraico 129 (ancien Palatin) de la Bibliothèque du Vatican, Rome. Vélin, relié en parchemin. Dimensions extérieures : 27.5 cm. × 20 cm.; intérieures : 26×19 cm. 69 feuillets. Écriture italienne (?) ; daté de 1398. Renferme les deux premiers chapitres de Raschi sur Sabbat (f[os] 1 b-16 a) et les deux premiers chapitres des Tosafot sur le même traité (f[os] 17 b-69 a). Dans la deuxième partie du texte, l'écriture est plus grande et moins cursive. Les trois premiers feuillets sont endommagés en tout ou en partie et difficiles à lire. Sur la marge du f° 36 a, il y a une citation attribuée à R. Eliézer d'Erfurt.

Une glose italianisée : 1061. Des rajeunissements : 503 (*fondu* pour *fondud*), 624 a (*lonpe* pour *lanpe*), 720 a (*mos*[*s*]*e* pour *molse*).

l, ms. Vat. ebraico 138 (ancien Palatin) du Vatican. Vélin, relié en parchemin. Dimensions extérieures : 34 cm. × 27.5 ; intérieures : 33 cm. ×26.5. 95 feuillets de 37 lignes à la page. Écriture franco-allemande du XIIIe ou XIVe siècle. Contient (f[os] 1 b-95 b) Raschi sur Sabbat. F° 1 a, il y a un fragment de Raschi sur Sabbat (f° 5 a, en haut, -5 b, en haut). D'après le colophon, le ms. aurait été écrit par Cresbia b. Makhir pour Raschi lui-même. L'écriture du ms. et les formes des gloses prouvent que ce n'est là qu'une copie de ce que le scribe trouvait dans sa source.

Rajeunissements : 429 a (*étencele* pour *estencele*), 798 a (*peches* pour *persches*), 904 (*roe* pour *rode*), 957 (*soldure* pour *soldedure*). Le scribe ne semble pas avoir compris les gloses (voir 323 a, 695 c, etc.) ; le ms. paraît donc d'origine plutôt allemande que française.

t, ms. Vat. ebraico 127 (ancien Palatin) du Vatican. Vélin. Dimensions extérieures : 35 cm. × 27 ; intérieures : 34 cm. × 26. 112 feuillets de 26 lignes à la page dans le texte, 44 à 49 lignes à la page dans le commentaire. Écriture allemande ; XIVe siècle (?). Renferme le texte du Ṭalmud, avec le commentaire de Raschi : (f° 1 b), ʿEr., les deux premiers chapitres ; (f° 31 a), Sab., les deux premiers chapitres; (f° 71 b), Guittin, texte des deux premiers chapitres, jusqu'au f° 17 a du texte imprimé : את מקומה וידע הקב"ה ; le commentaire ne s'étend que (f° 84 a) jusqu'au f° 14 b du texte imprimé : יורשין הא לא [*sic*] בבריא ; (f° 87 b), les deux premiers chapitres de Niddah. Le commentaire se termine à la fin du 2e chapitre ; le texte de la Mischnah du chap. III s'étend jusqu'à (f° 28 a du texte imprimé) : משיצא

ורבו הרי הוא. Le texte est arrangé de sorte que toutes les Mischnaiot d'un chapitre se trouvent ensemble en tête du chapitre, avant la Guemara de la première Mischnah [1]. Le commentaire ne s'accorde pas avec le texte à cet égard; il est arrangé comme à l'ordinaire.

Rajeunissements : 7 g (*arrement* pour *adrement*), 166 a (*cenpoil* pour *cenpeil*), 720 a (*mos* — ou bien une forme allemande ? — pour *molse*), 769 d (*pales* pour *paldes*), 880 a (*roillée* [?] pour *redoille*). Le scribe ne comprenait pas les gloses : 186 a, 218, 329 a, b, 872 a, etc.

6, ms. 216, hebraicus, de la Staatsbibliothek de Munich. Vélin, relié en parchemin souple. Dimensions : 23 cm. × 19.5. 245 feuillets, de 56 à 59 lignes à la page. Écriture italienne; XIV<sup>e</sup> (?) siècle [2]. Contient Raschi sur Sab. (f° 3 a) ; commence par שלישי בשבת מאדים (= f° 129 b de l'éd.). De là jusqu'au f° 13 b, fin, דאין מקוה פסול אלא (f° 144 b des éd.), le ms. est d'une main postérieure. La *manus prior* commence f° 14 a. F° 18 b, Raschi sur 'Ér.; f° 66 a, Raschi sur Pes., I-IX ; f° 111 a, Raschbam sur Pes. X; f° 119 b, discussion sur le rituel des premières soirées de Pâque [3]. F° 120 a, commentaire de R. Eliaqim sur Yoma; f° 158 b, Raschi sur Yom., à partir du f° 84 b de l'éd. ; f° 160 a, Pseudo-Guerschom sur Yom., à partir du f° 83 a de l'imprimé (cf. Epstein dans la *Festschrift* de Steinschneider [Leipzig, 1896], p. 117); f° 161 a, Raschi sur Souk., jusqu'à חדשיכם · גבי תקיעות כת' (f° 55 a des éd.); f° 187 a, commentaire anonyme sur Souk., à partir de f° 55 a : ce commentaire commence par ...ומאי תלמודא היאך תלמוד מזה שאין תוקעין על כל מוסף ומוסף. La fin n'en est guère lisible. F° 188 b, Raschi sur Béça; f° 207 b, Raschi sur R. H., jusqu'à וכן כי תבאו (= f° 3 a de l'imprimé);

1. Ce dispositif, qu'on rencontre souvent dans les mss. anciens, (voir ci-dessous, ms. *l*, p. XXXVIII) est semblable à l'arrangement de certaines parties des traités Ta'an., San. et Scheb. dans les éditions courantes, et à celui du Yerouschalmi. D.S.B. doit à M. Mayer Lambert des indications à ce sujet, et beaucoup d'autres retouches de style et de fond. C'est le professeur A. Freimann qui lui a fait connaître le ms. t, de même que toute une série d'autres textes importants.

2. Rabbinovicz, *Diqdouqé soferim* II (Munich, 1869), 12, a cru que ce ms. était du XIII<sup>e</sup> siècle; il paraît cependant plus jeune.

3. On trouvera des extraits de ce passage dans Steinschneider, *Die hebr. Hss. der K. Hof- u. Staatsbibliothek in Muenchen*[2] (Munich, 1895), p. 98. Il renferme le mot italien צירפוליור, *cerfoglio*.

f° 208 a commence par איכוון ותקעו לו (= R. H. 29 a, en haut) ; f° 210 b, Pseudo-Guerschom sur Ta'an. (source de l'éd. imprimée) ; f° 216 b, Raschi sur Meg. ; f° 228 b, Raschi sur Hag. ; f° 237 b, Pseudo-Raschi sur M. Q. (le ms. attribue ce commentaire à R. Guerschom). Le dernier traité a une lacune. Nous y rencontrons les deux mains différentes qui ont collaboré dans Raschi sur Sab. La *manus prior* s'étend seulement jusqu'à la fin de 237 b : שלא יצא בתחילה אפילו (f° 2 b) ; vient ensuite la *manus altera* jusqu'à la fin du f° 238 b : בשלעניים בפיאה (f° 4 b). Puis une lacune ; la *manus prior* continue ומקלקלו להו והדרי (f° 6 a) jusqu'à la fin du ms., f° 244 b : ספין רקיע (f° 28 a).

Scribe : Juda (cf. le cat. de Steinschneider) ; propriétaires : Benjamin b. Elie le médecin b. Schabbethai (f° 2 a), Menahem b. Elie de Fabriano. Ce dernier n'a pas signé la liste de mss. (f° 245 b) dont parle Steinschneider (*loc. laud.*) ; cette liste semble être d'une écriture différente de celle de Menahem (f° 245 a). Il y a des notes insérées, sous le titre de *Tosefet*, dans différentes parties du ms. Steinschneider ne les indique que pour Hag., où je ne les ai pas remarquées.

Les gloses montrent quelques rajeunissements : 866 a (*putois* pour *puteis*) ; 922 c (*salmure* pour *salmuire*) ; 1007 a (*tor* pour *torn*). On trouve des traces faibles et peu certaines de provençalisation : 381 b, 504 (*fontilha* [?] pour *fontaine*), 754 b (*auripiment* [?] pour *orpiment*). Une tendance à confondre les consonnes sourdes et sonores (voir 26 b, 438 a, 557 b) suggère l'intervention d'un copiste allemand à un moment ou un autre. Les traits les plus frappants sont les omissions nombreuses et les italianismes fréquents : 260, 388 b, c, d, 575 a, 622 a, 641, 664, 787 c, 845 c, 848 a, etc.

11 : voir ci-dessus, p. VIII.

12 : Ms. Elkan N. Adler 1621, Bibliothèque du Jewish Theological Seminary, New York. En partie vélin, en partie papier. Dimensions extérieures : 14.5 cm. × 14.6 ; intérieures : 9.2 cm. × 9.6. 154 feuillets, 32 lignes à la page. Écriture italienne (XIV^e siècle ?). Contient (f^os 1 b-32 a) Raschi sur Béç. et (f° 32 a) Sab., ce dernier seulement jusqu'à ולגעריונהו בעורי· עד שיסתלקו (f° 142 a) ; après ce point, on a quelques débris de feuillets, en grande partie illisibles. Il y a des lacunes entre le f° 64 b, qui se termine פלגו דנקא אחד

מיב במיר (= Sab. 35 a) et le f° 65 a, qui commence שרי·והוינו לא בשי֗ל כל צרכו (= Sab. 37 b) et entre le f° 79 b, qui se termine כיפה תנן דלא. דחויש דילמא (= Sab. 57 b) et le f° 80 a, qui commence טבעת עיקר ואדעתא דטבעת (= Sab. 59 b). M. Adler avait acheté ce livre au libraire Lipschitz, qui l'avait trouvé à Damas.

On note des italianismes : 7 a, b (*adramento* [?]), 202 a, 812 c, n. 3, etc. Quelques formes provençales ou catalanes : 285 d, e (*creisol ?*), 381 a. Beaucoup de gloses sont omises, ou bien, surtout vers la fin, remplacées par des traductions hébraïques. Les gloses sont bien moins maltraitées dans Béç. que dans Sab.

34 : Collection Taylor-Schechter, Cambridge, T.-S. 10 F. 2[3]. Papier. Largeur extérieure : 14.5 cm., intérieure : 10.5 cm. Déchiré en bas. 6 feuillets, 26 lignes à la page. Écriture grecque (?), demi-cursive. Contient Raschi sur Sab. Premiers mots lisibles : שש מש]זר[ שקורין רטורו (= Sab. 28 a). Fin : דעיינא דמיא לשתות (= Sab. 33 b). Le premier feuillet est très endommagé.

Les gloses sont en très mauvais état.

41 : ms. Or. 5558. A. 15 (f^os 25-26) du British Museum, Londres. Vélin. Dimensions extérieures : environ 37 cm. × 27 ; intérieures : 26 cm. × 19-19.5. 2 feuillets, 32 lignes à la page, en deux colonnes. Écriture franco-allemande (XII^e ou XIII^e siècle ?). Contient Raschi sur Sab. Commence : יחיד שקיבל עליו תענית (= Sab. 24 a); se termine : סתם צבור ופושתים (= Sab. 27 a). Provient de la Gueniza du Caire.

44 : voir ci-dessus, p. IX.

50 : ms. du Jewish Theological Seminary, New York. Vélin, relié en toile cirée noire. Dimensions extérieures : 25 cm. × 18 ; intérieures : 16.5 cm. × 11.5. 259 feuillets, 30-33 lignes à la page. Écriture italienne cursive (XIV^e siècle ?) ; quelques feuillets de parchemin ont été ajoutés postérieurement, comme les n^os 10, 19-21, 29. Contient Raschi sur Sab. (f° 1) et 'Er. (f° 155 a). Termine : ]כל אחת[ לעצמה עסקי' (= 'Er. 93 b, fin). F° 259 est déchiré et à peine lisible ; f° 258 b est également difficile à lire. Quelques piqûres de vers. Propriétaire : Isaac b. Joël Luzzatto (f° 259 b ; d'après M. Alexander Marx) ; présenté au Seminary par M. Mortimer L. Schiff.

Bon nombre de gloses sont vocalisées ; quelques-unes sont omises, surtout vers la fin de Sab. Des gloses provençales ou catalanes : 624 a, 624 b, 798 a, 812 a, 933 ; de rares italianismes : 200 a, 36 c.

*s* : voir ci-dessus, p. x.

I : voir ci-dessus, p. XI-XII.

S : l'éd. imprimée à Soncino, environ 1489, contient des rajeunissements : 344 b (*enmalote'* [*sic*] pour *enmail*[*l*]*oter*), 434 a (*étoble* pour *estoble*), 500 a (*folors* pour *folons*), 798 a (*peches* pour *persches*), 928 a (*sonsues* pour *sansues*). On remarque un certain nombre de gloses inauthentiques : 253, 614 c, n. 2, 1089, etc. Italianisme : 191 a ; provençalismes : 587 (*eranha ?*), 917 a.

B : l'éd. Bomberg (Venise, 1520), introduit dans les gloses de S des changements qui doivent provenir d'un ms. ou de mss. : 434 a (*estoble* pour *étoble*), 624 a (*lanterne* pour *lanpe*), 798 a (*peches* pour *persches*). B ajoute aussi des italianismes : 224 a, 666, 1066 *bis*, a.

B², la 2e éd. Bomberg (Venise, 1530) s'est servi d'une source ou de sources autres que S et B ; cf. 958 a, 1012. Italianisme : 466 a ; cf. 391 a.

A, le Pseudo-Raschi sur l'Alfasi, a des rajeunissements : 391 a (*ecrin* pour *escrin*), 666 (*mas*[*s*]*ue* pour *maçug*[*u*]*e*). Italianisme : 224 b.

E, l'*En Jacob*, s'est servi de S, probablement, mais paraît avoir eu une source supplémentaire, d'après 486 a, 1021 a. Voir aussi 295 b, qui semble bien être un italianisme.

## Traité 'Eroubin.

Nos meilleurs textes du traité d''Eroubin sont *e* et *h*. Ils sont donc généralement, mais pas toujours (voir 482 b, par exemple), à suivre quand ils sont d'accord. D'autre part *h* est apparenté à F, qui est comme *h* d'origine ibérienne. Ce que B ajoute à la tradition représentée par S paraît également provenir d'une source espagnole ; notez que *h* et B sont les seuls textes à donner la glose 59 b et que B a une forme qui semble espagnole dans 705 c.

On pourrait soupçonner qu'il y a une certaine parenté entre les textes italiens 6 et S, d'après les formes qu'ils substituent à *ranper*,

872 a. Ces formes représentent peut-être *griper*, forme primitive de *grimper*. Cf. aussi 304 a, 438 a, 848 a, 944 a.

e : voir ci-dessus, p. XIII.

*h* : ms. Opp. Add. 4to, 23 de la Bibliothèque Bodléienne, Oxford [1]. Papier, relié en cuir brun. Dimensions extérieures : 20.8 cm. × 14.4; intérieures : vers 15.5 cm. × 9.5 (au milieu du ms.: 16.7 cm. × 8.5-9). 232 feuillets, 29 (au milieu 24) lignes à la page. Écriture italienne au commencement du ms. ; ensuite écriture espagnole jusqu'à סומך עליו מבשל : (= Béç. 15 b) ; ensuite la première écriture italienne encore. XV$^{e}$ siècle ? Des lacunes sont remplies par une main italienne, comme entre f° 38 b et 39 a (l'insertion commence [*sic*] בגורן ·קב גרוגרות [= 'Er. 29 b] et se termine והוא נראה ועצם קטן נדחה [= 'Er. 30 b]), et entre f° 43 b et 44 a (l'insertion commence בכי והוה משום הואיל הכא נמי אתי [= 'Er. 34 a] et se termine ולא איתסר משום מוקצה [= 'Er. 34 b]). Lacune entre f° 140 b (qui se termine השפל עינים לסוף [= 'Er. 101 a]) et f° 141 a (qui commence : [ויחתה בגהלים] מבעוד יום [= 'Er. 103 a]). Contient Raschi sur 'Er. (1 a-143 b) et Béç. (144 a-232 b). Des notes marginales.

Quelques gloses catalanes ou provençales : 381 c, 753 a, 813 b, 856 a. Une glose espagnole (?) : 304 a. Des formes rajeunies : 7 c (*airement* pour *adrement*), 420 (*epointier* [?] pour *espointier*), 725 a (*moiste* pour *mostede*).

6· : voir ci-dessus, p. XV-XVI.

t : voir ci-dessus, p. XIV-XV.

36 : Collection Taylor-Schechter, Cambridge, T.-S. 10 F. 2'. Papier. Dimensions extérieures : 17.2 cm. × 13.2 ; intérieures : 13 cm. × 10.6. 5 feuillets, de 24 lignes à la page. Écriture orientale ; XIV$^{e}$ ou XV$^{e}$ siècle ? Raschi sur 'Er. Commence par השמשות הוא לא גזור (= f° 34 a). Se termine par : איכא דמכשר ר׳ יוסי (= f° 36 a).

Les gloses présentent des ressemblances avec celles de 6 ; le scribe ne les a pas comprises.

38 : Collection Taylor-Schechter, Cambridge, caisse [2] F 3. Dimen-

1. *Cat.* de Neubauer, 420.
2. Ce fragment a été accessible surtout dans une copie communiquée par le professeur L. Ginzberg.

sions comme celles du ms. 36 (T.-S. 10 F. $2^1$), qui doit être un fragment du même ms., de même que les fragments de la Bodléienne. Oxford, Heb. d. 68.2 (Cat. Neubauer-Cowley 2836.2) et Heb. e. 76.40 (Cat. Neubauer-Cowley 2861.40). 2 feuillets de 24 lignes à la page. Raschi sur ʿEr. F° 1 a commence : לא הוי כבינוין מותני נגר : (= f° 102 a). F° 1 b se termine : שכשאתה מודד בוחבה למטה (= f° 102 a). F° 2 a commence : חול : שולי קופה (= f° 104 a). F° 2 b se termine : כלי הראשון תל כל אשר (= f° 104 b).

50 : voir ci-dessus, p. XVII-XVIII.

*s* : voir ci-dessus, p. X.

S (éd. Soncino, Pesaro, 1509-1519 ?) a des italianismes : 209, 578, 848 a.

B (éd. Bomberg, Venise, 1522) a utilisé un ms., apparemment espagnol ; voir ci-dessus, p. XVIII. Notez aussi 646 b.

$B^2$ (Venise, 1528) a des italianismes : 460, 765.

F (éd. de Salonique, 1522) [1] a des hispanismes : 101 b, 381 b, 753 a, 806 b, 848 a, 1055 a. Forme catalane (?) : 455 a.

## Traité Pesaḥim.

Les trois textes principaux de Pesaḥim se divisent en deux groupes, d'une part 6 et B, qui sont d'origine italienne ; d'autre part le ms. oriental 27. Pour les traits communs de 6 et B, voir les nos 607, 866 a, 927 a, 994 a, 1096. Les leçons de 27 sont souvent, mais pas toujours, préférables.

6 : voir ci-dessus, p. XV-XVI.

27 : ms. 1105, Bibliothèque de l'Université, Leipzig. Papier, relié en bois. Dimensions extérieures : 25 cm. × 17, intérieures : 18 cm. × 12 (dans la partie en écriture italienne, 18.5 cm. × 11). 135 feuillets (dont un en blanc), de 30 (partie italienne : 31) lignes à la page. Écriture orientale ; XVe siècle ? Raschi sur Pes. Une main italienne a ajouté les feuillets 1-11, 112-113 et 120-121. Une deuxième main italienne a écrit f° 125 a. Donc les leçons de ce texte pour les nos 49, 136, 186 b, 705 f, 866 a sont de source ita-

1. On supposait auparavant que cette éd. avait été imprimée à Fez ; voir l'art. de M.E.N. Adler cité ci-dessus, p. XII, n. 2.

lienne. Beaucoup d'additions et de rectifications interlinéaires et en marge de trois mains italiennes différentes. Des piqûres de vers à beaucoup de pages. Scribe (f° 134 b) : Japhet b. R. Eliyyahou b. R. Japhet ha-Dayyan. Le ms. a dû appartenir à un couvent saxon, d'où il est venu à la Bibliothèque universitaire au XV^e ou XVI^e siècle. Le fait qu'il ne porte pas de signature de censeur, indique sans doute qu'il est venu d'Italie avant le milieu du XVI^e siècle.

Le scribe n'a pas compris les gloses. Un certain nombre de gloses sont vocalisées [1].

35 : Collection Taylor-Schechter, Cambridge, T.-S. 13 F 1[1]. Papier. Dimensions extérieures : 29 cm. × 22, intérieures : 20 cm. × 13.6. 4 feuillets, de 25 lignes à la page. Écriture cursive espagnole, XV^e ou XVI^e siècle. Contient Raschi sur Pes. F° 1 a commence par : גחלים כבויות כדכתיב (= Pes. 27 a, en bas) ; f° 4b se termine par : מה ביתו ברשותו אף (= Pes. 30 b, en bas).

Glose catalane : 1002 c.

48 : Dans un livre intitulé *Nimmouqé Schazbeni*, par S. Z. Schnéersohn [2], on trouve relevé un certain nombre de leçons d'un ms. (ou bien de deux mss.) de Pes. L'auteur dit avoir acheté ces mss. des rabbins de la communauté séfardite de Jérusalem [3]. Le commentaire sur le dixième chapitre est celui de Raschbam. Un (ou peut-être deux) de ces mss. renferme aussi Raschi sur Nid.

Le commentaire sur Pes. a une forme peut-être rajeunie (948 c, n. 2, *ser[r]eüre* pour *ser[r]edure*). Celui sur Nid. présente des provençalismes (267, 779 c) et une glose qui manque dans S, 975 a, n. 2.

*s*, 1 : voir ci-dessus, p. X-XII.

B (Venise, 1520 ?) a quelques provençalismes douteux : 482 c (est-ce le pr. *plata* ou le fr. *plate*, « argent en lingot » ?), 951.

---

1. Voir sur ce texte N. Porges, *Die hebr. Handschriften der Leipziger Universitätsbibliothek*, dans *Zeit. f. hebr. Bibliographie*, XI (1907), 54. Le regretté Porges a communiqué à D.S.B., avec beaucoup d'obligeance, les leçons de ce ms. et de ceux qui lui appartenaient (voir ci-dessous, p. XXIV, XLVII). Il a fourni également beaucoup d'éléments pour les descriptions de ces textes.

2. II (Jérusalem, 1879). M. A. Marx a fait connaître ce livre à D.S.B.

3. Voir la page de titre et le feuillet suivant. Sous Pes. 108 b, l'auteur parle de « ms. a » et de « ms. b », mais il n'est pas sûr qu'il ait relevé des gloses dans deux mss. ou seulement dans un.

E, l'*En Jacob*, s'est servi d'un ms. dans Pes.; cf. 57 a, 69 a, 247, 727 a, 948 c, 989 b.

L (Salomon Luria) a consulté pour ce traité un texte qui contenait des gloses interpolées : 699, 857, n. 2.

## Traité Yoma.

Les mss. de ce traité n'offrent pas d'indications claires de parenté. *i* est en général le meilleur.

*i* : ms. Digby Or. 35 (auparavant Laud 318) de la Bodléienne, Oxford [1]. Écrit sur vélin. Dimensions extérieures : 24 cm. × 16.5 ; intérieures : 17.25 cm. × 10.75. 87 feuillets de 30 lignes à la page. Écriture italienne ; XIV^e^ ou XV^e^ siècle ? Contient (f° 1 a) un fragment d'un commentaire (Raschi ?) sur Yeb, qui commence par : פוטורות צרותיהן· כדמפרש לקמן במתניתין שניסית בתו של ראובן et qui se termine par : דוליף אחוה אחוה מבני יעקב· אותה אשה פוט׳. Ensuite Raschi sur Yoma, qui commence par : מפרישין כהן גדול· שכל עבודת. F° 34 b, note en marge : כך מצאתי בפ׳ ר׳ א׳ל זצ׳ל et f° 46 b, il y a une interpolation dans le texte qui commence par פירש ר׳ אליקום ; elle est insérée entre תלמוד לומר מלא (f° 47 a, fin) et ובמחבת מרחשת (f° 47 b). F° 85 b, note marginale signée יבמי.

Quelques italianismes : 275 d, n. 3, e, n. 4, 466 f, 848 c. Plusieurs gloses vocalisées.

μ : ms. 2903 (cat. De-Rossi 1299) de Parme. Vélin, relié en demi-chagrin. Dimensions extérieures : 26.5 cm. × 19 ; intérieures : 18.5 cm. × 11.5. 244 feuillets de 35 lignes à la page. Écriture allemande (?), XIV^e^ siècle (?). Contient (f^os^ 1 a-61 b) Raschi sur Qidd. ; (f^os^ 61 b-117 a) Nid. ; (f^os^ 117 a-152 b) Scheb. ; (f^os^ 153 a-189 a) Béç. ; (f^os^ 189 a-244 b) Yom. Noms de scribes : Joseph b. Moïse (jusqu'au f° 152 b) ; Lévi b. Aaron (f° 244 b) ; le ms. paraît cependant être entièrement de la même écriture. Le ms., ou plutôt sa source était écrite pour Moïse de Montréal (f° 152 b) ou Monréal (f° 244 b). Censeurs (f° 244 a-b) : Fra Luigi da Bologna, 1598 ; Camillo Jaghel, 1613 ; G. Dominico Carretto, 1619 ; F. Gio. Monni.

Beaucoup de gloses rajeunies : 105 a (*bes ague* pour *besagud*), 325 d (*doloire* pour *doledoire*), 336 (*oncreissont* [corrompu] pour

1. *Cat.* de Neubauer, 419.

*encreissant*), 428 b (*étele* pour *estele*), 522 (*fris*[*s*]*ons* pour *friçons*), 566 b (*gré* pour *gred*), 637 b (*letuaire* pour *letuarie*), 697 c (*manton* pour *menton*), 725 a (*moites* pour *mostede*), 1010 (*tornoire* pour *tornedoire*), etc. Voir 7 g et 283 j pour des indications du rapport du ms. avec l'Allemagne ; cf. aussi 970 a, où *p* pour *b* s'explique peut-être par une influence germanique.

5 : ms. A, II, 9 de la Bibliothèque de Turin (cat. Peyron XXIX ; détruit en 1904). Vélin. In-fol. 251 feuillets. Écriture italienne, de la fin du XIIIe ou du commencement du XIVe siècle. « Contient [1] les commentaires de Raschi sur les traités suivants :

« 1. Joma (1*a*-70*b*). Ici lacune et transposition. Les 6 feuillets qui suivent appartiennent au traité Haghigha et doivent être reportés avant le feuillet 118 [2]. Le feuillet qui vient ensuite (71) contient, non la fin de Joma (il manque la valeur d'un feuillet, depuis והאמר רב במסכת ברכות תפלת ערבית רשות ומאי, ce qui correspond au [f° 87 *b*] des éditions imprimées), mais un fragment de la prière des jeûnes publics, ce qui permet de supposer que le feuillet 71 était précédé du traité talmudique de Thaanith ou des Jeûnes.

« Au verso de 72 commence le traité de Meghilla jusqu'à 98 *b*, où prend Haghigha. Après 111 *b*, doivent venir les 6 feuillets 112-117 intercalés entre 70 et 71. Haghigha finit au bas de 118 *b*, et à 119 *a* commence Soukka que suivent Betsa (177 *b*-223 *a*) et Rosch hasch-Schana (223 *a*-250 *b*). Le dernier feuillet 251 *a* et *b* est occupé par une addition... » [qui se trouve également dans l'éd. imprimée, R. H. 35 *a*].

Propriétaires : Moïse b. Benjamin Finzi ; Benjamin Finzi ; Isaac b. Moïse Finzi ; T. Valperga Caluso (voir ci-dessus). Les lettres לעי׳ץ après le nom de Moïse b. Benjamin veulent vraisemblablement dire לזכר עולם יהי צדיק (cf. Darmesteter, *Rel. sci.*, I, 125, n. 1).

Ce ms. omet bon nombre de gloses. Il renferme beaucoup d'italianismes : 55, 153 a, n. 1, cf. 153 b ; 275 e, n. 4 ; 388 b, 391 b, c, d, 471 c, d, 748, 787 c, 848 b, d, e, 917 c, etc.

---

1. Darmesteter, *Rel. sci.*, I, 124 et suiv., qui donne des détails plus étendus sur le ms.

2. « Ces feuillets, dans le manuscrit, sont paginés 112-117 ; le feuillet suivant reprend à 71... ». Le possesseur, dont parle Darmesteter dans cette note et p. 125, était, d'après Peyron, Tommaso Valperga Caluso, sur lequel voir Peyron, p. XXXIII, n. 6.

6 : voir ci-dessus, p. XV-XVI.
a, 1 : voir ci-dessus, p. X-XII.

B : l'éd. Bomberg (Venise, 1520) présente un texte médiocre, qui omet un certain nombre de gloses. Italianisme : 848 b.

B[2] (Venise, 1531) contient quelques corrections (275 d, 438 b, 690 b) des leçons de B. Comme S, l'éd. Soncino (1509-19 ?) est perdue, on ne sait pas si ces corrections proviennent de S ou non.

F, l'éd. de Salonique ou de Fez (1521 ?) est un texte fort médiocre, indépendante des autres éditions imprimées. Il est connu seulement d'après un fragment qui se trouve dans la collection Elkan N. Adler du Jewish Theological Seminary, New York. Le texte de ce fragment commence par : אחא בר יעקב אמור מי שאור (f° 84 a) et se termine par : צריכא לכדרבי יהודה בן (f° 85 a).

E, l'*En Jacob*, a des leçons (361, 880 c, 996) qui semblent démontrer que l'auteur s'est servi d'un ms. Hispanismes : 19 c, 651.

## Traité Soukkah.

S est le meilleur des textes de Soukkah. Il a des rapports avec A. Le meilleur des mss. est 17, qui quelquefois s'accorde avec S pour conserver des gloses omises par le groupe italien composé de 5 et 6. Ces derniers offrent des accords assez frappants pour rendre probable l'idée qu'ils proviennent d'une source commune ; cf. 477 b, 586 a, 660 a, 947 a, etc.

5 : voir ci-dessus, p. XXIII.
6 : voir ci-dessus, p. XV-XVI.

17 : ms. provenant de la collection du rabbin N. Porges, maintenant dans la Bibliothèque du Jewish Theological Seminary, New York. En partie écrit sur vélin, en partie sur papier ; relié en demi-chagrin vert. Dimensions extérieures : 21.5 cm. × 14.5 ; intérieures : 14.5 cm. × 9. 220 feuillets de 30 lignes à la page. Écriture grecque ; XIVe ou XVe siècle ? Contient Raschi sur (f[os] 1 b-32 b) Meg. ; (f[os] 33 b-103 a) Souk. ; (f° 104 en blanc ; f[os] 105 a-119 b), 1er chap. de Guit. (qui est désigné dans ce livre par le signe 17[a]) sur du mauvais papier différent de celui des autres parties du ms. ; (f° 120 en blanc ; f[os] 121 b-220 b) Guit. (le premier chapitre,

version qui est désignée ici par 17[b], d'après une source différente de celle des feuillets 105 a-119 b du même ms.). Fin du ms. : החרש והמסגר כיון שסוגרין (f° 88 b). Scribe (f° 103 a) : Elkanah b. Moïse מיצרמא. Propriétaires (f° 103 a) : Absalom Bona Vita ; le rabbin Gagin de Jérusalem l'a vendu au rabbin Porges.

On a peut-être une trace de l'origine grecque du ms. dans 39 ; cf. l'erreur dans 1004 c. Il y a aussi des italianismes : 613 b, c, 658 b, 754 c, 845 c, 917 c, et des gloses provençales ou catalanes : 648 b, 700, 787 b, 928 b.

a, *s*, 1 : voir ci-dessus, p. X-XII.

22 : ms. Add. 17,049 du British Museum, Londres (n° 473 du cat. Margoliouth). Vélin. Dimensions extérieures : 38 cm. × 26 ; intérieures : de 30 à 33 cm. × 21.5. 234 feuillets de deux colonnes à la page et de 34 lignes de texte à la colonne. Écriture franco-allemande ; daté de 1394. Contient Alfasi avec le Pseudo-Raschi, etc. : (f° 2 a) Ber. ; (f° 33 a) Ta'an. ; (f° 39 b) Meg. ; (f° 50 b) Béç. ; (f° 63 a) R. H. ; (f° 69 a) Yom. ; (f° 73 b) Souk. ; (f° 83 a) Pes. ; (f° 99 b) M. Q. ; (f° 114 b) Sab. ; (f° 164 a) Houl. ; (f° 188 a) 'Er. ; (f° 211 a) Hilkot Tum'ah, sans commentaire ; pour les parties suivantes du ms., voir Margoliouth. Censeurs : Laurentius Franguellus, 1573 [?], 1575 ; Camillo Jagel, 1613 ; Renatus à Modena, 1623 [?] ; Gir. da Durallano, 1640 [1].

S, l'éd. Soncino (Pesaro, 1509-19 ?), contient un certain nombre de gloses qui manquent dans les mss. mais dont l'authenticité est souvent indiquée par d'autres sources, en particulier par A : 27 a, *54, 465, 488, 614 a, 901 b. On y remarque quelques formes rajeunies : 26 d (*aloir* pour *aledoir*), 531 b (*fuzel* pour *fusel*), des italianismes : 222 d, 304 b, 332 *bis*, 846 b, et une faible trace de provençalisation : 917 c.

B, l'éd. Bomberg (Venise, 1521) a quelques leçons indépendantes : 287, 917 c, 942 a.

B[2] (Venise, 1526) a consulté un ms. qui avait peut-être des rapports avec 17 ; cf. 772 b, et les additions et corrections, 587 b.

---

1. Les dates de la revision des censeurs sont données ici d'après Margoliouth. On peut se demander s'il ne faudrait pas lire 1575 et 1621 au lieu de 1573 et 1623 ; voir ci-dessous, ms. 8, p. XXXVII.

E a une leçon indépendante (? 814 a) et quelques hispanismes : 587 b, 625 c.

### Traité Béçah.

De Béç. nous possédons des mss. en plus grand nombre (neuf) que pour aucun autre traité. Malheureusement, aucun de nos textes n'est tout à fait satisfaisant. Les meilleurs sont *h*, 45 et S, avec lesquels μ et 12 s'accordent assez souvent. Les autres textes, tous plus ou moins fortement italianisés, sont λ, 5, 6, 7, 13 ; ils forment un groupe assez vague.

*h* : voir ci-dessus, p. XIX.

λ : ms. 2244 (cat. De-Rossi 808) de Parme. Relié en demi-chagrin. Dimensions extérieures : 19.5 cm. × 14 ; intérieures : 13.5 cm. × 8.5. 187 feuillets de 24 lignes à la page. Écriture italienne ; daté de 1321. Contient Raschi sur (fos 1-77 a) Béça, (fos 77 b-124 b) R. H., (fos 124 b-155 b) Hag. ; (fos 154 b-157 a) Isaïe [de Trani] sur le premier chapitre de Béç. ; (f° 158 en blanc ; fos 159 a-186) Pseudo-Raschi sur M. Q. Scribe : Menahem b. Elhanan. Propriétaire (en face de f° 1 a) : Salomon b. Abraham Sason.

Beaucoup de gloses italianisées : 325 d, 390 b, 466 g, 471 d, 642, 664, 773 b, 787 c, etc. Quelques provençalismes : 211 b, 813 b.

μ : voir ci-dessus, p. XXII-XXIII.

5 : voir ci-dessus, p. XXIII.

6 : voir ci-dessus, p. XV-XVI.

7 : ms. Merzbacher 132 de la Stadtbibliothek, Francfort s. M.[1] En partie sur parchemin, en partie sur papier ; in-4°. 125 feuillets. Fos 1-84 a dans une écriture italienne ; fos 85 a-125 a dans une écriture allemande, d'après le prof. A. Freimann. Contient (f° 1 a) une page d'un commentaire sur Qid., qui commence par : רב נחמן אמ' לשנים צאו וקדשו לי את האשה et qui discute en partie la première Mischnah du chap. II, en ces termes : הא"ש מקדש .. כשהיא נערה וכו' תנן התם נערה המאורסה היא... Ensuite (fos 1 b-84 a) Raschi sur Béç. F° 2, qui commence par : בעולת נדבה בויקרא קאמ' (Béç. 20 a) est déplacé ; f° 3 a fait suite à f° 1 b. Les derniers feuillets de Béç. sont

1. Cf. R. N. Rabbinovicz, *Ohel Abraham* (Munich, 1888), p. 13.

en fort mauvais état. Ensuite (f[os] 85 a-125 a) Raschi sur Qid, incomplet. Commence סומן (*sic*) מודו רבנ׳ דהוו (= Qid. 16 b). Se termine par [*sic*] דליכא כפירה במקצת מי שתבעו הנישום, ce qui correspond vaguement au f° 43 b de l'éd. imprimée.

Malgré la différence entre l'écriture des deux parties du ms., il présente partout des italianismes : 164 c, 202 c, 471 c et n. 1 ; 654, 787 c, 958 c. Un provençalisme incertain : 983 a.

12 : voir ci-dessus, p. XVI-XVII.

13 : ms. 2553 de la collection Elkan N. Adler du Jewish Theological Seminary [1]. Vélin. Dimensions extérieures : 28 cm. × 19 ; intérieures : environ 17.5 cm. × 11.1. 253 feuillets d'environ 30 lignes à la page. Écriture italienne, de la fin du XIIIe ou du commencement du XIVe siècle. Contient (f[os] 1 a-51 a) Raschi sur Béç. ; (f[os] 52 a-83 a) sur R. H. ; (f[os] 84 a-118 b) Pseudo-Raschi sur Ta'an. ; à l'égard du comm. sur Ta'an, cf. ci-dessous la description du ms. 40, p. LXV ; f° 119 en blanc ; (f[os] 120 a-149 b) Raschi sur Meg. ; f° 150 en blanc ; (f[os] 151 a-172 b) sur Hag. ; (f[os] 173 a-233 b) R. Salomon b. ha-Yatom sur M. Q. ; (f[os] 235 a-253 b), commentaire anonyme sur M. Q. Scribe : Yehiel b. Yeqoutiel, probablement le copiste romain du Yerouschalmi de Leide, qui a été terminé en 1289. Propriétaires (f° 1) : Eliézer b. Salomon Yedidiah de Norzi l'a acheté en 1478 de Juda de Correggio ; Joseph de Norzi (1508). Censeurs : Fra Luigi, 1600 ; Dominico Irosolomitano ; Gio. Dominico Carretto, 1618.

Italianismes : 55, 466 g, 634 b, 787 c, i, 808 a, 839 d, e, 848 d, e, etc. De nombreuses omissions.

32 : fragment dans la collection Taylor-Schechter, Cambridge ; se trouvait auparavant dans la caisse F 3, et portait la marque : « J. Mann, Box F 3, No. 6 ». Vélin, endommagé. Dimensions extérieures : environ 19.5 cm. × 18 ; intérieures : 16 cm. × 15. 1 feuillet de 29 lignes à la page. Écriture carrée. Contient Raschi sur Béç. F° 1 a commence par : אין מוליכין וכו׳ אלבוא חוושי ... האי תבשילו (= f° 12 b). Se termine : לבדו גבודא קשה: עדוולרים (= f° 13 b ?).

33 : ms. T.-S. 10 F 3[2] de la Collection Taylor-Schechter, Cambridge. Vélin. Dimensions extérieures : 20.6 cm. × 17 ; intérieures :

1. Voir H. P. Chajes, *Salomo b. Ha-jathoms Kommentar zu Mašqin* (Berlin, 1909), p. VIII et suiv.

15 cm. × 14. 2 feuillets joints de 32 lignes à la page. Écriture orientale ; XIII^e ou XIV^e siècle ? Raschi sur Béç. F° 1 a commence par : עליהם· נמטא גמדא לבד שקורין (= f° 15 a) ; f° 2 b se termine : לבו לחזור בו ואחרים (= f° 17 b).

44 : voir ci-dessus, p. IX.

45 : ms. D. S. Sassoon 517, Londres [1]. Vélin. Dimensions extérieures : 17.3 cm. × 14.3 ; intérieures : 12.7 cm. × 10.2. 63 feuillets de 21 lignes à la page. Écriture provençale ; XIII^e siècle ? Contient Raschi sur Béç. ; commence par : אשמעינן במתני' ובשום משנה (f° 6 b) et se termine par דכיון דאסמכיה ברשותיה אוקמיה (f° 38 a).

Provençalismes : 107, 428 b, 458 d, 527 a, etc.

a, *s* : voir ci-dessus, p. X.

*v* : ms. Michael 613 (auparavant 47 ; catalogue de Neubauer, n° 548) de la Bodléienne, Oxford. Vélin, relié en chagrin brun. Dimensions extérieures : 37.4 cm. × 27.9 ; intérieures : environ 25.4 cm. × env. 17.75. 190 1/2 feuillets de 38 lignes de texte et de vers 48 lignes de commentaire à la page. Écriture franco-allemande (peut-être française, à en juger d'après les miniatures au commencement de chaque traité) ; XIV^e siècle ? Contient Alfasi avec le Pseudo-Raschi et un commentaire anonyme sur Houl., Nid., 'A. Z., Scheb., San., Mak., Béç., Meg., M. Q., etc. Scribe : Yehonatan b. Schabbetai. Propriétaire : Isaac b. Zacharie.

S : l'éd. Soncino (Soncino, 1484) présente un texte assez bon, mais avec de nombreux rajeunissements : 105 a, b (*bedague*, graphie pour *besague*, au lieu de *besagud*), 222 e (*coinz* pour *cödoinz*), 322 (*panz* pour *devant*), 557 c (*greïle* pour *gradil*), 725 a (*moite* pour *mostede*), 798 b (*pesches* pour *persches*), 947 b (*sie* pour *ser[r]e*), etc. Interpolation : 1012, n. 2.

B, l'éd. Bomberg (Venise, 1521) présente des leçons indépendantes, probablement d'après une source italienne : 211 b, 725 a, 947 b, etc.

B² (Venise, 1530) a des italianismes : 11, 107, 713 b, 760 d,

1. M. Sassoon a eu l'obligeance de copier pour D. S. B. les leçons de ce texte important, et de lui en fournir une description précise.

798 b. On peut se demander si c'est le compositeur qui les a introduits. C'est probablement à lui qu'on doit un germanisme : 241.

F, l'éd. imprimée à Salonique ou à Fez, est représentée par un fragment dans la collection Taylor-Schechter à Cambridge, caisse « Talmudic (printed) », marqué sur la couverture « J. Mann, No. 5 ». Le texte commence par : והמסתפק ממנו חייב (Béç. 22 a) ; le Raschi commence par : שהיא עשויה בחתיכות עצים קטנים (Béç. 22 a ?); le texte se termine par : אינכמי באתריה דהאי תנא (22 b) et le Raschi par : שכתוב בו ראשו על כרעיו (*ibidem*).

Texte indépendant des autres éditions imprimées ; cf. 107, 178 a, 428 b, 927 b.

E est peut-être plus ou moins indépendant de S ; cf. 211 b, 341. Hispanisme : 392 a.

## Traité Rosch ha-Schanah.

De beaucoup le meilleur des mss. de R. H. est *x* ; ses leçons reçoivent une certaine confirmation des fragments de F. Les autres textes sont tous fortement italianisés.

*x* : ms. Add. 477.8 de la Bibliothèque universitaire, Cambridge. En partie sur vélin, en partie sur papier ; non relié. Dimensions extérieures : 20 cm. × 14.5 ; intérieures : environ 14 cm. × environ 10. 71 feuillets d'entre 21 et environ 30 lignes à la page. Écriture grecque ; daté de Kislew, 5214 = 1453. Contient (f[os] 4 a-25 b) le Pseudo-Moïse Maïmonide sur R. H., sur lequel voir A. Freimann dans la *Festschrift* de D. Hoffmann (Berlin, 1914), 118, partie hébr. ; (f[os] 26 a et suiv.) Raschi sur R. H. Scribe : Elie b. Schabbetai b. R. Eliézer Rofé (« le médecin ») de Candie. Propriétaire : le libraire H. Lipschütz (1869), qui l'a acheté à un Salonicien [1].

Les gloses ont été soigneusement copiées par un scribe qui n'y comprenait rien et qui fait des erreurs de transcription.

λ : voir ci-dessus, p. XXVI.

5 : voir ci-dessus, p. XXIII.

6 : voir ci-dessus, p. XV-XVI.

---

1. Voir sur ce ms. le catalogue imprimé, mais jamais mis dans le public, de Schiller-Szinessy, II, n° 87, p. 44-50.

13 : voir ci-dessus, p. XXVII.
a : voir ci-dessus, p. X.
s : voir ci-dessus, p. X.

16 : ms. Merzbacher 8 de la Stadtbibliothek, Francfort s. M.[1] Vélin ; relié en demi-chagrin. Dimensions extérieures : 40 cm. × 30 ; intérieures : environ 30 cm. × 20. T. Ier de 198 feuillets, t. II de 203 feuillets ; nombre de lignes à la page variable. Écriture allemande d'environ 1340 (d'après Rabbinovicz, *Diq. Sof.*, II, 13). Contient Alfasi, avec le Pseudo-Raschi, le grand Mordekai, des notes de R. Samuel b. Méïr, etc. (F[os] 2 a-57 b) Sab. ; (f[os] 58 a-89 a) 'Er. ; (f[os] 89 b-111 b) Pes. ; (f[os] 112 a-116 b) Yom. ; (f[os] 117 a-129 a) Souk. ; (f[os] 129 b-146 a) Béç. ; (f[os] 146 b-153 a) R. H. ; (f[os] 153 b-160 b) Ta'an. ; (f[os] 161 a-176 a) Meg. ; (f[os] 176 b-198 b) M. Q. T. II : (f[os] 1-31 a) B. Q. ; (f[os] 31 a-94 b) B. M. ; (f[os] 95 a-168 b) B. B. ; (f[os] 169 a-183 a) San. ; (f[os] 183 a-186 b) Mak. ; (f[os] 187 a-203 b) Scheb. Propriétaire : Nata Yonah Teomim. Dans le t. Ier, 14 feuillets ont été ajoutés après coup ; ces feuillets forment un palimpseste dont l'écriture originale est lisible par-ci par là.

S : l'éd. Soncino (Pesaro, 1509-19 ?) est profondément italianisée : voir 153 b, 199 a, 211 c, 455 b, 663 b, 773 b, etc. Germanisme : 425 a.

F : trois fragments de l'éd. de Salonique (ou Fez) dans la Bibliothèque du Jewish Theological Seminary de New York. Le 1er fragment (f° 1) s'étend depuis le commencement du traité jusqu'à (texte) ויראו אלא ור.. וכדלל דאמר (= f° 3 a), (commentaire) אלא ויראו נתגלו (*ibidem*) ; le 2e (f° 2) commence par (texte) למקוטעין יולדת לשבעה (= f° 11 a) (commentaire) ל׳ יום עדות ביהוסף שמו (= f° 11 a-b) ; il se termine (fin de f° 11 b ; texte) רבי מאיר בתר הכי הוה (= f° 19 a), (commentaire) למען הבה ולכו בתר חורבן הוה (*ibidem*). Le 3[e] fragment (f° 12 a) commence par (texte) ר׳ יהושע בן לוי מאי קראה (= f° 27 a) (commentaire) במקוה למעבד עובדא בחצוצרות (*ibidem*) ; il se termine par (texte) לתקוע בו תקיעה של מצוה (= f° 28 a), (commentaire) כדי שיאחזנו בידו א׳ ויראה לכ... (*ibidem*).

Catalanisme douteux : 455 b.

E est au moins en partie indépendant de S ; cf. 252 a, 848 d.

1. Cf. R. N. Rabbinovicz, *Obel Abraham*, p. 1 (deuxième pagination), n° 8, et le même, *Diq. Soferim*, II (Munich, 1869), 13.

## Traité Meguillah.

Le meilleur des textes de Meg. est 17 ; il italianise moins et il omet moins de gloses que les autres textes.

5 : voir ci-dessus, p. xxiii.
6 : voir ci-dessus, p. xv-xvi.
13 : voir ci-dessus, p. xxvii.
17 : voir ci-dessus, p. xxiv-xxv.
a, *s*, v : voir ci-dessus, p. x-xi.
*v* : voir ci-dessus, p. xxviii.
1 : voir ci-dessus, p. xi-xii.

S, l'éd. Soncino (Pesaro, 1509-19 ?) a de nombreux italianismes : 388 d, 391 d, 754 b, 848 e, etc., et beaucoup d'omissions : 7 d, 382 b, 553 c, 742, 749.

E est au moins en partie indépendant de S ; cf. 80 a, 382 b, 742.

## Traité Haguigah.

Tous les textes complets de ce court traité sont italianisés et laissent beaucoup à désirer. E et F, d'origine ibérienne, sont un peu meilleurs, mais ce ne sont que des fragments.

λ : voir ci-dessus, p. xxvi.
5 : voir ci-dessus, p. xxiii.
6 : voir ci-dessus, p. xv-xvi.
13 : voir ci-dessus, p. xxvii.

S (Pesaro, 1509-19 ?) a des italianismes : 91, 640 b, et beaucoup d'omissions : 4 a, 55, 458 d, n. 1 ; 725 b, 1078.

B (Venise, 1521) est en partie indépendant de S : 91 (italianisme), 511 c.

F, l'éd. imprimée en Espagne vers 1485 ou peut-être plus tard à Fez, est représentée par deux fragments. Le premier, qui se trouve dans la collection E. N. Adler du Jewish Theological Seminary, s'étend depuis (texte du Talmud) עם כל זכורך (= f° 4 a), jusqu'à (texte) למיעבד הכי אמרו ליה ולא (= f° 5 a, en haut). Le 2e, dans la collection Taylor-Schechter à Cambrige, caisse « Talmudic (printed) », est marqué sur la couverture « J. Mann, No. 2 ». Il commence par (Raschi) שבת:נטמאו · קא סלקא (= f° 20 a) et s'étend jusqu'à (Raschi) שאינו נוגע באוירא (= f° 20 b).

Comme toujours, cette éd. est indépendante de S; voir 55, 511 c.

E est entièrement indépendant de S; cf. 4 a, 27 b, 55, 511 c, 630 a, etc.

## Traité Yebamot.

Nos différents textes de ce traité sont tous médiocres. Nos deux mss, d et *j*, sont en général un peu meilleurs que S; d est peut-être légèrement supérieur à *j*, mais il est difficile de choisir.

d : ms. 323, fonds hébreu (ancien fonds 159) de la Bibliothèque nationale, Paris. Vélin; relié en parchemin moucheté. Dimensions extérieures : 27 cm. × 20.5; intérieures : 20.5 cm. × 14. 92 feuillets de 30 lignes à la page. Écriture allemande ; XIII^e siècle (?) Contient Raschi sur Yeb. jusqu'à וחדא דאזיל ארוסתו וגוסר׳ וקא׳ ל... (= f° 95 b); le dernier feuillet à peine lisible.

*j* : ms. Opp. 248 (ancien 427 ; cat. de Neubauer, n° 367) de la Bibliothèque Bodléienne, Oxford. Vélin; relié en chagrin blanc. Dimensions extérieures : 21.8 cm. × 16.8; intérieures : entre 15 et 14 cm. × 12. 391 feuillets, généralement de 21 lignes de texte et d'environ 48 lignes de commentaire à la page (excepté pour les pages où le commentaire est arrangé en forme de dessin). Écriture allemande; XIV^e ou XV^e siècle ? Contient le texte du Talmud, Raschi, Tosafot (en abrégé) et le Mordekai (sans les gloses), sur (A) Yeb. La fin du chap. XI et le commencement du chap. XIV manquent ; le traité se termine (f° 253 b, texte du Talmud) : דאע"ג דאיסורא דאורייתא לא קנים (f° 118 b). Ordre des chapitres : XI, XIV, XIII, XII, XVI, XV. (B) (f° 255 b) Qid., avec lacune entre (texte) אבל הכא איכא מודה ליה לשמואל צריכא (= f° 75 a) et (texte) חזוה דיתיב וקא גרים (= f° 81 b); se termine (f° 391 b) par (texte) אבהתא דינוקא (= f° 82 a). Le commencement du Raschi de Yeb. est difficile à lire; les Tos. commencent par אשת אחיו (= f° 3 a). Le texte du Raschi diffère beaucoup de celui des éditions. Propriétaires : Baruch b. Schelomoh Zalman Segal (1691), (f^os 1 a, 2 b) Samuel Schwarz; (f° 213 b; cf. 183 a) Handel (האנדל) Manoah b. Israël שליט.

Rajeunissements : 117 a (*bodecle* pour *bodeke*) 397 a (*agratignier* pour *esgrati*[*g*]*nier*), 399 (*eschaliere* pour *esjaliere*), 495 a (*foizon* pour *foison*). Provençalismes : 480 *ter*, 571, 983 a, 1055, c, e.

a : voir ci-dessus, p. x.

b : ms. 313, fonds hébreu (ancien Sorbonne 253) de la Bibliothèque nationale, Paris. Vélin ; relié en maroquin, aux armes du Cardinal de Richelieu. Dimensions extérieures : 44 cm. × 29.5. 129 feuillets de 40 lignes de texte et d'environ 80 lignes de commentaire à la page. Écriture allemande ; xiv^e siècle ? Contient Alfasi avec le Pseudo-Raschi et Tosafot ; (f° 1) Qid. ; (f° 9 a) B. B. ; (f° 51 a) Ket., (f° 57 a), suite de Qid., ch. II ; (f° 65 a) San. ; (f° 79 a) Yeb. ; (f° 84 b) Ket. reprend ; (f^os 85 a-90 b) B. M. ; puis Yeb., suite ; (f° 122 b) suite de B. B. Lacune entre f° 121 et f° 122. Scribe : Abraham (f° 128 b : אברהם הלבלרו).

c : ms. 314, fonds hébreu (ancien Sorbonne 144) de la Bibliothèque nationale, Paris. Vélin ; relié en maroquin, aux armes du cardinal de Richelieu. Dimensions extérieures : 34 cm. × 24 ; intérieures : environ 20 cm. × environ 16.5. 186 feuillets de 31 lignes de texte à la page. Écriture allemande ; xiv^e siècle ? Contient Alfasi, le Pseudo-Raschi, et des gloses, probablement par Isaac b. Abraham de Chinon, le scribe du ms. (ou de sa source). (F° 1 a) Yeb. ; (f° 65 a) Ket. ; (f° 136 b) Guit. ; (f° 174 a) Qid. ; se termine (f° 186 b) par : התקדשי לי בתמורה זו התקדשי לי בזו (Qid. 46 a ; f° 17 a de l'A, éd. Romm).

6ª : ms. A. 1.13 de Turin (cat. Peyron XIII). Vélin. Dimensions extérieures : environ 40 cm. × 30 ; intérieures : environ 28 cm. × 18.5. 159 feuillets (numérotés de 8 à 166) de 35 lignes de texte et d'env. 53 lignes de commentaire à la page. Écriture allemande ; xiii^e ou xiv^e siècle ? (Peyron : « XV vel forsan XIV »). Contenait auparavant Alfasi avec le Pseudo-Raschi, R. Nissim, Mordekai, et des Tosafot sur (f° 1 a) San., (f° 18 b) Mak., (f° 22 a) Scheb., (f° 41 b) 'A. Z., (f° 66 a) Yeb., (f° 120 a) Ket., (f° 189 a) Guit. Commence actuellement (f° 8 a) par : ל]מזבן גוילא בעו מיניה מהו שיעור אדם באשת חורגו בסורא (= San. 28 a-b ; f° 6 b de A, éd. Romm) ;

derniers mots lisibles actuellement : אותמ׳ אלמנה רב אמ׳ שמין ושמואל אמ׳ אין שמין מה שעליה אמ׳ רבא אמ׳ רב נחמ׳ (Ket. 54 a ; f° 21 a de A, éd. Romm). Les pages du ms. sont maintenant collées ensemble et se déchirent facilement [1].

S, l'éd. Soncino (Pesaro, 1509) a des rajeunissements : 181 c (*chalsons* pour *-çons*), 181 d (*jalçon* pour *chalçon*), 959 d (*talon* pour *sole*).

B (Venise, 1521) introduit des changements dans les leçons de S, au moins en partie d'après un ms. ou des mss ; cf. 181 d, 684 b, 959 d, 1018 a. Italianisme : 280.

B² (Venise, 1528) a une leçon nouvelle, 202 b.

E est indépendant de S : voir 495 a, 1018 a. Hispanismes : 123 b, 787 c.

## Traité Ketoubot.

Les meilleurs textes de Ket. sont *k* et ξ, dont *k* est en général préférable.

*k* : ms. Opp. 97 (olim 852, cat. Neubauer 421) de la Bibliothèque Bodléienne, Oxford. Vélin, relié en parchemin blanc. Dimensions extérieures : 31.5 cm. × 24.5 ; intérieures : 23 cm. × 17.7. 82 feuillets de 31 lignes à la page, arrangées sur deux colonnes de 7.5 à 8 cm. de large. Écriture allemande ; XIV$^{e}$ ou XV$^{e}$ siècle ? Contient Raschi sur Ket. ; le ch. VII précède le ch. VI. Écrit pour R. Kalonymos. Propriétaires : Kalonymos b. Joseph de Miltenberg ; Juda Loeb b. He-Haber R. Abraham Heilpron (*sic*) de Langenschwalbach (1668) ; Meïr b. Judah de Langenschwalbach.

Rajeunissements : 215 b (*clo* pour *clog*), 942 b (*senechals* pour *seneschals*). D'après des indications de parenté assez claires (104, 125 e), de même que d'après un germanisme frappant (667 a), il paraît probable que *k* a fourni des éléments qui ont pénétré dans les

1. Ces renseignements sur l'état actuel de ce ms. sont dus en partie à l'obligeance du professeur Giovanni Ramello. Le nombre des feuillets qu'il indique ne s'accorde pas avec celui (230) donné par Peyron et par Darmesteter, *Rel. sci.*, I, 126 ; le ms. a dû perdre des feuillets au commencement et à la fin. La liste des traités qu'on vient de lire est celle de Peyron.

éditions modernes du Talmud, depuis celle de Francfort-sur-le-Mein (1721). S'il en est ainsi, c'est le seul cas où nous ayons la preuve qu'un ms. encore conservé a servi de source à une éd. antérieure au XIX$^{e}$ siècle.

ξ : ms. 2590 (De-Rossi 1310) de Parme. En partie vélin, en partie papier, relié en carton, le dos en papier. Dimensions extérieures : 22 cm. × 14 ; intérieures : environ 15-16 cm. × 9. 115 feuillets de 23 lignes à la page. Écriture provençale ; XIV$^{e}$ siècle ? Contient Raschi sur Ket., depuis le f° 15 b : נכרי שנגח של ישראל בין תם בין מועד jusqu'au f° 112 a : כאיל[פם] מכפר הינו (*sic*) כלומ' שהיתה כמחבת חרם של אותו מקום, passage qui ne se trouve pas dans l'éd. imprimée. Le f° 32, qui commence par : חיים ואכלם : משנה הוא (= f° 41 b) et qui se termine par והא מדרישא (= f° 42 b), a été ajouté après coup dans une main plus récente.

Provençalismes : 17 b, 19 e, 52 b, 164 b, 182 a, 222 f, 798 b, n. 1, etc.

3 : ms. A. IV. 38 de Turin (cat. Peyron CXX ; détruit en 1904). Vélin et papier, petit in-8°, 367 feuillets. D'après Darmesteter [1], « écriture méridionale du XIV$^{e}$ siècle. » Contenait Raschi sur (f° 1-96 a) Qid., (f° 98 a-238 a) Ket., et (f° 238 b-fin) Guit. « Au commencement de Kiddouschin, lacune qui s'étend jusqu'au milieu du feuillet 19 *b* des éditions imprimées. » Scribe (f° 96 a) : Abraham b. Salomon ; écrit pour Yehiel. Dans Ket. et Guit. le ch. VII précède le ch. VI.

A en juger d'après les gloses, ce ms. a dû être d'origine italienne ; cf. les n$^{os}$ 283 d, 402, 523 b, 983 a, 989 c. On note aussi quelques provençalismes : 812 d, 928 b.

14 : ms. Orientale, Fondo Antico 57 (ancien A. 2. 6) de la Biblioteca Angelica, Rome. Vélin. Dimensions extérieures : 29 cm. × 21. 255 feuillets de 33 lignes à la page. Écriture italienne ; XIV$^{e}$ siècle ? Contient (f$^{os}$ 1 a-99 a) un commentaire anonyme sur Yeb. ; (f° 99 b) Raschi sur Ket. et (f$^{os}$ 176 b-254 b) Guit. Dans Ket. il y a une lacune entre le f° 146 b, qui se termine par : לא נעשית המלאכה עד לאחר גירושין (= f° 59 a) et le f° 147 a, qui commence par

1. *Rel. sci.*, I, 123. Cf. aussi Berliner, *Magazin f. d. Wiss. d. Jud.*, VIII (1881), 166.

אשתו בבית דין הכא אמ (= f° 75 a). Dans Guit. le ch. VII précède le ch. VI. Le ms. se termine par les mots : ולאו קידושי גונהו מפני (= Guit. 89 b)[1].

Dans Ket. on remarque quelques rajeunissements : 15 (*aigrum* pour *aigre*), 17 c (*aigrum* pour *aigror*), 207 (*cier* pour *cider*), 245 a (*governer* pour *conreider*), de même qu'un dans Guit., 711 b (*mine* pour *minie*). Dans Guit. on note des provençalismes : 658 b, 739, 928 b, un hispanisme douteux : 181 f, et des italianismes : 548 b, 669 b, 836 f.

31 : fragment dans la Collection Taylor-Schechter, Cambridge caisse F 3 (marqué sur la couverture « J. Mann, Box F 3, No. 5 »). Vélin, très endommagé, le haut des pages manque. 2 feuillets ; écriture carrée. En bas du f° 2 b on trouve *voltur* = Ket. 50 a (1066 b).

a : voir ci-dessus, p. X.

b, c : voir ci-dessus, p. XXXIII.

*u* : ms. Opp. 8 (ancien 649 ; cat. Neubauer 547) de la Bibliothèque Bodléienne, Oxford. Continuation de *s* (voir ci-dessus, p. X) et *t* (voir plus bas, p. XLII). 116 feuillets. Contient Yeb., Ket., Qid. (dont la fin manque), Guit., Houl.[2].

*w* : ms. Michael 622 (ancien 46 ; cat. Neubauer 549) de la Bodléienne. Continuation de *v* (voir ci-dessus, p. XXVIII), mais ne paraît pas avoir de miniatures. 188 (ou 189) feuillets. Contient Qid., Yeb., Ket., Guit. Ensuite (f° 107), Consultations de R. Méïr de Rothenburg sur Houllin, Naschim et Neziqin[3].

∂ : ms. Add. 17,050 (cat. Margoliouth 474) du British Museum, Londres. Continuation du ms. XXV (cf. ci-dessus, p. 19). Vélin. Dimensions extérieures : 39.5 cm. × 26.5 ; intérieures : environ 31 cm. × 22.5. 330 feuillets de deux colonnes à la page et 34

---

1. Le commentaire anonyme sur Yeb. qui ouvre le ms. commence par בזדונו כרת· הוי בשגגתו חטאת כדכת' והנפש אשר תעשה ביד רמה·. Ce passage porte sur Yeb. 9 a. Di Capua, *Catalogo dei codici ebraici della Biblioteca Angelica*, dans *Cataloghi dei codici orientali di alcune biblioteche d'Italia*, *Fascicolo primo* (Florence, 1878), p. 93, n° 13, a tort d'attribuer ce commentaire à Raschi.
2. Cf. Darmesteter, *Rel. sci.*, I, 114.
3. Cf. Darmesteter, *loc. laud.*

lignes en moyenne à la colonne. Écriture franco-allemande ; daté de 1386. (F° 1 a) Qid. ; (f° 16 b) Yeb. ; (f° 56 b) Ket. ; (f° 101 a) Guit. ; (f° 126 a) B. Q. ; (f° 157 b) B. M. ; (f° 216 a) B. B. ; (f° 273 a) ʻA. Z. ; (f° 288 b) San. ; (f° 303 b) Mak. ; (f° 307 b) Scheb. ; (f° 327 a) document italien daté de Lugo, 1610, qui autorise Salvator Salamon Ravina à transporter le ms. avec deux autres à Modène. (F^os 328-330) fragments d'un autre ms. franco-allemand de la même époque, renfermant des Décisions de R. Ascher b. Yehiel de Tolède. Propriétaire (f° 136 a) : Moïse שפירא. Censeurs (f° 326 b) : Camillo Jagel, 1613 ; Renatus a Mutina, 1621 ; Gir. da Durallano, 1640.

1 : voir ci-dessus, p. XI-XII.

6[a] : voir ci-dessus, p. XXXIII-XXXIV.

S (Soncino, 1489) est connu d'après l'exemplaire unique de la collection Elkan N. Adler du Jewish Theological Seminary ; le Raschi dans cet exemplaire commence par אלא לר׳ עקיבא דברויתא (= f° 38 b). Rajeunissements : 822 b (*plombeler* pour *plomer*), 1066 b (*vostur* pour *voltur*).

S[2] (Pesaro, 1509-19 ?) présente quelques divergences de S ; cf. 104, 942 b, 989 c.

B (Venise, 1521) a quelques leçons indépendantes, dans lesquelles on voit une influence italienne : 17 b, 402, 942 b.

B[2] (Venise, 1527) a une leçon nouvelle : 17 c.

F, l'éd. imprimée en Espagne environ 1485 ou à Fez, ne nous a fourni de gloses que d'après un fragment appartenant à M. Jacob Hirschinger, de Munich, qui l'a communiqué à D.S.B. avec beaucoup d'obligeance. Le texte du Talmud dans ce fragment commence par : אמר רב זביד תני מוכרת (= f° 78 b) et se termine par : לא תמכור מפני שבח (f° 79 b). Le texte paraît indépendant des autres éditions ; on n'en trouvera ici qu'un extrait, 33 d.

## Traité Sotah.

Sot. est le seul traité pour lequel il ne paraît pas y avoir de matériaux manuscrits. Nous n'avons que deux sources imprimées qui semblent être entièrement indépendantes l'une de l'autre.

B (Venise, 1520) a subi une influence italienne : 1048. Rajeunissement : 761 (*parastre* pour *padrastres* ?).

E renferme six gloses omises par B (34, 344 c, 451 b, 693 e, 756 a, 769 b) ; les formes des gloses données par les deux sont généralement différentes. Rajeunissement : 825 a (*poacre* pour *podagre*) ; hispanisme : 761.

## Traité Guittin.

Les textes de Guit. ne se laissent pas facilement grouper ; aucun n'est très bon ; les meilleurs sont u, m, S, 3, plus ou moins dans ordre où ils viennent d'être nommés. Les autres sont ou profondément remaniés ou fragmentaires.

*l* : ms. Opp. 38 (ancien 501 ; cat. de Neubauer 368) de la Bodléienne, Oxford. Vélin ; relié en papier de différentes couleurs, dos et coins en parchemin blanc. Dimensions extérieures : 30 cm. × 23.2 ; intérieures : 22-23 cm. × environ 17.5. 40 feuillets de 31 lignes de texte et d'environ 55 lignes de commentaire à la page. Écriture allemande ; xive siècle ? Contient Guit., texte du Talmud avec Raschi. Commence par (texte) : גוזוה אינה עוברת ועיניתוך (= f° 7 a-b). Beaucoup de lacunes [1]. Se termine par : הכא לא תצא הניחא לכיאן דא.. (= f° 86 a). Le ch. VII suit le ch. V. Même arrangement des Mischnaiot que dans le ms. t (ci-dessus, p. xv et n. 1).

Germanismes : 177 b, n. 1, 739.

3 : voir ci-dessus, p. xxxv.

m : ms. Vat. ebr. 135 (ancien Palatin) de la Bibliothèque du Vatican, Rome. Vélin. Dimensions extérieures : 29 cm. × 21 ; intérieures : 28.5 cm. × 19. 83 feuillets de 37 lignes à la page. Écriture allemande ; xive ou xve siècle ? Contient Raschi sur Guit. Le ch. VII précède le ch. VI.

Rajeunissements : 5 b (*arson* pour *adorser*) ; 329 a (*duché[e]s* pour *duchedes*) ; 993 (*trenper* pour *tenprer*). Germanisme rajeuni : 892 a (*reitwagen* pour *reitwage*).

t : voir ci dessus, p. xiv-xv.

---

1. Pour l'indication détaillée des omissions de ce ms. très défectueux, voir le cat. de Neubauer, n° 368.

u : ms. Vat. ebr. 140 de la Bibliothèque du Vatican, Rome. Vélin. Dimensions extérieures : 29 cm. × 20.5 ; intérieures : 28 cm. × 19.5. 154 feuillets (la pagination actuelle et l'indication d'Assemani à cet égard sont fausses) de 29 lignes de texte et d'entre 45 et 49 lignes de commentaire à la page. Écriture franco-allemande, texte, carrée, commentaire, cursive ; XIIIe ou XIVe siècle ? Contient Talmud et Raschi sur Guit. et Scheb. Le chap. VI de Guit. suit le ch. IX du même traité. Scribe : Moïse (f° 154 a). Propriétaire : Ascher b. Yekoutiel שליט (f° 153 b).

Rajeunissements : 5 b (*aorser* pour *adorser*) ; 283 d (*cro* pour *crog*) ; 384 (*escluze* pour *escluse*), 559 b (*graife* pour *grafie*). 215 c (*glog* pour *clog*) pourrait faire croire que le ms. est d'origine allemande.

14 : voir ci-dessus, p. XXXV-XXXVI.

17 : voir ci-dessus, p. XXIV-XXV.

19 : ms. Heb. c. 27.19 (Cat. Neubauer-Cowley, II, n° 2835.19) de la Bodléienne. Vélin. Fragmentaire, la marge déchirée en haut et en bas ; des taches. Dimensions intérieures : 24.5 cm. × 17.75. 4 feuillets de 38 lignes à la page, arrangées sur deux colonnes. Écriture allemande ; XIIIe ou XIVe siècle ? Raschi sur Guit. Commence (f° 36 a) par ביבמתו ומת חולצת ולא (= f° 82 b) ; f° 36 b se termine par בתמוי והא לא איהייה (f° 84 a, en haut) ; f° 37 a commence par בגירושין לשון חורות (= f° 85 b) et se termine par ובקי בתורת גיטין (= f° 86 b) ; f° 38 a commence par בנים הוינו וחשינו ובני בנים (= f° 88 a) et se termine par לא יצא עם הקול אלא (= f° 89 a) ; f° 39 a commence par ומשמיע נמי עדות (= f° 90 a) et continue jusqu'à la fin du traité ; ensuite (f° 39 b) commence le commentaire sur le ch. VII, f° 67 b de l'éd., qui continue jusqu'à (f° 39 b, fin) נחר ליה עשה רב חסדא (= f° 68 a).

39 : ms. 889 (ancien 969) de la Bibliothèque de la ville d'Arras [1]. Vélin ; relié en carton, recouvert de parchemin jaune. Dimensions extérieures : 31 cm. × 25 ; intérieures : 23.5 cm. × 16.5. 88 feuillets de 38 lignes de texte et de 47 lignes de commentaire à la page. Écriture allemande ; daté de 1406 (? ainsi Guesnon, p. 8). Contient le texte du Talmud avec Raschi et Tosafot sur Guit. Beaucoup de

---

1. Cf. A. Guesnon, *Talmud et Machzor. Notices sur deux manuscrits hébreux de la Bibliothèque d'Arras* (Paris, 1904).

lacunes, parce que 43 feuillets [1] ont été enlevés par un bibliothécaire malhonnête. Commence par (texte) המחלק נכסיו על פיו (= f° 14 b). Des lacunes, comme entre le f° 3 b, qui se termine par אין וכי אין גט (= f° 16 b) et f° 4 a, qui commence par מתניתין.. נכתב ביום (= f° 17 a); entre f° 5 b, qui se termine par ואם לאו אין משמטין (= f° 18 a) et f° 6 a, qui commence par ההוא דא"ל לעשרה (= f° 18 b); entre f° 8 b, qui se termine par לא קשיא בכתובת קעקע (= f° 20 b) et f° 9 a, qui commence par ואי בעית אימ' שליחות לקבלה (= f° 21 a); entre f° 11 b, qui se termine par לאו מולתא הוא דאמרי (= f° 23 a) et f° 12 a, qui commence par מתניתין.. שלשה דברים (= f° 28 b); entre f° 21 b, qui se termine par בת פלו' קבילת גיטא (= f° 35 a) et f° 22 a, qui commence par תנן הנושא נשים בעבירה פסול (= f° 35 b); entre f° 52 b, qui se termine par הרג את עצמו שנא' (= f° 56 b) et f° 53 a, qui commence par אמ' רב נחמ' מחלוקת במטלטלין (= f° 59 a); entre f° 60 b, qui se termine par וניכליה במיא דבי נפחא (= f° 69 b) et f° 61 a, qui commence par עזבני כחי דרך דכתי' (= f° 70 a); entre f° 61 b, qui se termine par דאמרינן ליה בסירוגין (= f° 70 b) et f° 62 a, qui commence par גיטו כמתנתו מה מתנתו (= 72 b); entre f° 73 b, qui se termine par אינו ניזונת ואינו עושה (= f° 77 b) et f° 74 a, qui commence par אל' שמוא' לרב יהודה שיננא (= f° 78 b); entre f° 85 b, qui se termine par פלוני עד כשר דלא (= f° 87 a) et f° 86 a, qui commence par פלונית מתקדשת היום (= f° 89 a), etc. Scribe (f° 88 b); Néhémie b. Hayyim. Propriétaire (f° 1 a) : Abbaye de Saint-Vaast, Arras, 1680.

Rajeunissements : 7 f (*arrement* pour *adrement*), 149 b (*broder* pour *brosder*), 443 b (*estrong-* pour *estranguillon*), 915 (*roze* pour *rose*). Provençalisme fort douteux : 741 e.

a : voir ci-dessus, p. X.

c : voir ci-dessus, p. XXXIII.

*u*, *w*, *ȝ* : voir ci-dessus, p. XXXVI-XXXVII.

ɪ : voir ci-dessus, p. XI-XII.

S (Soncino, 1488) a un italianisme : 419 a.

S² (Pesaro, 1509-19 ?) a un rajeunissement, 283 d (*cro* pour *crog*).

B (Venise, 1521) présente un italianisme douteux (68 b) et une autre leçon indépendante, semble-t-il (701).

---

1. D'après Guesnon, p. 6.

B[2] (Venise, 1526) a un italianisme (443 b, c).

R, l'éd. de Faro, Portugal, 1494 (ou 1496) [1], nous est connue d'après quelques gloses (223 b, 244 b), sans doute indépendantes de S.

E s'est servi probablement de S, mais a quelques leçons qui en semblent indépendantes : 19 f, 808 b, 898 d, e.

### Traité Qiddouschin.

Il est difficile de grouper et d'évaluer les mss de Qid. B et *j* ont des rapports dont l'explication n'est pas trop claire (voir ci-dessous, p. 37). Les meilleurs textes sont *j*, n, et 10.

*j* : voir ci-dessus, p. XXXII-XXXIII.
μ : voir ci-dessus, p. XXII-XXIII.
3 : voir ci-dessus, p. XXXV.

n : ms. Vat. ebraico 158 (ancien Palatin) de la Bibliothèque du Vatican, Rome. Vélin. Dimensions extérieures : 27.5 cm. × 18.5; intérieures : 26.5 cm. × 17.5. 104 feuillets de 28-30 lignes à la page. Écriture allemande ; XIVe ou XVe siècle ? Contient Raschi sur Qid.

Rajeunissements : 101 e (*bendiès* pour *bendels*), 559 a (*graife* pour *grafie*), etc. Les gloses sont assez souvent vocalisées.

7 : voir ci-dessus, p. XXVI-XXXVII.

10 : ms. Or. 2891 du British Museum (Cat. Margoliouth, n° 410). En partie vélin, en partie papier. Dimensions extérieures : 21.5 cm. × environ 14.5 ; intérieures : 13 cm. × environ 8.5. 130 feuillets d'entre 27 et 29 lignes à la page. Écriture italienne ; daté de 1385. Contient Raschi sur Qid. Lacune d'un feuillet après les feuillets 83, 92 et 120 et de deux feuillets après f° 97. F° 128 endommagé. Scribe : Proto [2] b. R. Héli (ou Ali) בוקי. Propriétaire (f° 12a) : Jacob b. R. Elie. F° 130 b note en judéo-espagnol.

---

1. Pour une description de ce qui nous reste de ce traité, voir *Zeit. f. hebr. Bibl.*, XII (1908), 17-8. M. S. Seeligmann a eu l'obligeance de communiquer à D. S. B. les leçons de ce texte, et d'autres renseignements aussi.

2. Sur ce nom voir D. S. Blondheim, *Les Parlers judéo-romans*... (Paris, 1925), 97.

Rajeunissement : 40 (*amorties* pour *amortides*). Italianismes : 164 c, 202 c, 399, 983 a. Le ms. 10 a des rapports avec 7.

a : voir ci-dessus, p. x.

b, c : voir ci-dessus, p. XXXIII.

*t* : ms. Opp. 7 (ancien 649) de la Bodléienne, Oxford; cat. de Neubauer 546. Continuation de *s* (ci-dessus, p. x). Vélin. 123 feuillets. Contient Alfasi, le Pseudo-Raschi, etc., sur San. (Mak.), Scheb., 'A. Z., la fin de B Q., B. M., B. B. (dont le commencement manque), Nid., etc.

*w*, *ȝ* : voir ci-dessus, p. XXXV-XXXVII.

Ω : ms. 2416 (cat. De-Rossi 664) de Parme. Vélin ; relié en demi-chagrin. Dimensions extérieures : 21.5 cm. × 13.5 ; intérieures : 14.5 cm. × 7. 190 feuillets de 48 lignes à la page. Écriture italienne (?) ; XIII<sup>e</sup> siècle (?). Contient Alfasi avec le Pseudo-Raschi ; (f° 1-61 b) Qid., qui commence par בציצית· הוודע לשמור תפילין (cf. f° 12a. éd. Romm; f° 29 a de l'éd. du Talmud); (f° 61 b-109 a) Ket. ; (f° 109 b-136 a) Guit. ; (f° 136 b-144 a) *Dinè memonot* ; (f° 144 a-151 a) San. ; (f° 152 a-156 a) Mak. ; (f° 156 b-157 b) Scheb. ; (f° 158 b-162 a) Nid. ; (f° 162 a-189 a) 'A. Z. ; (f° 189 a-190 a) passage qui commence שמעתא חזינן et qui se termine par איסר עד שיטול דינרו וכו׳ סליק פירוש זאת השמועה (cf. Raschi sur B. M. 52 a). Censeur : Dominico Irosolomi[ta]no, 1601 (?).

B (Venise, 1520) a dû suivre plus ou moins strictement, comme d'habitude, S (Pesaro, 1509-19 ?), dont aucun exemplaire n'est connu. B présente des rajeunissements : 40 (*amorties* pour *amortides*), 117 a (*bozecles* pour *bodeke*), 548 e (*aglant* pour *glant*). Les accords de B avec *j*, de même que l'addition d'un germanisme dans B (332) font croire que le ms. qu'il représente était peut-être d'origine allemande.

F, imprimée ou en Espagne vers 1485 ou à Fez, est représentée par l'unique exemplaire du British Museum, dont le texte se termine par כל שעסקיו עם הנשים ל״א (= f° 82 a). On y remarque des gloses catalanisées ou provençalisées : 202 d, 397 b, 559 a, 756 b, 812 d, e, 1032, de même que des hispanismes plus ou moins certains : 375, 959 f, 1035, 1055 e.

E semble s'être servi de S, et également d'une source indépendante; cf. 126, 164 c, 1015 b, 1035; la dernière leçon paraît bien être un hispanisme.

### Traité Baba Qamma.

Les textes de B. Q. se divisent en deux groupes, le groupe allemand, qui se compose de α, p et r, et le groupe italien, qui compte β, y, o, et vraisemblablement S et B. Dans chacun de ces deux groupes on trouve deux mss. si étroitement apparentés qu'il est possible d'affirmer qu'ils proviennent d'une source commune. Dans le groupe allemand ce sont α et p. Cf. 6 b, 466 j, 539, 727 c, d, 947 c, 983 b, 995 b. Ces textes sont en général les plus fidèles représentants de la bonne tradition.

Dans le groupe italien, d'autre part, β et y ont clairement une même origine. Voir 26 e, 238, 325 f, 513 c, 602 a, 639 e.

α : ms. Harley 5585 (cat. Margoliouth 411) du British Museum, Londres. Vélin ; relié en maroquin rouge, orné en or. Dimensions extérieures : environ 26 cm. × 18.5; intérieures : 18 cm. × 11.5. 95 feuillets de 31 lignes à la page. Écriture allemande; XIV^e^ siècle ? Contient Raschi sur B. Q. Propriétaires (f° 2 a) : Akiba b. Lipmann ; son fils Juda.

Comme le scribe ne comprenait pas les gloses (cf. 529, 955 d, 1065 b, etc.), il est clair que Darmesteter avait raison [1] de croire le ms. allemand plutôt que français.

β : ms. Add. 27, 196 (cat. Margoliouth 413) du British Museum. Vélin ; relié en demi-maroquin noir. Dimensions extérieures : 26 cm. × 18.5 ; intérieures : environ 19 cm. × 12.5. 355 feuillets de 34 lignes à la page. Écriture italienne ; XIV^e^ siècle ? Raschi sur (f° 2 a) B. Q., (f° 91 b), B. M., attribué à tort à R. Samuel b. Méïr ; (f° 195 b), le Pseudo-Guerschom sur B. B. F° 354 a renferme une note hébraïque écrite à l'époque moderne par le Dr. I. Moreno de Ferrare. Scribe : Moïse ? Samuel ? (ces noms sont marqués dans le texte : f° 6 a, 9 a, 22 a, 152 a). Censeurs : (f° 352 b) Domenico Carretto, 1617 ; (f° 353 a, 353 b) Dominico

1. *Rel. sci.*, I, 115.

Irosolomitano ; (f° 353 b) Alessandro Scipione, 1597 (ou -2 ?). Propriétaire : Giuseppe Almanzi (n° 310 de sa collection).

Italianismes : 233 c, 614c, 787 f, 936 a, 947 c (*sega* pour *ser[r]e*). Glose catalane : 381 d.

γ : ms. Add. 478.8 de Cambridge. Vélin, relié en toile, le dos et les coins en veau. Dimensions extérieures : 21.5 cm. × 16.25; intérieures : de 15.25 à 15.75 cm. × 11.25 à 11.5. 213 feuillets de 30 lignes à la page. Écriture italienne du nord, ayant des traits allemands; XIVe ou XVe siècle ? Contient (fos 2a-98 b) Raschi sur B. Q.; (fos 98b-213 b) Raschi sur B. M., jusqu'à ממעט חוזק הבנין ועליון מעכב (= B M 117 b). Propriétaires : (f° 1 a) Salomon Ha-Lévi Segal Minz; Mordekai b. R. Salomon d'Ancône ; Moïse מאצה (Mazza ?)[1] ; (f° 173 b) שאפּויש (?) Sénior ; acheté en 1869 à H. Lipschütz, qui l'a obtenu à Corfou.

Italianismes : 97 b, 202 e, 225 e, 391 f, 774 a, 989 e, 1066 *bis*, c. Provençalismes ou catalanismes : 197 a (? *canabuç* pour *chenevaz* ?), 381 d, 387 a.

o : ms. 3055 (De-Rossi 1300) de Parme. Vélin ; relié en demi-chagrin. Dimensions extérieures : 26.5 cm. × 17.75 ; intérieures : 17.5 cm. × 10. 117 feuillets de 32 lignes à la page. Écriture italienne ; XIVe siècle ? Contient une poésie courte, qui commence par כסל זה.....סל נחשב, signée איש גר (= Abraham J. S. Graziano, sur les poésies duquel voir *Rev. ét. juives*, IV[1882], 113-26) et Raschi sur B. Q. Se termine par והבליע לו בחשבון (= f° 118 b). Propriétaires : Hillel Nepi de Modène, qui l'a vendu à Abraham Joseph Salomon Graziano (1646 ?)[2]. Censeurs : (f° 116 b) Renato da Modena (1626), Gir. da Durallano (1640).

Gloses italianisées : 74, 388 e, 936 a, b. Beaucoup d'omissions.

p : ms. Vat. ebraico 157 (ancien Palatin) de la Bibliothèque du Vatican. Vélin. Dimensions extérieures : 27 cm. × 16.5, intérieures : 26 cm. × 16. 86 feuillets, d'environ 45 à 48 lignes à la page. Écriture allemande; XIIIe ou XIVe siècle ? Contient Raschi sur B. Q. ; des vers, etc. au f° 86 b.

---

1. Voir le catalogue de Schiller-Szinessy, partie inédite, II, p. 51-7.

2. Cf. ci-dessus, p. VIII. Le ms. contient des notes marginales écrites par Graziano.

Introduit des gloses allemandes : 491 a, n. 1, 1050, n. 1. Bon nombre de gloses vocalisées.

r : ms. Vat. ebraico 132 (ancien Palatin) du Vatican, Rome. Vélin. Dimensions extérieures : 32.5 cm. × 23.5 ; intérieures : 31.5 cm. × 22. 112 feuillets de 31 lignes à la page, arrangées en deux colonnes. Écriture allemande ; XIII^e siècle ? Contient Raschi sur B. Q. Défectueux à la fin ; se termine (f° 109 b) par לאחריני דאפי׳ מחיל ליה נגזל גופיה... (= f° 109 a de l'éd.) F° 71 a, à la fin du ch. VI, il y a un passage qui remplit à peu près une colonne et qui commence par נ״ל דשורות אילו אשר אכתוב כאן שכחה היא למעלה או שמא צד פירוש אחר.. והמדליק המשאיל את הגדיש אינו משלם אלא דמי גדיש בלבד שלא השאיל לו אלא להגדיש... Cette interpolation se termine par אני כולי האי למדלויה טפי מעשרה... Cf. Raschi, B.Q. 62 a-b. Propriétaires (f° 1 a) : Isaac b. Siméon פרוג, qui l'a vendu en 1423 à Meschoullam b. Jacob de Nuremberg.

Ce ms. a des gloses catalanisées : 555, 941, 1002 e, des gloses rajeunies : 26 e (*aloir* pour *aledoir*), 405 a (*eslois[s]eüre* pour *eslois[s]edure*), 598 (*charpir* pour *jarpir*), 1065 b (*voltrer* pour *volter*), et des gloses interpolées : 262, 435.

v : voir ci-dessus, p. 4.

S (Soncino, environ 1489) a des rajeunissements : 325 f (*daloir'* pour *doledoire*), 660 b (*loi[n]sel* pour *lumesels*), 1017 (*traimes* pour *trames*).

S² (Pesaro, 1509-19 ?) a des leçons indépendantes de S : 325 f, 797 b, 989 d.

B (Venise, 1521) a également des leçons indépendantes de S : 429 b, 573 a, 907 ; ces leçons proviennent-elles de S², dont on n'a eu qu'une collation incomplète ?

B² (Venise, 1538) a deux nouvelles leçons, 186 a, 563 c, dont la deuxième au moins provient d'une source manuscrite.

E s'est-il servi d'un ms., à côté de S ou S² ? Cf. 440 a, 1002 e.

## Traité Baba Meçia.

Les meilleurs textes de B. M. semblent être les deux mss allemands *m* et q, dont *m* est peut-être un peu supérieur à q. Un groupe italien est représenté par β et y, qui ici, comme dans B. Q. [1], doivent provenir d'une source commune [2], de même que par 20 et S. γ, texte d'origine orientale, semble occuper une position intermédiaire entre le groupe allemand et le groupe italien.

*m* : ms. Opp. 387 (ancien 808) de la Bodléienne, Oxford, cat. Neubauer 429. Vélin, relié en chagrin brun, orné. Dimensions extérieures : 38.65 cm. × 16.5 ; intérieures : environ 17.75 cm. × entre 10.15 et 11.4. 232 feuillets de 39 lignes à la page. Écriture allemande ; XIII^e ou XIV^e siècle ? Contient les Tosafot sur B. Q., jusqu'au commencement du ch. III ; (f° 39 b) Raschi sur B. M., la fin manque et il y a une lacune entre f° 87 b, qui se termine par דלאו אדעתי' אונאה לא (= f° 61 a) et f° 88 a, qui commence par לאיש אחר ויכול לקנותו (= f° 62 b) ; (f° 135 a) Tosafot inédites sur Yeb., (f° 209 a) les Tosafot sur B. Q., jusqu'à la fin du ch. II, incomplètes. Propriétaires : (commencement du ms.) Moïse de ליכמן קלזא ; (f° 41 b) Isaac b. Elie שליט, appelé aussi Itzik Pappenheim ; (f° 142 b) Eliézer ; (f° 189 a) Simhah Hizkiyyah b. Menahem Yedidiah.

Rajeunissements : 283 g (*cro* pour *crog*), 381 d (*echelons* pour *eschelons*), 760 e (*ovrés* pour *ovrez*), 881 d (*redois[s]ure* [corrompu !] pour *redois[s]edure*). Glose provençalisée (? 704 b).

β : voir ci-dessus, p. XLIII-XLIV.

γ : ms. Or. 73 du British Museum, Londres ; cat. Margoliouth 412. Papier. Dimensions extérieures : 24 cm. × 17 ; intérieures : 20 cm. × environ 13. 138 feuillets [3]. Écriture orientale ; daté de 1190. Contient Raschi sur B. M. ; commence par ד' כריכות ברשות היחיד משום מקום (= f° 22 b, fin). Les derniers feuillets sont mutilés. Propriétaire : David (de Mossoul), l'Exilarque, sur lequel voir Poznański, *Babylonische Geonim im nachgaonäischen Zeitalter* (Berlin, 1914), 120-1 et J. Mann dans le *Livre d'hommage à la mémoire du Dr. Samuel Poznański* (Varsovie, 1927), 23-4, partie hébraïque.

Quelques gloses sont vocalisées.

*y* : voir ci-dessus, p. XLIV.

1. Voir ci-dessus, p. XLIII.
2. Cf. 245 b, 248 a, 364, 381 d, 432 c, 475, 881 d.
3. Voir *The Palaeographical Society, Facsimiles of Manuscripts and Inscriptions (Oriental Series), edited by William Wright* (Londres, 1875-83), Plate XV.

q : ms. Vat. ebraico 131 (ancien Palatin) du Vatican, Rome. Vélin. Dimensions extérieures : 31.5 cm. × 25.5 ; intérieures : 33 cm. × 26.5. 85 feuillets (le dernier numéroté 88, par suite de trois erreurs de pagination) de 35 lignes à la page, en deux colonnes. Écriture allemande ; XIII^e ou XIV^e siècle. Contient Raschi sur B. M. Scribe (f° 88 b) : Isaac b. Samuel de Clèves (מקלבא). Propriétaire (au commencement du ms.) : Jacob b. Moïse.

Des gloses vocalisées ; des rajeunissements : 245 b (*conroer* pour *conreider*), 495 c (*foizon* pour *foison*), 1042 d (*vaïs* pour *vadils*).

20 : ms. du rabbin N. Porges, maintenant dans la Bibliothèque du Jewish Theological Seminary, New York. En partie papier, en partie vélin ; reliure moderne en demi-chagrin. Dimensions extérieures : 21.5 cm. × 15 ; intérieures : 14 cm. × 9. 182 feuillets de 25 lignes à la page. Écriture italienne ; XV^e siècle ? Contient Raschi sur B. M. ; se termine par כמאי לאו לרבות שליח ב"ד (= f° 113 a). Propriétaire (?) : R. Samson Morpurgo.

Italianismes : 233 c, 325 g, 392 c, 931. Provençalisme douteux : 283 g. Des gloses omises.

21 : ms. III. A. 64(53) du Consistoire israélite de Paris. Dimensions : 21.5 cm. × 15.5. 2 feuillets d'environ 30 lignes à la page. Écriture orientale. Contient le texte du Talmud et Raschi sur B. M. Commence (texte) par מעלי לה והאמר ר' יוחנן (= f° 29 b), (Raschi) : נוח לשתות כוס של מכשפות (= f° 29 b). Se termine (texte) par כגופא דארעא דמיין ק'מ'ל' (= f° 31 a), (Raschi) והא באבידת גופא (= f° 31 a). En bonne partie illisible [1].

42 : ms. Or. 5558. K. 15 (f° 33) du British Museum, Londres. Papier. Dimensions extérieures : 27 cm. × 17.7 ; intérieures : 20.5 cm. × 13.5. 1 feuillet de 30 lignes à la page. Écriture orientale : XIII^e siècle ? Contient Raschi sur B. M. ; commence par אל כלי שלא יתערבו בו שמריו (= f° 60 a) ; se termine par דאפי בלוה אסר רחמ׳ (= f° 61 a). Acheté par le Museum à J. S. Raffalovich, le 1^er décembre 1898.

Gloses en mauvais état.

43 : ms. Heb. d. 78 (f° 29-32) de la Bodléienne, Oxford. Vélin.

1. Cf. Moïse Schwab, *Rev. ét. juives*, LXII (1911), 276.

Fragment qui se compose de l'angle intérieur et inférieur de la page. 4 feuillets. Écriture italienne ; XIIIe siècle ? Contient Raschi sur B. M. ; commence par המתורה הכי אל מאה פרוטות (= f° 102 b) ; se termine par ואני לא בקשתי מאת (= f° 106 a).

a : voir ci-dessus, p. X.

b : voir ci-dessus, p. XXXIII.

*t* : voir ci-dessus, p. XLII.

v : voir ci-dessus, p. X-XI.

S (Soncino, environ 1489), est accessible dans l'exemplaire unique de la collection Elkan N. Adler du Jewish Theological Seminary de New York. Cet exemplaire commence (texte du Talmud) תדע שאילו אמר לשלוחו (= f° 8 a) ; il y a des lacunes depuis וישב קני רכוב (= f° 8 b) jusqu'à כספים אין להם שמירה (= f° 42 a), depuis דלא הוה ידע משלם (= f° 42 b) jusqu'à ואפי' למאן דאמ' אין כיטבע (= f° 45 b), depuis טפי מעשרין ותרין שנין (= f° 84 b) jusqu'à בחלה ולא אמרו חכמים ולא פירשוהו (= f° 85 b, en haut), et depuis נתחייבו במעשר (= f° 89 a) jusqu'à השוכר את הפועל (= f° 92 a, en bas). Le f° 116 du volume doit suivre le f° 111 ; le relieur s'est trompé. Dans ce que nous avons on note un rajeunissement, 245 b (*conreer* pour *conreider*) et un italianisme, 787 e. Faut-il voir un provençalisme dans 169 (*centenar* pour *centenier* ?) ; cf. B, ci-dessous.

B (Venise, 1521) est difficile à caractériser, étant donné l'état incomplet de S et le manque de renseignements sur S[2] (Pesaro, 1509-19 ?). On peut se demander si le provençalisme 1066 c ne provient pas de S ; 381 d a l'air d'une corruption de l'esp. *escalones*, qui pourrait s'expliquer de même. Des rajeunissements comme 165 e (*sengle* pour *cengle*) proviennent peut-être aussi de S. L'emploi d'un ms. par S[2] ou par B, d'autre part, est suggéré par 263 g, 556 (?), 693 f, 715. On a une résolution fausse d'une forme qu'on a prise pour une abréviation de S dans 813 c, n. 2 ; on remarque des cas semblables autre part.

B[2] (Venise, 1531) a des corrections de leçons de B dans 381 d, 556 et n. 3 (exemplaire de Francfort).

E a des hispanismes dans 429 d, 715 ; l'emploi d'un ms. est suggéré par 526 b.

## Traité Baba Batra.

Nous n'avons aucun texte réellement bon de B. B. S est en général le meilleur des deux textes imprimés, S et B, qui sont non seulement nos seuls textes complets mais aussi, par exception, complètement indépendants l'un de l'autre. Des mss, *n*, qui n'est qu'un fragment, est assez souvent mais pas toujours meilleur que 9, qui est plus étendu ; l'un et l'autre offrent quelquefois des leçons meilleures que celles des imprimés.

*n* : ms. Opp. 249 (ancien 428 ; cat. de Neubauer 369) de la Bodléienne, Oxford. Vélin, relié en parchemin blanc. Dimensions extérieures : 22.2 cm. × 17.1 ; intérieures : entre 17.75 et 20.25 cm. × entre 11.4 et 13.95 cm. 58 feuillets d'environ 25 lignes de texte et d'entre environ 40-50 lignes de commentaire à la page. Écriture allemande ; XIII<sup>e</sup> siècle ? Contient le Talmud B. B. avec Raschi (ch. I et II) et ensuite un commentaire apparemment abrégé de celui de Raschbam. Le texte commence par מלוה ה' חונן דל (= f° 10 a) et se termine par בעמקי שאול קרואיה מתני' מכר בור (= f° 79 a). Le commentaire se termine (f° 53 b) par הוינו ספינה קטנה שמוליכי' עם הגדולה (cf. B. B. 73 a). Beaucoup de passages d'une écriture pâle; les cinq derniers feuillets endommagés.

Beaucoup d'omissions dans le (Pseudo-)Raschbam. Quelques gloses vocalisées. Un germanisme : 691 b.

9 : ms. 171.63 (Uff. 210) de la Stadtbibliothek de Hambourg [1]. Vélin. Dimensions extérieures : 29 cm. × 21 ; intérieures : 20.5 cm. × 14. 41 feuillets de 37 lignes à la page. Écriture allemande, d'après Steinschneider. Contient Raschi sur B. B. jusqu'à (f° 41 b du ms.) דחור ולקח מבעל הבית מקחו (= f° 47 b de l'imprimé). Propriétaire (f° 1) Samuel, b. David (?).

Malgré l'opinion de Steinschneider que le ms. est d'origine allemande, il est à noter que le scribe corrompt des gloses qu'il aurait dû comprendre; voir 447 b, 730, 982 b. Ce fait, avec la circonstance que plusieurs gloses ont un air un peu italien (657 c, *lori* pour *lor* ; 669 d, *maglia* [?] pour *maille*), fait soupçonner ou que le

1. Voir Steinschneider, *Catalog der heb. Hss. in der Stadtbibliothek zu Hamburg* (Hambourg, 1878), p. 64. Wolf, *Bibl. hebr.*, IV (Hambourg, 1733), 987.

ms. est d'origine italienne, ou que sa source avait des rapports avec l'Italie.

30 : ms. T.-S. 13. F. 1² de la collection Taylor-Schechter, Bibliothèque universitaire, Cambridge. Papier. Dimensions extérieures : 28.4 cm. × 21.7 ; intérieures : 21.2 cm. × 13.7. 9 feuillets, endommagés en bas, de 34 lignes à la page. Écriture espagnole ; XIVe ou XVe siècle ? Contient Raschi et Raschbam sur B. B. F° 1 a commence par : הלכות האמורות בפרק אחרון דבכ[ורות] (= f° 22 a, en bas), f° 9 b se termine par ...היא ומודו גמי ...לבי דינא קודם (= f° 31 a).
*t* : voir ci-dessus, p. XLII.

S (Pesaro, 1509-19 ?) contient à partir du f° 157 b le commentaire du Pseudo-Guerschom ; ce fait est à retenir à l'égard des gloses 208, 691 c, 1097. On y remarque des provençalismes douteux : 424 c, 616, et un rajeunissement, 50 (*apontiz* pour *apentiz* ; mais cf. 550).
B (Venise, 1521) est, comme on l'a déjà noté (ci-dessus, p. 44), entièrement indépendant de S. B a des rajeunissements : 26 f (*aloir* pour *aledoir*), 429 e (*étencele* pour *estencele*), 437 (*étoner* pour *estoner*), 543 c (*glas[s]e* pour *glace*), etc.
B² (Venise, 15 ?) a une nouvelle leçon, 948 d.

E semble s'être servi de S, mais offre aussi des leçons indépendantes. Cf. 187 b, 242, 392 g, 581 a, 970 b. Hispanisme : 669 d.

## Traité Sanhédrin.

Nous n'avons comme ms. de San. qu'un fragment de peu d'étendue. Cette situation est d'autant plus regrettable que S a été provençalisé.

51 : f° 196 b.a de ms. Michael 388 (cat. de Neubauer 867) de la Bodléienne, Oxford [1]. D'après M. Elbogen, ce fragment semble représenter une recension modifiée du commentaire de Raschi, soit de lui soit d'un de ces élèves. Le fragment est plus prolixe que l'éd.

1. Ce fragment a été accessible seulement d'après l'art. d'I. Elbogen dans *Ha-Çofeh le-Hokmat Israël*, X (1926), 10-17 ; M. Maurice Liber, à qui je dois d'autres indications utiles, a eu la bonté d'appeler mon attention sur cet article.

imprimée ; il s'étend depuis מלכות ואחר כת' מלחמה בעמלק (cf. f° 20 b) jusqu'à בזורץ שמאל מי (cf. f° 22 a).

A la page 21 b ce fragment contient trois gloses, 28 (cf. les additions et corrections, *infra*), 422, 686, qui manquent dans S.

a : voir ci-dessus, p. x.

b : voir ci-dessus, p. xxxiii.

*t* : voir ci-dessus, p. xlii.

*v* : voir ci-dessus, p. xxviii.

v : voir ci-dessus, p. x-xi.

S (Barco, 1497) a beaucoup de provençalismes : 20 c, 113, 292, 380 f, 489 d, 732, 754 *bis* e, 853 d. Il a aussi quelques italianismes : 156, 668 a.

B (Venise, 1520) a quelques leçons qui paraissent indépendantes de celles de S : 376 a, 525 b, 825 b, 866 e, 1079. Il a de même des gloses italianisées : 595, 685 d.

V offre des italianismes qui sont entrés dans la tradition à une date postérieure à celle de B ; cf. 20 c, 668 a.

E s'est clairement servi de S, mais a également consulté une autre source ou d'autres sources. Cf. 222 g, 254, 380 f, 393 a, 595, 685 d, 884 a, 963, 1079. Des hispanismes : 20 c, 754 *bis*, d, e.

## Traité Makkot.

Des deux textes de ce traité, v et B, v, malgré des provençalismes, est un peu meilleur. Il faut noter que depuis le f° 19 b nous n'avons pas le commentaire de Raschi, mais celui de son gendre R. Juda b. Nathan (cf. Gross, *Gallia judaica* [Paris, 1897], p. 226-7).

v : ms. 3155 (De-Rossi 1292) de Parme. Vélin, relié en demi-chagrin. Dimensions extérieures : 30 cm. × 20 ; intérieures : dans la première partie (f^os 1-46 b) 21.5 cm. × 13, dans la 2^e partie (f^os 47 b-120) entre 22.5 et 20.5 cm. × 12.5. 120 feuillets de 27 lignes à la page. Écriture provençale (?). On remarque trois mains différentes : (a) f^os 1-34 a ; (b) f^os 34 b-46 b ; (c) f^os 47 b-120. Du xiii^e ou du commencement du xiv^e siècle, d'après De-Rossi. Contient Raschi sur (f^os 1-26 a) Mak., (f^os 26 b-46 b) Hor., jusqu'à דמשמע אע"פ שכבר מתו חר' (= f° 14 a de l'éd.) et (f^os 47 b-120) 'A. Z. Censeurs : (f° 120 a) Domenico Carretto, 1625 ; (f° 120 b) Alessandro Scipione, 1597, Dominico Irosolomitano.

Beaucoup de provençalismes, non seulement dans Mak. : 311, 1095, mais aussi dans ʿA. Z. : 52 c, 98 a, 117 b, 187 a, 215 e, 378 a, 559 c, 687 b, 704 d, 831 c, 928 c, etc. Voir aussi ci-dessous.

6ª : voir ci-dessus, p. XXXIII-XXXIV.

B (Venise, 1520) semble conserver la vraie leçon dans 311, quand ν provençalise. La désinence de 611 b suggère une influence italienne.

E a une leçon, 858, tirée d'une source manuscrite.

## Traité Schebouʿot.

Des textes relativement nombreux de Scheb. le meilleur est peut-être u. Il contient plusieurs gloses vocalisées assez exactement : 473, 534 h, 685 e, 741 f, etc., et semble moins altéré que la plupart des autres textes.

ζ : ms. 479.8 de la Bibliothèque universitaire, Cambridge. Ce ms. se compose de deux parties en deux tomes, dont la première seulement contient des gloses ; c'est seulement la première qui est décrite ici. Relié en toile, le dos et les bords en veau. Dimensions extérieures : 21 cm. × 14 ; intérieures : entre 18 et 17.5 cm. × entre 11 et 10. 62 feuillets de 24 lignes à la page. Écriture espagnole (?) ; XVᵉ siècle ? Contient Raschi sur Scheb., jusqu'à la fin du ch. VI. Acheté en 1869 de H. Lipschütz, qui l'a obtenu à Salonique [1].

Trace d'une influence ibérienne : 534 h. Deux gloses non-Raschianiques d'origine douteuse : 13, 1081. Rajeunissements : 559 b (*graife* pour *grafie*), 697 b (*monton* pour *menton*).

μ : voir ci-dessus, p. XXII-XXXIII.

π : ms. 3151 (De-Rossi 1293) de Parme. Vélin, relié en demi-chagrin. Dimensions extérieures : 30 cm. × 19 ; intérieures : 22 cm. × 14. 36 feuillets de 36 lignes à la page. Écriture allemande (?) ; XIIIᵉ ou XIVᵉ siècle ? Contient Raschi sur Scheb. Propriétaires : (fº 1 a) Benjamin ; (fº 36 a) Abraham b. Juda ha-Rofé (« le médecin ») l'a acheté en 1403 de R. Baruch Catalano.

1. Cf. le cat. inédit de Schiller-Szinessy, II, p. 57 61.

Le nom de ce dernier, de même que la présence de quelques provençalismes ou catalanismes (peu sûrs, à la vérité : 474, 741 f), pourraient faire douter de l'exactitude de l'opinion du regretté Camerini que le ms. serait d'origine allemande. Rajeunissement : 697 b (*monton* pour *menton*).

u : voir ci-dessus, p. XXXIX.

24 : ms. 1408 de la collection Elkan N. Adler du Jewish Theological Seminary, New York. Vélin. Dimensions extérieures : 32.9 cm. × 20.25 ; intérieures : entre 22.8 et 23.4 cm. × 13.9. 24 feuillets de 31 lignes à la page. Écriture espagnole ou catalane ; XIV^e^ siècle ? Contient Raschi sur Schebou'ot ; commence par המשתלח לכפר (= f° 2 b, en bas) ; se termine par והרי שכוח הוא על שבועת (= f° 28 b).

Un catalanisme : 559 b. Rajeunissement : 697 b (*monton* pour *menton*).

37 : ms. T.-S. 10. F. 2[2] de la collection Taylor-Schechter, Bibliothèque universitaire, Cambridge. Papier. Dimensions extérieures : 18.4 cm. × 13.4 ; intérieures : 12.5 cm. × 10. 10 feuillets d'environ 19 lignes à la page. Écriture orientale ; XIII^e^ ou XIV^e^ siècle ? Contient Raschi sur Scheb. Le f° 1 a commence par : במקצת ומשויר את כל הדומה (= f° 4 b). F° 10 b se termine : ואומא וולדת שאם עבר (= f° 8 a). Des gloses y ont été relevées jusqu'au f° 6 b de l'éd. (741 f).

Les quelques gloses sont en bon état.

*t* : voir ci-dessus, p. XLII.

*v* : voir ci-dessus, p. XXVIII.

ʒ : voir ci-dessus, p. XXXVI-XXXVII.

S (Pesaro, 1509-19 ?) a un texte relativement bon, malgré des rajeunissements : 685 e (*mareske* pour *maresc*), 697 b (*monton* pour *menton*).

B (Venise, 1521) a une leçon, 559 b, qui semble indiquer que l'imprimeur s'est servi d'une source indépendante de S, à côté de ce dernier.

R est représenté par un feuillet mutilé dans la collection Elkan N. Adler du Jewish Theological Seminary de New York. Le texte du Talmud au *recto* commence par הונא הוה לה דינא (= f° 30 b) et se termine par דבעל דינוה דמחזי כמאן (*ibidem*) ; le texte au *verso* commence par שומע ומטעים (= f° 31 a) et se termine par מדבר שקר תרחק· מנין לשל... (*ibidem*). R contient un hispanisme, 181 g.

TRAITÉ ʿABODAH ZARAH.

Des deux textes complets de ʿA. Z., *v* et S, le premier est généralement le meilleur, excepté quand il provençalise [1].

Il contient bon nombre de gloses qui sont omises par S ou qui y sont remplacées par de l'hébreu : 18 c, 197 b, 265 d, 343, 450.

*v* : voir ci-dessus, p. LI-LII.

23 désigne deux fragments d'un ms., dont le premier est Heb. d. 21 (Cat. Neubauer-Cowley 2676.6) de la Bodléienne, Oxford, et le deuxième est T.-S. 10. F. 3' de la Collection Taylor-Schechter de la Bibliothèque universitaire, Cambridge. Vélin. Dimensions extérieures : (Oxford) 24.5 cm. × 16.5 ; (Cambridge) environ 24.1 cm. × 16.7 ; intérieures : (Oxford) 19 cm. × 12.75 ; (Cambridge) 18.6 cm. × environ 12. 5 feuillets, dont 2 à Oxford et 3 à Cambridge ; environ 33 lignes à la page. Écriture talienne ; XIVe siècle (?). Contient Raschi sur ʿA.Z. F° 1 a commence : וטהורה מאי כלו תשמישו ויום תגלחתו (= ʿA. Z. 11 b) ; f° 1 b se termine : אסור ליכנס לתוכה משום (= f° 12 a) ; f° 2 a commence : עול · [בה]עלאה דעלמ (= 23 a) ; f° 2 b se termine : עמוקות תכופות זו אצל זו (= 24 b) ; f° 3 a (à Cambridge) commence : אמות (= 37 b) הראשונות רשות הרבים ; f° 3 b se termine : לאיסור ועל הדג להיתר (= 39 b). Les feuillets 4 et 5, qui sont très endommagés, ne semblent pas contenir de gloses.

Des gloses vocalisées : 845 f, 868 a.

a : voir ci-dessus, p. X.

*t* : voir ci-dessus, p. XLII.

v : voir ci-dessus, p. X-XI.

*v* : voir ci-dessus, p. XXVIII.

1 : voir ci-dessus, p. XI-XII.

6a : voir ci-dessus, p. XXXIII-XXXIV.

∂ : voir ci-dessus, p. XXXVI-XXXVII.

S (Pesaro, 1509-19?) a quelques provençalismes douteux : 132, 431 b, et des italianismes : 44, 117 b, 298 c, 388 f, 478, 755 f.

1. Voir ci-dessus, p. LII.

B (Venise, 1520) a un italianisme, 170 b, et d'autres leçons : 289 a, 704 c, 914 c, qui paraissent indépendantes de celles de S.

B² (Venise, 1548) a une leçon, 298 d, qui manque dans S et dans B.

E a des leçons indépendantes de S, telles que 298 c, 579 b, 630 b, 755 f, de même que des catalanismes, 19g, 98 a, et un hispanisme, 622 c.

## Traité Zebaḥim.

Des deux textes de Zeb. f et B, le premier est d'ordinaire meilleur, mais ni l'un ni l'autre n'est excellent.

f : ms. 325, fonds hébreu (ancien fonds 158) de la Bibliothèque nationale, Paris. Papier, relié en parchemin blanc. Dimensions extérieures : 28 cm. × 19.5 ; intérieures : 23 cm. × 14.5. 88 feuillets (dans la partie du ms. qui regarde Raschi) de 35 lignes à la page. Écriture allemande ; xv<sup>e</sup> siècle ? Contient Raschi sur Zebaḥim. En tête une notice d'une demi-page signée « E. Carmoly ». Censeurs : (f° 84 b) Dom. Irosolomitano, 1597 ; Gio. Domenico Carretto, 1618.

On remarque une trace possible d'influence allemande dans 101 g (*y* pour *e*). Quelques omissions : 505 b, 646 e, 898 a, 987 h, et une tendance à abréger : 383 b, 558 b.

B (Venise, 1522) est quelquefois supérieur à f, étant plus complet et assez rarement (p. ex., 1 b) plus exact.

B² (Venise, 1529) introduit quelques italianismes : 47 c, 505 b.

E, qui a paru avant B, est indépendant de lui : voir 1 b, 271 b, 303, 646 e.

## Traité Menahot.

Dans Men. nous avons la situation peu ordinaire qu'il existe un fragment d'une certaine étendue, w, qui représente une recension du commentaire de Raschi différente de celle représentée par les éditions imprimées. D'autre part, le fait que le ms. 2 et le fragment 4 n'existent plus rend difficile de déterminer leur rapport avec w. Le ms. w était apparenté avec le texte M ; les deux textes s'accordent,

p. ex., à donner des gloses omises par B : 112 e, 151 b, 820, 987 j. Comme 2 s'accorde quelquefois avec w, p. ex., 199 b, et que 2, w, et M, omettent un certain nombre de gloses : 85, n. 2, 214 f, 285 f, n. 4, qui se trouvent dans B, il est possible que 2 représente la même recension que w. Nous savons que Raschi a fait plusieurs recensions de ses commentaires [1] ; il est donc assez probable que les deux recensions sont également authentiques [2].

Pour ce qui est de la conservation des gloses, il est difficile de choisir entre 2 et B. Quelquefois l'un est meilleur, quelquefois l'autre. Ni l'un ni l'autre ne présente un texte satisfaisant.

2 : ms. A, v, 29, de la Bibliothèque de Turin ; détruit dans l'incendie de 1904 [3]. Vélin, petit in-8°. 218 feuillets. Écriture allemande, d'après Darmesteter ; XIV<sup>e</sup> siècle ? Contient Raschi sur (f° 2-107 a), Men., (f° 107 a-165 b) Bek., (f° 165 b-194 a) Ker., (f° 194 a-217 b) Me'il. Nombreuses notes marginales commençant toutes par כתבו רבותינו הצרפתים בעלי התוספות, « Nos rabbins français, auteurs de Thosafoth, ont écrit [4] ». Propriétaire : T. Valperga Caluso.

A part les détails notés ci-dessus, p. LVI, on note d'autres omissions (424 b, 514 c, 713 d, 818 c, 987 k) ; il est clair dans certains de ces cas que la glose était probablement dans le ms. de Raschi. Le cas est le même dans Bek. ; cf. 337 e, 340 d, 342, 464, etc. Certaines gloses sont vocalisées dans Men. : 413 b, 462 a, 480 *bis* a. Rajeunissement : 413 b (*épelte* pour *espelte*). Italianismes (dans Ker. exclusivement) : 533, 936 d.

4 : ms. A, VI, 47 de la Bibliothèque de Turin ; détruit en 1904 [5]. Papier, petit in-8°. 125 feuillets. Écriture allemande ; daté de 1509. Contient Raschi sur (f<sup>os</sup> 2 a-56 a) Bek., (f<sup>os</sup> 56 b-86 a) Tem., Ensuite 5 f<sup>os</sup> en blanc ; puis (f<sup>os</sup> 92 a-104 a) Raschi sur Men., ch. IV. ; (f<sup>os</sup> 105-107) en blanc ; (f<sup>os</sup> 108 a-117 a) Ps.-Raschi sur Qinnim ;

---

1. Voir l'introduction générale à cette édition des gloses, qui paraîtra ultérieurement, pour une discussion de ce sujet.
2. Cf. aussi ci-dessous, p. LVIII.
3. Voir le catalogue de Peyron, n° CXLIX, et Darmesteter, *Rel. sci.*, I, 123.
4. Darmesteter, *ibid.* Les gloses copiées par Darmesteter démontrent que Peyron a eu tort d'attribuer les textes dans ce volume à Bertinoro et non pas à Raschi.
5. Voir le cat. de Peyron, n° CXX, et Darmesteter, *Rel. sci.*, I, 124.

(f[os] 118-120) en blanc ; (f[os] 121 a-122 b), commencement de Raschi sur Men. ch. iii ; (f[os] 123-4) en blanc ; (f[os] 125 a-b) commencement d'un commentaire sur Job par un auteur inconnu. Propriétaires : (f° 1 b) Hayyim Treves ; T. Valperga Caluso.

Texte relativement bon. Le scribe ne comprenait pas les gloses. Rajeunissements : 406 d (*elo*[*s*]*ier* pour *eslois*[*s*]*ier*), 602 d (*gensives* pour *jencives*). Italianisme : 983 c. Provençalisme : 340 d (*enfo*[*n*]-*dar* [?] pour *enfondre*), 811 d.

w, ms. Vat. ebr. 487 de la bibliothèque du Vatican, Rome ; consulté dans une copie photographique qui appartient à la bibliothèque de l'Université d'Illinois, Urbana, Illinois, États-Unis, où elle porte le n° 892.4 V45 n° 467 v. 1 et 2. Dimensions intérieures (d'après la photographie) environ 22: 5 cm. × 15. 282 feuillets de 40 à 45 lignes à la page dans le commentaire de Raschi. Écriture franco-allemande (?) du XIIIe ou XIVe siècle. Contient divers fragments, en grande partie talmudiques ou liturgiques. Le fragment de Raschi sur Men. commence f° 15 a par : מותר לשנות בזבחים דהיינו שוגגין (= f° 49 a) et continue jusqu'à f° 22 b, qui se termine ולפוכך הקוצרין מגביהין (= f° 65 a) ; il commence encore f° 44 a par : על חבירו ואפילו (= 66 b) et se termine f° 61 b par un passage difficile à lire, qui correspond à peu près à la fin de f° 93 b de V. La première partie du fragment, jusqu'à la fin du chap. VI, ressemble à V, avec des variantes souvent semblables à celles notées dans Z. A partir du commencement du chapitre VII le texte est apparenté avec M, bien que la dernière page du ms. montre un assez grand nombre de leçons différentes de celles de M.

Texte assez bon ; le scribe n'a pas compris les gloses, cf. 820, 1022 f, 1026 f [1].

B (Venise, 1522) offre un italianisme, 199 b, et un rajeunissement, *aleoire* pour *aledoir*, 26 g. Pour des omissions et des additions, cf. ci-dessus, p. LVI.

B[2] (Venise, 1529) offre des variantes avec B : 135 c, 203 r, 477 d, etc., dont une, 987 k, semble être un rajeunissement, *toile* pour *teile*.

---

1. Cf. sur ce texte Rabbinovicz, *Diq. Sof.*, XI, 20, n., et S. Ochser, *Zeit. d. deut. morg. Ges.*, LXIII (1909), 393.

B[3] (Venise, 1548) a une leçon, 477 e, qui a peut-être été tirée d'un ms.

E a des leçons indépendantes : 127 b, 683 c, 1022 e.

M, texte imprimé dans V, chap. VII-X (f[os] 72 b-94 a). Il a été copié d'après un texte écrit par R. Beçalel Aschkenazi sur la marge de son exemplaire du Talmud ; cet exemplaire se trouvait à Jérusalem à l'époque où l'on a exécuté la copie qui a servi de base à V.

Provençalisme : 205 (?).

Z offre une glose, 713 d, vraisemblablement provençale. Remarquer que M, qui représente sans doute le même ms. que Z (voici-dessus, sous w), semble aussi avoir un provençalisme.

## Traité Houllin.

Parmi les textes de Houllin le groupe le plus clairement marqué est celui constitué par s et 8, tous les deux textes d'origine allemande. Ils offrent assez souvent des leçons qui diffèrent d'une façon frappante de celles des autres textes, de sorte qu'on est porté à croire qu'ils représentent une recension du commentaire de Raschi faite après ou avant celle qui est conservée autre part. La question est fort délicate, et ne pourra être tranchée que par une étude complète du texte du commentaire. La relation entre les deux textes ressort assez clairement dans des cas comme ceux de 103, n. 1, 228, 283, h, i ; 312 ; 331 d, n. 1 ; 383 c, n. 1 ; 640 ; 668 b, 774 b, 792, 824 c, 958 e, 995 d, 1022 g.

Entre les autres textes il est plus difficile de trouver des indications certaines de parenté. Assez souvent θ et ρ qui sont tous les deux d'origine italienne et qui portent également des traces de provençalisation offrent des leçons semblables ; cf. les gloses 383 c, 409 c, 467 c, 502 a, 817 b, 883 b. On relève aussi des ressemblances entre ρ et le manuscrit fragmentaire 15 ; voir 283 h, i ; 480 *bis*, b ; 888 b.

Aucun des textes n'est très bon ; les meilleurs sont peut-être s et 8. Quand ces textes se séparent entièrement des autres, on est forcé d'admettre qu'il y a deux possibilités également probables. C'est ce qu'on a indiqué quelquefois dans le texte ; dans d'autres cas la question sera discutée dans le commentaire qui paraîtra plus tard.

θ : voir ci-dessus, p. VII.

ρ, ms. 2756 (cat. De-Rossi, 1304) de Parme. Vélin, relié en demi-chagrin. Dimensions extérieures : 24 cm. 3 × 17.5 ; intérieures, environ 14.8 cm. × entre 9.5 et 10 cm. 263 feuillets de 33 lignes à la page. Écriture italienne ; XV^e (?) siècle. Contient Raschi sur (f^os 1 a-180 b) Houllin et (f^os 181 b-263 b) Niddah. Comme Darmesteter le remarque [1] : « Pour le traité Nidda, il y a transposition des feuillets. Je les ai paginés au crayon, et ils doivent se succéder dans l'ordre suivant : fol. 1-14 *bis*, 75-81 ; 21-74 ; 15-20 ; 82-fin. On voit que les feuillets 75-81 ont été transposés avec les feuillets 15-20. » Se termine (f° 263 b) : שמגעה תלוי לאחר טבולה אף זה מגעו תלוי שמא ויראה (= Nid. 72 a, en bas). Censeur (f° 1 a) : Jacobus Giraldini, 1556 [2].

Des italianismes nombreux dans les deux parties du ms. : 128, 214 d, 272 c, 294 b, 302, 758, 936 c, etc. De même des provençalismes plus ou moins certains, 68 c, 206, 378 b, 502 a, 831 e.

8, ms. Merzbacher 133 de la Stadtbibliothek, Francfort s. M. [3]. Vélin. 169 feuillets, petit in-f°. Écriture allemande ; vieille, d'après Rabbinovicz. Des notes marginales et des corrections, les deux dans une main italienne. Raschi sur Houllin. Commence (f° 1 a) par : והזנב נקרא אליה (= f° 11 a). A la fin du chap. II, f° 40 a du ms., il y a une insertion qui commence : מאחר דנפקא ליה מומלק והקטיר דמהתם דנפקא ליה כל דצריכ' הבדלה... et qui se termine (f° 40 b) : דהאי גברא לאו בר קרבן הוא. Ensuite vient le chap. III. Se termine (f° 169 b) : ודיקדקו בדברו כל חכם לומ' כמות שהוא אמר אבל (= f° 141 b, en haut).

On remarque des rajeunissements : 710 c (*mensedes* pour *minciedes*), 883 b (*rondel* pour *redondel*), 956 (*solsier* pour *solcier*), de même qu'une influence allemande. On a un mot allemand, 293, une forme *conce* pour *conge*, 240, qui paraît avoir subi le changement de *ch* (*conche*) en *ç* caractéristique de textes allemands en caractères hébreux [4], et la forme *ḥaltrube*, avec *t* pour *d* (574 b). On ne peut

1. *Rel. sci.*, I, 122.

2. La note du censeur est semblable mot à mot à celle qui est reproduite en fac-similé chez W. Popper, *The Censorship of Hebrew Books* (New York, 1899), plaque IV, n° 6 ; on en trouvera une transcription exacte dans N. Porges, *Festschrift* de Berliner (Francfort s. M., 1903), 274, n. 2.

3. Cf. R. N. Rabbinovicz, *Ohel Abraham*, p. 13.

4. Voir le commentaire à paraître plus tard, s. v. *conge*.

distinguer clairement si l'on a, 249 b, l'all. *cunterfei* ou une simple faute pour la forme française. Beaucoup de gloses sont vocalisées; souvent on a *u* pour *o* dans ces cas : cf. 108, 183 c, 323 c, etc. Les insertions italiennes contiennent souvent des italianismes : cf. 300, 628 c, 754 *bis*, f ; 1007 b. Voir aussi 565 d.

s, ms. Vat. ebraico 139 (*olim Palatinus*) du Vatican, Rome. Vélin. Dimensions extérieures : 36.5 × 26.5 cm.; intérieures, 35.5 sur 25.5 cm. 88 feuillets de deux colonnes à la page; entre 44 et 51 lignes à la colonne. Écriture allemande de 1411. Contient Raschi sur Houllin. Scribe : Isaac Joseph b. Abba Mari [1]. Propriétaire (f° 1 a, cf. f° 58 a) : Isaac b. Abigedor.

On note des gloses rajeunies comme 668 c (*mar*[*r*]*iz* pour *madriz*), 712 c (*miruor* [*sic*] pour *miredoir*), beaucoup de gloses vocalisées, 47 d, 64, 72 c, 214 a, etc., et une influence allemande dans 293, 425 b. Le scribe n'a pas compris les gloses; cf. 159 c, 552 h, etc.

15, ms. 356.16 de la Staatsbibliothek de Munich. Vélin. Dimensions extérieures : environ 24.5 cm. × 17; intérieures, (a) jusqu'au milieu du f° 6 b, environ 17 cm. × 11.2, (b) après, environ 19 cm. × 13.5, 21 feuillets de (a) 25 et (b) environ 38 lignes à la page. Écriture allemande ; depuis le milieu de f° 6 b l'écriture devient plus cursive, plus petite et plus irrégulière. XIIIe-XIV[e] siècle ? Contient Raschi sur Houllin. Commence par : שנתבסה שחוכת מכות רבות (= f° 42 b). Se termine : איל וצבי גו' מפני רדך קצרא (*sic*) (= f° 63 b). Les premiers feuillets sont endommagés [2].

On relève un rajeunissement, 276 a (*crestonge bodel* pour *crestan-*). Le scribe ne comprenait rien aux gloses, cf. 295 e, 976 c, etc. Il en a omis un nombre considérable, 824 b, 888 a, 898 g, h, etc.

44, voir ci-dessus, p. IX.

*u*, voir ci-dessus, p. XXXVI.

*v*, voir ci-dessus, p. XXVIII.

1, voir-ci-dessus, p. XI-XII.

---

1. Pour les vers avec lesquels le scribe a terminé le ms. (f° 58 a) voir Berliner, *Gesammelte Schriften*, I (Francfort s. M., 1913), p. 23, n. Il faut y lire חמשי pour ראש חדש et גואל ומהיר pour גואלו מהיר.

2. Le texte de ce ms. a été publié en partie par S. Taussig, מלאכת שלמה (Munich, 1879), 33-35, comme A. Marx l'a fait remarquer à D. S. B.

S (Soncino, 1489), présente une glose rajeunie, 2 (*es[s]oper* pour *açoper*), et un italianisme, 458 g. C'est en général un assez bon texte. Dans l'exemplaire de la Staatsbibliothek de Munich (S°) on relève des gloses vocalisées ou autrement corrigées à la main, sans doute d'après un ms. ; voir 80 b, n. 2, 331 d, 644 c, n. 1, 682, n. 2, 1007 b.

S² (Pesaro, 1519) ne suit pas seulement S, mais a subi des changements d'après un ms. ou des mss. On note des omissions de gloses, 96 b, 688 e, de nouvelles leçons, 75, 276 a (?), 373 b, 644 c, 947 d, et un provençalisme douteux, 103.

B (Venise, 1521), a suivi S², mais a fait quelques changements, 283 h, 486 b. Un imprimeur d'origine allemande doit être responsable pour un germanisme, 425 b, de même que pour la substitution parfois de ת à ש, 289 b, etc.

B² (Venise, 1526), a introduit quelques nouvelles leçons, comme 206, 300, 898 h, 948 d, et des italianismes, 774 b (?), 986 a, b.

E s'est servi de S, mais a aussi consulté un ms. ou des mss. Cf. 320, 373 b, 639 h, 986 b, 1022 g.

## Traité Bekorot.

Le meilleur texte de Bek. est 29 ; malheureusement ce n'est qu'un ms. fragmentaire. Des trois autres textes, 2, 4, et B, un classement n'est guère possible ; tantôt l'un est meilleur, tantôt l'autre. 2 est souvent inférieur à 4 et B, surtout à cause de ses omissions nombreuses.

2, voir ci-dessus, p. LVI.

4, voir ci-dessus, p. LVI-LVII.

29, ms. T.-S, 18 F. 1² de la collection Taylor-Schechter de la Bibliothèque universitaire, Cambridge, Angleterre. Vélin. Dimensions extérieures : 31.6 cm. × 22.2 ; intérieures, 21 × 13.4 cm. 9 feuillets d'environ 30 lignes à la page. Écriture espagnole (?). Contient Raschi sur Bek. Des feuillets 5 et 6 il ne reste que les coins supérieurs du côté droit ; du feuillet 9 il ne reste que la moitié. F° 1 a commence par הואיל וניפגע מיחזו אעג דכי אכיל לא מיחזי· אבל (cf. f° 35 a). Le texte se continue, avec des lacunes et au moins une insertion (f^os 3 a-b, *s. v.* גלוין ; cf. f° 37 a de l'éd.), jusqu'au f° 6 b, qui se termine כגון דנבראת דולמא... באחת אבל דכולי עלמא (= f° 39 a), F° 7 a commence : מדרון ונופלין לנהר ואמר רב חנני מדרי דבבל (f° 44 b) ; f° 7 b se termine ובריגלו אחת חוי נותר ול״א בשתיהן (= f° 45 b). F° 8 a commence : כנטול דמי ובחמה שניטלא (f° 40 a) ; f° 8 b se termine : ובדלות ביה עצם נמי ואפילו (f° 40 b). F° 9 a continue f° 7 b ; il se termine : מאן ירית... שהוציא ...עד (= f$^{os}$ 46 a-b).

Les gloses sont en relativement bon état ; cf. 983 c, 994 b, etc. Il serait utile que l'on puisse retrouver des fragments plus étendus de ce ms.

B (Venise, 1522) a un rajeunissement, 994 b, *tendrun* (ou *-on* ?) pour *tenrum*, et un italianisme, 983 c (cf. aussi 947 e).

B² (Venise, 1528) a de nouvelles leçons, telles que 464, 947 e, et surtout des italianismes, 602 d, 928 d, 954, et une glose allemande modernisée, 703 c.

V présente des formes intéressantes dont la source n'a pas encore été déterminée ; cf. 707, 743, 992 b (*tonples*, forme rajeunie de *tenples*).

E est indépendant des autres textes. Voir 166 e, 203 s, 928 d, 954, etc.

G est un texte imprimé dans V qui s'étend depuis f° 57 b jusqu'à la fin du traité, f° 61 a. Ce texte a été publié d'après la copie exécutée par R. Beçalel Aschkenazi sur la marge de son exemplaire du Talmud (cf. M, ci-dessus, p. LVIII).

Ici comme dans Men. (voir ci-dessus, p. LVI), le manuscrit d'Aschkenazi présente des ressemblances avec 2.

## Traité 'Arakin

B est un peu meilleur que *p*.

*p*, ms. Opp. 726 (autrefois 157), 370 du cat. de Neubauer. Vélin. In-8°. 231 feuillets. Écriture allemande ; XIV$^e$ siècle ? Traité Tamid avec le commentaire de R. Schemayah ; commence par : דקפרי חנו מאי טעמא אמר ר׳ פפא משום (= f° 29 b de V) ; (f° 12 a) traité Middot avec le comm. de R. Schemayah ; [éd. Berliner, *Beiträge*... (Berlin, 1903), 37-40] ; (f° 19 a) traité Me'ilah avec un commentaire anonyme ; (f° 47 a) traité 'Arakin, avec le commentaire de Raschi ; (f° 113 b) Massèket Kallah ; (f° 116 a) Massèket Semahot ; (f° 128 a) traité Scheqalim, avec un commentaire par R. Meschoullam, etc. [1].

Il faut sans doute voir dans *sie* 947 f, un rajeunissement pour *serre*. On remarque des gloses vocalisées, 182 b, 1042 e. La graphie *cenpes* pour *cenbes*, 162 c, s'explique peut-être par l'origine allemande du ms.

B (Venise, 1522) a probablement un rajeunissement dans *segondier* pour *seondier*, 944 d,

B² (Venise, 1528) a des italianismes : 162 b, 659.

V a une bonne leçon, 1042 e, qui s'explique sans doute par une correction dans quelque édition antérieure.

## Traité Temourah.

Dans ce traité il n'y a qu'une glose, 811 d, pour laquelle 4 (voir ci-dessus, p. 51), a un provençalisme, de sorte que la leçon de B (Venise, 1522) paraît meilleure.

## Traité Niddah.

Le meilleur texte complet est généralement μ. ρ et S ont une tendance à s'accorder quelquefois contre μ, parfois quand μ a des gloses qui manquent dans les autres textes, comme 281, 769 d, n. 2, 903, d'autres fois quand μ a subi des altérations, cf. 522, 526 d, 831 e. On ne peut pas constater une relation très intime entre les textes. t s'accorde quelquefois avec ρ et S contre μ ; cf. 783, 903. S a parfois des gloses qui manquent dans les autres textes, voir 545, 778, 779 c ; le fait que 48 a une glose aussi pour 779 c suggère la possibilité que toutes les trois gloses sont authentiques.

μ : voir ci-dessus, p. XXII-XXIII.
ρ : voir ci-dessus, p. LIX.
t : voir ci-dessus, p. XIV-XV.

26, ms. 942 de la collection Elkan N. Adler du Jewish Theological Seminary, New York. Papier. Dimensions extérieures : 28.65

1. Pour plus de détails sur le contenu de ce ms., voir le cat. de Neubauer, d'après lequel, avec les notes de Darmesteter, *Rel. sci.*, I, 113, la plupart de cette notice a été rédigée.

cm. × 22.8; intérieures, 22.8 cm. × environ 16.5. 4 feuillets de 28 lignes à la page ; ces feuillets sont endommagés, surtout le premier, et le côté gauche de tous les feuillets manque. Écriture espagnole ; XIIIe siècle (?) Contient Raschi sur Niddah. F° 1 a commence בזב גרידתא הוא דמטמ[א (= f° 35 a). F° 2 b se termine : ותורה לא טהרתו אלא ביומו וטבילה (= f° 36 a). F° 3 a commence : שנה ולא בתר מנון עולם (= f° 47 b). F° 4 b se termine : גסטרא זו לקבל משקה (= f° 49 a, en bas).

26 ne contient que la glose 517 c.

48 : voir ci-dessus, p. XXI.

b : voir ci-dessus, p. XXXIII.

S (Soncino, 1489), à part les particularités indiquées ci-dessus (p. LXIII), a un rajeunissement, 81 c *ba[il]lier* pour *badaillier*).

B (Venise, 1530) s'est servi non seulement de S, mais aussi d'un ms. médiocre qui a dû ressembler à ρ ; cf. 295 f, 573 b, 898 j, et remarquer que B a un provençalisme, 471 k, ce qui rappelle également ρ (voir ci-dessus, p. LIX).

B[2] (Venise, 1530) a quelques variantes : 42 c, 431 c (?).

V a un italianisme, 848 h, dont la source est obscure.

## Traité Ta'anit.

Nos textes principaux, 13, 40 et S, viennent tous les trois d'une source commune qui était italianisée et qui avait certains autres défauts ; cf. 634 b, 685 f, 787 i, 799, 1018 b, 1073. Aucun des trois ne vient d'un des autres ; pour des détails à cet égard voir la description des textes séparés ci-dessous. S est peut-être le meilleur des trois, mais il n'y a pas beaucoup de différence entre eux. E s'est servi d'un ms. sensiblement différent de la source des trois autres.

13, voir ci-dessus, p. XXVII. 13 et S ne viennent pas de 40 ; cf. les gloses 313, 326, 953 ; 13 ne vient pas de S non plus ; notez la date de 13 et cf. 499 b.

40, ms. 1799 de la collection Elkan N. Adler du Jewish Theological Seminary, New York. Vélin, relié en demi-chagrin et toile cirée. Dimensions extérieures : 31.5 cm. × 22.8 ; intérieures, 19 cm. × environ 13. 91 feuillets de 33 lignes à la page. Écriture italienne ; XIV^e siècle (?), en tout cas postérieur à l'année 1321 (voir ci-dessous). F° 1 b-31 b, Pseudo-Raschi sur Ta'an. Des variations considérables avec le texte imprimé, surtout jusqu'au f° 3 b ; 40 est semblable à 13 à cet égard. Cf. sur 13 H. P. Chajes dans *Ha-Qedem*, II (1908), 117. C'est d'après Chajes que le f° 3 b est indiqué ici. On peut soupçonner que S a été tiré d'après un ms. dont le commencement manquait, et qu'on a remplacé ce qui manquait en se servant d'un autre texte. F° 32 a-72 b, פירוש אחר ממסכת תעניות. On y remarque des citations de R. Hananel, R. Guerschom, Alfasi, רבי' יצחק ז"ל (f° 47 a), גאון et הגאון [1]. On remarque un passage en arabe (f° 42 a). Le texte est vraisemblablement d'origine italienne. F^os 73 b-74 b : מצאנו בתשובות הגאונים מר שר שלום זצוקל ; f^os 74 b-77 a : עוד זה מצאנו בסדר תפילת הציבור שלבצורת ; f^os 77 a-79 a : זה סדר תפילת תענית צבור נעשה ברומא ביום ה׳ כא׳ סיון שנת פח׳ לפרט [2]. F^os 79 b-91 a : פי׳ משנת שקלים להר׳ יהודה בר בנימן (*sic*) הרופא זצוקל [3]. Propriétaires (f° 1 a) : שמואל זגזול מקק מעזריטש (Miedzyrzecz) ; Schönblum ; Isaac Last.

40 ne vient ni de 13 ni de S ; cf. 373 b, n. 1, 391 g. Le scribe n'a pas compris les gloses ; cf. 326.

S (Pesaro, 1509-19 ?) ne vient ni de 13 ni de 40 ; cf. 787 j. Voir aussi ci-dessus, sous 13.

B (Venise, 1521) a une leçon indépendante ; cf. 1018 b. B² (Venise, 1538) a également une variante de cette glose.

E s'est servi d'une source manuscrite ; il n'est pas clair s'il s'est servi de S ou non. On y note non seulement de nombreuses omissions (214 e, 326, 391 g, 799, 1018 b), mais aussi des additions (443 c, n. 2, 516 r, n. 1, 674 e, n. 2, 1063 c, n.), parmi lesquelles on relève des hispanismes, 121 d, n. 1, 810. Il a aussi des variantes de gloses qu'on trouve dans S : 121 d, 338, 516 r, 787 i.

---

1. Cf. Epstein dans la *Festschrift* de Steinschneider (Leipzig, 1896), 141.

2. M. A. Marx fait remarquer qu'il faut lire פא = 1321, au lieu de פח = 1328. Le même texte se présente, dit-il, dans les mss. D. Kaufmann (Académie des sciences de Buda-Pest), 380.1 et E. N. Adler (New York), 681, f° 165 b, parmi d'autres. Il indique aussi les références suivantes : *Iggerot Schadal*, p. 600 ; Berliner, *Ges. Schriften*, I, 84-6 ; Vogelstein et Rieger, *Gesch. d. Juden in Rom*, I (Berlin, 1896), 306, n. 4.

3. Cf. Vogelstein et Rieger, *op. cit.*, 377, n. 4 (à corriger d'après notre ms.), 378, n. 2.

## TRAITÉ MO'ED QATAN.

La situation de nos sources pour M. Q. est singulièrement compliquée. Il y en a au moins trois groupes ; le premier se compose de λ, 6 et S ; le deuxième de 49, et le troisième de A et peut-être de F. Il y a des gloses en commun entre le premier et le troisième de ces groupes, et entre le deuxième et le troisième, mais il y a aussi dans tous les groupes des gloses qui ne se présentent que dans un seul groupe. Il est donc absolument impossible de savoir quoi que ce soit de l'origine raschianique ou non d'une glose quelconque. Il se peut que plusieurs ou même tous les textes soient authentiques, sans que cela soit probable. 49 a certaines marques d'authenticité, sans qu'on puisse les dire convaincantes. Dans le premier groupe S est quelquefois, mais pas toujours, meilleur que les autres textes ; 6 est meilleur que λ, étant donné qu'il n'omet pas tant de gloses.

λ, voir ci-dessus, p. XXVI.
6, voir ci-dessus, p. XV-XVI.

49, ms. 32 de la bibliothèque synagogale de la rue Tlomackie, Varsovie. Papier, broché, enfermé dans une boîte en carton. Dimensions extérieures : 24.5 cm. × 17 ; intérieures : première main, entre 17.9 et 18.5 cm. × entre 11.1 et 11.7 cm. ; deuxième main, 19.7 cm. × entre 11.1 et 11.7. 205 feuillets, avec une lacune entre les feuillets 127 et 128. 34 lignes à la page. Écriture espagnole ou provençale. Contient [1], f° 1 a, Tosafot attribuées à R. Ascher sur Meguillah ; f^os 9 a-28 b, Raschi (?) sur M. Q. ; f^os 28 b-57 a, Ḥiddouschim de R. Nissim sur M. Q. ; f^os 58 a-67 b, commentaire de R. Ascher sur Tamid ; f^os 68 a-99 b, commentaire de R. Abraham b. David de Posquières sur Tamid ; f^os 100 a-103 b, Tosafot de R. Ascher sur les chap. VIII et IX de Sotah ; f^os 104 a-108 b, R. Yom Tob b. Abraham sur le chap. XI de San. ; f^os 108 b-109 a : זה כתב ר׳ דוד ז״ל בפ׳ ארבע מיתות, sur le chap. VII de San. ; f^os 109 b-122 b, Tosafot de R. Ascher sur Hor. ; f^os 123 a-127 b, commentaire de R. Ascher

1. Cf. la description publiée par M. Moszkowski dans *Ha-Çefirah*, t. XX, le 12 Kislew, 1893, où ce ms. porte le n° 2. M. A. Marx a fait connaître cette description à D. S. B.

sur Qinnim, la fin manque, se termine : מחצה פסול ולאפוקי מדרבא דאמר בפרב. F° 128 a commencent une autre écriture et un papier un peu différent ; l'écriture semble espagnole plutôt que provençale. F^os 128 a-145 b, commentaire de R. Ascher sur Scheqalim ; f^os 146 a-177 b, Tosafot de R. Ascher sur M. Q. ; f° 178 a-205 a, Tosafot de R. Ascher sur Meg.

Le texte de 49 est différent de V et aussi de A. Il semble avoir plus de rapports avec A qu'avec V ; cf. 26 h, 181 g, n. 1, 349 b. Il ne paraît pas y avoir de gloses communes à 49 et à S. Remarquez, d'ailleurs, pour les différences avec S, que la glose 325 j représente une traduction constante chez Raschi pour חצינא, à l'encontre de 87, que 934 b se retrouve également dans l'Or Zarou'a, et que 985 h représente une version habituelle chez Raschi, pendant que V offre l'hébreu ארון.

49 a quelques provençalismes : 489 f, 602 f.

*s* : voir ci-dessus, p. x.

*v* : voir ci-dessus, p. xxviii.

S (Pesaro, 1509-19?) a des italianismes : 90 c, 681, 741 g.

B (Venise, 1521) a une nouvelle leçon, 854 e, qui n'est peut-être qu'une mauvaise émendation conjecturale.

B² (Venise, 1526) a une leçon, 87, qui rappelle la leçon de 49, n° 325 j.

F est, comme d'habitude, tiré d'une source sans rapport intime avec celle de S. Pour une ressemblance avec A, voir 297, n. 2 ; pour une glose qui se retrouve dans S, cf. 641.

A a un rajeunissement, 649 c, *lichier* pour *lischier*. Pour ses rapports avec 49, voir ci-dessus. Il a un certain nombre de gloses en commun avec S et les mss. apparentés avec S : cf. 82 g, 90 c, 197 c, 583 h.

E est indépendant de S ; cf. la glose française ou provençale 58.

## Traité Nedarim

Notre seul texte complet des quelques gloses de Ned. est B, qui est assez bon. v, ms. du Pseudo-Raschi sur l'Alfasi, contient à côté de gloses qui se retrouvent dans B (456 d, 584), certaines autres qui ne s'y présentent pas et qui proviennent peut-être d'un commentaire différent, car leur contexte varie considérablement avec celui de B.

v : voir ci-dessus, p. X-XI. Les gloses qui ne se retrouvent pas dans B sont : 273, 702 b, n. 1, 844 c, 901 c, n. 2, 1102.

B (Venise, 1522), voir ci-dessus.

B[2] (Venise, 1528) a une glose, 922 e, qui représente peut-être une forme vénitienne.

## Traité Nazir.

Des deux textes principaux de Nazir, B offre un texte peut-être un peu meilleur que celui de 46. 46 (en tête) attribue le commentaire à R. Juda b. Nathan, le gendre de Raschi.

46, ms. Or. 803 de la Bibliothèque universitaire, Cambridge, Angleterre. Papier ; le ms. a été cartonné, apparemment vers l'an 1880. Dimensions extérieures : 18.75 cm. × 14.4 ; intérieures : environ 14.75 cm. × environ 10.75. 46 feuillets d'environ 34 lignes à la page. Écriture italienne ; daté (f° 46 a) de dimanche, le 4 *tischri*, 5274 = 1513. Contient R. Juda b. Nathan sur Nazir. Des lacunes, comme entre f° 3 b, qui se termine שבאותו יום שעלתה הנה (= f° 5 a), et f° 4 a, qui commence לא אופשר דאמינ׳ ךך (= f° 7 a), et entre f° 9 b, qui se termine שקבל עליו תחלה ואח״כ מונה (= f° 13 b) et f° 10 a, qui commence מצות אבלות נוהגת (= f° 15 b). Ces lacunes n'existaient pas dans le ms. qui appartenait à une bibliothèque d'Ancône et d'après lequel des extraits du texte ont été publiés dans l'éd. du Talmud de Vilna (maison Romm, 1884) sous le titre נוסחת הריב״ן. Ce ms. semble avoir été tout à fait semblable au nôtre [1]. Propriétaires ; R. Abraham J. S. Graziano ; S. J. Halberstam (ms. n° 323) [2] ; Charles Taylor.

---

1. Le seul fait qui fasse hésiter à dire qu'il s'agit d'un seul ms, c'est que d'après l'*Aharit Dabar*, p. 6, du Talmud de Romm, tome dernier, le ms. avait appartenu à R. Hayyim J. D. Azoulaï, fait que D. S. B. n'a pas relevé dans un examen un peu hâtif du ms. Notez que le fils d'Azoulaï, Raphaël Isaïe, était rabbin d'Ancône en 1787-1826 (cf. *Jew. Enc.*, I. 573 b). Remarquer aussi que le ms. d'Ancône, comme celui de Cambridge (voir נוסחת הריב״ן, au commencement), a aussi appartenu à R. Abraham J. S. Graziano.

2. Cf. E. J. W(orman) dans le *Jewish Chronicle* (Londres), le 29 janvier 1909, p. 23. Monsieur A. Marx a appelé l'attention de D. S. B. sur cet article. Voir aussi Isaac Hirsch Weiss, *Raschi* (Vienne, 1882), p. 70.

46 a une glose provençale ou catalane, 634 c. On peut se demander si la leçon *freg* (?) pour *freier*, 517 d, a subi l'influence du pr.-cat. *fregar*.

B (Venise, 1522), voir ci-dessus.

B² (Venise, 1529) a changé bon nombre des quelques gloses du traité. On relève des rajeunissements : 42 d, *anet* pour *aneid* (?), 691 a, *post* pour *mast* ; un italianisme, 248 c, une addition, 992 d, et des améliorations, 142 b, 517 d.

V, a une leçon, 42 d, changée d'après une source obscure.

## Traité Keritot.

Des deux textes de Ker., 2 et B, le deuxième est un peu meilleur. Les deux ont un italianisme en commun, 533.

2 : voir ci-dessus, p. 51.

B (Venise, 1522) a des italianismes : 416 b, 936 e.

B³ (Venise, 1528) offre un changement, 936 d.

## Traité Me'ilah.

B offre un texte de la glose 744 un peu meilleur que celui de 2.

2 : voir ci-dessus, p. LVI.

B (Venise, 1522) est identique à B⁴ (Venise, 1528), sauf pour un changement, 985 i.

# SYSTÈME DE TRANSCRIPTION

DES

# CARACTÈRES HÉBREUX

| | | |
|---|---|---|
| א | ('alet) | a |
| ב | (bet) | b |
| ג | (guimel) | g |
| ג̃ | (guimel tildé) | j |
| ד | (dalet) | d |
| ה | (hé) | h |
| ו | (waw) | u |
| ז | (zayin) | z |
| ח | (ḥet) | ḥ |
| ט | (tet) | t |
| י | (yod) | i |
| ך, כ | (kaf) | k |
| ל | (lamed) | l |

| | | |
|---|---|---|
| ם, מ | (mem) | m |
| ן, נ | (noun) | n |
| ס | (samek) | s |
| ע | ('ayin) | e |
| ף, פ | (pé) | p |
| פ̃ | (pé tildé) | f |
| ץ, צ | (çadé) | ç |
| ק | (qof) | k |
| ק̃ | (qof tîldé) | ch |
| ר | (resch) | r |
| ש | (schin) | s |
| ת | (taw) | t |

# LISTE DES SIGLES EMPLOYÉS

Dans la liste suivante les identifications des textes sont suivies, entre parenthèses, d'un renvoi à la page de l'introduction où les mss ou imprimés sont décrits. Les abréviations de Darmesteter ont été conservées, pour éviter des erreurs. Il tâchait d'abord de distinguer les pays où se trouvent les mss. par l'emploi d'alphabets différents. Quand il a vu que le maintien conséquent de ce système n'était pas pratique, il a commencé à désigner certains textes par un chiffre arabe. Son continuateur a généralement employé la dernière méthode, en classant les mss. dans l'ordre de leur découverte. D'habitude Darmesteter rangeait les livres de chaque bibliothèque selon l'ordre des traités talmudiques ; des mss. de Parme, par exemple, il a désigné De-Rossi 1309 par θ parce qu'il comprend Berakot, 1324 par ι parce qu'il contient Sabbat, etc.

| | | | | |
|---|---|---|---|---|
| a | Paris, B. N., f. héb. | | 311 | (x) |
| b | — | — | 313 | (xxxiii) |
| c | — | — | 314 | (xxxiii) |
| d | — | — | 323 | (xxxii) |
| e | — | — | 324 | (xiii) |
| f | — | — | 325 | (lv) |
| k | Rome, Vatican, ebr. | | 129 | (xiv) |
| l | — | — | 138 | (xiv) |
| m | — | — | 135 | (xxxviii) |
| n | — | — | 158 | (xli) |
| p | — | — | 157 | (xliv-v) |
| q | — | — | 131 | (xlvii) |
| r | — | — | 132 | (xlv) |
| s | — | — | 139 | (lx) |
| t | — | — | 127 | (xiv-xv) |
| u | — | — | 140 | (xxxix) |
| v | Livourne, Talmud Torah | | 2 | (x-xi) |
| w | Rome, Vatican ebr. | | 487 | (lvii) |

| | | | | |
|---|---|---|---|---|
| *h* | Oxford, | Bodléienne, | Opp. add. 4 to 23 | (xix) |
| *i* | — | — | Digby. Or. 35 | (xxii) |
| *j* | — | — | Opp. 248 | (xxxii-iii) |
| *k* | — | — | Opp. 97 | (xxxiv-v) |
| *l* | — | — | Opp. 38 | (xxxviii) |
| *m* | — | — | Opp. 387 | (xlvi) |
| *n* | — | — | Opp. 249 | (xlix) |
| *p* | — | — | Opp. 726 | (lxii-iii) |
| *s* | — | — | Opp. 6 | (x) |

*t* — — Opp. 7 (XLII)
*u* — — Opp. 8 (XXXVI)
*v* — — Mich. 613 (XXVIII)
*w* — — Mich. 622 (XXXVI)
*x* Cambridge, Bibl. univ., Add. 477.8 (XXIX)
*y* — — — — 478.8 (XLIV)
*z* — — — — 479.8 (LII)
α Londres, Brit. Mus., Harl. 5585 (XLIII)
β — — — Add. 27196 (XLIII-IV)
γ — — — Or. 73 (XLVI)
δ — — — Add. 17050 (XXXVI-VII)
η Parme, Bibl. pal., 2589 (VII-III)
ι — — — 2087 (XIII)
λ — — — 2244 (XXVI)
μ — — — 2903 (XXII-III)
ν — — — 3155 (LI-II)
ξ — — — 2590 (XXXV)
ο — — — 3055 (XLIV)
π — — — 3151 (LII-III)
ρ — — — 2756 (LIX)
Ω — — — 2416 (XLII)
1 — — — 3273 (XI-XII)
2 Turin, Bibl. univ., A, V, 29 (LVI)
3 — — — A, IV, 38 (XXXV)
4 — — — A, VI, 47 (LVI-VII)
5 — — — A, II, 9 (XXIII)
6a — — — A, I, 13 (XXXIII-IV)
6 Munich, Staatsbibl., hebr. 216 (XV-XVI)
7 Francfort s. M., Stadtbibl., Merz. 132 (XXVI-VII)
8 — — Merz. 133 (LIX-X)
9 Hambourg — Steins, 171.63 (XLIX-L)
10 Londres, Brit. Mus., Or. 2891 (XLI-II)
11 — — — — 5795 (VIII)
12 New York, Jew. Theol. Sem., E. N. Adler 1621 (XVI-VII)
13 — — — — — 2553 (XXVII)
14 Rome, Bibl. Angel., Or., Fondo antico 57 (XXXV-VI)
15 Munich, Staatsbibl., hebr. 356.16 (LX)
16 Francfort s. M., Stadtbibl., Merz. 8 (XXX)
17 New York, Jew. Theol. Sem., Porges [a] (XXIV-V)
17a Guittin, chap. I, fos 105 a-119 b du ms. 17
17b Guittin, chap. I, fos 121 et suiv. du ms. 17
18 Oxford, Bodléienne, Heb. d. 34.4 (VIII)
19 — — Heb. c. 27.19 (XXXIX)
20 New York, Jew. Theol. Sem., Porges [b] (XLVII)
21 Paris, Bibl. comm. isr., III, A 64 (53) (XLVII)
22 Londres, Brit. Mus., Add. 17049 (XXV)
23 { Oxford, Bodléienne, Heb. d. 21.6 (LIV)
Cambridge, Bibl. univ., T.-S., 10. F. 31 (LIV) }
24 New York, Jew. Theol, Sem., E. N. Adler 1408 (LIII)
25 — — — — — 147 (VIII-IX)
26 — — — — — 942 (LXIII-IV)
27 Leipzig, Bibl. univ., 1105 (XX-I)
28 Cambridge, Bibl. univ., T.-S., 18. F. 11 (IX)
29 — — — — .18. F. 12 (LXI-II)
30 — — — — .13. F. 12 (L)
31 — — — — caisse F. 3 (XXXVI)

32 — — — — caisse F. 3 (XXVII)
33 — — — — 10. F. $3^2$ (XXVII-III)
34 — — — — 10. F. $2^3$ (XVII)
35 — — — — 13. F. $1^1$ (XXI)
36 — — — — 10. F. $2^1$ (XIX)
37 — — — — 10, F. $2^2$ (LIII)
38 — — — — caisse F. 3 (XIX-XX)
39 Arras, Bibl. mun. 889 (XXXIX-XL)
40 New York. Jew. The. Sem., E. N. Adler 1799 (LXIV-V)
41 Londres, Brit. Mus., Or. 5558. A. 15 (XVII)
42 — — — Or. 5558. K. 15 (XLVII)
43 Oxford, Bodléienne, Heb. d. 78 (XLVII-VIII)
44 Königsberg, Staatsbibl., 2369. 4° (IX)
45 Londres, Bibl. D. S. Sassoon, 517 (XXVIII)
46 Cambridge, Bibl. univ., Or. 803 (LXVIII-IX)
47 New York, Jew. The. Sem. (IX-X)
48 S. Z. Schnéersohn, *Nimmouqé Schazbeni*, II (Jérusalem, 1879) (XXI)
49 Varsovie, Bibl. synagogale, 32 (LXVI-VII)
50 New York, Jew. The. Sem. (XVII-III)
51 Oxford, Bodléienne, Mich. 388 (L-LI)
52 New York, Jew. The. Sem. (VI)

A Alfasi, éd. Bomberg (Venise, I, 1521, II-III, 1522).
B Talmud de Babylone, éd. Bomberg (Venise, 1520 et suiv.).
C Citation dans R. Samson de Sens, commentaire sur la Mischnah, dans V.
D » » R. Cidqiyyahou b. Abraham, *Schibbolé ha-Lèqet*, éd. S. Buber (Vilna, 1886).
E *'En Jacob* de Jacob ibn Ḥabib (Salonique, 1516) ; on cite quelquefois éd. Venise (1547) et éd. Cracovie (sous le titre de *'En Israël*, 1587-91 ?).
F Ed. du Talmud, Espagne, environ 1485 ; on la croyait auparavant imprimée à Fez.
G Raschi sur Bek., texte de B. Aschkenazi, dans V.
H J. Sirkes, *Séfer Haggahot ha-Baḥ* (Varsovie, 1824).
I Citation dans *Iqqeré ha-Talmoud* de R. Abraham Zacuto ; ms. dans la bibliothèque de la Hochschule f. d. Wissenschaft d. Judentums, Berlin.
L S. Luria, *Séfer Ḥokmat Schelomoh* (Cracovie, 1582 ou 1587).
M Raschi sur Men., texte de B. Aschkenazi, dans V.
N Citation dans les *Haggahot Maïmoniyyot*, de Méïr ha-Kohen, dans Maïmonide, *Yad*, éd. Romm (Vilna).
O » » Isaac b. Moïse, *Or Zarou'a*, 4 parties (Jitomir, Jérusalem, 1862-1890).

P » » Moïse de Coucy, *Séfer Miçwot Gadol* (Venise, 1547).
P ms. : Ms. dans la bibliothèque de Jewish Theological Seminary, New York.
Q » » Isaac de Corbeil, *Séfer Miçwot ha-Qaçer* (Crémone, 1556).
R Ed. incunable du Talmud de Faro, Portugal.
S Ed. Soncino du Talmud (Soncino, etc., 1483-4 et suiv.).
S° Note ms. dans S, Houllin, dans la Staatsbibl. de Munich.
T Citation dans les Tosafot.
U » » Mordekaï b. Hillel, *Séfer Rab Mordekaï* (Riva, 1559).
V Ed. du Talmud de Vilna (1884 et suiv.).
W Citation dans Baruch b. Isaac, *Séfer ha-Teroumah* (Venise, 1523).
X » » le Pseudo-R. Elyaqim sur Soukkah, ms. du Jew. Theol. Sem., New York.
Y » » l'*Arouk* de Berne, ms. 200.
Z » » Beçalel Aschkenazi, *Schittah Meqoubbecet*, dans V.
D.S. R. N. Rabbinovicz, *Diqdouqé Soferim*, 16 tomes (Munich-Przemysl, 1868-1897).

* indique une glose dont l'authenticité n'est pas certaine ; ** indique une glose qui n'est pas de Raschi. On a mis entre crochets [ ] des expressions hébraïques qui remplacent des gloses dans certaines sources. Les abréviations pour les traités du Talmud seront facilement compréhensibles aux spécialistes.

# GLOSES FRANÇAISES

## DANS LES COMMENTAIRES TALMUDIQUES

DE

# RASCHI

1. *Acier,* « acier ».
2. *Açoper,* « frapper, heurter ».
3. *Acroper,* « replier (les jambes) ».
4. *Adenter,* « renverser ».
5. *Adorser,* « laisser brûler » (ce qu'on cuisine).
6. *Adrelces,* « arroche ».
7. *Adrement,* « vitriol, sulfate de cuivre [?] ».

1. a) Ber. 62b, אסטמא. θ 11 S אציור açiir.
 b) Zeb. 116b, איסתמא. f איצור aiiçur — E אציר açir — B אצייר açiir.
2. Houl. 7b, נוקף. θ ρ s אצופיר açupir — S אישופייר aisupiir.
3. Yom. 28a, מיסך רגליו. ι אַקרוּפֵּיר akroper — μ אוישקרופייר aiiskropiir — 5 ϡ — B o[1].
4. a) Hag. 15a, דסחיפי. λ מרנטיר mrntir — 5 טרנטיר trntir — 6 13 S o — E אדינטר adintr.
 b) A.Z. 16a, סחופי. ν ארנטיר arntir — S אדנטיר adntir.
5. a) Béç. 29a, יקדיה. *h* אדורשיר adursir — λ אברושיר abrusir — μ אדרושייר adrusiir — 5 6 7 13 o — 12 אדרושיט adrusit — 45 אדושייר adusiir — Ṡ אאורשייר aaursiir — B² ברוזאר bruzar (it. *brusar*).
 b) Guit. 90a, הקדיחה. ʒ אַאוֹרשייר aorser — m ארשון arsun — u אאורשיר aaursir — R o — S אדורשיר adursir.
6. a) Ber. 39a, דורמסקין. θ אדרלציש adrlçis — 11 אדרפיש adrpis — E o — S ארדרשיט ardlsit.
 b) B.Q. 116b, דורמוסקנין. α p אדרלצש adrlçs — β γ אדרפירש adrpirs — o אדריפרש adripirs — 3₄ אדרופליש adruplis.
7. a) Sab. 104b, הרתא. e ι איירמינט aiirmnt — 1 T איידרמינט aiidrmnt — 11 ארדימנטו ardimntu — 12 אדרמנטו adrmntu — 50 אדרמנט adrmnt — Λ S ארמינט armint — I ארדימיינטו ardimiinti.
 b) Sab. 104b, שיחור. e 50 אדרמנט adrmnt — ι אנדרמינט andrmint — l

1. La glose s'insère après (ι) גופו את רגליו, ou (μ) להסך את רגליו.

8. *Agoter*, « égoutter ».
9. *Agudes*, « aigues ».
10. *Aguisiedes*, « aiguisées ».
11. *Aguisier*, « aiguiser ».
12. **Aguison* : voir AGUDES, n° 9, n. 3.
13. ***Agul-*, « aiguille ».

---

אדירמינט adirmnt — 11 ארדמנטו ardmntu — 12 אדרמנטו adrmntu — S אררמינט arrmint — $B^2$ אדרמוינט admint.

c) 'ER. 13a, קנקנתום. e *b* F איירמנט aiirmnt — 6 אדרימנשו adrimnsu — t איידרמינט aiidrmint — 50 איידרמנט aiidrmnt — T אדרמוינט adrmint — S אדרימנט adrimnt — $B^2$ אדרימאנט adrimant. V suit S.

d) MEG. 19a, חרתא. 5 ? — 6 13 A S o — 17 ארמנט armnt — a v אדרמנט adrmnt — T אדרמינט adrmint.

e) SOT. 17b, קנקנתום. B אורדימנט aurdimnt.

f) GUIT. 19a, חרתא. 3 m u T אדרמנט adrmnt — 14 $S^2$ אדרמוינט adrmint — 17 אדרומטי adrumti — c 39 ארמנט armnt — O (I, 151a, § 542) אטרימנט atrimnt [1].

g) NID. 19a, חרת. µ אדדימנט ardimnt [2] -- ρ אַדריםנט adrimnt — t אַרמְנט armnt — S איידרמינט aiidrmint.

8. YOM. 58a, דילף. *i* אנוטיר anutir — µ אגוטייר agutiir — 5 o — B אגוטיר agutir.

9. BÉÇ. 36a, מקורזלות. *b* 6 12 אגורש agurs — λ 5 7 S אגודש aguds — µ אייגודאש aiigudas — 13 אגוריש aguris [3].

10. KET. 5b, כשופות. *k* אגויישדש aguiisds — 3 אגויישיירש aguiisiirs — 14 אייגוייטיש aiiguiitis — B אגויישידש aguiisids — I אגודדש agudus (esp. *agudos*).

11. BÉÇ. 28a, משחידין. *b* אגוישיד aguisid — λ 44 אגויישיר aguiisir — µ אייגוזייר aiiguziir — 5 12 45 אגושייר agusiir — 6 o — 7 אגו שייר agu siir — 13 אגוצייר aguçiir — S אגויידיר aguiizir — $B^2$ אגוצאר aguçar (it. *aguz[z]ar*).

13. SCHEB. 4b, מחט. z אגולה agulh — µ π u 24 37 S o [4].

---

1. Guit. 19a, c a ארמנט armnt pour expliquer קנקנתום. 3 ? m u 14 17 39 $S^2$ : o. *Ibidem*, T a אדרמנט adrmnt et P (107b) ארמנט armnt pour traduire ובשיחור ; 3 m u 14 ? 17 39 $S^2$ : o.

2. µ qualifie la glose de « allemande » (בלשון אשכנז). Avant la bonne leçon se trouve la forme rajeunie ארמנט armnt, *arrement*.

3. HOUL. 18b, s introduit le passage suivant, après חל"ם, s. v. בחודא : דכובעא ואותו שיפוע נקרא כובע שיפוי חידוד שפוי אגויישון בלע' שאנו או' בכתובות ראשיהן משופין כיתדות חדודים אגוד בלע' בחודא וכו'.

On y a aguiisun, anc. fr. *aguison* [?] « acuité » pour expliquer שפוי, et agud, *agud* « aigu » pour expliquer חדודים. ρ a un passage un peu semblable au même endroit : ואותו שפוע נקרא שפוע כובע כלומר שפוי חדוד אגולק בלע"ז בחודא וכו'. *Agulk* (erreur pour *agud* « aigu ») traduit חדוד. Ces gloses manquent dans θ 8 S.

4. Il n'est pas sûr que cette glose est française.

14. *Aiglentier*, « églantier ».

15. *Aigre*, « vinaigre ».

16. *Aigres*, « aigreur (du radis) ».

17. *Aigror*, « aigreur ».

18. a, c) *Aigrum*, « acidité ».
b) —, « légumes à saveur âcre ».

19. *Aillendre*, « coriandre ».

---

14. SAB. 7a, הוגי. e איוגלנטייר aiiglntiir — ι איוגלטיארי aiigltiiari — k אגליינטיר aglîntir — l איגילנטייר aigilntiir — t אינגלנטיר ainglntir — 11 12 o — 50 איגרנטר aiglntr — B איגלטיר aigltir.

15. a) KET. 75a, קיוהא דחמרא. k איגרא aigra — ξ אגרא agra — 3 S איוגרא aiigra — 14 איוגרום aiigrum.
b) 'A.Z. 12b, חלא. ν אנגא anga — S איגרא aigra.
c) B.B. 95b, דאקרים. S B איוגרא aiigra.

16. HOUL. 111b, חורפיה. 0 ϛ איגריש aigris — 8 איוגריש aiigris — s B איגרש aigrs — S איוגרש aiigrs [1].

17. a) PES. 75a, קיוהא. 6 איוגרור aiigrur — 27 איוגור aiigur — B איגדור aigdur.
b) KET. 61a, קיוהא. k 3 איוגרור aiigrur — ξ אגרור agrur (pr. *agror*) — S (= V) איגרור aigrur — B היגרור ḫigrur.
c) KET. 100b, איצצא. k 3 S איוגרור aiigrur — ξ אגרור agrur (pr. *agror*) — 14 איוגרום aiigrum — a איגרא aigra — u איוגרון aiigrun — w δ איגרון aigrun — B[2] איוגרום aiigrus.

18. a) 'ER. 27b, קיוהא. e S איוגרום aiigrus — b איוגרון aiigrun — 6 איוגרונס aiigruns — 50 איוגאם aiigam — F אגרון agrun [2].
b) PES. 40b, חרוסת. 6 איוגרום aiigrum — 27 איוגרוש aiigrus — B איוגרום aiigrus.
c) 'A.Z. 29a, ד"ה כמונא ברויא. ν אגרום agrum — S [אגרוף] [3].

19. a) SAB. 109a, כוסברתא. e אוליינדרא auliindra — ι צליינדרי çliindri (pr. *çaliandre*) — l S אליינדרא aliindra — 11 אליינטרא aliintra — 12 [כוסבר] — 50 בוליינדרא buliindra.
b) 'ER. 28a, גודגדניות. e אלינדרי alindri — b אילוינדרא ailiindra — 6 50 S אליינדרא aliindra — F אוליינדרה auliindrh.
c) YOM. 75a, כגודא. i 5 אליינדרא aliindra — μ אלינדרא alindra — E קולאנטרו kulantru (esp. *culantro*) — B אליינדרי aliindri.
d) SOUK. 39b, כוסבר של הרים. 5 6 S אליינדרא aliindra — 17 איולדרא aiildra.
e) KET. 61a. כוסברתא. k 3 אליינדר aliindr — ξ סליאנדרה sliandrh (pr. *çaliandra*) — S אליינדרא aliindra.
f) GUIT. 70a, גדגדניות. 3 אילנדא ailnda — m 39 S איילנדרא aiilndra — u אליינדרא aliindra — 14 אליינדרי aliindri — 17 o — E כויילנדרא kuiilndra.
g) 'A.Z. 10b, כיסברתא. ν איילנדרא aiilndra — E סיליאנדרן siliandrn (cf. cat. *celiandre*) — S אליינטרא aliintra.

---

1. V suit B.

2. PES. 30b, B traduit חרוסת, « légumes à saveur âcre, » par איוגירוש aiigirus. 6 27 35 : o.

3. Au lieu de כמונא ברויא. כמון מלא אגרום a ν כמונא.. כעין כף אגרוה.

20. *Aim*, « hameçon ».

21. *Ainse*, « inquiétude ».

22. *Ais[s]e*, « doloire de sellier ».

23. a, b, c) *Ais[s]ele*, « aisselle ».

d) *Ais[s]eles*, « aisselles ».

24. *Aistre*, « âtre, foyer ».

25. *Album*, « blanc d'œuf ».

26. *Alcdoir*, « galerie, balcon ».

---

20. a) Sab. 18a, רחי. e k l t 12 50 איום aiim — ι אָם am (pr. *am*) — 11 אם am (pr. *am*) — S איימא aiima.
b) Guit. 61a, חכה. *l* 3 m u c S איום aiim — 14 אוימו aiimu — 17 אבויאייש abuiaiis — 39 איימא aiima.
c) San. 81b, חכה. E אנצואולי ançuaili (esp. *anzuelo*) — S אם am (pr. *am*) — V אמו amu (it. *amo*).

21. Guit. 70a, פחד. 3 איינשי aiinsi — m אינויישא ainiisa — u 14 אינשא ainsa — 17 o — S איינשא aiinsa — B סיינשא siinsa.

22. Bèç. 31a, ד״ה לא בקרדום. *b* λ μ 5 6 7 13 45 אוישא aiisa — 12 אַיְישַא aisa — 44 אשא asa (it. *assa*) — S אוישיש aiisis.

23. a) Sab. 92a, במורפקו. e איישלא aiisla — ι [אצילו ידיו] — l S אווישילא aiisila — 11 אשיווליש asiilis — 12 o — *s* עשולא esila — 50 אישווילא aisiila — A עשיליא esilia — A, éd. Romm, אשיליא asilia — T אוֹשילש aisils.
b) San. 65a, שחי. S אוישלה aiislh — W (§ 211) אוישיילא aiisiila.
c) 'Arak. 19a, אציל. p o — B אווישילא aiisila — T אשווילא asiila — T (*ad* Houl. 106b) אשילא aisila.
d) Nid. 30b, אציליו. μ איוצווילש aiiçiils — ρ T אווישוליש aiisilis — S איישוליש aiisils — Sefer Ha-Yaschar (Berlin, 1898, 134, § 59) איישולש aiislis.

24. a) Souk. 45a, מלבן. 5 S איישטרא aiistra — 6 אינְשְׁטַרַא enestara — 17 אנויישטרא aniistra.
b) Zeb. 54a, מלבן. f איישטיר aiistir — B אנשטרא anstra.

25. a) 'A.Z. 40a, הלבון. v אלבון albun — a *t v* δ A אבון abun — v אכון akun — S אלבוסל albusl.
b) Houl. 64a, חלבון. θ s 44 S אלבון albun — ρ אלבוֹס albus — 8 אַלְבּוּם album.

26. a) 'Er. 59b, מרפסת. e אלדווייר alduuiir — *b* 6 S אלדוויר alduiir — 50 ארודייר aludiir — F o.
b) 'Er. 78b, גזוזטראות. e *b* אלדוויירא alduiira — 6 אלטוייר altuiir — 50 אלדוויר aledoir — F S אלדוייר alduiir.
c) Yom. 11b, מרפסת. *i* μ 5 אלדוייר alduiir — B אלדוד aldud — B³ אלדור aldur.
d) Souk. 3b, מרפסת. 5 אלדוייר alduiir — 6 אלדייר aldiir — 17 o — S ארוייר aluiir.
e) B.Q. 82b, גזוזטראות. α o p אלדוייר alduiir — β γ אלוווייר aluuiir — r אלוייר aluiir — S³ אוילדליור auldliur.

27. b) *Aleine*, « haleine ».
a) *Aleines*, « souffles ».
28. *Alener*, « respirer ».
29. *Almenbre*, « estrade ».
30. *Aloen*, « aloès ».
31. *Aloisne*, « aluine, absinthe ».
32. *Alter*, « autel ».
33. *Alum*, « alun ».

---

f) B.B. 11b, מרפסת. *n* 9 אלדוייר alduiir — S אלרוייד alruiid — B אלוייר aluiir.
g) Men. 33b, מרפסת. 2 אלדויר aldiir — B אלו אוייר׳א alu auiira.
*h) M.Q. 11a, מרפסת. 49 אלדויר alduir — A אלדוייר alduiir.
27. a) Souk. 26b, נשמי. 5 6 17 o — A אלבייש albiis — S אלצש alçs.
b) Hag. 12b, נשימה. λ איילנא aiilna — 5 אויילינא auilina — 6 אוילנא auilna — 13 S אליינא aliina — E אלינט alint.
28. Sab. 134a, מעוי. e אליניר aliniir — ι 12 o — 16 11 אלנייר alniir — 50 אלניר alnir — S אליינא aliina.
29. a) Souk. 51b, בימה. 5 6 אלמנברא almnbra — 17 אלנמיברא alnmibra — S אלמימברא almimbra.
b) Meg. 26b, כורסיא. 5 ? — 6 13 S o — 17 אלמנברי almnbri — a אלבמרא albmra — *s* אלמנברא almnbra — *v* אלמימרא almimra — A אמאבר׳ amabr'.
c) Sot. 41a, בימה. B אלמברא almbra.
d) ‘A.Z. 16a, בימה. *v* O (IV, 38b, § 134) אלמנברא almnbra — S אלמנדרא almndra — V אלמברא almbra.
30. a) Sab. 110b, אהלא. e o (en marge, main récente : אלואי aluai) — ι l 50 אלואין aluain — 11 אלואי aluai — 12 S אלויין aluiin.
b) Guit. 69b, אילוא. 3 אולאויין aulauiin — m 14 S אלואיין aluaiin — u B[a] אלואין aluain — 17 איאואין aiauain [1].
c) B.Q. 85a, אהלא. α p אלואן aluan — β *y* אלואין aluain — o o — r אלויין aluiin — S[a] אהלמי ahlmi.
31. a) Pes. 39a, הירדופנין. 6 אלישנא alisna — 27 אלויישנא aluiisna — B אלוישנא aluisna.
b) Ket. 77b, לודנא. *k* אלויישנא aluiisna — ξ o — 3 אליושנא aliusna — 14 אלישנא alisna — S אליישינא aliisina.
c) ‘A.Z. 30a, אפסינתין. v אלויישנא aluiisna — S אולוישנא auliisna.
32. ‘A.Z. 16a, בימוסיאות. v אלטייר altiir — ST אלטר altr.
33. a) Sab. 50a, בגרתקון. ȩ גרידא grida (pr. *greda*) — ι ניטרו nitru (it. *nitro*) — l *s* A S אלום alum — 11 טרטדון trtdun (it. *tartaron*) — 12 50 אלוס alus.
b) Sab. 110a, גביא גילא. ȩ l 11 12 50 S אלום alum — ' אלום alum.
c) Pes. 30b, צריף. 6 o — 27 35 *s* 1 A B אלום alum.
d) Ket. 79b, צריף. *k* ξ 3 14 F S אלום alum.
e) Ket. 107b, צריף. *k* ξ 3 14 S אלום alum.
f) San. 44a, צריף. S אלום alum.
g) ‘A.Z. 33b, צריף. v a *l v* 1 δ S אלום alum — A אלוס alus.

---

1. V suit S.

34. *Amanevement*, « préparation ».

35. *Amanevide*, « préparée, accoutumée, adroite ».

36. *Amas[s]er*, « assembler, réunir ».

37. *Amenestraison*, « portion ».

38. *Amerfoil*, « bardane ».

39. *Am[m]oniaco* [?] (ital.), « sel ammoniac ».

40. *Amortides*, « exténuées, comme mortes ».

41. ***Ancres*, « ancres ».

42. *Aneid*, « aneth ».

43. ***Anels* [?], « anneaux ».

---

h) Men. 42b, גולא. 2 4 V אלום alum — B אלים alim [1].
i) Houl. 133a, צריף. 0 p s S אלום alum — V אלומא aluma.

34. Sot. 11a, רידוי של השמה. E אמנאמנט amnamnt — B o.

35. Zeb. 53a, מיומנת. f אמטוירא amtuira — B אמנטר amntr.

36. 'A.Z. 18b, מזבלים. v אמשייר amsiir — S אמיישנר amiisnr.

37. a) Ber. 42a, ריסתנא. 0 אימנשטרישון aimnstrisun — 11 אימשטרישון aimstrisun — B אמינישטרשיון aministrsiun — S אמנישטרשיון amnistrsiun.
b) Ber. 50b, דסטנא. 0 11 אימנשטרישון aimnstrisun — S אמינשטרישון aminstrisun — B אמינישטרישון aministrisun.
c) Sab. 156b, ריסתנאי. e אמנשטרישון amnstrisun — c אמנשטרדון amnstrdun (le ט mal formé) — l 50 S אמנשטריישון amnstriisun — 6 מינשטרון minstrun.
d) Guit. 67b, ריסתנא. 3 אמנשרויטון amnsriitun — m 19 39 S אמנשטריישון amnstriisun — u אמנ׳יי שטריישון amnii striisun — 14 אימנישטרשון aimnistrsun — 17 o.

38. Pes. 39a, מרריותא. 6 B D (p. 184) I (sous תויה) אמירפוייל amirpuiil — 27 אמירופיל amirupil — T (*ad* Houl. 59a), éd. $S^2$ אמרפויל amrpuil — T, *ibid.*, éd. B, Z, *ibid.* אמרפוייל amrpuiil [2].

39. Guit. 69a, נשדור. 3 o — m אלוניקא alunika — u אמוניהו amuniihu — 14 אמוניאקו amuniaku — 17 אמניאקון amniakun (grec 'Αμμωνιακόν) — 39 אמוניקו amuniku — S אמוניאקא amuniaka.

40. Qid. 22a, תמותות. j 3 n אמורטידש amurtids — μ מוריאודש muriauds — 7 o — 10 אמורטיאש amurtias — F אמורטיראש amurtiras — B אמורטייש amurtiis.

41. B.B. 73a, עוגינין. n S B אנקרש ankrs.

42. a) Ber. 39a, שיבתא. 0 אניטו anitu (it. *aneto*) — 11 אניטן anitu (it. *aneto*) — S אניט anit.
b) 'A.Z. 7b, שבת. v אניס anis — S אוייר auiir — I אנילדו anildu (esp. *eneldo*).
c) Nid. 51a, שבת. μ אנייר aniir — ρ אנייד aniid — S אניש anis — $B^2$ אניט anit.
**d) Naz. 56b, שבת. 46 o — B אני' ani' — $B^3$ אניט anit — V אניס anis.

43. B.B. 52a, כיפי. n S o — B אנורש anurs.

---

1. Dans les *Haggahot Maimoniot*, *Hilkot Cicit*, Pér. 2 (éd. Berlin, 1864, p. 91a), la glose est citée sous la même forme que dans 2, 4, et V.

2. Pes. 39a, on lit dans 27 : אמהרויתא בלע׳ פורפרץ [והוא אמירפוייר]: והא... *amirpuiil*, c'est-à-dire *amerfoil*, traduit מרריותא. 6 B : o.

44. **Aneto* (précédé de « et en langue romaine », c.-à-d. italienne ; cf. ANEID, n° 42), « aneth ».

45. *Ang[u]il[l]e*, « anguille ».

46. *Anpoles*, « ampoules, tumeurs entre le derme et l'épiderme ».

47. a, c, d, e) *Anse*, « anse ».
b) *Anses*, « anses ».

48. *Lor apartenement*, « ce qui leur appartient ».

49. *Apendiz*, « construction basse derrière ou à côté d'une maison, appentis ».

50. ** *Apentiz*, « construction basse derrière ou à côté d'une maison, appentis ».

51. ***Aperceveir*, « apercevoir ».

52. *Apie*, « ache ».

53. *Apost*, « addition, adjonction ».

54. **Apostez*, « ajouté ».

---

44. 'A.Z. 7b, שבת. v o — S אניטו anitu.
45. 'A.Z. 39a, צלופחא. v אנגילא angila — S אנגיליא angilia.
46. SAB. 67a, לכיפה. e : l אנפולש anpuls — 11 אנפוליש anpuliis — 12 o — 50 אנפירש anpils — S ארנפולש aunpuls.
47. a) BER. 52b, אוזן. θ 11 o — S אנשא ansa.
b) YOMA 37b, אוגני. *i* אנשש anss — μ אנטאש antas — 5 B o.
c) ZEB. 24a, אוזן. f אנשא ansa — B אנש' ans' — B[2] מאניקו maniku (it. *manico*).
d) HOUL. 25a, אוזן. θ [הוא בית יד ובית תליותו] — ρ 8 S אָנשא ansa — s אַנְשָׁא anse.
e) BEK. 38a, אזנו. 2 4 29 אנשא ansa — B מנשיו mnsiu.
48. SAN. 74b, אבזרייהו. S לוראפרטנמנט luraprtnmnt.
49. PES. 8a, יציע. 6 אפנדיץ apndiç — 27 אפנריין apnriin — B אנפריץ anpriç.
50. B.B. 61a, אפתא. *n* o — S אפונטיץ apuntiç — B אפנטמן apntmn [1].
51. PES. 110b (Raschbam), גם ביה. 6 B o — 27 אפרצניר aprçnir — 48 אפרצביור aprçbiir [2].
52. a) SOUK. 39b, כרפס של נהרות. 5 6 S אפיא apia — 17 אַפִּיַא apia.
b) KET. 61a, כרפסא. *k* S אפיא apia — ξ אַפִּי api (pr. *api*) — 3 אפייא apiia.
c) 'A.Z. 28a, כרפסא. v אפי api (pr. *api*) — S אפייא apiia.
53. 'ER. 9a, לבוד. e אפושטא apusta (pr. *aposta*) — *h* t F אפושט apust — 6 אישפשינט aispsint [3] — 50 אפושוט *apusut* — S אפשט apst.
54. SOUK. 4b, לבוד. 5 6 17 o — S אפושטיץ apustiç.

---

1. B.B. 6a le ms. 9 insère la glose אפנתיץ apntiç entre לופתא et חיבור, ד"ה ומודה רב הונא. Cette glose se rencontre aussi dans le Pseudo-R. Gerschom (cf. *Revue des études juives*, XLII [1901], 242), *ad loc.* S, B : o.

2. Contexte de la glose dans 27 : גם ביה...הבין בו שהוא מסוכן א׳בל׳.

3. L'*u* est douteux ; il pourrait être un *ç*. Il y a une barre sur le *p* et une autre sur *in*.

55. *Aprovement*, « preuve, démonstration ».

56. *Arbaleste*, « arbalète ».

57. *Arc baleste*, « arbalète ».

58. **Arches*, [?], « arches (d'un pont) ».

59. *Arçon*, « arçon de selle ».

60. *Arcvolt*, « voûte, arcade ».

61. *Arc volud*, « voûte, arcade ».

62. *Ardeficie*, « cheval [de bois?], adapté au corps d'un mime, sur lequel le mime semble porté, tandis qu'il le porte lui-même ».

63. a) *Areste*, « étoupe de lin ».
b) *Arestes*, « étoupes de lin ».

---

55. Hag. 4b, תוכחה. λ אפרובמינטו aprubminti — 5 אפרובמינטו aprubmintu (it. *approvamento*) — 6 אימפרובמנט aimprubmnt — 13 אישפרובמינטו aisprubmintu (it. *isprovamento*) — E אפרוביבונט aprubimnt — F אפרו בימנט apru bimnt — S o.

56. Sab. 47a, בקשת. e ארבלושתא arblista — ι o — l ארבלישטא arblista — 11 ארבלשטר בלישטרו blistru (it. *balestro*) — 12 אקבלשטא akblsta — 50 ארבלשטר arblstr — S ארבלשטרא arblstra [1].

57. a) Pes. 111a, חיק קבל. E ארקו בלישטא arkü blista — B ארק בלישטרא ark blistra.
**b) Pes. 111a (Raschbam), חיק קבל. 48 ארק בלישתי ark blisti — B ?

58. M.Q. 25b, כיפי. λ S o — E ארקאש arcas [2].

59. a) 'Er. 27a, תפום. e *b* 6 50 F S o — B ארצון arçun.
b) 'Er. 27a, באותו עץ. e 6 50 F S o — *b* (en marge) B ארצון arçun.

60. B.M. 117b, כיפין. *m* ארקולרא arkulra — β ארקור arkur — γ ארקלכולט arklmlt (leçon peu certaine) — *y* o — q ארקולמוט arkulmut — S ארקוולט arkuult.

61. a) Sot. 34a, כיפין. E o — B ארק וולוד ark uulud.
b) 'A.Z. 16a, כיפה. v ארקוולט arkuult — S ארווליד aruulid.
c) Zeb. 58a, כיפין. f א־וולוד aruulud — B ארקמלוט arkmlut.

62. Sab. 66b, חמרא דאכפא. e אדריפוציא adripuçia — ι ארדפוציא ardpuçia — l ארדפיצא ardpiça — 11 ארדפיציא רוסולו ardpiçia rusulu (it. *ros[s]olo*) — 12 אנדרפיציא andrpiçia — 50 אדרכגייא adrkgiia — *s* הרדפיצא hrdpiça — A הרפיכא hrpika — S ארדפיסא ardpisa.

63. a) Houl. 88a, נעורת. θ ρ S ארישטא arista — 8 ארוסטא arista — s ארישט arist.
b) Sab. 37a, נעורת. e ארישט arist — ι ארישטא arista — l 50 S ארישטש arists — 11 אדישטייש adistiis — 12 o [3].

---

1. Pour *arbàlestredor*, *arbalestier* chez Raschi, voir sous BERSEDOR, nº 103, note 1.

2. Le contexte de E diffère entièrement de celui de V ici. La glose pourrait aussi représenter le pr. *arcas*.

3. Sab. 49a, 11, 50 et S ont la glose ארישטיש aristis (*sic* 11, 50; S a ארישטש arists) pour expliquer נעורת. Comme cette glose manque dans e, l, ι et 12, son authenticité est douteuse.

64. *Areste*, « arête, barbe d'épi ».

65. *Arester*, « s'arrêter ».

66. *Arestuel*, « talon, extrémité inférieure (en cuivre) de la lance ».

67. **Arneise*, « armoise ».

68. *Arondele*, « hirondelle ».

69. *Arsedure*, « viande assaisonnée avec des épices ».

70. *Arvolud*, « voûte, arcade ».

71. *Arzil[l]e*, « argile ».

72. *Aspre*, « âpre, rude ».

---

64. Houl. 17b, סאסאה. θ ρ ארישתא arista — 8 B אריסטא arista — s אַרִישְׁטְ' aresta — S ארישטא arista.

65. Houl. 18a, תחגור. θ גארשטיר garstir — ρ S ארישטיר aristir — 8 ארישטר aristr — s אַרִישְׁטֵיר arester — B אדישטיר adistir.

66. Zeb. 88b, s.v. כמין קונאות. f ארשטוויל arstuiil — B אַרישטויל aristiil.

67. Souk. 12b, שווצרי. 5 6 17 o — S ארנידא arniza.

68. a) Sab. 77b, סנונית. e אורונדולא aurundula (pr. *orondola* [?]) — ι אורונילה aurunilh (cat. *oronela* [?]) — l ארונדילא arundila — 11 ארונונא arununa — 12 o — 50 אדונדירא adundila — S ארונדייל' arundiil' — B² ארונדיולא arundiila.

b) Gitt. 56b, דרור. 3 ארודלירא arudlira — m ארונדיילא arundiila — u S ארונדירא arundila — 14 אדונדיליא adundilia — 17 o — B רונדילא rundila (it. *rondela*).

c) Houl. 62a, סנונית. θ 44 אירונדולא airundula (pr. [?] *irondola*) — ρ אורונרלא aurunrla (pr. [?] *orondela*) — 8 אַרֶנְדֵילָא arendele — s 15 ארונדילא arundila — S ארונדיילא arundiila.

69. a) Pes. 56a, ציקי קדרה. 6 27 B ארשדורא arsdura — E ארושאדורה arusadúrh.

b) B.M. 86b, ציקי קדרה. *m* β ארשדורא arsdura — γ אריקדודא arikduda — *y* o — q ארשדור' arsdur' — 20 אשדרורא asdrura — S אשדוד' asdud'.

70. Yeb. 80a, כיפה. d אדוולוד aduulud — *j* אריווליוד ariuliid — b ארולוד arulud — c ארוולון aruulun — S ארוולד aruuld.

71. a) Sab. 80b, אדמה. e 11 50 ארזילא arzila — ι ארזילה arzilh — l ארזיילא arziila — 12 ארדיליא ardilia — A ארזילין arzilin — S ארזיליא arziliia.

b) Sab. 113b, אדמה. e (en marge) ארזילה arzilh — ι 12 50 o — 11 B ארזילא arzila — l S ארזיילא arziila.

c) Yeb. 106b, גרגושתא. *i* ארזיליא arziliia — a 6ª A S ארזילא arzila — b ארזיילא arziila.

d) Ket. 60b, גרגרשתא. *k* ξ 3 ארזילא arzila — S ארזיליאה arziliah.

e) B.M. 40a, גרגישתא. *m* ארזיילא arziila — β γ *y* ארזילא arzila — q אַרזיילא arziila — B ארדליא ardlia.

f) 'A.Z. 38b, גרגישתא. ν S ארזילא arzila — 23 אורזליא aurzlia.

72. a) Yeb. 80b, שעיר. d b c S אשפרא aspra — *j* אשפרי aspri.

b) Houl. 8b, קשה. θ ρ s S אשפרא aspra.

c) Houl. 17b, s.v. דמיא לסאסאה. θ ρ S אשפרא aspra — 8 אַשְׁפְּרָא aspra — s אַשְׁפְּרֶא aspre.

73. *Asprele*, « prêle » (nom de plante).
74. *Astre*, « âtre, foyer ».
75. *Atenvist*, « amincit ».
76. *Aveine*, « avoine ».
77. ***Aveir*, « avoir, bien ».
78. *Aventure*, « hasard ».
79. ***Bacin* [esp. ?], « bassin ».
80. *Bacons*, « flèches de lard salé ».
81. *Badail[l]ier*, « bâiller ».
82. *Baies*, « baies, fruits du laurier ».

---

73. HOUL. 25a, s.v. לשוף. 0 אישפילדא aispilda (it. *ispilèra*?) — ρ 8 S אשפרילא asprila — s אַשְׁפְּרִילָא asprila.
74. B.Q. 61b, מעזיבה. α β γ p r אשטרא astra — o אשתרקא astrka (it. *astraca*) — $S^2$ o [1].
75. HOUL. 17b, מוחליש. 0 8 S אטנבישט atnbist — ρ אטטשיש attsis — s אַטַנְבִישֶׁנְט atanvisent — $S^3$ אטינבישט atinbist.
76. a) PES. 35a, שיבולת שועי. 6 B אבוינא abiina — 27 אבוינה abiinh.
   b) PES. 35a, שבילי תעלא. 6 27 V אבוינא abiina — B אביצא abiça.
   c) MEN. 70b, שיבולי תעלא. 2 אוויינא auiina — w V אוויגא auuina — B אוויצא auuiça.
77. B.B. 150b, ממון. A אזיר azir — S אוויור auuiir — B אויור auiir.
78. GUIT. 60b, בהנדזא. *l* 3 אונטורא auntura — m אוונטרא auuntra — 17 S אוונטורא auuntura — u אוונטורץ auunturç — 14 V אוינטורא auintura — 39 אווינטורא auuintura.
79. 'ER. 104a, כלי מתכת (ד"ה ומטופין). e *h* 6 38 S ס — F באסין basin.
80. a) MEG. 13a, כתלו. 5 13 S בקוניש bkunis — 6 בכונש bkuns — 17 בקונים bkunim — E בקונש bkuns — I פכיש pkis.
   • b) HOUL. 17a, כתלי. θ ρ 8 SI בקונש bkuns — s בַקוֹנְש bakons [2].
81. a) BER. 24a, ופיהק. θ אלרי alri (it. *alare*) — 11 אלארי alari (it. *alare*) — 18 בדליר bdlir — S באליור baliir.
   b) SAB. 136a, שפיהק. e בדליור bdliir — ι כדליאר kdliar (pr. *badalhar*) — l 6 בדיליור bdiliir — 11 בולדיר buldir — 12 o — 50 פדיליור kdiliir — S ביילור biilir. Citation dans R. Ascher (*ad* Nid. 63b) : באיויליור baiiliir.
   c) NID. 63b, גוסה. μ בדייליור bdiiliir — ρ בדיליור bdiliir — ST באליור baliir.
82. a) PES. 56a, ד"ה ושיכרא דדפנא. 6 27 B בייש biis.
   b) SOUK. 23a, ד"ה דפנא. 5 6 17 $B^a$ בייש biis — S באייש baiis. V suit S.
   c) R.H. 23a, ד"ה ערי. *x* ביישי biisi — λ 5 13 S בייש biis.
   d) GUIT. 69b, ד"ה עראה. 3 m u 14 17 S בייש biis — 39 באייש baiis.
   e) B.B. 4a, ד"ה ודפנא. 9 S ביש bis — B בייש biis.
   **f) PES. 111b, כורכושא (comm. de Raschbam). 6 ? — 48 בייש biis — B ? [3].
   **g) M.Q. 7a, ד"ה דפנא. λ 6 S בייר biir — A F H בייש biis.
   **h) B.B. 81a, ד"ה ערי. S B בייש biis.

---

1. La glose suit le mot תקרה.
2. Dans l'S de Munich la glose est vocalisée à la main : בַקוּנְש bakuns.
3. 48 a כורמשא אילן שקורין בייש, « c'est un arbre qu'on appelle *baies* ». On peut conjecturer que les mots לוֹר וגדל בו פרי שקורין, « *lor* et dont les fruits s'appellent... » ont été omis par homéotéleute (cf. Raschi, Pes. 56a, Souk. 23a, etc.)

83. *Baldemonie*, « nom de plante ».
84. *Balsamo* (ital.), « baume ».
85. *Balsme*, « baume ».
86. *Barbaste*, « Barbastro » (ville d'Aragon).
87. **Barde*, « hache ».
88. *Baste*, « faufilure, bâti ».
89. a) *Bastel*, « bât ».
b) *Bastels*, « bâts ».
90. *Bastir*, « bâtir, faufiler ».
91. *Bastons*, « bâtons ».
92. *Batant* « battant (de sonnette) ».

---

83. Guit. 69a, מימרו. 3 m u 14 ? — 17 S בלדמוניא bldmunia — 39 בלדרדוניא bldrduniia — S² בדמוניא bdmunia — B² שבדמוניא sbdmunia.
84. Sab. 62a, פילון. e בלישמו blismu — ı בשמי bsmi (pr. *basme*) — l בלשמא blsma — 11 50 B O (II, 40b, § 84, 14) בלסמו blsmu — 12 בליגמו bligmu [1] — A בלסמ' blsm' — S בליסמו blismu.
85. Sab. 62a, פליוטון. e s 50 A בלשמא blsma — ı בשמא bsma — l בשלשמא bslsma — 11 בלסמו blsmu (it. *balsamo*) — 12 בשלמא bslma — S ברשמ' blsm' — V בלסמא blsma — O (II, 40b, § 84, 14) בלשמן blsmn [2].
86. Béç. 33b, בבוסתקי. *b* λ 6 7 12 13 S ברבשטא brbsta — μ ברבשטרא brbstra — 5 ברבשתא brbsta — 45 בירבשטרא birbstra — O (II, 35a, § 78, 12) ברבשטדא brbstda.
87. M.Q. 11a, חציני. λ 6 S ברדא brda — B² דורדור' durdur' (cf. DOLEDOIRE, n° 325).
88. Béç. 7a, שלל. *b* בַשְׁתָּא ר"א בִשְׁטָ basta *ou* basta — λ 5 6 7 45 S בשטא bsta — μ 13 o — 12 פַּשְׁטָא pasta.
89. a) Sab. 52b, מרדעת. e בשטל bstl — ı o — l 11 12 s S D (p. 75, § 105) בשטיל bstil — 44 בשטו bstu (it. *basto*) — 50 בשטול bstul — A בשטיו bstiu [3].
b) 'A.Z. 32a, שטוחין. v בשטלש bstls — S בשטילש bstils.
90. a) Men. 41a, תפירה רחבה. 2 B בשטיר bstir — 4 באשטיר bastir.
*b) M.Q. 10a, מפסיע. λ מסטיר mstir — 6 בשטיר bstir — A בשטר — S o.
*c) M.Q. 22b, שילל. λ 6 A D (p. 362) בשטיר bstir — S באשטירי bastiri (it. *bastire*).
*d) M.Q. 26a, לשוללן. A בשטייר bstiir.
91. Hag. 15a, פורסי. λ בשטורש bsturs — 5 בשיטוריט bsiturit — 6 13 בשטונש bstuns — E בשטונא bstuna — S בשטונטי bstunti (it. *bustonate*) — B בשטונאדי bstunadi (it. *bustonade*).
92. Nid. 47a, דוג. μ ק b S בטנט btnt.

---

1. Le *g* est très douteux.
2. Men. 86a, on trouve dans B בלשמא blsma comme traduction de סטכתא. 2 w M : o.
3. Sab. 54a, 11 ajoute, après la glose פושלא (v. POSLE, n° 849), les mots suivants : ויש מפרשי' מרדעת [בשטיל קופירטא] בלעז ; « Quelques-uns expliquent מרדעת par bstil kupirta en langue romane. » e ı l ג'11 12 S o - 44 [בשטיל] bstil — 50 [פשטיר] pstil. Le mot qui suit *bastel* dans 11 est l'it. *coperta*, « couverture de cheval ».

93. *Batedure*, « action de frapper ».

94. *Bateil*, « battant (de sonnette) ».

95. *Bateil*, « partie du seuil ou du linteau où la porte frappe ».

96. a) *Batud*, « broyé (en parlant du lin) ».

b) *Batudes*, « battues et mêlées (en parlant des œufs) ».

97. *Bec*, « bec ».

98. a) *Bechedure*, « action de béqueter, de piquer ».

b) *Bechedures*, « piqûres ».

99. *Becudes*, « qui ont un côté aigu (en parlant des pierres) ».

100. *Beize* (allem.), « alun ».

101. c, d, e, f) *Bendel*, « ceinture, bande ».

b, g) *Bendel*, « bande servant à bander (un doigt blessé) ».

---

93. Sab. 32a, מחטרא. e l 11 בטדורא btdura — ι o — k 12 בטרורא btrura — t דטרודא dtruda — 50 בַטדורא batedura — S בטדור btdur.

94. a) Sab. 53a, עינבל. e בטוייל btuiil — ι o — l 50 בטייל btiil — 11 בטול btul — 12 בטיל btil — S בטדיל btdil.

b) Sab. 58b, עינבל. e l בטוייל btuiil — ι 12 o — 11 50 בטייל btiil — S בטדיל btdil.

95. Houl. 126a, שקוף. θ ρ s בטיל btil — 8 בַטֵייֵל bateiel — S בטייל btiil.

96. a) Houl. 51b, חבוט. θ בטור btur — ρ בניור bniur — 8 (en marge) s 15 בטוד btud — S בטודה btudh.

b) Houl. 64a, בטרופות. θ s S בטודש btuds — ρ בטורש bturs — 8 בַטוּדש batudes — S² o.

97. a) B.Q. 17b, חרטום. α β γ p r S² ביק bik — o o.

b) B.Q. 55a, קועיה. α β p r S² ביק bik — γ I ביקו biku (it. *bec[c]o*) — o o.

c) Houl. 121a, חרטום. θ ρ s S ביק — 8 בַק bak.

98. a) ‘A.Z. 4a, פיד של תרנגולת. ν פיקדורא pikdura (pr. ou cat. *picadura*) — E פיקאדדרא pikadura (cat. [?] *picadura*) — S ביקדורא bikdura.

b) Qid. 80b, נקורים. μ ביקדורש bikdurs — 3 10 ניקדורש nikdurs — n ביקרודש bikruds — F נקנודש nknuds — B בוקדורש bukdurs — V ביקרורש bikrurs.

99. a) Sab. 81a, מקורזלות. e 50 בקודש bkuds — ι ביקודש bikuds — l [במקודש] bmkuds — 11 ביקורש bikurs — 12 o — 44 ביקודיש bicudis — L בקורש bkurs — S 'ביקוא bikua'.

b) Souk. 36b, מקורזלות. 5 בקורש bkurs — 6 ביקודש bikuds — 17 בקורשי bkursi — S T פיקודש pikuds.

100. a) ‘A.Z. 33b, צריף « en allemand ». ν S בייסא biisa — a t v 8 בײשא biisa — 1 בייש biis — A ביישי biisi.

b) Men. 42b, צריף. 2 בייסא biisa — 4 ביסאי bisai — B בייצא biiça.

c) Men. 42b, גילא, « en allemand » 2 o — 4 ביסה bisah — B בייסא biisa.

101. a) Sab. 62b, צלצול. e בנדל bndl — ι מנדיל mndil — l 11 S בנדיל bndil — 12 בגדיל bgdil — 50 בדיל bdil.

b) ‘Er. 103b, צלצול. e סבריל sbril — *b* 6 S בנדיל bndil — F סינטה sinth (esp. [?] *cinta*).

102. **Berçol* [?] : voir BREÇOL, n° 139.

103. *Bersedor*, « archer ».

104. *Besace*, « besace, sac de peau ».

105. *Besagud*, « besaiguë, outil de charpentier taillant par les deux bouts ».

106. *Besloncs*, « oblong, mal arrondi » (en parlant de la tête).

107. *Beve*, « bave ».

108. *Bevrons*, « castors ».

---

c) PES. 55a, צילצול. 6 B בנדיל bndil — 27 o.
d) SOT. 8b, צלצול. B בנדיל bndil.
e) QID. 13a, וורשכי. *j* בינדילשי bindilsi — μ באנדיל bandil — n בנדייש bendiés — 10 מדילוש mdilus — a *w* δ בינדל bindl — b c ∂ F בנדילש bndils — A בנדיל bndil — B בינדליש bindlis.
f) B.M. 51a, ורשכי. *y* 20 S בינדילש bindils — β ווינדיליש uuindilis — γ בצדילש bçdils — *m* בנדילאש bndilas — q כינדילש kindils.
g) ZEB. 19a, צילצול. f כענדל kendl — B בנדיל bndil.

103. HOUL. 60b, בליסטרי. θ ברשדורי brsduri — ϱ o — 8 ארבלשטרדור arblstrdur — s ארבלשטייר arblstiir — 15 בבשדור bbsdur — S ברישדור brisdur — $S^2$ בלישטריר blistrir (pr. [?] *balestrier*) [1].

104. KET. 96a, דסקיא. *k* Ed. Francfort-sur-le-Mein (1721) טשינא tsina — ξ 14 o (dans ξ la place de la glose est en blanc) — 3 $S^a$ בישצא bisça — S בשצא bsça — B בידצא bizça.

105. a) BÉÇ. 31a, ד"ה לא בקרדום. *b* בשאגודא bsaguda — λ 7 44 45 בשאגור bsagur — μ ביש אגואה bis aguah — 5 שאגור sagur — 6 בשאגוד bsagud — 12 באשגור basgur — 13 נשגור nsgur — S בידגואה bidguah.
b) BÉÇ. 31b, ד"ה ואיכא דמתני לה. *h* באשגוד basgud — λ 5 בשאגור bsagur — μ בייזגו biizgu — 6 כשאגוד ksagud — 7 בשגור bsgur — 12 באשגור basgur — 13 נשגור nsgur — 45 בשיגור bsigur — S בידגואה bidguah.
c) B.M. 82b, קרדום. *m* בישיגוד bisigud — β נישגאוד nisgaud — γ בישאגוד bisagud — *y* o — q בישאגואה bisaguah — 20 בישא אגודא bisa aguda — S כישנואה kisnuah.
d) BEK. 43b, ד"ה שקוט מולפניו. 2 כשאגור ksagur — 4 בשגוד bsgud — B בשגוג bsgug.

106. SAB. 31a, סגלגלות. e בשלוגנש bslugns — ι t 12 o — k בשלונקש bslunks — l בישלנוקש bislnoks — 11 50 בישלונג bislung — S 'בילונ bilun'.

107. BÉÇ. 22a, רירא. *b* S ביבא biba — λ μ 6 בבא bba — 5 בבויא bbuia — 7 ביבי bibi — 12 נֵיבָא néba — 13 בבור bbur — 45 בָבָא bava (pr.) — F בליוי bliui (note manuscrite en marge : בבא bba [esp. *baba*]) — $B^1$ באבא baba (it. *bava*).

108. HOUL. 127a, ביברי. θ בנדונש bnduns — ϱ בנרווש bnruus — 8 ביברונש bebruns — s ביברוש bibrus — V T ביברונש bibruns — S בברונש bbruns.

---

1. Le ms. s a *arbalestier*, 8 *arbalestredor* ; ces textes représentent peut-être une autre édition, également authentique, du texte de Raschi.

109. **Biere*, « brancard pour porter les morts ».

110. *Bis*, « (marbre) bis, gris »

111. *Blanjes*, voir TAJES, n° 976, c.

112. a, c, d, e) *Blecier*, « meurtrir (des olives, des pommes, pour les faire mûrir) ».

b) *Blecier*; « blesser (la queue des brebis contre les rochers) ».

113. **Bledas* (prov.), « betteraves ».

114. a, b) *Bleste*, « motte de terre ».

c) ***Blestes*. « mottes de terre ».

115. *Blez* [ou *Bliz* ?], « betteraves. ».

116. *Bocla*, « boucle ».

117. *Bodeke*, « pastèque ».

118. *Bodel crestange* : voir CRESTANGE BODEL n°

119. *Bodel sacelier*, « caecum, première partie du gros intestin ».

---

109. M.Q. 27b, בכליבה. A ביורא biira.

110. a) SOUK. 51b, ד"ה שוישא. 5 6 o — 17 בֵּיש bés — S ביש bis.

b) B.B. 4a, ירוק. 9 E S בִּיש bis — B בויש biis.

112. a) SAB. 50b, לפצרע. é l 11 50 בלציור blçiir — ι o — 12 ברעי דבלער [i.e. בלעיד בלעד] bleid — S בלוציור bliçiir.

b) SAB. 54b, לוהמוטן. e 50 S בלציור blçiir — ι o — l בלינור blinir — 11 קלציור klçiir — 12 ברציר blçir.

c) SAB. 145a, המפצע. e בלוציור bliçiir — ι 50 o — l S בלציור blçiir — 6 פלוציר pluçir — B בלוציר bliçir.

d) B.M. 89b, יפריך. *m* כל ציור kl çiir — β בלוציר bliçir — γ q 20. V בלציור blçiir — *y* בלוציור bluçiir — B בלצייד blçiid.

e) MEN. 86a, שולקה. 2 ? — w בלצייר blçiir — M ברציר blçir — B o.

113. SAN. 64a, תרדין. S בלדש blds.

114. a) SAN. 64a, פיסא. S בלשטא blsta.

b) MAK. 8a, פיסא. v בלושטא blista — B כלישניא klisnia.

**c) NAZ. 65a, קססות. 46 B בלושטוש blistis.

115. BER. 57b, תרדין. 0 11 בליטוי bliti (it. *blete*) — S בּליץ bliç [1].

116. SAB. 52b, ד"ה שהתקינה. e ι l 11 12 50 Ed. Cracovie (1602) בוקלא bukla — S בורלא burla.

117. a) QID. 46b, אבטיח. *j* בודיקלא budikla — μ n בודיכא budika — 3 בודיקא budika — 10 בוזירא buzira — F בריגא brina — B בזיקלש bzikls.

b) 'A.Z. 30b, אבטיח. v אלבודיקה albudikh (pr. *albudeca*) — S כולון mlun (it. *melon*).

. HOUL. 50b, סניא דיבי. θ שאצליור saçliir — ρ בודיל שאצליגר budil saçliir — 8 בודל שאצליור bodel saçliir — s 15 o — S בודיול שאצליור budiil saçliir.

---

1. SAB. 18b t a כליין kliin pour traduire תרמוסין, « lupines ». C'est sans doute une faute pour בליץ bliç. Pour le contexte, cf. טברש, n° 1084. e ι k l 11 12 50 S : o.

120. *Boilles* [?], « boulins, pots servant de nids à pigeon ».

121. *Boleiz*, « champignons ».

122. *Boljole* [?], « botte, faisceau d'herbes ».

123. *Bolzole* [?], « sac de cuir où le berger porte sa nourriture et sur lequel il dort ».

124. *Bon gred*, « (savoir) bon gré ».

125. a, b, c, d, e, f, *h) *Bon malant*, « esquinancie ».

g) *Bon malant*, « ulcère ».

*i) *Bon malant*, « plaie qui saigne ».

---

120. Houl. 139b, טפיחים. θ 8 s בויילש buiils — ρ בויילוש buiilus — s בווילש buiuls.

121. a) Sab. 108a, פטריות. e בוליץ buliç — ι 11 12 50 o — 1 בולייץ buliiç — S בולייון buliiun.

b) Qid. 34a, כמהין ופטריות. *j* 3 B o — μ בולייץ buliiç — n בולייש buliis — 7 10 בוליים buliim — F בוליץ buliç.

c) 'A.Z. 38a, ארדי. v בולץ bulç — 23 בולייץ buliiç — S בוליץ buliç.

*d) Ta'an. 23a, כמהין ופטריות. 13 40 S בולייץ buliiç — E בולירץ bulirç [1].

122. a) 'Er. 28b, אודולתא. e בול יולא bol iola — *h* בול וולא bul iula [2] — 6 כול וויל kul uuil — 50 כולן לא kuln la — F פליולא pliula — S ויל uil.

123. a) Souk. 20a, מזבלי. 5 (en marge) 17 בולולש bululs — 6 o — S בולדש bulzs — C (*ad* Kelim, XXVI, 6) : בזוליש bzuluis.

b) Yeb. 86b, תרמילו. d כולמלא kulmla — *j* בוטולייא butuliia — E בוטיליא butilia (esp. *botella*) — S בוטיילא butiila — B בשטוולא bstiila.

c) Guit. 28a, חמת. 3 S בולזולא bulzula — m בילזולא bilzula — u 17 o — 14 בולצולא bulçula.

d) B.M. 84b, קולתיה. *m* בולטא bulta — β o — *y* כוזל זולא kuzl zula — γ בו לזולא bu lzula — q בולזוולא bulzuula — 20 בזלזולא bzlzula — B בולזא bulza.

124. B.M. 99a, טובת הנאה. *m y* 20 o — β (en marge) γ בון גריד bun grid — q בון גריר bun grir — S בונדיר bundir.

125. a) Ber. 8a, אסכרא. 0 בונו מלדיטו bunu mlditu (it. *bono maladet*[*t*]*o*) — 11 בלמנט blmnt — S איישטראנגלמאנט aiistranglmant.

b) Ber. 40a, אסכרה. 0 בון מלנט bun mlnt — 11 בין מלבט bin mlbt — S בון מלאנט bun mlant.

c) Sab. 33a, אסכרה. e בומלנט bumlnt — k l בונמולנט bunmlnt — ι בונמולן bunmln — 11 בון מנלט bun mnlt — 12 o — 34 בוזמלנטו

---

1. E ajoute ואני שמעתי לעז שיטאש פוגגויש, « et j'ai entendu la traduction en langue romane sitas pungus », c'est-à-dire l'espagnol *setas*, *fongos* (esp. mod. *hongos*). 13 40 S : o.

2. Dans *h* une main plus récente a corrigé בזל en פול (mot hébreu qui signifie « fève ») ou פל pl (?) ; cf. la leçon de F.

126. *Borbo[il]les*, « bourbouilles, boutons ».

127. *Bordel*, « cabane ».

128. *Bot*, « crapaud ».

129. *Boter*, « bouter, tourner au gras » (en parlant du vin).

130. *Boterel*, « crapaud ».

131. a, b) *Boton*, « bouton (de vêtement) ».

c, e) *Boton*, « boutons (de vêtement) ».

d) *Botons*, « boutons, bourgeons ».

132. **Botz*[? prov.] « outre de peau épaisse ».

---

buzmlntń — t בון מלנן bun mlnn — 50 בון מלינטו bun mlintu — S בונבולאן bunmlan.

d) Yom. 84a, לסרונכי. *i* μ 5 B F בון מלנט bun mlnt.

e) Ket. 30b, סרונכי. *k* [בגרון] מַלַנְט malant — ξ בון מלן bun mln — 3 14 S[2] בון מלנט bun mlnt [1].

f) Sot. 8b, סרונכי. E בון מלט bun mlt — B בזמנלט bzmnlt.

g) 'A.Z. 28a, עונבתא. *v* בון מל' bun ml — A בונמלאט bunmlat [2] — S מלנט malant.

*h) Ta'an. 19b, ואסכרא. 13 40 S בונמלט bunmlt.

*i) Ned. 41b, בורדם. B בון מלנט bun mlnt.

126. Qid. 30b, נימי. *j* קוישוש krisus — μ בורבירוליש burbirulis — 3 בודבירוליש budbirulus — n בובריליוש bubrilius — 7 בולבוליא bulbulia — 10 (en marge) בורבולייש burbuliis — E פורסיליאש pursilias — F בורבריליוש burbrilius — B בורפיליוש burpilius.

127. a) B.B. 6a, לצריפא. 9 בורדייל burdiil — S B שרדיל srdil.

b) Men. 64b, צריפא. 2 בורל burl — w E בורדל burdl — B בורזיל burzil.

128. Nid. 56a, זבוגי. μ S בוט but — *ρ* בוטא buta (it. *bot[t]a*).

129. Ber. 40b, שהקרים. θ 11 a S בוטיר butir — v *s* בוטייר butiir — 1 A פוטייר putiir.

130. 'A.Z. 40a, צב. *v* בוטריל butril — S כוכוריל kukuril.

131. a) Sot. 15a, חומר. B בוטון butun.

b) Guit. 69b, חומרתא. 3 [בושם] busm — m 14 S בוטון butun - u o — 17 [כוסין] kusin.

c) Qid. 9a, חומרי. *j* μ b c F בוטונש butuns — n ביטונש bituns — 10 בוטינש butins — B בוטיינש butiins.

d) 'A.Z. 28b, פרי הסנה. *v* S בוטונש butuns — Ed. Berlin (ca. 1737) 'ביטונו' bitunu' — Ed. Sulzbach (1763) בוטונות butunut — V [בטנים].

e) Zeb. 88b, קונאות. f B בוטונש butuns.

132. 'A.Z. 34b, אבטא. *v* o — S ביטין butin.

---

1. Dans B[2] la leçon de B s'est corrompue en בזן מלנט, au lieu de laquelle on lit dans l'édition de Francfort-sur-le-Mein (1721) [בגרון] מלנט; cf. *k*.

2. Cette glose est donnée par A (t. I, p. 138b), qui cite ce passage dans le 14e chapitre de Sabbath.

133. *Bovier*, « bouvier ».

134. *Bracier*, « brasser ».

135. *Bradon*, « partie charnue du bras ».

136. **Brais*, « bière d'orge ».

137. *Brais agotedors*, « gouttes qui s'écoulent (de la lie du vase) ».

138. *Bramors*, « amour excessif » (d'un enfant pour son père).

139. **Breçol*, [ou *Berç-* ?] « berceau ».

140. *Breied*, « (pain) broyé, bien pétri ».

141. *Breiede* [?], « (pain) broyé ».

---

133. ʻEr. 82b, אכרים. e *h* $B^{2}$ בוביור bubiir — 6 בוכו לקיר buku lkir [1] — 50 בוביר bubir — F בוניור buniir — S o [2].

134. Sab. 139b, בטוילין שכר. e ι 6 12 o — l בריניור briniir — 11 ברציד brçid — 50 כדסויר kdsiir — S ברשויר brsiir.

135. a) Ber. 13b, קבורת הזרוע. θ ברזון brzun (pr. *brazon* ?) — 11 S ברדון brdun.
b) ʻEr. 95b, קיבורת. e בְּרַדֹּן bradon — *h* o — 6 ברדון brdun — F בדרונה bdrunh — S ברכדין brkdin — B רבדין rbdin.
c) Men. 37a, קבורת. ɑ קרנרון krnrun — B בדרום bdrum — $B^{2}$ T בדרון bdrun.
d) ʻArak. 19b, קיבורא. *p* בדרון bdrun — B ברדון brdun [3].

136. Pes. 107a, פירזומא. *a* (Pseudo-Raschi) : B ברויש bruis.
*b* (Raschbam) : 6 שגרים [?] sgrim — 27 ברייש briis — 48 בריש bris — B o.

137. Sab. 139b, נצוצות. e ברייש אגומדוריש briis agumdurs — ι 12 o — l ברייש אגוטדרוש briis agutdrus — 6 פונדיריליייש pundiriliis — 11 פונדריליש pundrilis — 44 פונדוריילייש punduriiliis — 50 ברייש אגוטרוש briis agutrus — s איגדדוש aigddus — A אגוטדורש agutdurs — S ברייש briis.

138. Sab. 66b, געגועין. e כדמורש kdmurs — ι בדמורש bdmurs — l O (II, 42a, § 84, 23) ברמורש brmurs — 11 כורמצש kurmçs — 12 o — 50 בן מורש bn murs — S ברמורט brmurt.

139. Taʻan. 22a, עריסה. 13 40 S ברצול brçul.

140. a) Sab. 62b, פת עמילה. e 12 o — ι בדייאר bdiiar — l ברייִדי briidi [4] — 11 בדייר bdiir — 50 ברייד briid — S ברייאיאה briiaiah.
b) Pes. 37a, פת עמילה. 6 o — 27 ברדוייץ bruiiç — B ברייירא briira — O (I, 69a, § 226) ברזיר brizir.

141. Bêç. 22b, פת עמילה. *h* כואי kiai — λ 12 ברייירא briira — μ בריי brii — 5 6 13 45 o — 7 בְּרֵיָרָא breiara — F בריגא briga — S ברייא briia.

---

1. La leçon du ms. est incertaine. Rabbinovicz (*Diq. Sof.*, *ad loc.*) a lu בופו לקייר bupu lkir.

2. La glose s'insère entre אכרים et ד״ה ריפתא, מנהיגי השוורים.

3. Meg. 24b, le Pseudo-Raschi dans l'Alfasi (Pér. III) traduit גובה של יד par ברצון brçun. 6 17 S : o — 13 ?

4. Il se peut que le dernier *i* ne soit qu'un signe de ponctuation.

142. *Bresche*, « rayon de miel ».

b) *Bresches*, « rayons de miel ».

143. *Brez*, « berceau ».

144. *Brides*, « bourses longues à mettre de l'argent ».

145. a, c, d) *Broche*, « broche, morceau de bois pointu ».

b) *Broches*, « broches ».

146. *Broçon*, « bec, goulot (d'un pot) ».

147. *Broïst*, « brûle ».

148. *Bronie*, « cuirasse ».

149. a) *Brosder* [de] *ganbais*, « broderie de pourpoint ».

b, c) *Brosder*, « broderie ».

150. ***Buce*, « sorte de navire ».

151. *Bufet*, « piquette, vin de marcs ».

---

142. a) Sot. 48b, צפחת. B ברשקא brska.
*b) Naz. 50a, צפיחות. 46 קריש קריש kris kris — B כרישקריש kriskris — B² ברישקריש briskris.

143. a) Sab. 58b, ערוסה. e בריץ briç — ɩ 12 o — l ברץ brç — 11 בדויץ bdiiç — 50 בריק brik — S בירצא birça.
b) San. 20b, ערוסה. S ברייץ briiç.
c) 'A.Z. 36b, ערוסה. v בדיץ bdiç — S ברייץ briiç.

144. Sab. 93a, פונדאות. e l 11 S ברידש brids — ɩ 12 o — 50 כרידש krids.

145. a) Qid. 21b, סול. *j* ברוקא brucha — µ 3 7 n 10 B ברוקא bruka — F ברוקה brukh.
b) Men. 41a, סיכי. 2 4 B ברוקש bruks.
c) Bek. 37b, סול. 2 4 29 B ברוקא bruka.
d) Bek. 51a, סול. 2 כרוקא kruka — 4 B ברוקא bruka.

146. Sab. 112b, שלאכא. e l S ברוצון bruçun [1] — ɩ ברוצין bruçin — 11 12 B ברצון brçun — 50 בריצין braçin.

147. Sab. 21a, מסכסכת. e l 50 S ברואישט bruaist — ɩ 12 o — k ברושליר bruslir — t כרושלינט kruslint — 11 [ברושום] brusim.

148. Sab. 62a, זרדא. e l 12 A S ברוניא brunia — ɩ 50 ברוניוא bruniia — 11 ברניא brnia — 44 בירנייא birniia.

149. a) Ber. 63a, מחטא דתלמיותא. θ ברושדיר שלגנבייש brusdir (de, en hébreu) gnbiis — 11 o — S ברושדיר שלגבוייש brusdir (de) gbuiis — l בדושלאר bduslar (esp. *broslar*).
b) Guit. 20a, ד"ה אנדוכתרי. 3 14 17 o — m ברייש דייר briis diir — u כרושריר krusrir — 39 ברודייר brudiir — S ברושדיר brusdir.
c) Qid. 82b, מחטא דתלמיותא. µ ברווישו' bruiisu' — n ברוש דיר brus dir — 3 ברושיר brusir — 10 בדושדי' bdusdi' — B ברושדיר brusdir — V ברושדייר brusdiir.

150. B.B. 73a, ביצית. *n* o — S Ed. Lublin (1576) בוצש buçs — B בוצא buça.

151. a) Pes. 42b, תמד. 6 B בופיט bupet — 27 בופט bupt — 48 בופוט buput.
b) Men. 86a, ד"ה ושל שמרים. w כופיט kupit — M ריפ rip — B o.

---

1. Dans e on lit en marge ברצון brçun.

152. *Buies*, « entraves, liens (pour les pieds) ».

153. *Buis*, « buis ».

154. *Buretel*, « bluteau, tamis ».

155. *Calateres* (latin, d'après Raschi), « caractères magiques ».

156. **Caline* (ital.), « cendres chaudes ».

157. *Caneler*, « canneler, sillonner de rainures ».

158. ***Cap[pe]ro(* ital.), « câpre ».

159. *Caprier*, « câprier ».

160. *Carole*, » vase à vin, avec des tubes auxquels plusieurs personnes peuvent boire en même temps ».

161. b) *Cedre*, « pois chiche ».
c) *Cedres*, « pois chiches ».

---

152. ʻA.Z. 15b, כבלים. v בוויש buiis — S בויש buis.

153. a) Sab. 129a, ויזה. e ι l S בוויש buiis — 11 12 o — 50 חויש ḥiis [1].
b) R.H. 23a, ברתא. *x* כוויש kuiis — λ 13 S בוסו busu (it. *bos[s]o*) — 5 [בוסר] busr.
**c) B.B. 80b, ברתי. S כוויש kuiis — B בוויש buiis.
**d) B.B. 89b, אשכרוע. S אוויש auiis — B בווישבל buiisbl.

154. Souk. 20b, נפוותא. 5 o — 6 בורטיל burtil — 17 שארץ sarç (it. **sadaz*?) — S בויטיל buitil.

155. Sab. 103b, בגלטורי. e ι *l* קלטורש kltrs — 11 קריטיס kritis [2] — 12 סלטרס sltrs — 50 קריטש krits — S קלוטורש kluturs.

156. San. 39a, בחשא. S קליני klini.

157. Pes. 74a, שובי. 6 קנליד knliḋ — 27 קנלירא knlira — B קנליר knlir.

158. Béç. 25b, צריף. *h* μ 7 12 45 S o — λ קפרא kpra (it. *cap[p]era*) — 6 13 קפרו kpru [3].

159. a) Sab. 110a, צלף. e 50 קפריד kprid — ι [קפרים] — l קפריר kprir — 11 קפרא kpra (it. *cap[p]era*) — 12 o — S קפרויר kpriir.
*b) Pes. 111b, פרחא. 48 קפריר kprir (dans le commentaire de R. Samuel b. Méir) — B קרפיף krpip.
c) Houl. 59a, צלף. θ גפריר gprir — o S קרפיר krpir — 8 קפרויר kpriir — s קפרפיר kprpir — 15 קפרויד kpriid.

160. ʻA.Z. 72b, קנישקנין. v קדורא kdura — S קרוגלא krugla.

161. a) Houl. 52a, חיפצי. θ (addition marginale postérieure) צידריש çidris — ρ סדרש sdrs — 8 o — s צידרש çidrs — 15 ציזרש çizrs — S צידרוש çidrus.
b) Houl. 67b, בליסין. θ 8 44 צידרא çidra — ρ צינרא çinra — s צדרונש çdruns — S צידראש çidras — C (ad Oukç. I, 6) : צודרא çudra.

---

1. Yom. 37a, le ms. 5 substitue בוסו busu, c'est-à-dire l'italien *bos[s]o*, à l'hébreu ברוש, qui se trouve dans *i* μ et B comme explication de אשכרוע.

2. Cette glose pourrait aussi se lire קריטיט kritit.

3. Pour le contexte des mss. qui donnent la glose, voir le *Diqdouqé Soferim*, *ad loc.*

162. *Cenbes*, « cymbales ».

163 *Cencron* [?], « calcanéum, os du talon » (de bœuf) [?].

164. *Cender*, « étoffe de soie ».

165. a, b, c, *f) *Cengle*, « sangle » (de cheval).

d, e) « enceinte » (de ville).

166. *Cenpeil*, « feuillet, troisième estomac des ruminants ».

---

162. a) ʿEr. 104a, זמוזמי. e צנבש çnbs — *h* צנבויש çnbis — 6 צינבמ çinbt — 38 צי נילש çi nils — F [כושכרש] — S צינבש çinbs.
b) ʿArak. 10b, צלצל. *p* צינבש çinbs — B צנבש çnbs — B[a] צינבאנו çinbanu (it. *cinbano*).
c) ʿArak. 13b, ד"ה עבידתא חד עבדו. *p* צינפש çinps — B צינבש çinbs.
*d) M.Q. 9b, טבלא. 49 צנבש çnbs — S o — λ 6? [1].

163. a) Houl. 76a, s.v. צומת הגידין. 0 ρ s 8 *u v* 44 צנקרון çnkrun — A שנקרון snkrun — S צינקרון çinkrun.
b) Houl. 76a, s.v. דפרעי טבחי. 0 ρ o — s 8 *u v* צנקרון çnkrun — S צינקרון çinkrun.

164. a) *Hag. 16b, סיריקון. 5 ? — λ [שלצינדיר] çindir — 6 [בגדי מולת] — 13 B [בגדי מלכות] [2].
b) Ket. 85b, מטכסא. *k* צינדול çindul — ξ סנדאט sndat (pr. *cendat*) — 3 14 צינדיר çindir — S צינדיל çindil.
c) Qid. 31a, סירקון. *j* [סודר] — μ סונדיר sindir — 3 צינדיר çindir — [3].n צנדיר çindir — 7 צנדדו çnddu (it. *zendado*) — 10 נשר nsr (en marge : צינדרו çindru [it. *zendado*]) — *t* צידול çidul — *w* 8 A צינדול çindul — F סינאר sinar — B צינדר çindr — E סינדר sindr.

165. a) Sab. 57a, חבק. e צנגלא çngla — ι 12 o — l 50 S צינגלא çingla — 11 סנגלא sngla — *s* טרגלא trgla — l שינגלא singla — A ציגלא çigla.
b) Sab. 64a, חבק. e l צנגלא çngla — ι 11 50 B[a] צינגלא çingla — 12 o — S צינגל' çingl' — B צינגלה çinglh — I סינגא singa (esp. *cincha*).
c) Sab. 154b, חבק. e צנגלא çngla — ι 16 S צינגלא çingla — 50 צייגגלש ciingls.
d) Sot. 45a, בית פגי. B ציגלא cigla.
e) B.M. 90a, בית פאגי. β γ *y* 20 צינגלא çingla ; — *m* פינגדש pingds — q צנגלא çngla — B שינגלא singla — V שונגלא šungla.
**f) B.B. 78a, קולקלי. S צינגלא çingla — B צינגלש çingls.

166. a) Sab. 36a, המסס. e 11 S צינפיל çinpil — ι שנטופאן sntopan (it. [?] *sentopan*) — k צנפייל çnpiil — l צנפיל çnpil — t צנפויל çnpuil — 12 o — 50 צינפייל çinpiil.
b) Sab. 152a, קורקבן. e צנפל çnpl — ι o — l צנפוייל çnpuiil — 6 צנפייל çnpiil — 50 S צינפיל çinpil — E צינפול çinpul.
c) Souk. 34a, הובלילא. 5 6 צינפיל çinpil — 17 צינפייל çinpiil — S צנפייל çnpiil.

---

1. Contexte dans 49 : טבלא כעין זוגי ואית דפי' צ'.
2. La glose s'insère après le mot לבוש.
3. Dans 20 l'*n* est biffé.

167. *Cenpies*, « mille-pieds ».

168. *Censier*, encensoir ».

169. *Centenier*, « poids de cent *maneh* [= mines] ».

170. *Cep*, « cep, entrave ».

171. **Cepiere*, « fabricant de ceps ».

172. *Cerche*, « cerce, bois qui entoure une meule de moulin ».

173. b, c) *Cercle*, « cercle ».
a) *Cercles*, « cercle, bande ».

174. *Cerens*, « séran, carde qui divise la filasse ».

175. *Cerfoil*, « cerfeuil ».

---

d) Houl. 42a, .המסס θ סנפריל snpril — ρ שאנפיל sanpil — 8 צינטפל çintpl — s צינפיל çinpul — 44 צינטיפילי çintipili (it. *centepel*[*l*]*e*) — S צינפוויל çinpuiil.

e) Bek. 57b, .המסס 2 צנפין çnpin — 4 צנפולי çnpuli — E סנפויל snpiil — G צנפיץ çnpiç — B צינטילא çintila — I סנפיליוא snpiliia (cat. ¦?] *cenpella*).

167. Houl. 67b, .נדל θ 8 S o — ρ צינפויא çinpiia — s צוינפיאיש çiinpiais [1].

168. ‘A.Z, 50a, *s.v.* .אין לה בטלה עולמית v S o — v שנציו snçiu — A שנשיר snsir [2].

169. B.M. 87a, .קנטרי *m* שנטייר sntiir — β צינטינש çintins — γ סינטיינד sintiinid — *y* צינטיעל çintiel — q צנטביר çntbiir — 20 צינטניר çintnir — S צנטינר çntinr.

170. a) Ber. 28b, .באסדא θ 11 47 O (I, 27b, § 49) צִיף çip — 18 ריד rid — S ציפש çips.
b) ‘A.Z. 15b, .סדן v צִיף çip — S ציפ çip — B ציפי çipi (it. *cep*[*p*]*i*) [3].

171. Pes. 28a, .סדנא 35 צפיירא çpiira — 6 27 B o [4].

172. B.B. 20b, .איצטרובלא *n* צַרְקָא çarke — 9 צארקאי çarkai — S צרקא çrka — B צדקא çdka.

173. a) ‘Er. 102a, .מעגלין e 6 צרקליש çrklis — 38 קרקליש krklis — F סירקאליש sirkalis — S צרקל çrkl.
b) Men. 94b, .מעגל 2 V צירקלא çirkla — B צירקל çirkl — Z סורקולא surkula.
c) Men. 94b, .מיעגל 2 ? — B צירקלא çirkla.

174. a) Souk. 12b, .מסרק 5 6 o — 17 פירבא pirba — A ציצין çiçin — S צריש çris — Ed. Amsterdam (1646) T צרינש çrins — Ed. Amsterdam (1717) צרביש çrbis — X (f° 10a) צרניץ çrniç.
b) Bek. 29b, .מסרק 2 ציריש çiriis — 4 סרניש srnis — B o [5].

175. Sab. 140b, .ד"ה ורקא e צפויילא çpuiila — ι 6 11 12 50 o — l צירפוויל çirpuiul — S צירפוויל çirpuiil.

---

1. La glose suit les mots .קורין לו

2. Le contexte de la glose, mutilé dans les éditions modernes d'A, est le suivant : ...כלי מחתה שקורי' ש' אסור משום משמשי ע"ד...

3. Dans v la glose est précédée par ,ובלשון אשכנז ובלע׳ « en allemand et en français », la glose allemande (voir Stok, n° 972) ayant été omise.

4. La glose s'introduit entre סדנא et .נגר

5. La glose se trouve dans le .ד"ה מסרק

176. ***Cerge*, « cerce, bois qui entoure une meule de moulin ».

177. *Cerises*, « cerises ».

178. *Chacide*, « chassie ».

179. *Chailos*, « cailloux ».

180. *Chalces*, « chausses, bas » [?]

181. b, d, e) *Chalçon*, « chausson ».

a, c, f, g) *Chalçons*, « chaussons ».

---

176. B.B. 65a, איצטרוביל. *n* o — S צרויא çriia — B צרקויא çrkiia.

177. a) Ber. 57b, גודגדניות. θ 11 אליונדרי aliindri (it. *agliandre* [-*ri* ?] ?) — S צרודיויש çridiis — B צרוזויש çriziis — B² צירוזיש çirizis.

b) Guit. 71a, ד"ה בפירי. *l* צוישיש çuisis — 3 צירישיש çirisis — m. S צרישש çriss [1] — u צריתת çritt [2] — 14 צירווישיש çiriisis — 17 צירשיש çirsis — c שרישץ srisç.

178. a) Bèç. 22a, רירא. *h* קציר' kçir' — λ 13 o — μ קצירה kçirh — 5 6 קיצירא kiçira — 7 F קצירא kçira — 12 כצירא kçira — 45 B קצידה kçidh — S קצידא kçida.

b) 'A.Z. 28b, רירא. *v* קסידא ksida — S קציירא kçiira.

c) Nid. 67a, לפלוף. μ ρ S קצידא kçida.

179. B.B. 17a, סלעים. *n* S קיילוש kiilus — θ קיילוש kiilus — B כוולויש kuuliis.

180. Sab. 120a, אנפליויאות. e 50 קלצש klçs — ι קלצאש klças — l קצש chçs — 11 44 קלציש klçis — 12 [בתי שוקיים] — S קלצונץ klçunç.

181. a) Sab. 10a, פוזמקי. e קלצילש klçils — ι l t 11 50 קלצונש klçuns — k קלצש klçs — 12 אלציש klçis — E קאלסוניץ kalsuniç (esp. *calzones* ?) — B קאלצונץ kalçunç — Ed. Cracovie (1602) קאלצונם kalçuns — U (8a) קלצנש klçns [3].

b) Yeb. 101a, אנפיליא. *j* קלצון chlçun — 6ᵃ S קלצון klçun — b c קלצא klça — A o — O (I, 184b, § 665) קלצה klçh.

c) Yeb. 102b, מוקי. *j* קלצון klçun — S קלשונש klsuns.

d) Yeb. 102b, מוק. *j* קאלצון kalçun — S וולצון iilçun — B O (I, 184b, § 664) קילצון kilçun [4].

e) Guit. 25a, אנפוליא. 3 u 14 a קלצון klçun — m S וולצון iilçun — 17 o — c קריטו klitu — *u w* קצון kçun — A קלצץ klçç — B קילצון kilçun.

f) Guit. 68b, מוקי. 3 קלץ klç — m u קלצונש klçuns — 14 E קלצוניש

---

1. Dans le ms. m on lit en marge la glose allemande קירשן, *kirschen*, « cerises. » *l* a en marge קירשן *hirschan.*

2. Sur chacun des deux *t* de la dernière glose une main postérieure a ajouté un ש, c'est-à-dire une *s*.

3. Béç. 15a, le ms. λ explique ערדילין par קלצווין klçuiin, 13 *h* μ 12 a *s* 22 45 S A : o (גמוטי) ; 6 o (עדילרין) ; 7 (גמוטו) H (ערדלין) o.

4. Yeb. 104a, A explique במוק par 'קלי kli' (éd. Romm : קליה klih). b : קלצון klçun. *j* B H (sur l'Alfasi): o. La glose ne représente peut-être qu'un déplacement de celle qu'on vient de lire.

182. *Chalemels*, « chalumeaux, flûtes ».

183. *Chalve soriz*, « chauve-souris ».

184. **Chalz*, « chaux ».

185. *Chambre*, » chambre ».

186. *Chanpagne*, « plaine, campagne ».

187. *Charboncle*, « escarboucle ».

---

klçunis (esp. *calzones*) — 17 קלצנוש klçnus — 39 קליטן klitu — S קאלצונש kalçuns.

g) SCHEB. 31a, פוזמוקיוכי. ζ קלבונש klbuns — μ קאלצונש kalçuns — π o — u קַלְצוֹנְש kalçons — R קלסוניש klsunis (esp. *calzones*) — S קלצונש klçuns [1].

182. a) KET. 46b, חלילין. *k* קלאולש klauls — ξ קרמילש krmils (pr. *caramels*) — 3 14 A o — b קלמייש klmiis — c קלימוייש klimiis — S קלמילש klmils.

b) 'ARAK. 10a, חלולין. *p* קַלְמֵילְש kaleméls — B קלמיילש klmiils.

183. a) BÉÇ. 7a, עטלף. *h* קלפא שוריץ klpa suriç — λ 13 45 קלבא שוריץ klba suriç — μ טלפא שוריץ tlpa suriç — 5 6 S קלבא שוריץ klba surç — 7 קלבא שורין klba surin — 12 כלבא שוריי klba surii.

b) SAN. 98b, עטלף. E קלבא שורץ klba surç — S קלבא שוריץ klba suriç.

c) HOUL. 63a, קיפוף. θ קלבא שרץ klba srç — ρ קלבא שורין klba surin — s 15 S קלבא שוריץ klba suriç — 8 קלבא שוריץ klava suriç.

d) BEK. 7b, עטלף. 2 $B^2$ קלבא שורץ klba surç — 4 כלבא שוריץ klba suriç — E B קלבא שוריץ klba suriç.

184. PES. 75a, גפסים. 27 קָלְץ kalz — 6 B o [2].

185. MEN. 33b, אינדרונא. 2 ? — B קמברא kmbra [3].

186. a) SAB. 6a, בקעה. e 44 קנפנייא knpniia — ι קמפנייש kmpniis — k 1 קנפיינא knpiina — t קכפיינש kkpiins — 11 קנפייה knpiih — 12 קנפייא knpiia — 50 קנפיא knpia — B קנפ:י' knpni' — $B^2$ קנפניא knpnia.

b) PES. 8b, שבבקעה. 6 27 קנפניא knpnia — E o — B קנפייא knpiia.

c) B.Q. 81b, שדות ובקעות. α קפנייא kpniia — β קרפייא krpiia — γ קנפייא knpiia — o קנפנייא knpniia — p קַפַּנְייא chapagna — r קנפיוניא knpiinia — $S^2$ כנפיינא knpiina — $B^2$ כנפנייא knpniia.

187. a) 'A.Z. 8b, אינך. ν קרבונקלי krbunkli (pr. *carboncle*) — E o — S קרבונקלא krbunkla.

**b) B.B. 75a, אקדח. S V קרבונקלא krbunkla — B קרבוקלא krbukla — E קרבוקלאש krbuklas.

---

1. *M.Q. 10b, 49 a קלשונץ klsunç et A קלצינש klçins pour expliquer בירי.

2. La glose suit מין סיד הוא.

3. D'après les notes de Darmesteter, 2 portait לוויא luiia comme traduction de אינדרונא. Cependant, comme il avait oublié de relever dans l'éd. imprimée *loge*, la glose suivante, il paraît que cette leçon de 2 se rapportait plutôt à באכסדרא רומיתא, et c'est là qu'on la trouvera. Cf. LOGE, n° 653a.

188. *Charbonedes*, « charbonnées, morceaux de viande grillée sur des charbons ».

189. *Chardenels*, « gonds ».

190. *Chardons*, « chardons ».

191. *Charpir*, « étirer, effiler, démêler ».

192. *Chastai[g]nes* « châtaigniers ».

193. *Chastenier* « châtaignier ».

194. *Chelenete*, « chenal, gouttière ».

195. *Chemise*, « chemise ».

196. *Cheneleus*, nom propre [« Chananéens »].

197. *Chenevaz*, « canevas ».

---

188. Zeb. 2b, צלי. f קרבונדיש krbundis — B קרבוניויש krbuniis.
b) Zeb. 46b, חתיכות צלויות. f קרבונש krbuns — B קרבוניאש krbunias — B² קרבוניש krbunis.

189. Bek. 45a, צירין. 2 קרונולש krunuls — 4 29 קרדנילש krdnils — B קרדונש krduns.

190. Sab. 11b, קוצים. e ι k l t 11 12 50 S קרדונש krduns.
**b) B.B., 156b, קוצים. S B קרדונש krduns.

191. a) Sab. 20b, נפיץ. e l. 11 קרפיר krpir — ι קרפויר krpiir — k 50 קרפיד krpid — t קרפר karper — 12 o — S קרפירי krpiri (it. *carpire*).
b) Sab. 73a, מנפץ. e l 11 12 *s* A S קרפיר krpir — ι קרפויר krpiir — 50 קרפיד krpid.
c) Sab. 81b, מפספס. e l S קרפיר krpir — ι קרפויר krpiir — 11 o — 12 50 קרפיד krpid.
d) Houl. 76b, נפציה. θ קרפיד krpid — ρ 8 s 44 S קרפיר krpir.

192. a) R.H. 23a, דולבי. *x* קשטניויש kstniis — λ 13 קשטנוי kstnii (it. *castagni*) — 5 קושטטי kustti — S קשטאנייא kstaniia (it. *castagna*) — T קשטיניור kstiniir — Ed. Cracovie (1603): קשטנויינא kstniina.
**b) B.B. 81a, דולבי. S קשטיינש kstiins — B קיישטנייר kiistniir.

193. Souk. 32b, דולבא. 5 S T קשטנייר kstniir — 6 קסטניא kstniia (it. *castagna*) — 17 o — B² קשטניר kstnir — T (*ad* R.H. 23a) קשטיניור kstiniir.

194. B.B. 22b, מזחילה. *n* קול kul — 9 קלונתא klunta — 30 קלנטא klnta — *t* קנילא knila — A קניל knil — S קלנשא klnsa — B קנעלא knela.

195. Sab. 120a, חלוק. e קמיצא kmiça — ι l 11 50 S קמושא kmisa — 12 44 o [1].

196. Sab. 10a, לודים. e קנילבש kanileus (pr. *Canileus*) — ι קנילוב knilib — k קלנש klns — l קויניוליש kiiniilis [2] — t קינולבש kinilbs — 11 קנלבש canaleus (pr. *Canaleus*) — 12 o — 50 קנולבש knilbs — S קנלינש knlins.

197. a) B.M. 51a, בצדרויתא. *m* β γ קנבץ knbç — *y* קנבוץ knbuç — q קנבץ kanevaç [3] — 20 S o.
b) ʻA.Z. 75a, בצבוץ. *v* קנבוץ knbuç — S [קנבוס] knbus.
'c) M.Q. 27b, צרדא. λ קנבץ knbç — 6 וינבץ iinbç — A קנבא knba — S [קנבוס] knbus.

---

1. Dans l il y a deux lignes au-dessus du *k*, qui ressemblent à un *v* sans base. Ces lignes indiquent probablement que le *k* a le son *ch*.

2. Le premier groupe de deux י ressemble quelque peu à un א.

3. La glose suit le mot בצדרויתא.

198. *Cheneve*, « chanvre ».
199. *Chesne*, « chêne ».
200. *Chevecine*, « têtière, harnachement de la tête ».
201. *Chevedure*, « cavité, creux ».
202. *Chevestre*, « licou ».
203. a, c, l, m, t, u) *Chevil[l]e*, « cheville, partie du corps ».
b, e, f, h, i, j, k, n, o, q, r, s) *Chevil[l]e*, « cheville, tenon ».
d, g, p, **v) *Chevil[l]es*, « chevilles, tenons ».

---

198. MEN. 15b, קנבוס. 2 B קנבא knba.
199. a) R.H. 23a, בלוטי. *x* קשנא ksna — λ 5 צירקוא çirkuua (it. *cerqua*) — 13 צירקוא çirkua (*idem*) — S צירקווה çirkuuh (*idem*).
b) MEN. 63a, ד"ה ברווטי. 2 w קוישנא kiisna — B קשטניא kstnia (it. *castagna*).
**c) B.B. 80b, ארזא. S קוישנא kiisna — B״ קיצא kiça [1].
**d) B.B. 80b, בלוטי. S B קוישנא kiisna.
200. a) SAB. 51b, ובית פגי. e קבצנא kbçna (pr. *cauçana*) — ι 12 o — l קבצינא kbçina — 11 קביצאלי kbiçali (it. *cavezzale*) — 50 קביצא kbiça (it. *cavezza*) — S קיבציול kibçiil.
b) B.M. 9a, בית פגיה. *m* קמצינא chmçina — β קבנטור kbntir — *y* o — q קכיצצא kkiçça — 20 בצינא bçina — B קיבציול kibçiil.
201. HOUL. 21a, חלל. θ קברזורא kbrzura — ρ קרבדורא krbdura — 8 קרוודורא kruudura — s קבדורא kbdura — S קיבדורא kibdura.
202. a) SAB. 51b, אפסר. e קבשטרי kbstri (pr. *cabestre*) — ι 44 קפישטרו kpistru (it. *capestro*) — l 50 B קבישטרא kbistra — 11 קבישטרו kbistru (it. *cavestro*) — 12 קפושטרא kpustra (it. *capestra*) — *s* בשטרא bstra — A בורשטא bursta — S 'קבושטר kbistr'.
b) YEB. 46a, ארויסא. d B² קבישטרא kbis̃tra — *j* קאשטרא kastra — S 'ק'בישטר k'bistr' — V קבישטרי kbistri.
c) QID. 27a, אפסר. *j* n 3 F קבישטרא kbistra — μ קבוישטרא kbiistra — 7 קפי שיטרא kpi sitra (it. *capestra*) — 10 'קפישטר kpistr' (it. *capestra*) — B קבישטר kbistr.
d) QID. 81a, אפסרה. μ קבוישטרא kbiistra — 3 קבישטרר kbistrr — n קבישטרא kbistra — 10 קפישטרא kpistra (it. *capestra*) — F קאבישטרי kabistri (cat. [?] *cabestre*) — B קבשטרא kbstra.
e) B.M. 8b, מוסירה. *m* β קבישטרא chbistra — *y* קבישטרו kbistru (it. *cavestro*) — q קובשטרא kubstra — 20 o — S קבישטרא kbistra.
203. a) BER. 54b, בקרסוליה. θ קוולי kuuli — 11 קוזלי kuzli — E קבילא kbila — S קביליא kbilia.
b) SAB. 29b, מגוד. e k S קבילא kbila — ι קווילא kuila — 11 קיבילויא kibiliia — 12 קבוליאי kbuliai — l 34 50 B² קבוליא kbilia — t קבילויא kbiliia.

---

1. Le *Diqdouqé Soferim* note que la leçon de S se trouve répétée dans le commentaire manuscrit de R. Abraham Ab Bet Din de Narbonne (vers 1110- vers 1178-9), *ad loc.*

204. *Chevrons*, « chevrons (du toit) ».

205. *Chienes*, « moisissures, fleurs de vin ».

206. *Choe*, « choucas, espèce de corneille ».

207. *Cider* [?], « catharre ».

---

c) Sab. 54a, כבלא. e קבילא kbila — ι כביליא kbiliia — 11 קבליא kbliia — l קביליא kbiliia — 12 o — 50 קבליא kblia — S ק"וילא k"uila.

d) Sab. 67a, סיכי. e ι o — 11 קביליש kbiliis — 12 קבליש kblis — l קבווליש kbiilks — 50 קביילש kbiils — S קיוללש kiulls — B קייבלש kiibls.

e) Sab. 155a, יתד. e קביליא kbilia — ι קוויליא kuuiliia — l קבוילא kbiila — 6 קבילא kbila — 50 קבולא kbula — S o [1].

f) 'Er. 8a, סיכתא. e קביליא kbilia — *h* 6 F קבילא kbila — t קיביליא kibilia — 50 קבלא kbla — S קביליא kbiliia.

g) 'Er. 8b, ותידות. e קבילש kbils — *h* 6 t S קביליש kbiliis — 50 קביירליש kbiilis — F קביילש kbiils.

h) 'Er. 78a, יתד. e קבוילא kbiila — *h* S o — 6 50 $B^2$ קביליא kbilia — F קבילא kbila.

i) 'Er. 86a, יתד. e קביליא kbilia — *h* 50 F S קבילויא kbiliia — 6 קבליא kbliia.

j) 'Er. 101b, נגר. e 6 קביליא kbilia — A קבוליא kbulia — F קבילוי' kbilii' — S קביליה kbilih.

k) Pes. 26b, מגוד. 6 קביליא kbilia — 27 קבליא kbliia — B קבילויא kbiliia.

l) Hag. 13a, קרסולי. λ 6 קבילא kbila — 5 13 S קבילויא kbiliia — E קביליא kbilia.

m) Yeb. 103a, אסתוירא. *l* קוילא chuila — S קבולא kbila.

n) Ket. 5a, יתד. *k* קביליא kbilia — 3 14 קבילויא kbiliia — $S^2$ קבילוי kbilii.

o) B.M. 30a, ביגוד. *m* קבילויא kbiliia — *y* 20 קבילא kbila — β קביליא kbilia — γ q 21 קבוילא kbiila — B קבולא kbila.

p) B.M. 117a, ותידות. *m* קביריש kbilis — *y* β o — γ קביילש kbiils — q קביריוויש kbiliis — S קבלויש kbliis.

q) 'A.Z. 38a, סיכתא. v קבלא kbla — 23 קבוילא kbiila — S קבילויא kbiliia.

r) Men. 33a, נגר 2 $B^2$ קביליא kbilia — B קבולא kbila.

s) Bek. 8b, סיכתא. 2 B קבילויא kbiliia — 4 קלייא kliia — E קבולא kbila.

t) Bek. 45a, אוסתמורא. 2 4 o — 29 B קבולא kbila.

u) 'Arak. 19b, איסתוירא. *p* קוביליויא kubiliia — B קבילא kbila.

**v) B.B. 69a, בסיכי. n o — B קבוילש kbils — S קאוילש kails.

204. B.B. 3b, הודרי. 9 קברונש kbruns — S B קיברונש kibruns.

205. Men. 87a, קמחים, 2 w קיינש kiins — M קנאש knas (pr. *canas*?) — B שקויינש skuiins.

206. Houl. 62a, העורבים. θ s 15 S קואה kuah — ρ קאוה kauh (pr. *cava*) — 8 קואה koah — $B^2$ קוקוא kukua.

207. Guit. 69a, ברסם. 3 39 צירירין çirrin — m ציריר çiirir — u צירן çirn — 14 צייר çiir — 17 צירי çirii — S צידייר çidiir — B צירייר çiriir.

---

1. Cette glose se trouve après les mots : יתד·נגר.

208. ***Cigogne*, « outre pour tirer l'eau du puits ».

209. *Cimols*, « bord d'un vêtement ».

210. b) *Cincele*, « moucheron, cousin ».

a) *Cinceles*, « moucherons, cousins ».

211. a, c, d) *Civot*, « ciboules, petits oignons ».

b) *Civot*, « ciboule, petit oignon ».

212. **Clavedure*, « serrure ».

213. a) *Cleide*, « natte, claie de joncs ».

b, *c) *Cleides*, « nattes, claies de joncs ».

214. a) *Cler*, « clair, brillant ».

c) *Cler*, « (champ) clair-(semé) ».

d) *Cler*, « clair, pur ».

e) *Cler*, « clair, limpide ».

*f) *Cler*, (crible) « à gros trous ».

b) *Clers*, « clairs, peu foncés ».

---

208. B.B. 167a, אדרנקא. E S צוגוניא çigunia — B סגוידצא sguizça.

209. 'Er. 96b, שופתא. e *b* 6 F צימולש çimuls — S צימושי çimusi (it. *cimosse*).

210. a) Souk. 26a, בקי. 5 צינבלש çinbls — 6 צינגלש çingls — 17 אלנצי alnçi — S צינצלש çinçls.

b) Houl. 58b, בקא. θ צנצי בלאי çnçi blai — ρ s צינצילא çinçila — 8 S צינצ׳רא çinçla — 15 o.

211. a) Pes. 34a, בצלים דקים. 6 o — 27 צינוט çinut — B צובוש çibus.

b) Bèç. 25b, בצל. *h* צובול çibul — λ שיבולש sibuls (pr. *sebolas* [?]) — μ S צובוט çibut — 5 6 צובוש çibus — 7 צובוש çibus — 12 צובוטן çibutn — 13 צובוליש çibulis — 45 סיבוט sébot — B צובולה çibulh (it. *cevola* ?) — E צבוט çbut.

c) R.H. 14a, בצלים הסריסים. *x* צירוט çirut — λ 5 13 o — F צבוט çbut — S ציפולי çipuli (it. *cipol[l]e*).

d) B.M. 89a, קטיני. *m* צובו לו çibu lu — β o — γ סיבוט sibut — *y* צובוטן çibutn — q צובוש çibus — 20 צוביט çibit — S צובש çibs.

212. M.Q. 11a, מנעול. λ 6 קלבדורא klbdura — S בלברורא blbrura.

213. a) 'Er. 101a, מחצלת. e קלידא klida — *b* קלַיידַא klaiida — 6 F קליירא kliira — S גלידא glida.

b) B.M. 117a, מחצלות. *m* S קלידיש klidis — β *y* o — γ קליירש kliirs — q קליידש kliids.

*c) Bek. 55b, מחצלות של קנים. 2 4 o — B קלוייש kluiis.

214. a) Houl. 16b, זיגי. ϑ 8 S קליר klir — ρ קולר kilr — s קְלֵיר kler.

b) Houl. 76b, זיגי. θ ρ s S קלירש klirs — 8 קְלַרִיש klaris.

c) 'Arak. 25a, מודק. *p* קליד klid — B קלייר kliir.

d) Nid. 31a, ברור. μ S קליר klir — ρ קלרו klru (it. *claro*).

*e) Ta'an. 7b, צלול. 13 40 S קלייר kliir — E o.

*f) Men. 76b, גסה (נפה). 2 w M o — B קלייר kliir.

215. *Clog*, « clou, furoncle ».

216. *Cloistre*, « cloître, portique couvert ».

217. *Closez*, « compartiments ».

218. *Çoches*, « souches ».

219. ***Cochet*, « chaloupe ».

220. *Coçons*, « cossons, petits insectes ».

221. *Code*, « coude ».

222. a, b, c, e, g) *Codoinz*, « coings ».

d, f) *Codoinz*, « coing ».

---

215. a) Sab. 67a, סימטא. e פלורונק plurunk (pr. *floronc*) — ι l 11 12 50 קלוג klug — S קלוב klub — B קרוג krug.
b) Ket. 6b, נפח. *k* קלו klu — 3 14 B קלוג.
c) Guit. 69b, מורסא. 3 m 14 39 S קלוג klug — u גלוג glug — 17 קלו klu.
d) 'A.Z. 28a, סימטא. v S קלוב klub — A V קלוג klug.
e) 'A.Z. 28b, סימטא. v פלוויירק pluiirk (pr. *floronc*) — S קלוגי klugi — V קרוג klug.

216. Souk. 17a, ד"ה וכן חצר. 5 A X (f° 10a) קלושטרא klustra — 6 S קלווישטרא kluiistra — 17 קלווי שטרא kluii stra — B T (Souk. 18a) *Sefer ha- Yaschar* (Berlin, 1898, 197, § 96) קלווישטרא kluistra [1].

217. Guit. 67a, s.v. אוצר בלום. 3 קלושון klusun — m u 39 קלושיץ klusiç — 14 קלוש klus — 17 o — S קלושייא klusiia.

218. Sab. 20a, עץ יחידי. e שוקש suks (pr. *soc[a]s*) — k l 11 *s* A S צוקש çuks — ι צאקש çaks — 12 עוקץ eukç — t שְקוֹטש skots — ɪ שוקייש sukiis — 50 אשקוטש askuts.

219. B.B. 73a, בוצית ודוגית. *u* o — S B קוקיוט kukiit.

220. a) Houl. 13a, כנומה. θ בוצינש buçins — ρ S כוצונש kuçuns — 8 בוצונש buçuns — s קוצוש kuçus.
b) Houl. 67b, דיזין. θ ρ o — 8 בוצונש buçuns — s קוצונש kuçuns — 44 בוצינש buçins — S כוצונש kuçuns.

221. Zeb. 18b. מירפק. f קונדא kunda — B קודא kuda.

222. a) Ber. 43b, חבושין. θ 11 קוטוניייץ kutuniiç — S קווינש kuiins — B² קודונייש kuduniis — C (Kil. I, 4) קודונייץ kuduniiç — O (I, 73b, § 256) קדונייץ kduniiç.
b) Sab. 45a, חבושין. e קודווינץ kuduiinç — ι קוטונייא kutuniia (it. *cologna*) — l קדווינץ kduiinç — 11 קודונייץ kuduniiç — 12 o — 50 קודוניינש kuduniins — S קרוינץ kuiinç — B² קודונייש kuduniis.
c) Sab. 144b, פרישין. e קודוייץ kuduiiç — ι קודווינש kuduiins (pr. *codoins*) — l קרוינץ kuiinç — 6 B² קודונייץ kuduniiç — 50 קודונייש kuduniis — A קרויש kuiis — S קווידונץ kuiidunç.

---

1. Men. 33b, 2 introduit aprés le mot 'לוואי (*s.v.* באכסדרא רומיתא), la phrase suivante : כעין קלושטרו של גרחים, « comme un *clostro* de moines. » 4 : ?.B : o. Cf. ci-dessus, p. 23, n. 3. Le contexte de Souk. 17a qualifie notre glose d'allemande ; les mots « en langue allemande » sont évidemment une interpolation. Ils manquent dans la citation dans T et dans X.

223. *Cog*[*u*]*il*[*l*]*on* [?], « litharge, glette ».

224. *Coife*, « coiffe ».

225. b) *Coin*, « coin, pièce de bois ».

e, f) *Coin*, « coin pour frapper les monnaies ».

a) *Coinz*, « coins, pièces de bois ».

c, d) *Coinz*, « coin pour frapper les monnaies ».

226. *Cojet*, « petit bateau, large au-dessus et étroit en bas ». Cf. n° 219.

---

d) Souk. 31a, פריש. 6 [חבושין] — 17 קודוניץ kuduniç — A קודנזין kudnzin — S קודוניא kudunia (it. *codogna*).

e) Béç. 26b, חבושין. *h* קודוויינץ kuduiinç — λ קוטוניוי kutunii (it. *cotogne*) — μ קודוויינש kuduiins — 5 6 קוטונייש kutuniis — 7 13 קודונייש kuduniis — 12 קודוניץ kuduniç — 45 קודנייש kudniis — S קוויינץ kuiinç — B קדווינץ kduiinç — B² קדוניור kduniiu (it. *codogno*).

f) Ket. 60b, חבושא. *k* קורוייצין kuruiiçin — ξ קודוויינש kuduiins (pr. *codoins*) — 3 קוטונייש kutuniis — c קודונש kuduns — A o — S קורציין kurçiin.

g) San. 39a, חבושי. E קודוניץ kuduniiç — S קודוניץ kuduniç.

223. a) Guit. 69b, מרתכא. 3 קוליגולין kuligulin — m u S קוגילון kugilun — — 14 קוגיליון kugiliun — 17 טרנורא טרנודו trnura trnudu.

b) Guit. 86a, מרתכא. *l* m R קוגיליון kugiliun — 3 קונגילון kungilun — u V קוגילון kugilun — 14 קמיליון kmiliun — 19 קוגילייון kugiliiun — 39 קורזלין kurzlin — S קוגיילון kugiilun.

224. a) Sab. 57a, שבכה. e 50 O (II, 38b, § 84, 2) קופיא kupia — ι 11 קופייא kupiia — l S קוייפא kuiipa — 12 o — 44 קופיאה kupiah — B שקופייא skupiia (it. *scuffia*).

b) Sab. 57b, שבכה. e קופיא kupia — ι o — l 12 S קוייפא kuiipa — 11 קויפאה kuipah — 50 Ed. Cracovie (1602) קופייא kupiia — A שקופייא skupiia (it. *scuffia*).

c) Sab. 79a, סבכה. e ι 50 קופיא kupia — l S קוייפא kuiipa — 11 קופייא kupiia — 12 קודיפא kudipa.

d) Sab. 111b, סבכה. e 11 קופיא kupia — ι l *s* S קוייפא kuiipa — 12 [כמין כובע] — 44 קופיאה kupiah — 50 קופייא kupiia.

225. a) Sab. 47b, יתדות. e. קוניץ kuniiç — ι o — l 12 קוויינץ kuiinç — 11 קורדין kurdin — 50 קוייכן kuiikn — S קויינש kuiins.

b) Sab. 102b, שופתא. e o — ι l 12 50 קוויין kuiin — 11 קוווין kuuiin — A קוייו kuiiu — S קאויינא kaiina — B² קאוינל kauinl — B קאוינל kaiinl — I קוציא kuçia.

c) Guit. 20a, רושמא. 3 קונייץ kuniiç (*sic*) — m קוויניץ kuiiniç — u קוויץ kuiiç — 14 קונייץ kuniiç — 17 o — 39 קוויין kuiin — S קוויינץ kuiinç.

d) B.Q. 99b, סיכתא. α p S² קווייץ kuiiç — β קויץ kuiç — *y* o r קוויין kuiin.

e) B.M. 44a, חותם. *m* β γ q קוויין kuiin — *y* קונייו kuniiu (it. *conio*) — 20 קווינון kuiinun — B² קוציץ kuçiç — B קויץ kuiç.

f) ʿA.Z. 54b, סלע. v S קוויין kuiin.

226. a) Sab. 101a, ביצאתא. e ι 50 S קוייט kuiit — l קוייט kuiet — 11 קוויט kuuit — 12 o — 44 קולייט kojet — O (II, 4a, § 4) קפיטא kpita.

227. *Coldre*, « coudrier ».

228. *Colede*, *maciede*, « coup frappé ».

229. *Coledoir*, « couloire, passoire ».

230. *Coledoire*, « couloire, passoire ».

231. a) *Coler*, « couler, aller ».

b) *Coler*, « couler, verser ».

232. *Colomel*, « colonne (d'un livre) ».

233. *Coltre*, « coutre (de charrue) ».

234. *Comparage*, [?], « festin ».

235. *Complainz*, « des sons plaintifs ».

236. *Comton*, « comte ».

237. ***Conbler*, « combler, remplir (la mesure) par-dessus les bords ».

---

b) MEN. 94b, ספינה רוקדת. 2 קרנוט krnit [1] — B Z קוייש kuuis.

227. BEK. 8a, לוז. 2 קולדרוא kuldrua — 4 T קולדרא kuldra — E קורדראן kurdran — B קורדלא kurdla.

228. HOUL. 45b, טרויה. θ (en marge) מציירא mçiira — ρ קוליא מצריבא kuliia mçriba — 8 קולידא מצודא kolida mçuda — s קולידא מצידא kulida mçida — 15 Z o — S מינצייר minçiir [2].

229. GUIT. 56b, גרגותני. 3 קולדויירא kulduiira — m S קולדוייר kulduiir — u קרוזוייר kluzuiir — 14 קולוידור kuliidur — 17 קילדיר kuldir.

230. SOUK. 50a, מסננת. 5 קולדורא kuldura — 6 קולדויירא kulduiira — 17 קולויאר kuliiar — S קולוויר kuluiir.

231. a) SAN. 77b, שותת. S קוליר kulir.

b) HOUL. 112b, משפויה θ ; s S קוליר kulir — 8 קולייר kuliir.

232. GUIT. 87b, בדף. 3 קולמיל kulmil — m קולוביל kulubiil — u קולונמוויל kulunmuiil — 14 S קולומיל kulumil — c קולנביל kulnbil.

233. a) SAB. 123b, יתד של מחרשה. c 11 קולטורא kultura — ι l 50 S O (II, 43b, § 86, 2) קולטרא kultra — 12 o — 44 קולטרו kultru (it. *coltro*).

b) SAB. 157a, ויתד של מחרשה. e קולטורא kultura — ι l 6 50 B קולטרא kultra — S 'קולטר kultr'.

c) B.M. 80a, קנקן. m γ y S קולטרא kultra — β 20 קולטרו kultru (it. *coltro*) — q קוטרא kutra.

'd) TA'AN, 25b, ברך. 13 40 S קולטרה kultrh — V קולטרא kultra.

234. 'A.Z. 14a, טווזיג. v קמפריא kmpriia — S קומפרויישא kumpruiisa.

235. R.H. 34a, גניחות. x קומפליין kumpliin — λ 5 קומפלנייץ kumplniiç — 6 a s 16 22 o — 13 קומפלניץ kumplniç — A קונפלייר kunpliir — S קומפליינין kumpliinin.

236. SAB. 145b, קומטין. e ι l 6 50 B קומטון kumtun.

237. B.B. 88b, יגדיש. S o — B קונבלייר kunbliir.

---

1. Les têtes de l'*r* et l'*n* se joignent.

2. Contexte de la glose dans S : טרויה לרישיה : הכה והמוח ראשו בכותל ר' מכה טרויה.ק'. Même contexte dans 8, 15, Z.

238. *Conches*, « auges, bassins ».

239. *Confredrie* [?], « frairie, festin ».

240. *Conge*, « auge, baquet ».

241. *Conmovre*, « remuer (avec une cuiller) ».

242. *Conplaint*, « plainte ».

243. **Conposte*, « choses (du poisson, etc.) confites dans du vinaigre ou du sel ».

244. *Conreid*, « satisfaction des besoins (d'un être humain, excepté la nourriture) ».

245. *Conreider*, « équiper, pourvoir des choses nécessaires ».

246. *Contiene* [?], « pierre que portent les femmes enceintes, pour se protéger contre l'avortement ».

247. *Contrarier*, « vexer, offenser ».

---

238. B.Q. 61b, אגני. α o p o — β *y* קונקיש kunkis — r קונקש kunks — S[2] קונייש kuniis.

239. 'A.Z. 11b, חגתא. *v* קונפריביא kunpribia — 23 קטלומפרידיאה kotlaumpridiah — S קונפרדיא kunprdia [1].

240. Houl. 46b, משיכלתא. θ 44 S קונייא kuniia — ρ קניא knia — s 15 קוניא kunia — 8 קונצא konçe.

241. Béç. 34a, מגים. *h* מובומרא mubumra — λ קונמובירי kunmubiri (it. *cōnmovere*) — μ 5 13 o — 6 קונומברי kunumbri — 7 קומבורי kumburi — 12 קונברא kunbra — 45 קונמוברא kunmubra — S קומוברא kumubra — B[2] קוך לוי פיל kuk lui pil (all. *Kochlöffel*).

242. B.B. 9a, מרודים. 9 B קונפליינט kunpliint — E קופליוט kupliit — S קומלאנצט kumlançt.

243. M.Q. 11a, כבשין. λ o — 6 קומפושטו kumpustu (it. *composto*) — S קונפושטא kunpusta.

244. a) Guit. 12b, פרנסה. *l* 3 קונדייר kundiir — m u S[2] קונרייר kunriir — t קור נייר kur niir — 14 17 o.

b) Guit. 65b, פרנסה. 3 39 R S קונדייר kundiir — m 17 O — u קונריי' kunrii' — 14 קורייד kuriid — c קונדדיר kunddir.

245. a) Ket. 2a, לפרנס. *k* קונרידיר kunridir — 3 קורנידיר kurnidir — 14 גווירניר guuirnir — B קנרירר knririr.

b) B.M. 46a, פרנסה. *m* β *y* o — γ קונדיט kundit — q קונרואיר konroër — 20 קונרדייר kunrdiir — S קונדאיר kundair — V קונדריר kundrir.

246. Sab. 66b, אבן תקומה. e קנטנא kntna — ι קונטא kunta — l 12 50 קונטנא kuntna — 11 קונטינא kuntina — *s* 1 16 22 o — 44 קונטיינא kuntiina — A קונטנטיא kuntntia — S קוטאנא kutana.

247. Pes. 66a, מקנטרן. 6 קונטרדדייר kuntrddiir — 27 קונטראריאר kuntrariar — E o — B קונטנדיר kuntndir [2],

---

1. Dans 23 les trois premières consonnes sont douteuses.
2. Dans 27 la glose se trouve en marge.

248. a, **c) *Contrede*, « contrée, province, région ».

b) *Contredes*, « contrées, provinces ».

249. *Contrefait*, (a], citron, b], animal) « ressemblant à une espèce différente ».

250. *Cople*, « couple, des animaux liés ensemble ».

251. ***Corail*, « corail ».

252. *Coral*, « corail ».

253. ***Corans*, « coureurs, courriers du péage ».

254. *Corant*, « courant, cours (d'un fleuve) ».

255. *Cordes*, « cordes (d'un instrument de musique) ».

256. *Cordoan* [?], « substance blanche, préparée avec des excréments de chiens, qui sert à fabriquer une espèce de cuir ».

---

248. a) B.M. 73b, אקרא. *m* קונטיריאה kuntiriah — β *y* קונטרדא kuntrda (it. *contrada*) — γ קונטרידא kuntrida — q S קונטריאה kuntriah — 20 קונטירא kuntira [1].
b) Bek. 55a, אבטולאות. 2 קונטרירש kuntrirs — 40 — B קונטרידש kuntrids.
**c) Naz. 7a, אוונא. B קונטרידא kuntrida — B² קונטרדא kuntrda (it. *contrada*).

249. a) Souk. 36a, נדמה. 5 6 o — 17 קונדפיוט kundpiit — A קונטרפיט kuntrpit — S קונטרפאט kuntrpat — X (f° 10b) קונדרפיין kundrpiin — *Orbot Hayyim* (I, 114d) קונטרפיוט kuntrpiit.
b) Houl. 77b, נדמה. θ קונטרפיוטי kuntrpiiti — ρ s קונטרפיוט kuntrpiit — 8 קונטרפיי kuntrpii — S קונטרפיוטא kuntrpiita.

250. a) Sab. 53b, תותרי. e ι l 11 12 44 A S I (s.v. תתר) קופלא kupla — 1 קיפרא kipla — 50 קופולא kupula [2].
b) Pes. 26a, רבקה. 6 קופלה kuplh — 27 קופלרא kuplra — B קופלא kupla.
c) B.M. 30a, רבקה. *m* β γ *y* q 20 I קופרא kupla — B קופלה kuplh.

251. B.B. 81a, כסותא. S B קורייל kuriil.

252. a) R.H. 23a, כסותא. *x* קורלי kurli — λ 5 13 קורלו kurlu (it. *coral*[*l*]*o*) — E קורר kurl — S קוראלו kuralu (it. *coral*[*l*]*o*).
b) Ket. 98a, כוסתא. *k* A V קוראל kural — ξ קורל koral — 3 14 c S קורל kurl — a קליור kliir — *u* קורייל kuriil — *w* 8 6ᵃ קוריל kuril.

253. Sab. 78b, רהוטי מוכסא. ɛ [קזדורין] — ι [קסדורין] — l [קוזדורין] — 11 [גולייורין קודרין] — 12 [קוסדירין] — 50 [גולייורין] — S קוראנש kurans.

254. San. 109a, גר. S קורנט kurnt — E קוריר kurir.

255. 'A.Z. 47a, פארות. *v* S קורדש kurds.

250. Hag. 4a, ד"ה המקמיץ. λ 13 קורטון kurtun — 5 קורדואנה kurduanh — 6 קורטאון kurtaun — S קורדוון kurduun [3].

---

1. Guit. 2b, S² traduit מדינה par קונטרידא kuntrida (*contrede*). 3 m t u 14 17 : o.

2. 'Er. 17b, A et *s* expliquent le mot רבקות (ד"ה וביניהם שתי רבקות) par קופלא kupla. e *h* 6 50 t F S : o.

3. Contexte de la glose dans 13 : לתקן עורות בלובן שקורין ק' שמעבדין.. שמעברין אותן.. λ a. איתי בצואת כלבים

257. *Corge*, « courge, bâton en arc pour porter un fardeau lourd sur l'épaule ».

258. *Cormes*, « cormes ».

259. *Cornier*, « cormier ».

260. **Cosdre* [?], « coudre ».

261. *Cos[s]es*, « cosses, enveloppes (de fèves) ».

262. ***Costentin noble*, « Constantinople ».

263. a, b, e, g) *Cot*, « cotte, tunique ».

c, d, f) *Cot*, « cottes, tuniques ».

264. *Cote*, « cotte, tunique ».

265. *Coton*, « coton ».

---

257. B.M. 83a, באגרא. *m* γ קורייא kuriia — β 20 S o — *y* קרטא krta — q קוריְיא korije — L קודירו kudiru.

258. a) Ber. 40b, טולשי. θ ı ı קורמיש kurmis — S קולמשי kulmsi — C (Kilayim I, 4) קונעיש kuneis — O (I, 73b, § 256) קורב׳ש kurbs.
b) Sab. 38a, עוזרדין. e ι 11 S קורמש kurms — l קודמש kudms (*d* douteux) — 12 o — 50 קודש kuds.
c) Sab. 144b, עוזרדין. c l *s* 50 AS קורמש kurms — ι קורמאש kurmas (pr. *cormas*).

259. B.M. 109a, זרדתא. *m* γ 20 S קורמייר kurmiir — β קודמיר kudmir — *y* קורמיר kurmir — q קוֹרמִייִרְש kormiers.

260. M.Q. 22b, מאחה. λ o — 6 D (p. 362) קוסיר kusir (it. *cosir*) — S קנשר knsr.

261. Houl. 119a, שרביטים. θ ; 8 S קושש kuss — *s* o — V T קושט kust — C (*ad* Oukç. I, 5) : גושם guss.

262. B.Q. 36b, ד״ה כסף צורי. α β *y* o p S [קושטנטינא] — r קוֹשְׁטַנְטִין נוֹבְלְא Kostentin noble.

263. a) Sab. 51a, גלופקרא. e קוטץ kutç (pr. *cotz* ?) — ι [צמר גפן] — l 12 50 S קוט kut — 11 קוטון kutun — *s* ı קוטא kuta — A 'קוט kut' [1].
b) 'Er. 14b, סרבל. e [חוט] — *h* 6 t 50 F S קוט kut — B[2] קוטא kuta.
c) Béç. 14b, דלופקרין. *h* μ 5 6 12 13 45 S קוט kut — λ קוטר kutr — 7 קושט kust — a *s v* A קוטא kuta.
d) Guit. 14a, סרבלי. *l* 3 m t u 14 S[2] קוט kut — 17a קוטה kuth — 17b o.
e) Guit. 35a, גלופקרא. 3 m 14 S קוט kut — u o — 17 'קוט kut' — V קוטא kuta.
f) Guit. 70b, גלופקרין. *l* 3 m u 14 קוט kut — 17 o — S קוטא kuta.
g) B.M. 81b, סרבלא. *m* (en marge) β *y* q 20 קוט kut [2] — γ קוֹט kot — a *l* ı A קוטא kuta — S קהוץ khuç — B קוץ kuç.

264. 'Er. 100b, זוגא. e *b* 6 F קוטא kuta — S קוטה kuth.

265. a) Ber. 28b, צמר גפן. θ 11 47 S קוטון kutun — 18 קוטין kutin.
b) Sab. 21a, צמר גפן. e ι k l t 11 S קוטון kutun — 12 [קטן] ktn — 50 קונטון kuntun.

---

1. Dans 12 il y a un point au-dessus du *t*. Ce point pourrait indiquer la voyelle *o*, ou peut-être signifie-t-il que le mot est écrit en abrégé.

2. Dans q il y a un point au-dessus du *t*. Voir n. 1, ci-dessus.

266. b) *Covede*, « couvée ».
a) *Covedes*, « couvées ».
267. *Crac*, « morve ».
268. *Cranpe*, « crampe ».
269. *Creide*, « craie ».
270. *Crenedes*, « entaillées, dentelées ».
271. *Crens*, « crans ».
272. *Crespele*, « espèce de plante ».

---

c) SAB. 110b, עמר גופנא. e ι l 12 50 S קוטון kutun — 11 קיטון kitun.
d) 'A.Z. 28b, עמר גופנא. v קוטון kutun — S [צמר גפן].
e) NID. 17a, מילא פרהבא. μ o — ρ t S קוטון kutun.
f) Ibid., פקולין. μ ρ t S קוטון kutun.
266. a) BER. 44a, בריכות. θ קוביש kubis — 11 ...קו ku (ensuite une lacune) — S קובייאש kubiias.
b) BÉÇ. 10a, בריכה. *b* קוֹבֵידָא kobeda — λ קובירא kubira — μ קובייא kubiia — ς 6 7 קובידא kubida — 12 קוֹבְדָא kobēda — 13 קובודא kubuda — 45 קובדא kubda — S קוביד kubid.
267. NID. 54b, ביע. μ ρ S קרק krk — 48 אשקלק asklk (pr. *esclac* [?])
268. a) GUIT. 70a, עוית. 3 m 14 B² קרנפא krnpa — u [כד נפלן] kd npln — 17 קריפא kripa — S 'כרנפ krnp'.
b) HOUL. 51a, שיגרונא. θ ρ 8 *u* 1 15 44 A S קרנפא krnpa — s קדנפא kdnpa — *v* גרנפא grnpa.
c) HOUL. 60b, עוית. θ ρ 8 s S קרנפא krnpa — 15 o — E קונפא kunpa.
269. a) SAB. 16b, אדמה. e t 11 קרידא krida — ι גרדא grda (pr. *greda*) — k קרייאה kriiah — l 12 קריידא kriida — 50 קדירא kdira — S o [1].
b) BÉÇ. 35b, אדמה. *h* λ 13 קריירא kriira — μ קרייאה kriiah — ς ? — 6 S o — 7 קדייזא kdiiza — 12 קדרה kdrh [2].
'c) TA'AN. 13a, נתר. 13 40 S קריא kria.
270. HOUL. 59b, חרוקות. θ 44 קרדינש krdins — ρ קרניש krnis — 8 קורנורש kurnurs — s קרינדס krinds — 15 S קרנירש krnirs [3].
271. a) SAB. 46a, חידקי. e l 12 50 S קרינש krins — ι 11 קרניש krnis — B קרונש kruns.
b) ZEB. 116b, חריצים. f קרינש krins — B קרניש krnis — E o.
272. a) SAB. 103a, עולשין. e ι l קרשפילא krspila — 11 קרישפה krisph — 12 o — 50 קרישפרא krispla — S 'קרישפל krispl'.
b) PES. 39a, הונדיבי. 6 B קרישפלא krispla — 27 קרישפילא krispila — D (p. 184) קרוספיניור krispiniiu (it. *crespigno*).
c) HOUL. 128a, עולשים. θ S קרישפילא krispila — ρ קרישפולא krispula (it. *crespola*) — 8 קרשפלא kerspele — s קרישפלא krispla.
d) NID. 50a, עולשין. μ ρ קרישפילא krispila — S קרישפלא krispla.

---

1. Cette glose se trouve après le mot אדביה.
2. MEN. 69b, T a קרוייא kruiia comme une glose allemande [?] pour traduire אדביה. B : o. 2 w : ?
3. Dans s il y a une marque sur l'*s* qui indique peut-être qu'elle est biffée.

273. **Crespes* [?], « (cheveux) crépus ».

274. ***Crespo* [esp. ?], « crépu (en parlant des cheveux) ».

275. *Cres[s]on*, « cresson ».

276. a) *Crestange* [ou *-nie* ?] *bodel*, « caecum, première partie du gros intestin (du bœuf) ».

b) *Bodel crestange* [ou *-nie* ?], « caecum ».

---

273. Ned. 66b, דומה לאניצי פשתן (שערה). v קרצפט krçpt — B o [1].

274. Ber. 58b, כומט. θ 11 S o — F קרשפו krspu [2].

275. a) Sab. 109b, תחלי. e : 11 קרישון krisun — l קריישון kriisun — 12 o — 50 קרשון krsun — S כרישון krisun — I [כרישין] krisin.

b) Sab. 140a, שחליים. e קרישש kriss (pr. *cressas*) — ι קריישון kriisun — l 1 50 A קרשון krsun — 6 11 קרישון krisun — 12 o — S כרישון krisun — Ed. Amsterdam (1715) : [כרישין] krisin.

c) ʻEr. 28a, שחליים. e כריישון kriisun — *h* F כרשין krsin — 6 כרישון krisun — 50 ברשון brsun — S קרישון krisun — I כבשון kbsun.

d) Yom. 18b, השחלין. *i* μ 5 קרישון krisun — B קרשין krsin — $B^2$ קרשון krsun [3].

e) Yom. 49a, שחליים. *i* קְרשוּן kresun — μ 5 קרישון krisun [4] — B קרשון krsun.

f) Souk. 39b, כרפס של נהרות. 5 o — 6 קרישין krisin — 17 B קרישון krisun.

g) B.M. 107a, תחלי דבי כיתנא. *m* β *y* $B^2$ קרישון krisun — γ S קרישין krisin — q קרֵישון kriesun [5] — 20 V [כרישין] krisin.

h) ʻA.Z. 28a, תחלי. v [כרשינים] krsinim — S קרישון krisun — T קרשון krsun.

i) ʻA.Z. 30b, השחלים. v כריישין kriisin — S קרשון krsun — T T R. Elhanan קרשין krsin.

276. a) Houl. 50b, סניא דיבי. θ קרשטניא בוזיל krstnia buzil — ρ קרשנייא בודיל krsniia budil — 8 קְרֶשְטַנְיָא בּוֹדֵל krestaniia bodel — 15 קרשטוניוא בודיל krstuniia budil — s קרישטניי' בודל kristnii' budl — 44 קרשטנייא בודיל krstniia budil — *u* 1 קרישטנייא בודיל kristniia budil — ꞔ קרישטניא בודיל kristnia budil — S קרשטייא בוריל krstiia buril — $S^2$ קרשטיא בודיל krstia budil.

b) Houl. 58b, סניא דיבי. θ 44 קרשטנא בודיל budil krstna — ρ בודיל

---

1. La glose suit les mots מרוך זה בזה, qui manquent dans V.

2. Contexte de la glose dans F : [ק' (*sic*) כומט] ראש ששערו [*sic*] פתי כנמטא...

3. V suit B. *i* a en marge la traduction italienne סינאצוני מִרים sinaçuni m[a]ris, qui correspond en partie au toscan *senazione*, « cresson », (< lat. *senecionem*). 5 ? μ B : o. *Maris* rappelle le fr. *cresson d'eau*, l'angl. *water-cress* et l'all. *Brunnenkresse*.

4. 5 ajoute ובלע"ז רומי שינצון « et en langue romaine sinçun (*senazon*). » ι ajoute : יהם סנאצוני מִרים « snaçuni mris ». μ B : o. Cf. la note qui précède.

5. *R* ajoutée postérieurement, à l'encre différente.

277. *Creste*, « crête (du coq) ».

278. a) *Crevaces*, « crevasses (dans la surface de la viande rôtie) ».

b) *Crevaces*, « fentes (dans des vases) ».

279. *Cro*, « safran bâtard, carthame ».

280. *Croce*, « crosse, béquille ».

281. **Crocin*, « crochet ».

282. *Crocs*, « crochets ».

283. h[1]) *Croe*, « safran bâtard, carthame ».

a, c, d, e, f, i[1], j, k) *Crog*, « safran bâtard, carthame ».

b, g **l) *Crog orientel*, « safran ».

h[2], i[2]) *Croi*, « safran bâtard ».

---

קושטנייא budil kustniia — 8 קרשטנייא בודל krestniia bodel — s בודל קרישטנייא budl kristnia — 15 בודין קרשטנייא budin krstniia — A דשיטיינייא בידל dsitiiniia budl — S בודיל קרשטנייא budil krstniia — O (I, 122b, § 433) בודיל budil.

277. SAN. 105b, כרבלתא. S קרישתא krista.

278. a) PES. 76a, פילי. 6 B קרבצש krbçs — 27 קרבצש kravaças.

b) KET. 107b, קרטופנא. *k* קרואינש kruuains — ξ קריבצש kribçs — 3 קריוביש kriuubs — 14 o — S קורווינש kuruuinis — S[2] קירוונש kiruuins.

279. a) PES. 42b, קורטבי. 6 קרו kro — 27 קרוי krui — B קרוג krug.

b) PES. 56b, סטים. 6 o — 27 קרו kru — B קרוג krug.

c) B.Q. 101b, סטים. α o קרוי krui — β *y* o (β a en marge קרן krn) — p קרו kru — r קרון krun — S[2] 'קרוג krug' — V קרוגא kruga.

280. YEB. 102a, s.v. בקב הקיטע. *j* S קרוצא kruça — B קרוקא kruka (it. *crocca*).

281. NID. 62a, רמצא דפרזלא. μ קרוסין krusin — ρ S o [1].

282. PES. 64a, אונקליות. 6 27 B קרוקש kruks.

283. a) SAB. 89b, סטים. e 11 12 50 S קרוג krug — ι איניקו eniku (it. *ennico*) — l כרוג karog.

b) SAB. 110a, כורכמא רישקא. e 50 S קרוג אוריינטל krug oriintl — ι קרוג krug — l קרוגאוריינטיל krugauriintil — 11 קרוק ארניימל kruk arniitl — 12 o — I קרוי אוריינטיל krui auriintil.

c) MEG. 24b, סטים. 5 6 13 17 S קרוג krug — a v *s* *v* קרוגא kruga — A גיירא giira.

d) GUIT. 69a, מוריקא. 3 קרוקו kruku (it. *croco*) — m 14 S קרוג krug — u S[2] קרו kru — 17 קרוקן krukn (it. *croco*) — 39 קארו karu.

e) GUIT. 70a, קורטבי. 3 m u 14 S קרוג krug — 17 קרון krun.

f) GUIT. 70a, מוריקא. 3 m u 14 S קרוג krug — 17 גרוב grub.

g) B.M. 107b, כורכמא. *m* קרו אורנטל kru aurntl — β קרוג אוריינטיל krug auriintil — γ קרוגאוריינטל krugauriintl — v קרוג אורמוגל krug

---

1. Comme dans ρ et S les mots du texte se répètent sans aucune explication, ce qui est contraire aux habitudes de Raschi, il est assez probable que cette glose est authentique.

284. **Croisel*, « lampe ».
285. *Croisol*, « lampe ».

286. *Crois[s]ant*, « (des chiens) aboyants ».

---

aurminl — q כרוג אוריינטל krug oriantal — 20 גרוק אוריינטל gruk auriintl (pr. [?] *groc oriental*) — S קרוג אודמינטל krug audmintl.

h) HOUL. 47b, ד"ה כבשותא. h[1] : ρ 15 S קרואה kruah — B o — h[2] : θ 44 קרוייט kruiit — 8 קרוויג croig — s קרוי krui [1].

i) HOUL. 47b, ד"ה כבשותא. i[1] : θ 44 גרוג grug (pr. [?] *grog*) — ρ S קרוג krug — 15 כרוג krug — i[2] : 8 קרוייג kroieg — s קרוויר kruiir.

j) NID. 50a, סטים. μ S קרוג krug [2] — ρ גרנצא grnça.

k) NID. 51b, חיוע. μ ρ S קרוג krug.

**l) B.B. 38a, כורכמא דרישקא. *n* o — 9 קרע אורונטיל kre auruntil — S קרוג אורנטל krug aurntl — B קרוג אוריינטיל krug auriintil.

284. PES. 11a, נר. 6 27 o — B קרוווישיל kruiisil.

285. a) SAB. 21a, לנר. e ι קרושול krusul (pr. *crusol*) — k קרושייל krusiil — l קרוישל kruisl — t קרושיאל krusial [3] — 11 קרישול krisul — 12 o — 50 קרושיל krusil — S קרוייזול kruiizul.

b) SAB. 29b, הנר. e קרושול krusul (pr. *crusol*) — ι 12 o — k קרווישיל kruiisil — l קרווישול kruiisul — t קרושייל krusiil — 11 קרוי שויל krui suiil — 50 קרושויל krusuiil — S קרווידול kruiizul — Ed. Cracovie (1602) קרווידיל kruiizil.

c) SAB. 120b, נר. e קרושול krusul (pr. *crusol*) — ι קורושול kurusul — l קרויישויל kruiisuil — 11 קריישולי kriisuli — 12 o — 50 קרוי שול krui sul — S קרווישול kruiisul — V קרושייל krusiil — O (II, 16a, § 34) קרושיל krusil.

d) BÉÇ. 22a, שרגא. *b* קרוישול kruisul — λ 13 קרושיל krusil — μ S קרווידול kruiizul — 5 קרישול krisul — 6 קרוי שול krui sul — 7 (déchiré) — 12 קריישולי kriisuli — 45 קרויי שול kruii sul.

e) BÉÇ. 30b, נר. *b* קרוישול kruisul — λ 7 קרוי ישול krui isul — (λ a aussi en marge קרישול krisul) — μ קרווידול kruiizul — 5 12 קרישול krisul — 6 קרוי רשול krui rsul — 13 o — 45 קרושוייל krusuiil — S קרווידייול kruiiziiul.

f) BÉÇ. 32a, נר. *b* קרוישול kruisul — λ 5 6 7 12 13 o — μ S קרווידול kruiizul — 45 קרושייל krusiil — V קרווידול kruiizil [4].

g) ʻARAK. 6b, נר. *p* קרושיל krusil — B קרוישול kruisul — V קרוישויל kruisuil.

286. BÉÇ. 14a, כמנבחים. *b* קולן ישמוש kuln isuus — λ 5 6 7 13 45 o — μ קרושנט krusnt — 12 קרווישנט kruiisnt — S קרוישנט kruisnt.

---

1. Cette glose, qui manque dans V, s'insère après les mots ולא כעשבים. Dans 8, p. ex., on lit : אלא כמו קרוויג בלעז.
2. μ ajoute שופרן בל' אשכנז « sufrn (*sofran*) en allemand. » ρ S : o.
3. L'*a* dans le ms. t ressemble à deux *i*.
4. MEN. 88b, B a la glose קרושוליש krusuliis pour expliquer נרות. 2 w M : o.

287. **Crosel*, « lampe ».

288. *Crosta*, voir CROSTER, n° 290b.

289. a) *Croste*, « croûte (de sang) ».

b) *Crostes*, « croûtes (sur le poumon) ».

290. a) *Croster*, « s'encroûter (du pain, etc.) ».

b) *Crosta*, « (la plaie) s'est encroûtée ».

291. *Crot*, « trous ».

292. **Cruvel* (pr.), « crible ».

293. *Cucu*, « coucou ».

294. *Çuete*, « chouette ».

295. *Cuiture*, « pus, matière purulente ».

---

287. SOUK. 29a, שרגא. 5 6 17 A o — *s* קרושול krusul — S קושיול kusiil — B קרושייל krusiil.

289. a) 'A.Z. 32a, גלדי. *v* קדושטא kdusta — S קרושטא krusta — B קרוחטא kruhta.

b) HOUL. 46b, גילדי. θ קרושטוש krustus — ρ 8 *s* S קרושטש krusts — 15 o — 44 קרושטיש krustis — B קרושטת krustt.

290. a) SAB. 19b, שוקרמו. e קרושטייר krustiir — ι קרושטיאר krustiar (pr. *crostiar*) — k l 11 12 קרושטיר krustir — t קורשטטיר kursttir — *s* 1 B¹ קרושטא krusta — 50 קדושטיד kdustid — A 'קרושט krust' — S 'קרוסטי krusti' — B 'קרושטי krusti'.

b) HOUL. 51a, הוגלד. θ 8 1 44 S קרושטא krusta — ρ קיושאטא kiusata — *s* קדושטא kdusta — *u* קרושטיר krustir — *v* A קרושט krust — 15 קרושתוא krustua [1].

291. a) HOUL. 9a, נקבים. θ קמט kmt — ρ S קרוט krut — *s* קנקרוט knkrot.

b) HOUL. 20b, עיקרי בתים. θ ρ 8 S קרוט krut — *s* קרוט krot.

292. SAN. 39a, ארבילא. S קרוביל krubil.

293. HOUL. 140a, s.v. רבי אליעזר מחייב. θ קו קו קו ku ku ku — ρ קוקא kuka — 8 קיקיק kukuk (allem.) — *s* קוקוק kukuk (allem.) — S קוקוא kukua — T (Houl. 63a, v° נץ) קוקו kuku.

294. a) BER. 57b, קפופא. θ 11 S צואיטא çuaita — I צואיטה çuaith.

b) HOUL. 63a, באות. θ צאטא çata — ρ צוביטא çubita (it. *zovetta*) — 8 צאייטא çaiita — *s* 15 S צואיטא çuaita — S¹ צואיטה çuaith.

c) HOUL. 63a, קיפוף. θ צואטא çuata — ρ ציניא çinia — 8 צאיטש çaits — *s* ציאוטא çiauta — 15 טאיטא taita — S צואיטא çuaita — I צואיטה çuaith.

295. a) SAB. 3a, מורסא. e l 50 קוויטורא kuiitura — ι קו.טורא ku.tura (commencement douteux ; trou entre *u* et *t*) — 11 o — 12 קטורא ktura — t קלוי klui — k *illisible* — B קוישטורא kuistura.

b) SAB. 62b, כיבא. e קויטורא kuitura — ι קוויטודא kuiituda — l 50 קוויטורא kuiitura — 11 E קוטורא kutura (it. *coltura*) — 12 o — S קיוטורא kiutura.

c) SAB. 107a, מורסא. e ι 44 50 A S קוויטורא kuiitura — l קוויטרא kuiitra — 11 קוטורא kutura (it. *coltura*) — 12 o.

---

1. L'*u* est attaché au *t* de façon à faire croire que la source de 15 portait simplement קרושתא krusta.

296. *Culier*, « cuiller ».

297. **Curer*, « nettoyer ».

298. a, c, d,) *Cuve*, « cuve ».
b) *Cuves*, « cuves ».

299. **Cuveler*, « blanchir, nettoyer (le linge) [?] ».

300. *Dain*, « daim ».

301. *De*, voir FLEMIE, n° 489.

302. *Decharognier*, « déchirer, mettre en pièces ».

303. *Defroter*, *degrater*, « frótter, gratter ».

---

d) B.M. 84b, דמא וכיבא. *m* וטרא utra [1] — *y* קוויטור' kuiitur' — β קולייטורא kuliitura — γ q קוויטורא kuiitura — 20 קויטורא kuitura — L קויטרא kuitra — H קייטרא kiitra — S o.

e) Houl. 47b, מוגלא. θ s S² קוויטורא kuiitura — ρ קורטובירא kurtubira — 8 קוֹיוטוּרא koitura — 15 קמטורא kmtura — 44 קוויטורא kuuitura — S קוויטודא kuiituda.

f) Nid. 55b, ליחה סרוחה. μ קיוטורא kiutura — ρ קוויטורא kuiitura — S קויטודא kuituda — B קויטורא kuitura.

*g) Ker. 13a, ליחה סרוחה. 2 B קייטורא kiitura.

296. Sab. 81a, תרווד. e ι 50 S קוליור kuliir — l קוויליר kuiilir — 11 12 o.

297. M.Q. 4b, לשחופי. 49 A קוריר kurir [2].

298. a) Sab. 88a, גיגית. e ι קובה kubh — l כובא kuba — 11 50 S[a] קובא kuba kuba — 12 o.

b) Souk. 45a, גיגיות. 5 o — 6 בכרש bkrs — 17 קופש kups — S קונש kuns.

c) 'A.Z. 2b, גיגית. ν קובא kuba — E קובה kubh — E, éd. Venise (1547) קופה kuph (it. *cupa*) — S קופא kupa (it. *cupa*).

d) 'A.Z. 30a, כובא. ν B² קובא kuba — S o.

299. M.Q. 10b, כסכוסי. λ 6 קובליץ kubliç — S קוביליר kubilir.

300. Houl. 59b, קרש. θ s 15 S דיין diin — ρ יינן iinn — 8 רוינוֹ riino (it. *daino*; toute la glose, l'*r* exceptée, est dans une main postérieure ; il est incertain si la pointe-voyelle sous l'r est un *i* ou bien un *a*) — 44 דַיַץ daiaç — B² דיינא diina.

302. Houl. 19a, מבלק. θ 8 דקרונִיר dkrunir — ρ דקורנייאר dkurniiar (it. *decarognar* ?) — s דְקָרוֹנְיִיר decharonier — 44 דקרונייר dkruniir — S דקרנייר dkrniir.

303. Zeb. 54a, חופף. f דיפריטי דיגרטיר dipriti digrtir — E דגרטייד dgrtiid — B דפרוטיר דגרנטיר dprutir dgrntir.

---

1. Dans *m* on a ajouté après-coup un ג sur l'*u*, pour lire גטרא gtra ou peut-être גוטרא gutra.

2. Des fragments de l'édition de Fez de M.Q., conservés à Cambridge, renferment un commentaire qui diffère beaucoup de celui de V. M.Q. 2a, F a le passage suivant : מתקני' קלקולי המים מים המכונסין בגומות ר'שתית מהן ונמשכין לתוכן זבילי רשות הרבים ומקלקלין אותן המים מתקנין וסותמין אותן החריצין שבהן הולך הזבל לבור והוטטין אותן מנקרין כעין שעושין לבור קורייר בלעז שמוציאין מתוכן צרורות וקסמים ועפירות שנפלו להוכן : On y a kurir, l'anc. fr. *curer*, dans le sens de « nettoyer ». Ce texte ressemble au commentaire du Pseudo-Raschi sur l'Alfasi (Ed. Romm, f. 1b).

304. b, c) *Degred*, « escalier ».

a) *Degrez*, « degrés, escalier ».

305. ***Debet* [tchèque], « goudron ».

306. *Deintiers*, « friandises, toutes sortes de fruits sucrés ».

307. *Demaciede*, « contuse, écrasée (le crâne) ».

308. *Demincier*, « déchirer, dépecer ».

309. **Deraciner*, « déraciner ».

310. *Descombrement*, « action de débarrasser, décharger ».

311. ***Descosdre*, « découdre ».

---

304. a) 'Er. 77b, מדרגות. e גרייזש griids — *b* גררש grrs (esp. *gradas*) — 6 S גרדיין grdiç — 50 דגריין dgriç — *s* דגרא dgra — F דגריש dgris — L דגריין dgriin.
b) Souk. 3b, סולם. 5 17 o — 6 גרד יר grd ir — S אשקלא askla (it. *escala*).
c) B.B. 11b, סולם. *n* דוגריד dogrid — 9 S דגריר dgrir — B דגריד dgrid.

305. Sab. 20b, עיטרן. e t k l t 11 12 50 S o — H דוהיט בלשון כנען duhit « en langue slave »[1].

306. San. 100a, מגדים. S דינטרש dintrs — E דינטרים dintrs.

307. a) Houl. 42b, נתבסה. θ ρ דמיציירא dmçiira — 8 רמיצידא remaçeda — *s* דמיצייא dmiçiia — 15 דימינצרא diminçra — S דמינציר dminçir — S' דמינצייר dminçiir.
b) Houl. 52a, נתבסה. θ דמצייר dmçiir — ρ דמצורידא dmçurida — 8 דמיצידא demaçeda — *s* דמיצידא dmiçida — *u* דמינייד dminiida — v 15 41 דמציירא dmçiira — S מינציירא minçiira [2].

308. Sot. 7a, נפרכיו. B דמינצייר dminçiir.

309. M.Q. 5a, תשריש. A דרצייר drççiir.

310. a) Sab. 150a, פקוח נפש. e דשקומברמנט dskumbrmnt — t 6 o — l דושקימברמנט diskumbrmnt — 44 דישקימברומינטו diskumbrimintu — t דישקורבמנט diskurbmnt — 50 דשקונברמנט dskunbrmnt — A דישקוברמנט diskubrmnt — S דיקומבימונט dikumbimunt.
b) Yom. 84b, פקוח נפש. *i* דשקומברימנט dskumbrimnt — μ דיישקרובמנט diiskrubmnt — 5 דישקוברימינט diskubrimint — 6 דישקוברומנט diskubrumnt — a דקומברנט dkumbrnt — A רישקורמינט riskurmint — A (t. I^er^, p. 139a, ad. Sab., Pér. XIV) דישקונברמונט diskunbrmunt F דישקונבאר diskunbar (esp. [?] *desconbrar*) — B דשקומברמנט dskumbrmnt.
c) Ket. 5a, פקוח נפש. *k* דשקומברמנט dskumbrmnt — 3 דישקובמרנט diskubmrnt — 14 דישקוברימנט diskubrimnt — S' פושקונברמט puskunbrmt.

311. Mak. 22b, נפרכיו. *v* אשקויישינדרא askuiisindra (pr. *escoissendre*) — B דשקושררא dskusrra.

---

1. Contexte de la glose, *s.v.* פסולתא דזיפתא: ד' והוא עיטרן שקורין.
2. Les deux *d* de la leçon de *u* pourraient aussi être des *r*.

312. *Desenbelir*, « enlever la beauté de qqch. »

313. **Deseverer*, « sevrer ».

314. *Desjalcier*, « déchausser, détacher (les dents des gencives) ».

315. *Desjargier*, « décharger, débarrasser ».

316. **Despiner*, « enlever les épines ».

317. *Destenprer*, « tremper, mélanger d'un liquide ».

318. *Destoltes*, « petits passages, cachettes ».

319. *Desvoltoirs*, « dévidoir ».

320. *Desvuidier*, « dévider ».

---

312. Houl. 131b, תפאר. θ אשופאיר asupair — ρ אשופאור asupaur — 8 דאישבליד deisebelid — s דישאנבליר disanblir — S אשפיר aspir [1].

313. Ta'an. 5b, יגמל. 13 S דשיבירור dsibirir — 40 o — E דושבוריור disbirir.

314. Sab. 111a, מרפי. e דישיילציור disiilçiir — ι 11 12 o — l דשיירציד dsiilçiid [2] — 50 דשוילניוד dsiilniir — S דשיילציר dsiilçir.

315. Sab. 73b, פורק. e דשייגיר. dsiigir — ι 12 o — l דישקרייר diskriir — 11 דשרייר dsriir — 50 דשיירייורי dsiiriiri — S דישקארגייר diskargiir.

316. M.Q. 5a, רקודץ. A דשפציר dspçir.

317. a) Sab. 140a, ממחו. e דשטנפרייר dstnpriir — ι 6 12 o — l דישטירנפיר distrnpir — 11 דישטינפיריר distinpirir — 44 דישטינפיררי distinpirri (it. *distenperare*) — 50 דשטנפריד dastanpered — S דישטיפריר distiprir.

b) Pes. 35a, המחה. 6 דשטנטפר dstntpr — 27 דשטנסויר dstnsuir — B דישטנפרויר distnprir.

c) Pes. 68a, מיחוי. 6 o — 27 דשדנפריר dsdnprir — B דשנפריר dsnprir.

d) Ket. 10b, תמיגגנה. *k* דישטנפריר distnprir — 3 דישטינפיריר distinpirir — 14 דישטינפריר distinprir. — B דישטנפיר distnpir.

e) Zeb. 54a, ממחה. f דישטנפריר distnprir — B אישפרידויר aispridiir.

318. B.M. 99a, גזייתא. *m* רסטולטא rstulta — β o — γ *y* דישטולטש distults — q דישטוייליטת distuliitt — 20 דישטולטיש distultis — S דשטולש dstuls — V דשטולט dstult.

319. Houl. 60a, מסתוריתא. θ דישוילטייירש disuultuiirs — ρ דשבול טויירא dsbul tuiira — 8 דשבולטווי dsbultuui — s דשניילטווירש dsniltuiirs — 15 השפלא hspla — S דישווילטיירש disuultiirs.

320. Houl. 60a, סתר דדללי. θ רישבגייריר risbgiirir — ρ דשבורייר dsburiir — 8 רפובוייריד rpubuiirid — s דברבויידיר dbrbuiidir — 15 o — E דישוויירייר disuuiiriir — S דישבוויירייד disbuuiiriid [3].

---

1. Les leçons de θ, ρ, et S sont peut-être dues à une confusion entre תפאר, le lemme, et la glose *desenbelir*. En tout cas on doit noter que תפאר se trouve répété immédiatement avant la glose dans s et 8, pendant qu'il manque à cet endroit-là dans θ, ρ, et S.

2. Les deux *i* après l'*s* ont été ajoutés au-dessus de la ligne.

3. Dans s la troisième lettre est écrite au-dessus de la ligne ; elle forme avec le *b* qui la précède une combinaison étrange, qui ressemble un peu à une *s*, qui a dû figurer dans la source du copiste.

321. *Detroncier*, « tronquer, couper par le bas ».

322. *Devant*, « giron, partie qui s'étend de la ceinture aux genoux, chez une personne assise ».

323. *Doblon*, « gras-double, repli dans le deuxième estomac des ruminants ».

324. *Doisil*, « doisil, trou dans un tonneau ».

325. *Doledoire*, « doloire ».

---

321. GUIT. 29b, קיפוה. 3 14 o — m S דטרונצייר dtrunçiir — u טרונצייר trunçiir — 17 דטרונצייד dtrunçiid — 39 רטונייר rtuniir.

322. BÉÇ. 13b, בשולי בגדיו. *b* הִפִּנְטוֹ hepanté — λ רבנט rbnt — μ דורנא durna — 5 6 13 o — 7 רַבָּנְטָ ravanta — 12 דבנטר dbntr — S פאנץ panç — 45 דְבָנְט debant.

323. a) SAB. 36a, [עובי [בית הכוסות. e דובלא dubla (pr. *dobla* ?) — ι 12 o — k 11 50 B דובלון dublun — l רובלין rublin. — t רוכלין ruklin.

b) KET. 76b, בעובי בית הכוסות. *k* ξ 3 14 דובלון dublun — S רדובולין rdubulin.

c) HOUL. 49a, עובי בית הכוסות. θ ρ s S דובלון dublun — 8 דובלון doblun — O (I, 116b, § 413) דובלן dubln [1].

324. a) B.M. 40b, כרזנויתא. *m* רושילייא rusiliia — *y* ß B o — γ רוויישיל ruiisil — q ? — 20 דרשיל drsil [2].

b) B.M. 99b, ברזנויתא. *m* דושיל dusil — ß o — γ דויוויישיל duiuiisil — *v* רוויישיר ruiisil — q רווישייל ruiisiil — 20 מיישיל miisil — S 'דויש dius'.

c) 'A.Z. 59b, ברזא. v דוזיל duzil (pr. *dozil*) — S רוזוילי ruziili.

325. a) BER. 57b, פסל. θ דילדויירא dilduiira — 11 דלדויירא dlduiira — S 'דוליויר duliir'.

b) SAB. 123b, חצינא. e l דולדויירא dulduiira — ι דולדירה duldirh — 11 דולדורא duldura (it. *doladora*) — 12 o [3] — *s* דלדור dldur — 44 דולטורא dultura (it. *dolatora*) — 50 o — A אלדור aldur — S דולוירא duluira — O (II, 43b, § 86, 2) דולדיירא duldiira.

c) 'ER. 77b, חצינא. e דולדוייר dulduiir — *b* 50 S דולדויירא dulduiira — 6 דילודיירא diludiira — F רולדויירא rulduiira.

d) BÉÇ. 31a, מגל. *b* דילדוירא dilduira — λ רולדורא פנגולא ruldura pngula (it. *doladora, fangola* [?]) — μ S דולוויירא duluiira — 5 7 45 דולדורא duldura — 6 דילאדורא diladura (it. *doladora*) — 12 13

---

1. HOUL. 50b, dans un contexte tout à différent de celui de V, A traduit עובי בית הכוסות par 'דוברלי dubli'. Cette glose, qui manque dans θ ρ s 15 et S (8 ?), paraît inauthentique. Le passage, qui s'insérerait après les mots ציפא בהרווחה, à la fin de la page 50b, se trouve encadré dans le Pseudo-Raschi sur le sixième chapitre de B.B. (t. III, f. 202b, éd. Venise; f. 46b, éd. Romm).

2. La glose s'insère après לשון כרזא.

3. Le ms. 12 substitue à la glose la phrase hébraïque : כמין קרדום, « espèce de hache ». Il a en marge la note hébraïque : היא הגרזן הרחב שהנגר מנגר בה, « C'est la hache large dont se sert le charpentier ».

326. **Dolorent*, « (les lèvres) font mal, sont fatiguées ».

327. *Dromel*, « dromadaire ».

328. *Dromont*, « sorte de navire ».

329. *Duchedes*, « duchés ».

330. **Ebedes*, v. EBRES, n° 331.

331. *Ebres*, « diaphragme ».

---

דולדויירא dulduiira — 44 דולטורא פנגליא dultura poglia (it. *dolatora fang-?*) — B² דאלאורא dalaura.

c) BÉÇ. 33b, פסל. *b* 12 13 45 דולדויירא dulduiira — λ דולדיירא duldiira — μ S דולויירא duluiira — 5 דולדיירא duldiira — 6 7 o — 44 דולטורא dultura (it. *dolatora*).

f) B.Q. 119a, מעצד. α p דולדויירא dulduiira — β *y* דולטויירא dultuiira — S דולוייר' duluiir' — S² דולדייר duldiir.

g) B.M. 82b, פסל. *m* דולורירא dulurira — *y* q דולדויירא dulduiira — β דוילאומרא duulaumra — γ דילדויירא dilduiira — 20 דולדורא duldura (it. *doladora*) — S דולייורה duliirh.

h) ‘A.Z. 16a, חציני. *v* דולדויירא dulduiira — S דולדוריא dulduria.

i) ‘ARAK. 23b, מעצדין. *p* דלויירא dluiira — B דולדורש duldurs.

*j) M.Q. 11a, בחציני. 49 דולדויירא dulduiira — λ 6 S [voir BARDE, n° 87]. Contexte dans 49: בחציני פסל לעדין ד'.

326. TA‘AN. 9a, שיבלו. 13 דולורנט dulurnt — 40 דולדורינט duldurint — S דולוראנט dulurant — E o.

327. SAB. 51b, נאקה. e דרומל druml — ι *s* 44 S דרומיל drumil — 1 רדומייל rdumiil — 11 דורמיל durmil — 12 דרמיל drmil — 50 דחמייל dḥmiil — A דומייל dumiil.

328. R.H. 23a, בורני גדולה. *x* דורמונט durmunt — λ 5 13 o — E S דרומונט drumunt.

329. a) GUIT. 8b, פרוארי. *l* רוקדיש rukdis — 3 t 14 ריקרייש rikriis — m דוקייש dukiis — u דוקרייש dukriis — 17 o — S² רוקייש rukiis — V רוקרייש rukriis.

b) GUIT. 8b, פרוורי. *l* 14 דוקדייש dukdiis — 3 S² רוקרייש rukriis — m 17 o — t דוקרירא dukrira — u דוקרייש dukriis — B² רוקייש rukiis [1].

331. a) BER. 44b, יותרת הכבד. θ 11 לקרני מורטא lkrni murta [it. *la carne morta*] — S אייברש aiibrs.

b) BER. 57b, יותרת הכבד. θ 11 איבריש aibris — S אייברש aiibrs.

c) ‘A.Z. 29a, יותרת הכבד. *v* בפרשי bprsi — S אייברש aiibrs.

d) HOUL. 38b, חצר כבד. θ איפלש aipls — ρ איבריש aibris — 8 איבדש

---

1. Mak. 10a v a : [sic] כגון סליקום וכפרים הסמוכין לו הנקרא דוקירא וסליקום כך קדש העיר... Ici B a : כגון סליקום עיר כבצר ויש כפר סמוך הנקרא אקרא דסליקום כך קדש העיר... Notez que Raschi explique (ibid.) פרוודהא par כפרים וחצרים הסמוכות לה ונקראות על שמה, et que c'est justement פרוור qui est expliqué par *duchéde* dans les exemples cités dans le texte. Par conséquent la leçon de v, « *duchéde* [écrit dukira] de Seleucia », représente peut-être le texte original de Raschi, mais ce n'est pas certain.

332. ***Eichel*, (allem.), gland ».

332 *bis*. ***El*[*l*]*era* (ital.), « lierre ».

333. *Encensiers*, « encensoirs ».

334. *Enclume*, « enclume ».

335. *Enco*[*n*]*brer*, « empêcher, gêner ».

336. *Encreis*[*s*]*ant*, « dégoûtant, repoussant ».

337. *Encrener*, « faire une entaille, créneler ».

338. **Encres*, « (des baisers) trop abondants, fâcheux ».

---

ebedes — s איבדש ebedes — S איברש aibrs — S° אייבלש aiibls — A איברית aibrit [1].

e) Houl. 46a, יותרת הכבד. 0 S איברש aibrs — ρ v 44 איבריש aibris — 8 איבדש ebeds — s איבדש aibds — u איבדא באשכנז ebede (en Allemagne) — 15 צריר çrir.

332. Qid. 47a, אלון. *j* μ 3 n 10 F o — B אייכל aiikl.

332*bis*. Souk. 36b, סיב. 5 6 17 o — S אילירה ailira.

333. Béç. 22b, ערדסקיאות. *h* אינתיכשיירש aintiksiirs — λ 5 6 13 o — μ אנשינצראש ansinçras — 7 אינצנשריירוש ainçnsriirus [2] — 12 איגצינשיריש ainçinsiris — 45 אנשנשיירש ansnsiirs — S אנצינציירש ançinçiirs.

334. Sab. 102b, סדן. e אנגלוייא angluiia (pr. *engluje*) — ι *s* 1 50 A אנקלומא ankluma — l אנקולמא ankulma — 11 אנקוליא ankulia (pr. *ençulje* [?]) — 12 o — S אינקלומא ainkluma.

335. Sot. 41b, דחקא. B אנקובריר ankubrir.

336. Nid. 47a, בחלה בי. μ אינקרייושונט aunkriiusunt — ρ אינקרישנט ainkrisnt — B אנקריישנץ ankriisnç.

337. a) Sab. 67a, יוחרוק. e אקרנייר akrniir — ι 12 o — l אנקרניר ankrnir — 11 איקרניר aikrnir — 50 אקרנייל akrniil — S אישקרניר aiskrnir [1].

b) Pes. 85a, הותך. 6 אנקרנור ankrnur — 27 (en marge) אנקרנייר ankrniir — B אינקרניר ainkrnir.

c) B.Q. 98a, צורם. α p אקרינור akrinir — β אנקרניד ankrnid — y o אנקרניר ankrnir — r אי קרינור ai krinir — S° אשקרנייר askrniir.

d) Zeb. 25b, צורם. f אדקרנר adkrnr — B אקרניר akrnir.

e) Bek. 34a, פוגם. 2 o — 4 קרציר krçir — B אנקרניר ankrnir.

*f) M.Q. 13a, צרם. 49 אדאנקיר adankir — S o — λ 6 ?

338. Ta'an. 20a, נעתרות. 13 40 (en marge) S אינקריש ainkris — E אינקרישי ainkrisi.

---

1. 8 et s, ici comme dans la glose suivante, ont *ebedes*, forme tirée de hepata. Il se peut que Raschi ait employé cette forme dans une recension de son commentaire autre que celle représentée par les autres textes.

2. La derniere *r* est barrée ; la source de 7 portait sans doute une *r*.

3. Pes 75a, on trouve dans B אינקרניר ainkrnir comme traduction de חתכו. 6 27 : o.

339. c) **Enfle*, « enfle ».
a, b, d) *Enfler*, « enfler ».

340. *Enfondre*, « maladie des animaux, fourbure ».

341. *Engres*, « fiers, durs à vaincre ».

342. *Enjarpled*, « trop étroit » (en parlant des pieds d'une chèvre).

343. **Enlacier*, « enlacer, attacher ».

344. *Enmail[l]oler*, « emmailloter ».

---

339. a) SAB. 134a, זריף. e איצפלייר aiçpliir — ι אנפלייר anpliir — l 6 אינפליר ainplir — 11 אינפוליואד ainpuliiad — 120 — 50 אינפליד ainplid — S אינפלייר ainpliir.
b) SOUK. 36a, תפח. 5 אמפלייר ampliir — 6 X (f° 10b) אינפליר ainplir — 17 איצפלייר aiçpliir — S אינפלה ainplh — $B^2$ אינפלא ainpla [1].
c) YEB. 76a, מזרף זריף. d *j* o — S אנפלא anpla — B אופלא aupla.
d) SOT. 48b, תפוחות. B אצפלייר açpliir.

340. a) SAB. 53b, שאחזה דם. e אנפונדרא anpundra — ι o — l 12 אפונדרא apundra — 11 אינפדרא ainpdra — *s* אמפורדנא ampurdna — 1 אנפירא anpira — 50 אינפונדורא ainpundura — A אנפוזדא anpuzda — S אנפודורא anpudura.
b) B.Q. 47b, התריז. α אינפונדריא ainpundria — β *y* אפונדיר apundir — o אינפוריר ainpurir — p אינפונדרא inpundre — r אישפונדריר aispundrir — $S^2$ אנפורדא anpurda.
c) B.M. 97a, וחביל. *m* אנפודרר anpudrr — β S o — γ אין פונדייר ain pundiir — *y* אינפונדייר ainpundiir — q אנפונדיר anpundir — 20 אינפוררי ainpurri [2].
d) BEK. 33b, שאחזו דם. 2 o — 4 אנפוראר anpurar (pr. *enfo[n]dar* ?) — B אפונדור apundur.

341. BÉÇ. 25b, עדים. *b* אינגרירש aingrirs — λ μ 7 S אנגרייש angriis — 5 אינגריש aingris — 6 13 E o — 12 אפגרייש apgriis — 45 איגרש aiigrs.

342. BEK. 40b, קצרות ברוחב. 2 o — 4 אנגרפליר angrplir — 29 אנגרפליד angrplid — B אנקפליד ankplid.

343. 'A.Z. 14b, מיבק אביק ביה. v אילשייר ailsiir — S o.

344. a) SAB. 129b, מלפפין. e אינמלולייר ainmluliir — ι אמלוליאר amluliiar (pr. *amalolhar* [*sic*]) — 1 אנמיילוליר anmiilulir — 6 11 12 o — 50 אינמיילוליד ainmiilulid — A אבאלולייר abaluliir — S אנמליויז anmliuiz.
b) SAB. 147b, לפופי. e אנלומלייר anlumliir — ι אמלולאר amlular (pr. *amalolar* [*sic*]) — l אנמלולייר anmluliir [3] — 6 o-44 אנמילולייר anmiluliir — 50 אינמיילוליר ainmiilulir — *s* A אמיילוטיר amiilutir — S אונמלוטיי' aunmlutii'.
c) SOT. 11b, משפר. E אימלוליר aimlulir — B o.
d) B.M. 74a, לפופי. *m* אמילולר amiulr — β אמולייר amuliir — γ אמוליד amulid — *y* q 20 אמוליר amulir — S אמולידיר amulidir.

---

1. V suit S.
2. Cette glose s'introduit après le mot נתחמם. γ *y* q portent *enfonder*.
3. L'*n* est écrite au-dessus de la ligne, et sur une *l* qu'elle est sans doute destinée à remplacer.

345. *Enmangied*, « (ceux qui) ont mangé abondamment ».

346. *Enmesler*, « emmêler ».

347. *Enpeigne*, « empeigne ».

348. *Enpeindre*, « pousser, enfoncer ».

349. *Enpeser*, « empeser ».

350. *Enplastre*, « emplâtre ».

351. **Enpledure*, « farce, hachis ».

352. *Ensalvagir*, « agir en sauvage »(à l'égard de quelqu'un).

353. b) *Ensoble*, « ensouple, rouleau sur lequel on monte

---

345. Qid. 62a, תאכיר. / F B o — μ אונמיניד aunmniid — 3 ? — n אבמנייר ebmanjer — 10 אימנייד aimniid [1].

346. a) Sab. 21a, מסכסכת. e אנמישלייר anmsliir — k אנמישליר anmslir — ι 12 o — 11 אנמנשליר anmnslir — l אינמשליד ainmslid — t אנמשלייר enmesler (en marge) — 50 אנמישיליד anmsilid — S אנמיליר anmilir.

b) Houl. 17b, מסוכסכת. θ אנמישלר anmslr — ρ S אנמישליר anmslir — 8 אנמשלד anmsld — s אנמשליר anmesler — 44 אינמשליר enmseler.

347. a) Ber. 43b, פנתא. θ אצפצא açpça — 11 אינפצא ainpça — a s אינפיניא ainpinia — v S אנפיניא anpiniia — A איצפצייא aiçpçiia — E איפניא aipnia — B[a] אנפיניא anpinia.

b) Sab. 60b, פנתא. e l 12 אנפיינא anpiina — ι o — 11 אינפצא ainpça — 50 אצפניא açpnia - S 'אינפיינ ainpiin' — B[a] אינפיינא ainpiina.

348. ·Er. 102b, דוחקין. e אנפדיירא anpdiira — 6 o — F אינפירא ainpira — S אנפיינדרא anpiindra.

349. a) B.M. 60b, לכסכוסי. *m y* אנפשייר anpsiir — β אנפישור anpisur — γ אנפשין anpsin — q אנפעיישר anpeuisr — 20 o — 42 אנפשייו anpsiiu — S אנפרוישר anpriisr.

*b) M.Q. 10b, כסכוסי. 49 אנפרשיר anprsir — A אנפשיר anpsir — T אנפשייר anpsiir.

350. a) B.Q. 102a, מלוגמא. α β p אנפלשטרא anplstra — *y* אנפל שטרא anpl stra — o אנפלשטדא anplstda — r אנפלאשטרא anplastra — S[a] אנפרשטר anplstr.

b) Zeb. 18a, רטייה. f אינפלישטיא ainplistia — B אופלשטרא aiplstra.

c) Nid. 20a, קילור. μ אנפלשטורא anplstura — ρ אושפלטרו auspltru — t אינפלטר ainpltr — 48 אינפלישטרי ainplistri — S אנפלשטר anplstr — l אינפלשטר ainplstr.

d) Nid. 58b, קילור. μ S אפלשטרא aplstra — ρ אנפשטרא anpstra.

351. Pes. 74a, מוריותא. 6 27 o — B אינפלדורא ainpldura.

352. Houl. 58b, אומרא. θ אנשלביר anslbiir — ρ אונשלביר aunslbir — 8 אנשבלייר ansabiliar — s אנשבליר ansblir — 15 o — S אינשלבייד ainslbiid — V אינשלבייר ainslbiir.

353. a) Sab. 113a, כובד העליון והתחתון. e l 50 S אנשובלש ansubls — אנשובלאש ansublas — 11 12 o — 44 אנשתלש anstals.

---

1. La glose s'introduit après le mot נשבעים. μ introduit le mot נאכלים avant la glose.

la chaîne, dans un métier à tisser ».

a) *Ensobles*, « ensouple et ensoupleau [cylindre sur lequel s'enroule l'étoffe, à mesure qu'elle est tissée] ».

354. *Enter*, « enter, greffer ».

355. *Entonedoir*, « entonnoir ».

356. *Entorter*, « tourner, former » (les pains).

357. *Entrail*, « partie graisseuse des intestins du bœuf, entourée par le petit intestin ».

358. *Entremetre*, « s'occuper de ».

---

b) SAB. 151b, אביסנא. e אנשו דלא ansu dla — ι 6 50 o — l אונשובלא ainsubla — S אינשובלש ainsubls.

354. a) PES. 55b, מרכיבין. 6 אטיר atir — 27 אצטיר açtir — B איכטיר aiktir — V אינטיר aintir.

b) R.H. 9b, מרכיב. *x* A אנטיר antir — λ אנצטייר ançtiir — 5 13 אינציטייר ainçitiir — a *s* 16 22 o — S אינישטיר ainistir.

355. a) SAB. 78b, משפך. e אנטונדוייר antunduiir — ι o — l אטונדוייר atunduiir — 11 אינטרייטור aintriitur — 12 אינטונדויר aintunduir — 50 אינטונדוייר aintunduiir — S אונטודייר auntudiir.

b) 'A.Z. 72a, משפך. ν אנטואיר antuair — a v אנטונייר antunir — *t v* אנטונור antunur — 6[a] אנטונטו antuntu — A אנטוטר antutr — S טרייטור triitur.

356. a) 'ER. 81a. עריכה. e אנטירטייר antirtiir — *b* איצטורטור aiçturtur — 6 F אינטורטיר ainturtir — 50 אַנְטוֹרְטִיוּר antortiur — S o [1].

b) PES. 48b, מקטפת. 6 o — 27 B אנטורטיר anturtir.

c) MEN. 50b, עריכתן. 2 טורטיר turtir — 4 טורביר turbir, *corrigé en marge en* : אנטונטיר antuntir — w אנטורטיר anturtir — B אטיוניר atiunir — Z אנטישטיר antistir.

357. a) GUIT. 69a, כנתא. 3 אינטדיל aintdil — m אנטיידל antiidl — u S אנטרייל antriil — 14 39 אינטריל aintril — 17 אטריל atril.

b) HOUL. 48b, כנתא. θ ρ אנטרייל antriil — 8 s אינטריל aintril — u *v* איינטריל aiintril — ι 44 אינטרייל aintriil — A אינטרול aintrul — S אנטריל antril [2].

c) HOUL. 113a, הכנתא. θ אינטכל aintkl — *ρ u v* A אינטריל aintril — 8 ι אינטרייל aintriil — s S[2] אנטריל antril — S אנטרייל antriil.

d) BEK. 30a, כנתא. 2 o — 4 B אנטרייל antriil.

358. B.M. 28b, מטפל. *m* אנטרמיטרי antrmitri — β אינטרימיטיר aintrimitir — γ אַנְטַרְמַטְרָא antarmatra — *y* o — q 'אנטרמיטר antrmitr' — 20 אינטרימיטרא aintrimitra — h אנטרמיטרא antrmitra — D אנשמיטרא ansmitra.

---

1. Le lemme עריכה, suivi par *entorter*, s'insère entre חטים et שמיפה, ד"ה עריבתה.

2. HOUL. 93a, dans un passage qui paraît interpolé, s traduit כנתא par אנטריל antril ; A אצטדיל açtdil ; *u* אינטריל aintril ; *v* אינטרי aintri ; ι אנטרייל antriil ; θ ρ 8 S : o.

359. *Entretail[l]ier*, « s'entre-tailler, se blesser en se heurtant les pieds l'un contre l'autre » (d'une bête qui marche).

360. *Enuïer*, « ennuyer, importuner ».

361. *Enveisiez* [?], « égarés ».

362. *Erbe p[o]licaire*, « pulicaire, herbe aux puces ».

363. *Erbe savoniere* [?], « saponaire ».

364. *Eres*, « arrhes ».

365. ***Erich* (allem.), voir VENE, n° 1050.

366. *Eriçon*, « hérisson ».

367. *Esbaneier*, (ou *-nier* ?) « se promener ».

368. *Esbe* [?], « hysope ».

369. *Escagnes*, « écheveaux ».

370. b, c, d) *Eschace*, « échasse ».

a) *Eschaces*, « échasses ».

---

359. SAB. 54b, לגיזרא. e טליור tliir — ι 12 o — l אינטריטליר aintritlir — 11 אינטריטילייר aintritiliir — 44 אינטרטילייר aintrtiliir — 50 אנטריטילד antritild — S אנטורטלייאר anturtliira.

360. BER. 32a, שהחרהו. θ 11 E o — 18 אנוויירכו anuiirku — S אנוייר anuiir.

361. YOM. 86a, שובבים. ι 6 B o — μ אנוזוישורש anuziisurs — 5 ? — E(>H ?) אבריץ abriç [1].

362. SOUK. 12b, שווצרי. 5 אירבא פליקרא airba plikra — 6 אירבא פליקירא airba plikira — 17 o — S ארבא פלקירא arba plkira [2].

363. a) SAN. 49b, בורית. S אירבנו שבונריא airbnu sbunriia.

*b) KER. 6a, s. v. כדשינא. 2 אירבא שטנריא airba stnria — B אירבה שנוטיא airbh snutia.

364. B.M. 48b, ערבון. *m* 20 אריש ars — ẞ y o — γ P (159a) איריש airs — q אירשא erese — S איירש aiirs.

366. SAB. 54b, קופר. e l איריצון airiçun — ι o — 11 ריצו riçu (it. *riz[z]o*) — 12 אירצון airçun — 44 50 הירצון hirçun — S I הריצון hriçun — A הריצין hriçin.

367. a) YOM. 19b, והפג. *i* אישבניר isbanier — μ אשבנויר asbniir — 5 B o [3].

b) MEG. 28b, מטיילין. 5 ? — 6 [איש תמיד] ais tmid — 13 [בתוכו תמיד] btuku tmid — 17 אשבניר asbnir — A אישפציר aispçiir — S ? — V [שם].

368. SAB. 128a, אברתא. e 50 אישבא aisba — ι שרבייה srbiih — l אישבה aisbh — 11 אישכא aiska — 12 o — S אישנא aisna.

369. HOUL. 60a, דוללי. θ אישקנייש aiskniis — ρ אשקינא askina — 8 15 s S אשקנייש askniis [4].

370. a) SAB. 66b, קישורי. e 11 12 T B[1] אשקצש askçs — ι אֶשְׁקַצַשׁ eskaças — l

---

1. La glose s'insère après le mot ושטות.

2. L introduit entre *erbe* et *p[o]licaire* le mot שקורין, « qu'on appelle, » qui se trouve dans les éditions modernes.

3. La glose s'insère après מעינך.

4. Dans 15 la glose est précédée par le mot קנטרנרוקהן kntrnrukhn.

371. *Eschalded*, « échaudé, pâtisserie ».

372. *Eschalder*, « échauder, passer à l'eau chaude ».

373. *Eschalfaison*, « fièvre chaude ».

374. *Eschalfer*, « échauffer, enflammer (l'œil) ».

375. *Eschaloines*, « échalotes ».

376. *Eschançon*, « échanson ».

377. *Eschapins*, « chaussures légères ».

378. *Escharbot*, « escarbot ».

379. **Esc[h]arpet* [?], « escarpin, chaussure légère ».

---

50 אשקצא askça — S 'אשקצא askça' — O (II, 42a, § 84, 22) אשקינא askina.

b) Yom. 78b, קב. *i* אישקצא aiskça — μ איושקצא aiiskça — 5 B אשקצא askça.

c) Yeb. 102b, בקב. *j* אישקינא aiskina — S O (I, 184b, § 664) אשקינא askina.

d) 'Arak. 19b, קב. *p* אשקצא askça — B אשקנצא asknça.

371. Pes. 36b, חלוט. 6 אשקלדיר askldir — 27 אשקלריר asklrir — B אישקלדיר aiskldir.

372. 'A.Z. 75a, חולטן. v אשקלדיר askldir — S אשקליר asklir.

373. a) Béç. 22a, קדחתא. *b* S אישקלפיישון aisklpiisun — λ שקליפישון sklipisun — μ. o — 5 אישקלפיטץ aisklpitç — 6 7 אישקלפישון aisklpisun — 12 אישקבישון aiskbisun — 13 שקלפשון sklpsun — 45 אשקלפיסון asklpisun — F אשקלפישון asklpisun — B עיתקלפיישון eitklpiisun — V איתקלפויישון aitklpuiisun.

b) Houl. 59a, קדחת. θ אישקלפישון aisklpisun — ρ אשקליפון asklipun — 8 o — s אשקלפיישון aschlfiisun — 15 אשקלפישון asklpisun — E אשקלפיישון asklpiisun — S אשקלפישא asklpisa — S² שקלפישון sklpisun [1].

374. 'A.Z. 28b, קדחא. v אשקלפייר asklpiir — A אשקלפיר asklpir — S אשלפיר aslpir.

375. Qid. 52b, בצלים. *j* B o — μ אשקלויינש askluiins — 3 n? — 10 אשקליונש askliuns — F אשקאלוניאש askalunias (esp. *escaluñas*) [2].

376. a) San. 104a, מַשקה. S שקיצון skiçun — B o.

b) San. 104b, קלסתר. S אשקנצק asknçk.

377. Pes. 51a, קורדקיסין. 6 27 אשקפינש askpins — B אשקפונש askpuns.

378. a) 'A.Z. 28b, חיפושתא. v אשקרבט askrbt (pr. *escaravat*) — S O (IV, 43a, § 150) אשקרבוט askrbut.

b) Houl. 67b, חפושית. 0 S אישקרבוט aiskrbut — ρ אישקרבט aiskrbt (pr. *escaravat*) — 8 אֶשְׁקַרְבֹּט eskarbot — s *u v* 1 אשקרבוט askrbut A אשקרבורט askrburt.

379. Ta'an. 12b, אפנתא. 13 אישקפוט aiskput — 40 אישקנפט aisknpt — S אישקרפוט aiskrput.

---

1. *Ta'an. 14a, 40 insère, entre חיכוך et כמו נתחכך : איקלפישון בלעז aiklpisun. 13, S : o. Ici *échalfaison* veut dire « échauffaison, éruption cutanée ».

2. La glose s'insère avant le ד"ה מאן אהלך.

380. a, b, d, e, f, h, *i) *Eschelete*, « sonnette, clochette ».
c, g) *Eschelетes*, « sonnettes, clochettes ».
381. *Eschelons*, « échelons ».
382. a) *Esclaire* « rend (la peau) brillante ».
b) *Esclairier*, « rendre (la peau) brillante ».

---

380. a) Sab. 53a, זוג. e אישקילא aiskila (pr. *esquela*) — ı o — l אישקליטא aisklita — 11 S אישקליט aisklit — 12 50 אשקליטא asklita.
b) Sab. 54b, בזוג. e 12 50 אשקליטא asklita — ı o — l אישקליטא aisklita — 11 אשקליט asklit — 44 אישקלוטא aiskluta.
c) Sab. 66b, זוגין. e 12 אשקליטש asklits — ı o — l אשקלטא asklta — 11 אשקיראיש askulais — 50 אשקלויש askluiis — S אישקליטש aisklits.
d) Sab. 110a, טבלא. e 50 S אשקליטא asklita — ı אשקולטא askilta — l E אישקליטא aisklita — 11 אישקלויטר aiskliitr — 12 o.
e) B.Q. 17b, זוג. α p אשקלטא asklta — β אשקליטא asklita — y אשקלוטא askluta — o o — r S[2] אישקליטא aisklita
f) San. 67b, טבלא. E אישקלויטא aiskliita — S אשקילא askila (pr. *esquela*) — V אסקדא askda.
g) Zeb. 88b, זגין. f אשקליטש asklits — B איכצליטש aikçlits.
h) 'Arak. 10b, טבלא גורגדנא. *p* B אישקליטא aisklita.
**i) B.B. 145b, טבלא. S אישקליטה aisklith — B אשקלנא asklna.
381. a) Sab. 60a, בשליבותיו. e אשקלויינש askluiins — ı 50 S o — l אישקוילוש aiskiilus — 11 אישקלונש askluns — 12 אשקליוש asklius (pr. *escalhos?*) [1].
b) 'Er. 77b, חווקין. e *h* o — 6 אשקליונש askliuns (pr. *escalhons*) — 50 אישקיילונש askiiluns — F אישקלוניש aisklunis (esp. *escalones*) — S אישקלונייש aiskluniis.
c) 'Er. 77b, שליבות. e אשקלויייש askluiis — *h* אשקליויש askliis (cat. *escales*) — 6 אשקליונש askliuns (pr. *escalhons*) — 50 אשקיילונש askiiluns — F אישקלוניש aisklunis (esp. *escalones*) — S שקלוניש sklunis.
d) B.M. 25a, מעלות. *m* אקלונש akluns — β אושקלש aiskls (cat. *escales*) — γ 20 B[2] אשקלונש askluns — *y* אישקליש aisklis (cat. *escales*) — q אישקרונש aischluns — B אשקוליניש askulinus [2].
**e) B.B. 59a, הוקין. *n* o — S אשקיילונש askiiluns — B אשקלויינש askluiins.
382. a) Pes. 43a, מועדן. 6 אשקליויא askliia — 27 B אשקליורא askliira.
b) Meg. 13a, ומועדן. 5 ? — 6 13 S o — 17 אשקליוריר askliirir — F אשקרייר askliir.
c) Ket. 59b, שועדן. *k* אישקלרויא aisklriia — ξ אשקליויר askliir — 3 אישקלריר aisklrir — S אישקלוייר aiskluiir.

---

1. Dans la plupart des textes cette glose se place aprés le mot סימלונין et avant le mot בקילב; dans 11 elle se place aprés le mot למכור et avant le mot בערסה.
2. V suit B.

c) *Esclarier*, « rendre (la figure) brillante, belle ».

383. *Esclater*, « éclater, se briser par éclats ».

384. *Escluse*, « écluse ».

385. *Esclusent*, « barrent par une écluse ».

386. *Escorcier*, « raccourcir, relever (des vêtements) ».

387. b) *Escos*, « (du lin) secoué, nettoyé ».

a) *Escost*, « secoua ».

388. b, c, d, e, f, g) *Escove*, « balai ».

a) *Escoves*, « balais ».

---

383. a) Yoma. 20a, שפקעו. 5 ? — ι אישקלטיר aiskltir — μ אוישקלטייר aiiskltiir — B o.
b) Zeb. 83b, פוקעין. f 'אשקלטי askltí' — B אישיקלטיר aisikltir.
c) Houl. 90a, פוקעין. θ אישקלטיר aiskltir — ρ אישקלטייר aiskltiir — 8 אשקלטט askltt — s אשקלננש asklnns — S אשקלנט asklnt [1].

384. Guit. 73a, סכר. 3 אשקוולשא askuulsa — m אשקולש askuls — u אשקלוזא aiskluza — 14 אוישקולשא aiiskulsa — 17 o — c אישקולוזא aiskuluza — 39 אשקלונש askluns — A אשקלונא askluna — S 'אישקלוש aisklus' — S² אישקלושא aisklusa.

385. B.M. 24b, סכרו ליה. *m* אשקלוזאת askluzat — β אשקלישיש asklisis — γ אַשְׁקְלוּשֶׁנְט asklusent — *y* אישקלישינש aisklisins — q אישקלושט aisklust — 20 אשקלינש asklins — B נשנש nsns.

386. Zeb. 18b, סילקן. f אַשקוציר askuçiir — B משקורצייר mskurçiir.

387. a) B.M. 114b, נפץ. *m* B אשקושט askust — β o — γ אקושי akussi — *y* אשקודיר askudir (pr. *escodir*) — q אשקוטט askutt — S אשקשדט asksut.
b) Houl. 51b, נפיץ. θ ρ 8 15 אשקוש askus — s אשקוד askud — S אשקושא askusa [2].

388. a) Sab. 124b, מכבדות. e ι l 50 אשקובש askubs — 11 אוקיבש aukibs — 12 o — 44 אישקופיש aiskupis — S אישקובץ aiskubç — éd. Amsterdam (1648) אישקובא aiskuba.
b) Souk. 29b, חופיא. 5 סקופא skupa (it. *scopa*) — 6 אשקופא askupa (it. *escopa*) — 17 S אשקובא askuba.
c) Souk. 32a, חופיא. 5a *s* S אשקובא askuba — 6 אישקופא aiskupa (it. *escopa*) — 17 A אישקובא aiskuba.
d) Meg. 18a, טאטיתא. 5 13 אישקובא aiskuba — 6 S אישקופא aiskupa (it. *escopa*) — 17 אשקובה askubh.

---

1. Dans o on devrait peut-être lire ט-*t* au lieu de נש-*ns*. La recension représentée par s, 8, S portait probablement *esclatant*, « éclatant ». Le ms. c, dans un passage (Yeb., Pér. VIII, f° 34a) qui correspondrait à 75a ou 76a de V, a les mots suivants : פצוע דכא תרי מילי משתמע מי שנפצעו או נדכו (sic) ביציו פצוע כמו קנה מפוצע אשקלטייר בלע׳ דכא מדוכין ונידק. On y trouve askltiir, *esclater*, au sens de « fendre, diviser en éclats ». *f* S : o.

2. Dans 8 la glose a été ajoutée dans une rature.

389. *Escover*, « balayer, nettoyer ».

390. *Escrai[g]ne*, « hutte, chambre souterraine ».

391. *Escrin*, « coffre, cassette ».

392. *Escume*, « écume ».

393. *Escurel*, « écureuil ».

---

e) B.Q. 96a, חופיא. α β γ p r S² אשקובא askuba — o שקובא skuba (it. *scova*) — I אישקובא aiskuba.

f) 'A.Z. 75a, לולבין. ν אשקובא askuba — ν בליויש bliis — S אשקופא askupa (it. *escopa*).

g) Nid. 65a, לולבים. μ אשקובא askuba — ρ אישקובא aiskuba — S איישקובא aiiskuba.

389. B.Q. 94a, תפאר. α o (addition récente : 'משקו mskuʼ) — βγ אשקמר askmr — o אשקיביר askubir — p o — r אישקוביר aiskubir — S² אישקובייר aiskubiir.

390. a) 'Er. 102b, דות. e אשקריינא askriina — 6 אישקריינא aiskriina — F אישקציינה aiskçiinh — S אשקדיינא askdiina — V אישקדיינא aiskdiina.

b) R.H. 27a, דות. x אשקריינא askriina — λ 5 צישטירנא çistirna (it. *cisterna*) — 13 o — A אישקרייצא aiskriiça — S צישטרנא çistrna (it. *cisterna*).

391. a) Sab. 62a, קופסא. e 12 50 אשקרין askrin — ι אשקירן askirn — l אישקרין aiskrin — 11 אישקריניש aiskriniis — 44 אוסקרינייו aiskriniiu (it. *iscrigno*) — A אקרין akrin — B² אישקריני aiskrini — S אישקריינא aiskriina — I אישקיריינא aiskiriina.

b) Yom. 37a, קלפי. *i* μ I אשקרין askrin — 5 אישקריניין aiskriniin (it. *escrigno*) — B אשקורן askurn.

c) Yom. 75b, קופסא. *i* E אישקרין aiskrin — μ איישקרין aiiskrin — 5 אישקריניא aiskrinia (it. *escrigna*) — B אשקרין askrin.

d) Meg. 26b, קמטרא. 5 אשקריניא askrinia (it. *escrigna*) — 6 אשקרניין askrniin — 13 S אשקריניו askriniiu (it. *escrigno*) — 17 אשקרין askrin — a o — A אישקרין aiskrin.

e) Yeb. 46a, טפסא. d אשקריין askriin — *j* אישקרין aiskrin — S אשקרין askrin.

f) B.M. 42a, קרטליתא. *m* q 20 S אשקרין askrin — β אשקריניץ askriniç (it. *escrigno*) — γ אשקדוין askduin — *y* אישקריניי aiskrinii (it. *escrigne*) — B² אשקריין askriin — B אשקרא askra.

*g) Ta'an. 31a, 'בקופס. 13 S אישקריין aiskriin — 40 אוסקרין aiskrin — E [כלומר בארגז].

392. a) Béç. 29a, אופיא. *b* 5 6 13 S אישקומא aiskuma — λ אישפומא aispuma (it. *ispuma*) — μ איישקומא aiiskuma — 7 *illisible* — 12 o — 45 אשקומא askuma — E אשפומה aspumh (esp. *espuma*).

b) Yeb. 80b, רתיחות. d יש קומא is kuma — *j* S אשקומא askuma — b אישקומא aiskuma.

c) B.M. 61b, ורתיה. *m* o — β γ S אשקומא askuma — *y* I אישקומא aiskuma — q 'אישקום aiskumʼ — 20 ספלומא spluma (it. *spluma*).

d) 'A.Z. 26a, אופיא. ν S אשקומא askuma.

393 *bis*. *Esdarnele*, « ivraie ».

394. *Esenbrajier*, « ébrancher ».

395. *Esfiler*, « s'effiler, se défaire fil à fil ».

396. *Esfreier*, « frotter (l'effigie d'une monnaie), l'effacer ».

397. *Esgrati[g]nier*, « égratigner ».

398. *Esgronir*, « gronder, réprimander ».

399. *Esjaliere*, « escalier ».

400. *Esjarde*, « écailles ».

401. *Esjareter*, « couper les jarrets ».

402. *Esjecs*, « échecs ».

403. *Esjevelede*, « échevelée ».

---

e) 'A.Z. 70a, אופיא. v a v *t* *v* A S אשקומא askuma.
f) Houl. 105b, אופיא. θ 8 s S אשקומא askuma — ρ אסקומא askuma — E אישקומא aiskuma.
**g) B.B. 89b, קצף. S B אשקומא askuma -- E אישקומא aiskuma.

393. a) San. 91a, עכבר. S אשקוריל askurul — E אשקוריל askuril.
b) 'A.Z. 68b, עכבר. v אשקוריל askurul — S אשקורל askurl.

393*bis*. Pes. 35a, שיצניתא. 6 27 אשדרנלא asdrnla — B אשדרנילא asdrnila.

394. a) Sab. 109b, אפשיחה. e אשנבריור asnbriir — ι 11 12 50 o — l אנשבריור ansbriir — S אישבראנקייר aisbrankiir.
b) Béç. 33b, מפשה. *b* אשנבריר asnbrir — λ איישנבזיר aiisnbzir — μ אשמברייר asmbriir — 5 6 7 13 o — 12 איישביטיר aiisbitir -- 44 איישבזיר aiisbzir — 45 איישנבדיר aiisnbdir — S אוישברייר aiisbriir.

395. Men. 42a, נסתר. 2 אשפליר asplir — 4 אישפילד aispild — B אנפילייר anpiliir.

396. B.Q. 98a, השף. α p אשפריר asprir — β אשפדייר aspdiir — *y* r S[2] אשפרייר aspriir — o 'אשפלני' asplni'.

397. a) Yeb. 76a, מזרף זריף. d אישגרטיניר aisgrtinir — *j* אגרטינייר agrtiniir — S אשגרטינא asgrtina.
b) Qid. 35b, גדידה. *j* אגרטינייר agrtiniir — μ אשגרטינייר asgrtiniir — 3 אישגרטיר aisgrtir — n אשגרטיניר asgrtinir — 7 10 אשגרנטיר asgrntir — F אישגראטינאר aisgratinar (cat. *esgratinyar* ?) — B אשגרטינר asgrtinr.
c) Houl. 62a, מסרט. θ אישגרטינר aisgrtinr — ρ אשגרטינייר asgrtiniir — 8 אֶשְׁגְּרַטִינֵר esgratiner — s אשגרטיניר asgrtinir — 15 אישגרנטיר aisgrntir — S אשגרטינר asgrtinr.

398. San. 41b, נזה. S אשגרוניר asgrunir.

399. Qid. 40b, מדרגה. *j* איישקליירא aiiskliira — 3 אשיילליידא asiiliida — ט אשייליירא asiiliira — 7 אישקלוט aisklut — 10 אשקלונא askluna (it. *escalona*) — E אשילויה asiluih — F אשאליירה asaliirh — B אשולוייא asuluiia.

400. Nid. 51b, לבושא. μ ρ אשיירדא asiirda — S אייקרדייץ aiikrdiiç.

401. 'A.Z. 11a, עיקרין. v אקשטיר akstir — S אפוגרימט apugrimt.

402. Ket. 61b, נדרשיר. *k* אשייקש asiiks — ξ אשייקא asiika — 3 אשקקי askki (it. *escacchi*) — S אישקייש aiskiis — B אישקקיש aiskkis.

403. Ket. 15b, ראשה פריע. *k* אישייבלירא aisiiblira — ξ אשפלידא asplida — 3 אשטבלירא astblira - - 14 o - - c איקיבליאה aikibliah — S[2] איצטייבלידה aiçtiiblidh.

404. *Esloide*, « éclair ».

405. *Eslois*[*s*]*edure*, « (luxation), endroit du déboîtement d'un os, jointure ».

406. a) *Eslois*[*s*]*iede*, (un pied, une main) « sortie de sa jointure ».

b, d, e) *Eslois*[*s*]*ier*, « luxer, déboîter ».

c) *Eslois*[*s*]*iez* « (ayant un pied) déboîté ».

407. *Eslorjier*, « faire glisser ».

408. *Esmeler*, « devenir aigre » (en parlant de miel).

409. *Espaldon*, « paleron, omoplate d'animaux ».

410. *Esparges*, « asperges ».

---

404. BER. 59a, ברקא. θ אשלוורא asluiira — ɪɪ אשליירא asliira — S אשלווידא asluiida — S² אישלווידא aisluiida.

405. a) B.Q. 92a, שפא. α אושלווישדורא ausluiisdura — β אשלוויש דורא asluiis dura — y אשלווישדורא asluiisdura — o o — p אשלווישדורא usluiisedure — r אילו ויישאורא ailu iisaura — S² אשלווי' שדוכא usluii' sduka.

b) MAK. 11b, לשפא. v אשלווישדירא asluiisdura — B איש לווישודורא ais luiisidura.

406. a) SAB. 147a, נפרקה. e אשלושדא aslusda — ι אשלווישדורא asluiisdura — l אישלושידא aislusida — 6 o — 44 אישלוישיר aisliisir — 50 אישלווישירא aisluiisira — A דלוויציר dluiiçir — S אלווישויר aluiisiir.

b) SAB. 148a, שניא ליה ידיה. e אשלווישייר asluiisiir — ι o — I אישלושייר aislusiir — 6 אשולשיר asulsir — 50 אישלווישיר aisluiisir — S אשלושייר aslusiir.

c) SOT. 10a. שפי. E שוליישין suliisin — B 'אשלווישי asluiisi' — V אשלווישיש asluiisis.

d) BEK. 40a, שנשמטה. 2 B o — 4 אשלושיר aslusir — T אישלוויישיר aisluiisir.

e) BEK. 43b, שמוטש. 2 אשלושייר aslusiir — 4 אלושייר alusiir — B אשלווישיד asluiisid.

407. SAB. 134a, ולישרקיה. e אשלאורור aslaurir — ι אשלאורויר aslauriir — l אישלאורויר aislauriir — 6 11 12 50 o — S I אשאולדיר asauldir.

408. B.M. 38a, והדביש. *m* (en marge) γ אשמליד asmlid — β שמליר smlir — *y* אישמליד aismlid — q אישמיליר aismilir — 20 אשמיר asmir — B אשמליר asmlir.

409. a) PES. 84a, גף הכתף. 6 אספלדון aspldun — 27 אשפלדון aspldun — B אשפרלון asprlun.

b) HOUL. 54a, כפא דידא. θ אישפלדון aispldun — ρ אשפדלון aspdlun — ↄ S אשפלדון aspldun — 8 אשפלדון aspldun — 15 אשפל דין aspl din.

c) HOUL. 98b, כף של יד. θ אשילרון asilrun — ρ אשילדון asildun — 8 s S אשפלדון aspldun.

d) HOUL. 134b, כף של יד. θ אישפלדון aispldun — ρ s S אשפלדון aspldun.

410. SOUK. 39b, שיטין. 5 אישפ־אש aispras — 6 (ajouté au-dessus de la ligne)

411. *Esparvier*, « épervier ».
412. *Esped*, « épieu ».
413. *Espelte*, « épeautre ».
414. *Espenir*, « épanouissement » (de la vigne).
415. *Espie*, « clou (des chaussures) ».
416. *Espig*, « aspic, lavande spic ».
417. *Espingle*, « épingle ».

---

פינוקלי pinukli (it. *finocli*) — 17 אישפריאוש aispriaus — S אישפרוש aisprus.

411. *a) San. 20b, גונדי. 51 אשפרווי aspruii — B o [1].
b) Houl. 42a, הנץ. θ *v* S אשפרויר aspruir — ρ אשפרוירי aspruiri — 8 אַשְׁפַּרְוֵיר esparver — 44 אשפרור asprur — s שפרויר spruir — *u* אשפרוייר aspruiir — A שפרוויר spruuir — V אשפרוויר aspruuir.
c) Houl. 63a, נץ. θ אישפרוור aispruur — ρ S אשפרוויר aspruuir — 8 אַשְׁפַּרְוִיר asparvir — 15 אשפרוויד aspruid — s S[2] T אשפרויר aspruir.

412. B.M. 84a, פיגיון. *m* אשפייר aspiir — β אשפיד aspid — γ S אשפיר aspir — *y* אשפיזא aspiza — q ארשפייר auspiir — 20 איספיד aispid.

413. a) Pes. 35a, גורבי. 6 אישפלטא aisplta — 27 אשפלטא asplta — B אישפילטא aispilta — V איספילטא aispilta.
b) Men. 70b, גורבא. 2 איפלטא aipelta — w אשפלטא asplta — B אשפיילטא aspiilta.

414. Pes. 52b, סמדר. 6 27 B אשפניר aspnir [2].

415. 'Er. 100b, עוקצא. e *h* o [3] — 6 אשפיפיא aspipia — F אישפיטא aispita — S אשפיא aspia.

416. a) Ber. 43b, חלפי דימא. θ 11 ספיקא spika (it. *spica*) — S אשפיג aspig.
*b) Ker. 6a, שבולת נרד. 2 אישפיג aispig — B שפיגא spiga (it. *spiga*).

417. a) Sab. 52b, ד"ה אלא לענין שבת. e אשפינלא aspinla (pr. *espinla*) — ι o — l אשפיגרלא aspigrla — 11 אשפנגלא aspngla — 12 אשפיגלא aspigla — 50 אישפינגלא aispingla — S אישפיגלא aispigla.
b) Sab. 52b, ד"ה בגלמי. e אשפינלא aspinla (pr. *espinla*) — ι o — l אשפיגלא aspigla — 11 אישפונגלא aispungla — 12 50 אשפינגלא aspingla — S איישפינגלא aiispingla.
c) Sab. 57a, ד"ה שאינה נקובה. e אשפולנא aspilna (pr. *espinla* ?) — ι אשפנגלא aspngla — l אישפילגא aispilga — 11 אישפונגלא aispungla s שפינגלא spingla — ı אישפנלא aispnla — 44 אישפינגלא aispingla — A שפינגל spingl — S אישפיגלא aispigla — 50 O (II, 40a, § 84, 10) אשפינגלא aspingla.
d) Sab. 156b, מכבנתא. e o — ι אשפינלה aspinlh (pr. *espinla*) — l (lacune) — 6 אישפינגלא aispingla — S נושקא nuska — L אישפינגליז בלעז

---

1. Contexte de la glose : [ל"א גונדי נץ א'].

2. Kid. 54b, n a la glose אשפניר aspnir comme explication de סמדר ; le mot français s'introduit après ד"ה סמדר הפרח. La forme postérieure איישפנואיר aiispnuair, *espanoïr*, se trouve dans μ. Comme *j* 10 B et F omettent la glose, son authenticité reste sujette à caution. Le ms. 3 n'existe plus.

3. Dans e la place de la glose est laissée en blanc.

418. *Espinle* [?](allem.), « vis de pressoir ».

419. a) *Espointe*, « élancement, douleur poignante ».

b, c) *Espointes* [?], « élancements ».

420. *Espointier*, « briser la pointe (d'une broche) ».

421. *Espondes*, « bords du lit ».

422. **Estables*, « espaces occupés chacun par un cheval dans une écurie ».

423. *Estadera* (ital.), « balance ».

424. *Estain*, « étain ».

---

נושקא aispingliz, *en langue romane*, nuska — 50 O (II, 39a, § 84, 4) אשפינגלא aspingla [1].

418. ·A.Z. 60a, גלגל. v ובלשון אשכנז אשפילגא *en allemand* aspilga — S אישפלגרא aisplgla.

419. a) Guit. 69b, גירא. 3 אשפוניטא aspuniita — m u אשפויינטא aspuiinta — 14 אישפלנטא aisplnta — 17 איישבוניינטא aiisbuniinta — 39 אישפונייניש aispuniinus — S אשפונטא aspunta (it. *espunta*) [2].

b) ʻA.Z. 28b, שמרדה. v אשפונייט aspuniit — S O (IV, 43a, § 150) o.

c) ʻA Z. 28b, דיצא. v אשפיינטש aspiints — S אישפוננט aispunnt — O (IV, 43a, § 150) אשפושט aspust — P (21b) אפויינט apuiint.

420. Béç. 28b, שנרצם. *h* אפוינטיר apuintir — λ 13 אישפונטייר aispuntiir — μ איישפויינטא aiispuiinta — 5 אישפונטיר aispuntir — 6 o — 7 אשפויינטייר aspuiintiir — 12 אשפוייניר aspuiiniir — 45 אשפייטור aspiitur — S אשפויינטיר aspuiintir.

421. a) ·Er. 15b, ארוכות. e אשפונדיירש aspundiirs (pr. *espondieras*) — *h* אשפונטש aspunts — 6 אישפונדוש aispundus — t אשפונדרש aspundrs — 50 אשפונדוש aspundus — F אישפינוש aispinus — S אשפונדש aspunds.

b) Souk. 15a, ארוכות. 5 אשפונדש aspunds — 6 אישפונדס aispunds — 17 o — a אשפודוש aspudus — 1 אשפודש aspuds — A אישפונדא aispunda — S אשפונדיש aspundis — X (f° 10 a) אישפניש aispnis.

c) M.Q. 27a, הארובו'. A 'אישפונדיש aispundis' — (A, éd. Romm, אישפונדישא aispundisa).

422. San. 21b, אורוות. 51 אצבלש açbls — B o [3].

423. Sab. 60a, בערסה. e 12 אשתריירא astriira — t o — l אשתדיירא astdiira — 11 אישתריילא aistrila (it. *estadela*) — 50 אישתדירא aistdira — S אישתרויירא aistriira.

424. a) R.H. 24b, בעץ. *x* אישטיין aistiin — λ 13 אישטיינו aistiinu — 5 אשטיינו astiinu — S שטיינו stiinu.

b) Men. 28b, בעץ. 2 o — B אשטיין astiin.

c) B.B. 89b, בעץ. S אשטם astm (pr. *estam* ?) — B אשטיין astiin.

---

1. V suit L.
2. Dans 39 on pourrait aussi lire, moins probablement, אישפונייטש aispuniits.
3. La glose s'insère avant הבדלה.

425. *Estainboc*, « bouquetin ».

426. *Estalon*, « appeau, oiseau qui sert à attirer les autres ».

427. *Estanc* [?], « étang ».

428. a, b) *Estele*, « éclat, morceau de bois ».

c) *Esteles*, « éclats, morceaux de bois ».

429. a, b, e) *Estencele*, « étincelle ».

c, d) *Estenceles*, « étincelles ».

430. *Estende* [?], « filtre (pour le vin, toile [?] qui couvre l'ouverture d'un vase) ».

431. *Estende*[*il*]*lier*, « s'étirer, s'étendre ».

---

425. a) R.H. 26b, יעל. *x* אשטיין ביה astiin bih — λ אישתנבוק aistnbuk — 5 13 a T אשטנבוק astnbuk — A אישטנבוק aistnbuk — S שטיין בוק stiin buk (all. *steinbock*).
b) Houl. 59b, צבי. θ אישטנבוק aistnbuk — ; 15 *v* S אשטנבוק astnbuk — 8 אַשְׁטֵינְבוֹק astainboc — s B שטיינבוק stiinbuk (all. *steinbock*) — *u* A אשטיינבוק astiinbuk — 44 אשטנביקו astnbiku (it. *estanbecco*) — S[a] שטנבוק stnbuk [1].

426. San. 25a, ארא. S אשתלוון astluun — Y (f° 114b, en marge) אושטלון aistlun.

427. San. 82b, באגמים. S E אשטיין astiin (pr. *estain* [?])

428. a) Souk. 32a, אופתא. 5 o — 6 אישטילא aistila — 17 אשטילנא astilna — S אשטילא astila.
b) Béç. 22a, בקעת. *b* אישטלן aistln — λ 13 אישתילא aistila — μ איטוילא aiitiila — 5 6 12 S אישטילא aistila — 7 (déchiré) — 45 אַשְׁטֵילַה astéla (pr. *astela*) — F o.
c) San. 81b, גזירין. S אשטלש astls.

429. a) Sab. 21b, גץ. e ι אשטנצילא astnçila — k אישטנצלא aistnçla — l' איטנצילא aitnçila — t אשטצילא astçilia — 11 12 o — 50 אוסטינצולא aistinçila — S אישטינצולש aistinçils.
b) B.Q. 62b, גץ. α p אשטנצילא astnçila — β *y* אשטניצילא astniçila — o אישטיציניילא aistiçinila — r איש טיננילא ais tinnila — B טנציול tnçiil — S אישטנציול aistnçiil.
c) B.M. 47a, ניצוצות. *m* אשטנצילאש astnçilas — *y* β o — γ S אשטנצלש astnçls — q אישטנצילש aistnçils — 20 אשנטלש asntls.
d) B.M. 85b, בוטיטוי. *m* אמוש צולש amus çils — *y* אישטינצלש aistinçls — β אשטנצלש astnçls — γ אישטניצלש aistniçls — q אישטבצולא aistbçila 20 אמושכנילש amusknils — E סינטוליאש sintiliias (esp. *centellas*) — S אישטנכילייש aistnkiliis — V אישטנצילייש aistnçiluis.
e) B.B. 26a, גץ. *n* אשטנצילא astnçila — 9 o — 30 אשטניולא astniila — S אשטנצילה astnçilh — B איטנציולא aitnçiila.

430. Sab. 137b, משמרת. e 6 11 12 o — ι אינטורדא aintrda — l 50 S אשטנדא astnda.

431. a) 'Er. 100a, ניתלין. e אשטנדיליור astndiliir — *h* אשטינדווליור astindiiliir

---

1. V suit B.

432. *Esterles*, « cordons, lacets ».

433. *Esternuder*, « éternuer ».

434. *Estoble*, « éteule ».

435. ***Estols*, « étal ».

436. *Estomaq[u]e*, « orifice, ouverture (de la pansc) [?] ».

---

— 6 o — *s* אשטנדליר astndlir — A אישטנדריל aistndril — F אישתילנדייר aistilndiir — S אשטנדלייר astndliir [1].

b) 'A.Z. 70b, אביצרי קכוצרנא. *v* אשטנדלייר astndliir — S אשטנדילר astndilr (pr. *estendilar* [?]) [2].

c) Nid. 63a, מפהק. *μ ρ* אשטנדילייר astndiliir — S אישטרולייר aistriliir — $B^2$ אישטדילייר aistdiliir — T אשטרילייר astriliir — Citation dans Aschéri, *ad loc.* (éd. B) : אשטנדלייר astndliir [3].

432. a) Sab. 92a, שנצין. e אשטרלייריש astrliirs — *ι* אשטרילאש astrilas — l אשטרלש astrls — 11 12 o — 50 אֶשְׁטַרְלַשׁ estarlas — S אשטולדץ astuldç.

b Yeb. 102a, שינצי. *j* אישטירייש aistiriis — b אשטרוש astrus — c אשטרליש astrls — S אשטרל astrl.

c) B.M. 26a, שנציה. *m* אישטילאש aistilas — *β* איישלוייש aiisluiis — *γ* אטטדלא attdla — *y* אנשלוייש ansluiis — q אישְׁטֵרִלֵשׁ esteriles — 20 אישטדלא aistdla — B אשטדלא astdla.

d) Nid. 13b, שנצים. *μ* אשטרליש astrls — *ρ* ארטליש artls — t אישטרליש aistrlis — S אשרלטש asrlts.

433. a) Ber. 24a, ונתעטש. *θ* אשטרנוטיר astrnutir (it. *esternutir*) — אישטורנוטיר aisturnutir (it. *esternutir*) — 18 אשטורנדיר asturndir — 28 אשטרנודיר astrnudir — S אטרנויר atrnuiir — $B^3$ שטרנודר strnudr (it. *stranudar*).

b) Ber. 57b, עטוש. *θ* אישטירנוטיר aistirnutir (it. *esternutir*) — 11 אוסטירנוטיר aistirnutir (it. *esternutir*) — S אישטרנואייר aistrnuaiir — $B^3$ אשטרנודר astrnudr (it. *estranudar*).

434. a) Sab. 20b, גבבא. e k 12 אשטובלא astubla — *ι* אשטבלה astblh — l $B^2$ אישטובלא aistubla — t אשטולכא astulka — 11 אשקוילוום askuilium — 44 אישטופלא aistupla (it. *estopla*) — 50 אשטנבלא astnbla — S איטובלא aitubla — B איש טובלא ais tubla [4].

b) Sab. 36b, גבבא. e l 50 O (II, 5b, § 8) אשטובלא astubla — *ι* אשטובולאה astubulah — 11 איש טובלא ais tubla — 12 o — S אישטובלא aistubla.

435. B.Q. 23b, מסחתא (s.v. תיב אבימחתא). *α β y* o p S o — r אישטולש aistuls.

436. Houl. 50b, אוסתומכא. *θ* איסטימוכא aistumka — *ρ* אסטומוכא astumka —

---

1. Ber. 24a, $S^2$ a אשטרילייר astriliir comme traduction de שגוהק, pris dans le sens de « s'étirer ». *θ* 11 18 28 : o.

2. Pour מתמודד אני *v* a מתביוגג אני.

3. V suit S.

4. L'édition de Berlin et de Francfort-sur-l'Oder (1734), suivie par d'autres éditions modernes, y compris V, porte : בל"א שטובלא « en allemand *Stubla* ». Cette leçon est une corruption de אישטובלא ב"ל « en français *aistubla* », qu'on lit dans des éditions antérieures, après $B^3$.

437. *Estoner*, « faire vibrer, secouer ».

438. *Estordison*, « étourdissement ».

439. **Estordiz*, « étourdi ».

440. *Estornel*, « étourneau ».

441. *Estorner*, « être ébranlé, secoué [?] ».

442. *Estraim*, « paille ».

---

8 אישתומכא aistumka — s 'איסטומכ aistumk' — 15 אשתומכה astumkh — S איסתומכא aistumka.

437. B.B. 18a, .טירויא *n* S אשטוניר astunir — 9 אשטונייר astuniir — B איטוניר aitunir.

438. a) 'Er. 68a, .תונבא e B[2] אשטורדישון asturdisun — *h* אישתורדישון aisturdisun — 6 אישדור דישון aisdur disun — *s* אישטורדיזון aisturdizun — A אישטרורדישן aistrurdisn — 50 אשטורדשון asturdsun — F איסתורדיסון aisturdisun — S אשדורדישון asdurdisun.

b) Yom. 83a, .תרנבא *i* 1 B[2] אשטורדישון asturdisun [1] — μ איישטורדיזון aiisturdizun — 5 אישטורדישון aisturdisun — a טורדיזון turdizun — A אישטורדיטון aisturditun — B אשטודישון astudisun — I אסתודיסיון astudisiun.

c) Houl. 84b, אישתומא θ ρ o — 8 אַשְׁטוֹרְדִישׁוֹן astordison — s S אשטורדישון asturdisun.

d) Houl. 105b, .רוח צרדא θ אישטורדישון aisturdisun — ρ אושטורדשון austurdusun — 8 אשתורדישון asturdisun — s S אשטורדישון asturdisun.

e) Nid. 37b, .תונבא μ S אשטורדישון asturdisun — ρ אישטורדישון aisturdisun — I אישטורדיסיון aisturdisiun.

*f) M.Q. 3b, .אשתומם 49 אישטורדישון aisturdisun — S o — λ 6 ? [2].

439. Ta'an. 13a, .משומם 13 אישדורדיץ aisdurdiz — 40 אשתורדישון asturdisun — S אישטורדין aisturdin.

440. a) B.Q. 92b, .זרזיר α p אשטורנל asturnl — β *y* אשטורנייל asturniil — o S[2] אשטורניל asturnil — r אישטורנייל aisturniil — E אישטורניל aisturnil.

b) Houl. 62a, .זרזיר θ V אישטורניל aisturnil — ρ s 15 אשטורניל asturnil — 8 אשטורנייל asturniil — 44 שטורניל sturnil (it. *stornel*) — S איישטורנייל aiisturniil — B איישטורניל aiisturnil.

441. Houl. 90b, .ותבקע θ ρ o — 8 אשתרונייר astruniir — s אשטונביר astunbir — S אשטורניר asturnir.

442. a) Sab. 20b, .קש e אשטריין astriin — ι 11 12 o — k אישטריים aistriim — l אישטריין aistriin — t S אשטריים astriim — 50 אִישְׁתְרַיִים estrais.

b) Sab. 35a, .קש e אֶשְׁטְרַיְים estiraim — ι t S אשטריים astriim — k אישטריים aistriim — l אשטרים astrim — 11 איסריים aisriis — 12 o — 50 אֵישְׁטְרַיִים estraim.

---

1. V suit B[1].

2. Contexte dans 49 : אשתוממ כמו ישומו ישרים על זאת׳ ושומו שמים׳ וכן כל׳ לשון שומם איש׳ בל׳עז.

443. *Estrang[u]il[l]on*, « esquinancie ».

444. *Estre[il]le*, « étrille ».

445. *Estre[il]lier*, « étriller ».

---

c) Sab. 150b, .קש e אשטרים astrim — ι o — l אישטרויים aistriim — 6 50 אשטרייים astriim — S אשטריצא astriça.

d) Guit. 69a, .גילא 3 m u אשטרויים astriim — 14 אישטרויימא aistriima — 17 אשראי asrai — 39 אשטרייגא astriina — S אישטרויים aistriis.

e) Houl. 52a, .תיבגא θ אישטרייש aistriis — ρ אשטיים astiis — 8 [שיריים] siriim — s אשטרויים astriim — 15 אישטרויים aistriim — S אישתרים aistrim.

443. a) Yom. 84a, .לסרונכי *i* B אשטרנגליון astrngliun — μ אשטרנגליוזון astrngliizun — 5 אישטרנגוליון aistrnguliun (it. *estranguglion*) — F אטרוגיליייון atrugiliiun.

b) Guit. 69a, .לחונכי 3 אישטגילויין aistgiliiin — m אשטרנייגלון astrniiglun — u אישטרנגלון aistrnglun — 14 אישטרנגולייון aistrnguliiun (it. *estranguglion*) — 17 אשטררנגלין astrunglin — 39 אשטרונגיולון astrungiilun — S אשטרנגיילון astrngiilun — B[3] אשטרנגוליון astrnguliun (it. *estranguglion*) [1].

c) Guit. 69a, .ד"ה לפתוחי 3 17 o — m אשטר נגיולון astr ngiilun — u אשטרנגלון astrnglun — 14 אישטרנגולייון aistrnguliiun (it. *estranguglion*) — 39 אשטרונגיולון astrungiilun — S אשטרנגיולון astrngiilun — B[3] אשטרנגוליון astrnguliun (it. *estranguglion*) [2].

444. a) Sab. 147a, .מגררת e אשטרילא astrila — ι אשוריליא asiriliia — אישטריילא aistriila — 6 S אשטריילא astriila — 44 שטריליא striliia (it. *striglia*) — 50 אשטירליא astirliia (en marge) [3] — s אישטליור aistliir — A 'אשטליי astlii'.

b) Sab. 147b, .מגררת e ארישלא arisla — ι אשטריליא astriliia — l אישטריילא aistriila — 6 o — 50 אשטריילא astriila — S אשטריול astriil.

445. a) Pes. 11b, .מקדרין 6 אשטרליי astrliir — 27 אִישְׁטְרֶלְיֵיר istrelier — B אשטרליר astrlir.

b) Béç. 23a, .ומקדרין *b* λ 5 13 S אישטריליור aistriliir — μ אוישטריליור aiistriliir — 6 אשטרליור astrliir — 7 אשוילייר asuiliir — 12 אשתרלייר astrliir — 44 אישתריליור aistriliir — 45 אֶשְׁטְרִוּלִיר estriilir — B[3] שטריגיל בלשון אשכנז *strigil* en allemand.

---

1. L'indication de V que cette glose est בלשון רומי, « en langue de Rome », est une erreur pour בלשון מורי, « dans la langue de mon maître », le rabbin Isaac ben Juda, comme le démontrent les leçons, p. ex., de 3 et de m.

2. Ta'an. 27b, E a la glose אשטרוללין astrullin pour expliquer האסכרה. C'est une forme corrompue de *estranguillon*. 13 40 S : o. E diffère entièrement de V dans ce passage.

3. Dans 6 on a écrit d'abord, dans une écriture à peine lisible maintenant, אששליור assliir (première *s* fort douteuse), de même que toute la phrase depuis מתגררין. Après on a biffé cette phrase et introduit une autre, renfermant la forme que nous donnons dans le texte.

446. a, b, c) *Estreint*, « resserre ».

d) *Estreint* [?], « resserré ».

447. *Estrich*(allem.), « couche de terre (argile) que l'on étend sur le plancher de l'étage supérieur de la maison ».

448. *Estrobeil*, « tourbillon ».

449. *Estudeler*, « choisir (la meilleure) tige (d'entre les autres) ».

450. *Estuve*, « étuve, salle de bains ».

451. b, d) *Esveiede*, « détournée du chemin, égarée ».

---

c) B.M. 60b, מזקפתא. *m* אוצטרולייר aiçtriliir — β אושטרולייר aistriliir — γ אשטויליר astiilir — *y* אשטלייר astliir — q אושטרוילור aistriilur — 20 o — 42 אשטרי יליא astri ilia — S אשטללייר astllir [1].

446. a) Pes. 40a, צומתן. 6 אושטרוינט aistriint — 27 אשטריינט astriint — B אשטריינב astriinb.

b) Houl. 57a, צומת הגידין. θ 44 אושטרנייט aistrniit — ρ אשטריינא astriina — 8 S אשטריינט astriint — s אושטריינא aistriina — 15 אש טריינט as triint — B אשטריינטא astriinta.

c) Houl. 93b, מצמת צמית. θ אושטרויינש aistruiins — ρ אושטרוינט aistruiint — 8 אִשְׁתְּרֵנְיֵיט istreniet — s S אושטריינט aistriint — 44 אושטריניור aistriniir (it. *estrinjer* [?]).

d) Houl. 111a, צומתו. θ אושטרנייט aistrniit — ρ אושטרנייש aistrniis — 8 אשוטרייגש asutriins — s S אשטריינט astriint — S[1] אשטרוינט astruint.

e) Houl. 112b, קמוטי. θ ρ o — 8 s אשטריינט astriint — S אשטרייט astriit — S[2] אשטרינט astrint.

447. a) B.M. 116b, מעזיבה. *m* איסטורא aistura — β *y* o — γ אישתריך aistrik — q V אשטריך astrik — a אֵישְׁטְרִיךְ estrich — *t* v A אושטריך aistrik — S אשטריה astrih [2].

b) B.B. 20b, מעזיבה. *n* S B אשטריך astrik — 9 אצטרין açtrin [3].

448. Houl. 86a, רוחות. θ אושטרוביל aistrubil — ρ אושטרובול aistrubul — 8 S אשטורביול asturbiil — s אשטרוביל astrubil — B אשטרוביול astrubiil.

449. Yom. 47a. ודורזתני. *i* אשטודלייר astudliir — μ איישטודלייר aiistudliir — 5 אישטודיליר aistudilir — B o [4].

450. 'A.Z. 28b, ד"ה חמימי לפולוא. v אשטובא astuba — S o [5].

451. a) Sab. 156a, פריצות. e ı 6 50 o — l אשוויור asuuiir — B אשוויא asuuiia.

---

1. M.Q. 10b, T, qui se sert d'un commentaire semblable à A, cite, *s.v.* ואין מונעין, אושטיליר ustlir comme traduction de דלסרוקי סוסיא, « étriller des chevaux ». Nous y avons affaire à une corruption de *estre[il]lier*.

2. B a 'אשטרי.

3. 9 et *n* disent correctement que la glose est allemande.

4. Dans μ la glose est précédée par les paroles suivantes : הזרזתני מן הברור שבה.

5. La glose, précédée par כעין, suit שמחמם כל גופו.

a, c) *Esveier*, « se détourner du chemin, s'égarer ».

452. ***Esvertin*, « vertige[?] ».

453. *Esvolant* [?], « s'envolant, se répandant [?] ».

454. *Evangiles* [?], « évangiles ».

455. b) *Faisol* [?], « haricot, faséole ».

a) *Faisols* [?], « haricots, faséoles ».

456. *Fais[s]ole*, « ceinture, bande dont on entoure les jambes ».

457. *Falcil[l]e*, « faucille ».

458. *Faldestol*, « siège pliant »

---

b) Sot. 12a, השובבה. E אשידרא asidra — B o.
c) B.M. 77a, דאומרו. *m* β אשייר asiir — *y* 20 S o — γ 'אֶשְׁיֵיד esiaid' — q אשוואגיר asuuagir [1].
d) San. 51a, זונה. S אשוויידא asuuida — B אשווירא asuuira.

452. Pes. 111b (Raschbam), צרדא. 48 אשוורטין asuurtin — 6 27 ? — B o.

453. Houl. 105a, מפעפעין. θ ρ אשבולש asbuls — 8 אשלבוט aslbut — s אשבוילנט asbulnt — S אשטילנט astlnt (corrigé en ms. dans l'exemplaire de Munich en : אשבוילנט asbulnt).

454. Sab. 116a, און גליון. e (rature) — ι אוונילוש auunilus — l אויוגילאש aiuugilas — 11 12 50 V o — S אונגילא aungila [2].

455. a) ·Er. 28b, פולין. e פוישולש puiisuls — *b* פווישלש puiisls — 6 פוביש pibis — 50 פשול psul — F בשולש bsuls (cat. *fesols* ?) — B² פוישולש piisuls — S o.
b) R.H. 13b, פול המצרי. *x* פוישול piisul — λ o — 5 13 פשולי psuli (it. *fasole*) — F פשולש psuls (cat. *fesols* ?) — S פאזולי pazuli (it. *fasole*).

456. a) Sab. 113a, פסוקיא. e פוישולש piisuls — ι l 11 50 S פוישולא piisula — 12 o.
b) Sab. 120a, ספרקין. e l פוישולא piisula — ι פוישונא piisuna — 11 פיושל piusl — 12 o — 44 פוישוליש piisulis — 50 S פוישולש piisuls.
c) Pes. 11a, פסוקייא. 6 פוישולא piisula — 27 B פוישלא piisla.
*d) Ned. 55b. פסקיא. v ניצליא niçlia — B פוישולא piisula.

457. a) B.M. 84a, ומגל קציר. *m* פצילה pçilh — β γ פלציליא plçilia — *y* 20 o — q פלצוילא plçiila — S פלצילא plçila.
b) Houl. 15b, מגל קציר. θ פלציל plçil — ρ 8 s S פלצילא plçila.

458. a) Sab. 79a, דלובקאות. e פדשטול pdstul — ι פרשטול prstul (pr. *farestol*) — l פרלשטרל prlstrl [3] — 11 פלטושטור pltustur — 12 פלרשטול plrstul — 50 פלדישטול pldistul — S פושדטוייל pusdtuiil.
b) Sab. 119a, תכתקא. e l 50 A O (II, 10a, § 18b) פלדשטול pldstul — ι

---

1. Cette glose se trouve dans le ד"ה ואומרו, après le mot תמריא.
2. Voici le contexte de ce passage fameux, d'après l : מכוריו הם : ר' מאיר... קרי להו לספרי המינין און גליון · לפי שהם קורין אותן אוונגילאש · פולוסופא...
3. La première *l* a été ajoutée après coup, au-dessus de la ligne, entre l'*r* et l'*s*.

459. *Falves*, « fauves ».

460. *Fanc*, « boue, fange ».

461. **Fangiede* [?], (champ) « couvert de boue ».

462. *Fasole* [?], « haricot, faséole ».

463. *Faveler*, « bavarder, babiller ».

464. *Fein*, « foin ».

465. **Falje* (?), « feugère ».

466. b, f, g, l, m) *Feltre*, « feutre ».

a, c, d, e, h, i, j, k, n) *Feltres*, « feutres ».

---

פרשטול prstul (pr. *farestol*) — 11 פלרושטול plrustul — 12 [שולחן] — *s* פלדשטיל pldstil — S פשטדול pstdul.

c) Sab. 138a, כסא טרסקל. e 1 50 פלדשטול pldstul — ι פרשטול prstul (pr. *farestol*) — l פלדושטוויל pldistuiil — 6 פלדו שטול pldu stul — 11 פדשטול pdstul — 12 o — H sur l'Alfasi, ed. Vilna פלדישטול pldistul — S פלודשטויילי pludstuiili — O (II, 34a, § 78, 8) פלדשטיל pldstil.

d) Bèç. 25b, גלודקי. *h* פאיל דושטול pail distul — λ פלדושתור pldustur (it. *faldostor*) — μ פלצדויר plçdiir — 5 פלדושטורו pldusturu (it. *faldostoro*) — 6 פול דושטור pul dustur — 7 כלרושטור klrustur (it. *faldostor*) — 12 פללשטול pllstul — 13 פלדישטור pldistur (it. *faldistor*) — 45 פרשטול parestol (pr. *farestol*) — S פלדויסטול pldiistul [1].

e) Ket. 77b, תכטקי. *k* פלראשטור plrastur — ξ o — 3 פלדשטור pldstur — 14 פלדושטור pldustur (it. *faldostor*) — S פלשטיל plstil.

f) Men. 96b, דולבקי. 2 פלדשטול pldstul — B פלדשטור pldstur.

g) Houl. 124a, מושב. θ פלנדושטור plndustur — ρ פלדוסטור pldustur (it. *faldostor*) — 8 פלדשטוד paldstud — s פלשטול plstul — S פלדאשטורא pldastura (it. *faldastora*).

h) Nid. 68a, טשטקי. μ פלדשטול pldstul — ρ o — S פלדושטול pldustul.

459. Houl, 136b, שחופות. θ מלבישי mlbisi — ρ s פלבש plbs — 8 בלביש blabis — S פלנש plns.

460. 'Er. 19a, טיט. e פנגי pange (pr. *fange* [?]) — *b* פון puk — t S פנק pnk [2] — 6 פנק pank — 50 פנק fanec — F סנק snk — B[2] פנגו pngu (it. *fango*) [3].

461. M.Q. 6b, [שדה] מטוננת. A פנגורא pngura.

462. a) Men. 30b, פול המצרו. 2 פאשלא pasala — B פאסולא pasula — B[2] פאזולא pazula.

*b) M.Q. 13b, פול המצרו. 49 פשולא psula — S o — λ 6?

463. 'Arak. 16b, פטוט. *p* פלאולייר plauliir — B פולור pulir.

464. Bek. 38b, תבן ומספוא. 2 4 o — B פיצא piça — B[2] פין pen.

465. Souk. 12b, שושי. 5 6 17 o — 3 פליוא pliia.

466. a) Sab. 48a, רבדין. e 12 50 פלטרש pltrs — ι o — 1 פולטרש piltrs — 11 פלטריש pltris — B[2] פלטרי pltri (it. *feltri*) — S 'פלטר pltr'.

---

1. Hag. 26b, 6 a פלדא שטולו pour traduire הדולפקי ; c'est l'ital. *faldastolo*. La glose s'insère après ומכוסה עור. λ 13 S : o.

2. Dans t la glose est soudée avec l'abréviation 'ובל, qui la précède.

3. V suit S.

467. c) *Feltred* « (de la laine) feutrée ».

a) *Feltrer*, « coller (des cheveux) l'un à l'autre, les feutrer ».

b) *Feltrez*, « (enfant dont le membre viril est) couvert, comme feutré, de chair ».

---

b) Sab. 57b, לבד. e ι 50 פלטרא piltra — l S פולטרא pultra — 11 פולטרו piltru (it. *feltro*) — 12 (lacune).

c) Sab. 118a, לבדין. e פלטרש pltrs — ι פולטראש piltras — l 50 פולטרש piltrs — 11 פולטריש piltris — 12 o — S 'פולטר pultr' — B[2] פולטרא pultra.

d) Sab. 124b, לבד [1]. e ι l פלטרש pltrs — 11 Ed. Cracovie (1602) פולטרא piltra — 12 o — 44 פולטרי piltri (it. *feltri*) — 50 S פלטרא pltra [2].

e) Sab. 146b, לבדין. e l 50 S פלטרש pltrs — ι פולטרש piltrs — 6 פולטריש piltris.

f) Yom. 69a, נמטא. *i* 5 פולטו״ר piltru (it. *feltro*) — μ פלאטרא platra — B פלטרא pltra.

g) Bèç. 15a, נמטא. *h* 12 פולטרא piltra — λ 5 13 פולטרו piltru (it. *feltro*) — μ פלאטרא platra — 6 פלטרו pltru (it. *feltro*) — 7 פליטרו plitru — 32 פֶּלְטְרָא feltra — 33 פִּילְטְרָא filtra — 45 פֶּלְטְרֵי peltre — S פלטרא pltra — O (II, 144a, § 341) פולסטא pilsta.

h) Yeb. 102b, לבדין. *j* פאטראש patras — b פלטרש pltrs — S פלטראש pltras.

i) B.Q. 93b, נמטי. α p פלטר pltr — β r פלטרש pltrs — *y* פלטריש pltris — o פולטריש piltris — S פלטיש pltis — B פלטיר pltir.

j) B.Q. 119b, נמטי. α p פלשטרש plstrs — β *y* פלטריש pltris — S[2] פליטרש plitrs.

k) B.M. 84b, נמטי. *m* פלטרי pltri — *y* β פילטריש piltris — γ פולטרייש piltriis — q פְלשְטְרָא plstre — 20 o — S פלשטר plstr.

l) B.M. 113b, לבד. *m* פלטרי pltri — β q B פלטרא pltra — γ פולטרוֹ piltri — *y* פלטיר pltir — S פולטרא pultra.

m) Zeb. 95a, ד״ה והרכין. f פליטרש plitrs — B פלטרא pltra.

n) Bek. 29b, נמטי. 2 פלטרש pltrs — 4 פֶּלטריש peltris — B פולטרש piltrs.

467. a) Ber. 58b, פתויי ראש. θ 11 פילטריר piltrir — F פלויטויר pluitiir — S פלטדיר pltdir.

b) Sab. 137b, המסורבל. e פלטרדיץ pltrdiç — ι פלטרין pltrin — l פלשטרריץ plstrriç — 6 12 o — 11 פרליץ prliç — 44 50 פלטריץ pltriç — S פלטרי pltri.

c) Houl. 30b, מסובך. θ פליטריד plitrid — ρ פליטוירור plitirir — s S פלטריר pltrir — 8 פלטריד̄ pltrid̄.

---

1. Il faut noter que les mss., comme l et 44, qui portent le pluriel, ont לבדין et non לבד.

2. V suit l'éd. de Cracovie.

468. *Feltrin* [?], « (chapeau) de feutre ».

469. *Fendedure*, « fente, fissure (d'une cicatrice) ».

470. *Fendre*, « fendre ».

471. *Fenogré*, « fenugrec (plante) ».

---

468. a) SAB. 138b, סויאנא. c פלטרן pltrn — ו פילטרי piltri — l S פלטרץ pltrç — 6 פלטרין pltrin — 11 פלטריץ pltriç — 12 50 o — 44 פילטרו piltru.
b) 'ER. 102b, כיפה. e 6 פלטרין pltrin — F פילטרו piltru — S פלטרי pltri:
c) SOT. 49b, כיפה. B פילטרא piltra.
d) HOUL. 138a, כיפה. θ סלטריץ sltriç — ρ פלטרין pltrin — s פלטריא pltria — S פלטריץ pltriç.

469. KET. 75a, צלקת. *k* 3 פינדורא pindura — ξ פציידורא pçiidura (correction postérieure en marge : 'פנידור pnidur') — 14 o — c פינדאורא pindaura — S פינדרורא pindrura.

470. HOUL. 11a, פלי. θ בטרי btri — ρ פנדרא pndra — s פַּנדְרָא fandre — S פרטיר prtir — Z פנדיר pndir (esp. *fender* ?)

471. a) SAB. 109b, רוביא. e פניגריג pnigrig (pr. *fenegreg*) — ι פנינגריג pningrig (pr. *fenegreg*) — l פינוגרי pinugri — 11 פנוגריקו pnugriku (it. *fenogreco*) — 12 [עשב] — 50 פיטגרי pitgri — S פינגרי pingri — I פניגרי pnigri.
b) SAB. 110b, שבלילתא. e פטגרג ptgrg (pr. *fenegreg*) — ι פריגריג prigrig (pr. *fenegreg*) — l פינוגרי pinugri — 11 פינוגריקו pinugriku (it. *fenogreco*) — 12 o — 50 פיטגריא pitgria — S פנגריל pngril — Ed. Cracovie (1602), פנגריג pngrig (pr. *fenegreg* ?)
c) BÉÇ. 3b, תלתן. *h* כי נגרו ki ngru — λ פיטרצי pitrçi (corrigé en marge en פיט גריקו pit griku (it. *feno greco*) — μ פניגריק pnigrik — 5 6 13 פינו גריקו pinu griku (it. *feno greco*) — 7 פנערי pneri ¹ — 12 כינגרו kingru — S פינוגר pinugr.
d) R.H. 12b, התלתן. *x* פיניגדי pinigdi — λ 5 13 פינו גריקו pinu griku (it. *feno greco*) — S פיניגרי pinigri — F 'פינגרי pingri'.
e) YEB. 81a, תלתן. *j* פינוגרי pinugri — d S פניגרי pnigri.
f) GUIT. 69a, שבליליתא. 3 m 17 S פינוגרי pinugri — u פנגריי pngrii — 14 o — 39 פיטגרי pitgri.
g) B.Q. 81a, תלתן. α p r פינוגרי pinugri — β פינוגריאה pinugriah — ג פיטגריאה pitgriah — o פינו גריי pinu grii — A פנגרי pngri — S פנגדיא pngdia — B פנגריא pngria — I פניגרי pnigri.
h) 'A.Z. 38b, שבלילתא. ν פניגריג pnigrig (pr. *fenegreg*) — 23 פינוגר pinugr — S פנגרייא pngriia — I 'פניגרי pnigri'.
i) ZEB. 72a, תילתן. f פנוגרי pnugri — B פינוגרי pinugri — I פנוקליק pnuklik.
j) MEN. 42b, שבלילתא. 2 4 פנגרי pngri — Citation dans les *Haggahot Maimoniot*, Hilkot çiçit, Péreq 2 (Ed. Berlin, 1864), p. 91a פנגרו pngru — B פנגריא pngria.

---

1. 7 ajoute ולו נראה שהוא סטורי, « et il me semble que c'est sturi », forme apparentée avec ou corrompue de l'it. *satureia*, « sarriette ».

472. *Ferges*, « chaînes, fers ».

473. *Fermail*, « agrafe (pour fermer le col de la chemise) ».

474. *Fermail[l]e*, « gageure ».

475. *Fermance*, « caution, gage ».

476. *Fermedures*, « fermetures ».

477. *Fernjes* [?], « franges ».

478. *Fer[r]age*, [?], « fourrage en vert, froment et orge n'ayant pas encore monté en tiges pleines ».

479. *Fievre*, « fièvre ».

480. b) *Fig[u]e*, « orifice (sphincter) de l'anus ».

---

k) Nid. 19a, תלתן. μ פינוגרי penogré — ρ פינו גריקו pinu griku (it. *feno greco*) — t פנגרי pngri — S פנגריל pngril — B פנגריג pngrig (pr. *fenegreg*).

472. ʿA.Z. 15b, שלשלאות. v פרייש priis — S פרוויש pruiis.

473. Scheb. 6b, כבנתי. ζ o — μ פורמוויל purmuiil — π פרומיל prumil — u פרמל fermal — 24 S פרמייל prmiil — 37 פירמויל pirmiil.

474. Scheb. 31a, המיראה. ζ פרמיילא prmiila — μ פרמולון prmilun — π פרמליא prmlia (pr. *fermalha* ?) — u פירמיילא pirmiila — S פרמיילה prmiilh.

475. B.M. 48b, ערבון. *m* γ 20 פרמנצא prmnça — β *y* o — q פירמנצא fermance — S 'פרמניב prmnin'.

476. Béç. 31b, חותמות. *b* פורמדוש pirmdus — λ פרמידוש prmidus — μ̄ o — 5 פדימיויש pdimius — 6 פירמידרוש pirmidrus — 7 פירמדוריש pirmduris — 12 פרמדורש prmdurs — 13 פורמודרש pirmudrs — 45 פירמא דוריש pirma durs — S פרמדוריש prmduris.

477. a) Sab. 134a, גרדין. e פרימיש primis (pr. *fremjes*) — ι 12 o — l פינדיש pindis — 6 פיורנויש piirnis — 11 פיורנש piirns — 50 פידנויש pidniis — S פיינדץ piindç.

b) Souk. 9a, הגרדין. 5 6 o — 17 פנרויש pnriis — S פרנויש prniis.

c) B.M. 7a, כרכשתא. *m* פידנש pidns — β *y* פורניש pirnis — q פודנש pudns — 20 פרמייש prmiis (pr. *fremjes*) — *t* פריינשש priinss — A פריינוש priinus — B ברנייש brniis.

d) Men. 31b, גרדום. 2 פינרש pinrs — B פינדיש pindis — B[1] פודניש pidnis [1].

e) Men. 42b, גרדין. 2 פינרש pinrs — 4 פינריש pinris — B פרינש prins — B[2] פידנש pidns — B[2] פורניש pirnis [2].

f) Bek. 8b, גרדי. 2 פינרריש pinrrs — 4 פרנש prns — E פרנשי prnsi — B פידנש pidns — V פורנש pirns.

478. ʿA.Z. 20b, שחת. v פריאה priah — S פוריגא pirina (it. *fer[r]aina*).

479. Guit. 69b, צמרי. 3 פיורא piura — m פיארא piara — u פיוורא piuura — 14 פיוורא piiuura — 17 פיזורא pizura — S פיוורי piiuuri.

480. a) Sab. 81a, תחתוניות. e l S I פיגש pigs — ι פיגס pigs — 11 פוגש pugs — 12 o — 50 פויש piis.

---

1. V suit B.
2. V suit B.

a) *Fig[u]es* [?], « fics, excroissances (à l'anus) ».

480 *bis*. a) *Fisle*, « (mesure) contenant des choses lâchement empilées, entassées sans être soumises à la pression ».

b) *Fisles*, « (des cendres) lâchement empilé[es] ».

480 *ter*. *Fiveles*, « fermoirs, anneaux minces en verre ».

481. c, d) *Flacede*, « flétri fané ».

a, b) *Flacedes*, « flétris, fanés ».

482. *Fladon*, « flan, disque de métal préparé pour en faire une pièce de monnaie ».

483. *Fladon* [?], « pelle (qui sert de van) sans le manche ».

---

b) 'A.Z. 28b, פוקעא. *v* פִּיגוֹ pigo — S פיגא piga — O (IV, 42b, § 150) פיג pig.

480*bis*. a) Men. 7a, טפופה. 2 פִּישְׁלָא fis(e)le — B פישלא pisla.

b) Houl. 51b, טפוף. θ 8 גשליש gsls — ρ פשליש psls [1] — s S o — 15 פישליש pisls [2].

480*ter*. Qid. 9a, חומרי. *j* פובילאש pubilas (pr. *fuvelas*) — μ פאוילש pauils — n פִּיבָלֵש pibales — 10 פיוליש piulis — F פיבלש pibls — B פורולש purils.

481. a) Pes. 39b, כמושין. 6 פלצאדו plçadu — 27 פלצדש plçds — 48 פלשטרש plstrs — B פלצדאו plçdau.

b) Souk. 31a, כמושים. 5 פלדיש pldis — 6 פלצדיש plçdis — 17 פלצריש plçris — A פלישטריא plistriia — S פלצידיש plçidis.

c) Souk. 33b, כמושה. 5 פלנוישטרא plniistra — 6 פלצידה plçida — 17 פרצדא prçda — A פלישטריא plistria — S פלריא plria.

d) B.B. 16b, כמשי. *n* פלידנא plidna — 9 פלצרא plçra — S צלדא çlda — B פלטיא pltia.

482. a) Ber. 47b, אסימון. θ פולדון puldun — 11 בולצון bulçun — S פלזון plzun (pr. *flazon* ?) — C (*ad* Ma'aser Scheni, I, 2) : פלדון pldun.

b) 'Er. 31b, אסימון. e *h* 6 o — 50 F פלדון pldun — S פלטון pltun.

c) Pes. 35b, אסימון. 6 פלדון pladun (la première lettre et les deux dernières à peu près effacées) — 27 פלצון plçun — 48 פלדון pldun — B פלאטה plath.

d) B.M. 44a, אסימון. *m* פלרון plrun — *y* β 20 B פלדון pldun — γ פולדון puldun — q פְּלָדוֹן fladun.

e) B.M. 47b, פולסא *m y* β S פלדון pldun — *z* פְּלָדוֹן pladon — q פְּלָדוֹן fidun — 20 פלדין pldin — O (III, 41b, § 145) פלדא plda.

483. B.M. 105a, כונם. *m* β γ q 20 פלדון pldun — *y* o — S פלדין pldin.

---

1. ρ a חומצוי פ', donnant par erreur le lemme de la glose pesels (nº 800), qui se trouve quelques lignes plus loin, où il s'écrit dans ρ אומצי !

2. La glose se présente dans le ד"ה לא נהולא, après le mot טפוה.

484. a) *Flaiel*, « fléau (de la balance) ».
b) *Flaiel*, « fléau (pour battre le blé) ».

485. *Flamer*, « flamber, brûler un peu ».

486. e) *Flanc*, « flanc ».
a, b, c, d) *Flancs*, « flancs ».

487. *Flanche*, « flanc ».

488. *Fleches*, « tiges de flèches ».

489. *Flemie*, « flamme, lancette » (c : *de flemie*).

490. *Flochiedre*, « cardeur, peigneur ».

---

484. a) SAB. 60a, .העץ ארוך e l 11 S פלויל pliil — ι o — 12 פלולי plill — 50 פליויל pleiel.
b) MEN. 66a, .במקל 2 B פליול pliil.

485. SAN. 37a, .מהבהבת S E פלמיד plmid.

486. a) SAB. 152a, .הכסלים e l 6 50 E פלנקש plnks — ι o — S ליפלאנקש liplanks.
b) HOUL. 8b, .כסלים θ ρ פלנק plnk — s פְלנק flnk — 1 A B פלאנקש planks — 44 פלנקיש plnkis — S פלאנש plans [1].
c) HOUL. 93a, .הכפלי θ ρ 8 s ư 44 A פלנקש plnks — υ V פלונקשא plunksa — 1 פלנק plnk — S פלנקשא plnksa.
d) BEK. 40a, .כסלים 2 4 B פלנקש plnks.
e) BEK. 40a, .כסלי 2 4 29 B פלנק plnk.

487. B.M. 23b, .דפקא *m* β *y* 20 פלנקא plnka — γ פְלַנְקְא planke — q פלנקא plnche — B פלנק plnk.

488. SOUK. 12b, .חצים 5 6 17 o — A פלוקש pluks — S פלקייש plkiis — X (f° 10a) פדקייז pdkiiz.

489. a) SAB. 108b, .דכוסילתא e פלימיא plimia — ι 22 o — l פלמייא plmiia — 11 פליימא pliima — 12 [הקזה] — 50 פלימא plima — 1 A פלמא plma — 16 פלשדורא plsdura — S פלימאה plimah.
b) SAB. 129a, .כוסולתא e פליימייאה pliimiiah — ι פליבמה plibmh (pr. *fleuma*) — l 1 S פלימא plima — 11 50 פליימא pliima — 12 o.
c) KET. 39b, .דכוסולתא *k* דפליימא dpliima' — ξ דפליימיאה dpliimiah — 3 o — 14 [שלהקזת דם] — S דפלמיאה dplmiah.
d) SAN. 93b, .כוסולתא E o — S 'פלבמי plbmi' (pr. *fleume* [?]) — B פלבמאל plbmal.
e) NID. 67a, .כוסולתא μ פליימא pliima — ρ פלמירא plmira — S פלימא plima.
*f) M.Q. 28a, .כוסולתא 49 פליומא pliuma (pr. *flèuma*) — S o — λ 6 ? [2]
**g) MAK. 21a, .כוסולתא ν B[a] פלימא plima — B פליימא pliima.

490. QID. 82a, .הסריקים μ פלוקדורש plukdurs — 3 פלוקייר plukiir — n פלוקידרא plukidra — 10 o — B פלוקיירדא plukiirda.

---

1. V suit B. HOUL. 93a, après les mots לא הפסיד, s a 'כסלים פלנקש בלע, ou on a le mot plnks encore ; θ ρ 8 S : o.
2. Contexte dans 49 : .כוסולתא כלי אומנות שמכה בו פ' בלע

491. *Flochier*, « peigner, carder ».

492. *Fodrez*, « fourré ».

493. *Foil[l]ied*, « teinture violette faite avec l'orseille ou parelle ».

494. *Foisil*, « briquet, pièce d'acier pour faire du feu ».

495. *Foison*, « foison, abondance ».

496. *Folcel*, « filoselle, bourre de soie ».

497. *Folcel*, « touffe de poils ».

498. *Foledures*, « foulures, actions de fouler ».

499. *Foler*, « fouler ».

500. *Folons*, « foulon ».

---

491. a) B.Q. 99a, גרדא. α p פלוקייר plukiir — β *y* o o — r $S^2$ פלוקיר plukir [1].
b) B.M. 112a, גרדא. *m y* 20 פלוקייר plukiir — β פלוקיר plukir — γ פלוקייד plukiid — q פלוקייר pluchiir — S פולקייר pulkiir.

492. Sab. 60b, תפרו. e פורדיץ pordeç — ι o — l 11 פודריץ pudriç — 12 פודרינן pudrinn — 50 פורדיץ purdiç — S פורדריץ purdriç.

493. ʻA.Z. 28b, גדא. ν פוחלות puḥlit — S פוויליד puiilid — O (IV, 43a, § 150) פנויילד pniild.

494. Zeb. 116b, כמרא. f פוישול puisul — E פוישל piusl — B פווישול puiisil.

495. a) Yeb. 63a, ברכה. d פווישון puiisun — *j* פווזון puiizun — E פוישון p:.isun — S פלישון plisun.
b) Sot. 10a, ברכה. B פווישון puiisun.
c) B.M. 42a, ברכה. *m* V פווישון puiisun — β *y* o — γ פווישין puiisin — q פווזון puiizun — 20 B פוישון puisun.

496. a) Sab. 20b, גושקרא. e פוליל pulil — ι פולציור pulçiir — k פולציל pulçil — l פולצוויל pulçuiil — t פלוציל pluçil — 11 פולציל pulçil [2] — 12 o — 50 פולצל pulçl — S פולוויל puluiil.
b) Men. 39b, כלך. 2 פוליציל puliçil — 4 פולציל pulçil — B פלוציל pluçil.

497. Houl. 126b, בקילקלין. ϑ ϱ פוציל puçil — 8 פולציל fulcel — s פלוציויש pluçiis — S פולטריץ pultriç.

498. B.Q. 99a, בטושי. α β r פולדורש puldurs — *y* פולדורויש puldurus — o o — p פולדורש fuldurs — S פלאראש plaras.

499. a) B.M. 112a, לבוטשי. *m* פלווייר pluuiir — β 20 S פוליור puliir — γ פוליד pulid — *y* צלצל וסולייור çlçl usuliir — q פוליר pulir.
*b) Ta'an. 29b, כשדורסין. 13 40 פולייר puliir — B פורלייר purliir.

500. a) Sab. 11b, סורק. e פלונויש plunus — ι פלישקאש pliskas — k פולון pulun — l 12 פלונש pluns — t 50 פולנש pulns — 11 פלוקש pluks — S פולורש pulurs.
b) B.Q. 119a, סורק. α p סולונש suluns — β פלונש pluns — y פלונויש plunus (le deuxième *u* a été inséré après-coup) — $S^2$ פולונש piluns.

---

1. B.Q. 99a, en marge à côté de פלוקייר, p a וולקן בלש' אשכנז, « *walken* en langue allemande ». α β *y* o r S : o.

2. Dans 11 le *l* est écrit au-dessus de la ligne, entre l'*u* et le *ç*.

501. *Fondre*, « fondre ».

502. a, b) *Fondril[l]e*, « effondrilles, sédiment ».

c) *Fondril[l]es*, « effondrilles, sédiment ».

503. *Fondud*, « fondu » (en parlant de la graisse).

504. *Fontaine*, « fontanelle ».

505. *Fonz*, « fond ».

506. a) *Forcele*, « le creux du cou (d'un animal) ».

b) *Forcele*, « les deux petites côtes qui se trouvent chacune d'un côté de la trachée artère (d'un animal) ».

507. a, b, c, d, e, *h) *Forche*, « fourche ».

---

501. HOUL. 120a, הכוהה. θ פינדרא pindra — ρ 8 S פונדרא pundra — s פֿונדרא fundra [1].

502. a) HOUL. 97b, קיפה. θ פרוגדרליא prugdliia (pr. *frondalha*) [?] — ρ פורגדליא purgdliia (pr. *forndalha* ?) — 8 פרונדליש prundliis — s פֿינדרילא fundrila — S פונדרילא pundrila [2].

b) HOUL. 120a, יסוד הקדרה. θ ρ פינדרוליא pindruliia — 8 פונדרילא pundrila — s פֿינדרילא fundrila — S פונדריילא pundriila — S⁴ פונדיילא pundiila.

c) NED. 52a, קיפה. B פונדלירש pundlirs.

503. SAB. 21a, מהותך. e פֿונדוד paundud — ι o — k פונדו pundu — l t פונדור pundur — 11 50 פונדוד pundud — 12 סונדר sundr — B פונדרא pundra.

504. ˙ER. 95b, ד"ה ריפת. e S פונטינא puntina — *b* פונטירא puntira — 6 פונטילא puntila — F פטיליא ptilia.

505. a) GUIT. 79b, שוליים. 3 פונדץ pundç — m S פונץ punç — u פונין punin — 14 17 o — 39 פֿוש fos.

b) ZEB. 25b, שולי מזרק. f o — B פוניו puniu — B⁴ פונדו pundu (it. *fondo*).

c) NID. 3b, שולים. μ פאנץ panç — ρ פונייץ puniiç — t S פונץ punç.

506. a) PES. 74b, חלל הצואר. 6 B פורצילא purçila — 27 פֿורְצִילא forcela.

b) HOUL. 45a, צלעות. θ 8 S D (p. 393) P (215a) פורצילא purçila — ρ פרצילא prçila — s פֿורצילא furcila — 15 על צילא el çila.

507. a) SAB. 92b, מזלג. e l 11 50 S פורקא purka — ι פֿורְקא porka — 12 o.

b) SAB. 122b, מזלג. e 11 12 l 44 A S פורקא purka — ι פורקה purkh — l פורקא purcha — *s* פורצא purça — 50 פורקא pirka.

c) SOUK. 14a, עתר. 5 6 o — 17 S T פורקא purka.

d) BÉÇ. 30a, עתר. *b* λ μ 5 6 12 13 S T פורקא purka — 7 o — 45 פורק purk.

e) MEG. 16b, זקיפא. 5 6 13 17 a v A S פורקא purka — *s* פורקא pirka — v פרקא prka.

---

1. Cf. FONDUD, n°. 503.

2. HOUL. 120a. S traduit קיפה par פונדרילא pundrila (S⁴ : פונדריילא pundriila) θ ρ s 8 : o. Les mss. expliquent קיפה par l'araméen פירמא.

g) *Forches*, « fourches ».

f) *Forches*, « potence ».

508. *Forchiedes*, « (cornes) fourchues ».

509. **Forfais*, « tu fais du mal ».

510. *Forferez* [?], « tussilage [?] (plante) ».

511. *Forgon*, « fourgon, instrument pour attiser le feu ».

512. *Forjedor*, « instrument pointu (en fer) ».

513. a) *Forjier*, « percer ».

b) » , « se curer les dents ».

c, d) » -, « fouiller ».

---

f) ‘A.Z. 18b, זקיפא. v פורקש purks — S פורקא purka.

g) Men. 94b, סניפין. 2 B פורקש purks.

*h) Ta‘an, 20a, עתר. 13 40 S T פורקא purka.

508. Houl. 59b, מפוצלות. θ פורקידש purkids — ρ o — 8 44 פורקירש purkir — s S פורקיירש purkiirs — u פורקייש purkiis — A פורקרייש purkriis

509. Ta‘an. 19a, מתחטא. 13 40 S פורפייש purpiis.

510. a) Pes. 39a, מרריותא. 6 פופריץ pupriç — 27 פורפריץ purpriç — B פופרץ puprç — Q (107b) צירפולייו çirpuliiu (it. *cerfoglio*) — Q ms. de New York, *anno* 1294 (f° 192b) פורפיי purpii — Q ms., *ibid.*, *an.* 1386 (f° 66a) פורפייר purpiir — Q ms., *ibid.*, *an.* 1391 (f° 122a) פורפייא purpiia.

b) Ibid., מרריותא. 6 B פופרץ puprç — 27 פורפרץ purprç.

511. a) Sab. 143a, אוד. e 12 o — ι פודגין pudgin — l פֹּרְגֻן porguu — 6 פורקון purkun — 50 S פורגון purgun.

b) Béç. 33a, אוד. *h* μ 45 S פורגון purgun — λ 5 6 7 13 פורקון purkun — 12 פירמן pirmn — B פורגין purgin.

c) Hag. 4b, אוד. λ 5 6 13 S פורקון purkun — E פירגין pirgin — F ערוגין erugin — T (*ad* Bek. 27a) B פורגון purgun — Z (*ad* Bek. 27a) פורגין purgin.

d) Bek. 27a, מפא. 2 4 B פורגון purgun — T פורגא purga.

512. Sab. 90a, רמצא דפרזלא. e l פורידור puridur — ι 11 o — 12 פורייִדוייר puriiduiir — 50 פורמי דוייר purmi duiir — S 'פורייִדור puriidur' — B פורייִדורא puriidura [1].

513. a) Sab. 130a, יקרו. e S פוריור puriir — ι פוייריד puiirid — l פורוייר puruiir — 6 11 12 o — 50 פוריד purid [2].

b) Béç. 33a, לחצוץ. *h* μ 44 45 פוריור puriir — λ פורדייר purdiir — 5 פורדיר purdir — 6 13 o — 7 פוריד purid — 12 פורויא puriia — S פורגייר purgiir.

c) B.Q. 17b, נובר. α p S² פוריור puriir — β y פודוילי pudiili — o o — פורילור purilur.

d) ‘A.Z. 35a, מפקפקין. v פורוייר puruiir — S פוריור puriir.

---

1. Cf. crocin, n° 281.

2. Sab. 49a, au lieu des mots ונקרו לשון ניקור עינים, dans le ד"ה ונקרו את מוחו de V, on lit dans 11 ויקדו לשון גיקוד עינים פוריור בלעז puriir (50 : פורייד puriid). e ι l 12 S : o.

514. a) *Forme*, « forme (pour les chaussures) ».

b) *Forme*, « moule (où l'on fait croitre des cédrats, pour leur donner une forme artificielle) ».

c) *Forme*, « moule (pour le pain de proposition) ».

515. b) *Fos[s]ed*, « fossé ».

a) *Fos[s]ez*, « fosse ».

516. tous, excepté j) *Fos[s]oir*, « houe, marre ».

j) *Fos[s]oirs*, « houes, marres ».

---

514. a) SAB. 141b, איבוס. e ɩ 1 6 11 44 50 פורמא purma — 12 |דפוס| — S פורמה purmh.
b) SOUK. 36a, דפוס. 5 0 — 6 17 *s* S פורמא purma — A 'פורמ purm'.
c) MEN. 94a, דפוס. 2 0 — B T פורמא purma.

515. a) SOUK. 49a, יקב. 5 6 0 — 17 E פושין pusin — S פושיין pusiin.
**b) B.B. 107b, חריץ. S פושי pusi — B פושייר pusiir.

516. a) BER. 57b, מר. θ 11 פושיר pusir — S פשור psur.
b) SAB. 102b, מרא. e פושוויר pusuiir — ɩ פווישור puiisur — I A פשוויר psuiir — 11 פוישור piisur — 12 0 — 50 פווישוויר puiisuiir — S פושור pusur — I פטייר ptiir.
c) SAB. 124b, מר. e פוישוויר puisuiir — ɩ פיישוד piisud — I פושוויר pusuiir — 11 12 50 0 — S פושור pusur.
d) *ER. 77b, מרא. e *h* פויישור puiisur — 6 צפיר çpir (it. *zappa* ?) — 50 פשושייר psusiir — F פושיור pusiur — S פושייר pusiir.
e) YOMA. 84a, מרא. *i* μ פושוויר. pusuiir — 5 פושווירש pusuiirs — B פושויר pusuir.
f) MEG. 28a, מרא. 5 פוייש puiis — 6 13 0 — 17 ופויישור upuiisur — S פיריש puris.
g) GUIT. 32a, מרא. 3 u S² פושוויר pusuiir — m 14 17 0 — 39 פווישור puiisur — S פושייר pusiir.
h) GUIT. 70a, מרא. 3 S פושוויר pusuiir — m פישוויר pisuiir — u פווישוויר puiisuiir — 14 פושייר pusiir — 17 0.
i) B.K. 27b, מרא. α p פושייור pusiiur — β *y* פושיר pusir — o V פושייר pusiir — r פושאור pusaur — B פושוויר pusuiir — S² בושוויד busuiid.
j) B.M. 36a, מריוהו. *m* פושור pusur — *y* β פושייר pusiir — γ פווישווירש puiisuiirs — B פושווי pusuii — q פושווירש pusuiirs — 20 פווישורש puiisurs — V פושוויר pusuiir [1].
k) B.M. 69b, מרא. *m* פשור psur — *y* β פושייר pusiir — γ טיישויר tiisuir — q S פושוויר pusuiir — 20 פוישור puisur.
l) B.M. 82b, מרא. *m* פושידור pusidur — *y* 20 פווישור puiisur [2] — γ טיישור tiisur — q פושוויר pusuuir — β S פושייר pusiir.

---

1. Dans *m* on trouve après la glose פושוויתו pusuiitu, que le scribe a biffé ensuite.

2. Par erreur, le ms. 20 unit le mot hébreu מר avec la glose פווישור.

517. a) *Freier*, « frottement ».

b, c, **d, *Freier*, « freier ».

518. *Freim*, « frein ».

519. *Freis*, « orfroi, bandeau brodé d'or ».

520. *Frenjes* [?], « franges ».

521. *Fresc* [?], « (vin) frais, tiré immédiatement du tonneau ».

522. *Friçons*, « frissons (qui précèdent les menstrues) ».

523. a) *Frit*, « il frit » (passé défini [?]).

b, c) *Frit*, « frit » (participe passé).

---

m) B.M. 103b, מרא. *m* פוצור puçur — *y* פרויש puiis — β פוויושר puiisr — γ q פרשוויר pusuiir — 20 פוישור piisur — S פרשויר pusuir — B פושייר pusiir.

n) ʻA.Z. 15b, והדקר *v* פוויושור puiisur — S פישיור pisiur — T פשוויר psuiir — T R. Elhanan : פישור pisur.

o) ʻA.Z. 16a, מרי. *v* פוויושור puiisur — S פרשיור pusiur.

p) ʻA.Z. 28a, מרא. *v* פרשיור pusiur — S פרשייר pusiir.

q) Bek. 8b, מרי. 2 פוויושור puiisur — 4 o — E פרשייר pusiir — B פשוויר psuiir.

*r) Ta'an. 21b, מרא. 13 S פרשייר pusiir — 40 פרסייר pusiir — E פוישור puisur [1].

517. a) Ber. 6a, מחופיא. θ 11 E o — 25 פרויד priid — S פרייר priir.

b) Zeb. 14b, שויף מושף. f פרויד priid — B פדייר pdiir.

c) Nid. 48b, נישוף. μ ρ 26 S פרייר priir.

**d) Naz. 42a, חופף. 46 פריג frig — B פריד prid — $B^2$ פריר prir.

518. Sab. 51b, בפגו. e l 12 פרוים priis — ι [רסן] — 11 פרימו primu (it. *fremo* [?]) — 44 ...רוימו ...riimu (it. *fremo* [?]) — 50 פרן pren — S פרוים priim.

519. Sab. 59b, כלילא. e פריש pris — ι 50 O (II, 39b, § 84, 5) פרויש priis — l אופרויש aupriis — 11 פדיוש pdius — 12 o — S פרינש prins — B פרידש prizs.

520. B.M. 60b, תומי. *m* S פרנייש prniis — β פרינש prinis — γ 20 פריינש priins — *y* פרנש prns — q פרנייש franjes — 42 פרניוש proius — a פרונש pruns.

521. Ber. 51a, חי. θ 11 Citation dans *Orhot Hayyim* (Florence, 1750), f° 32d פרישקו prisku (it. *fresco*) — S פרוישק priisk — $B^2$ פרישק prisk — D (p. 121) פריסקו prisku (it. *fresco*).

522. Nid. 63a, צמרמורות. μ פרישונש prisuns — ρ פיצונש piçuns — S פריצונש priçuns.

523. a) ʻEr. 28b, מיגנו. e *h* 6 50 S פריט prit — F פריטו prito (esp. *frito*) — $B^2$ פריש prls [2].

b) Qid. 44a, מגני. *j* o — μ n פריט prit — 3 פריטו pritu (it. *frit[t]o*) — 10 פרש prs (au-dessus de la ligne : פריט prit) — F פוילא piila (cat. *pahella* [?]) — B פרוזרא prizra.

c) San. 21a, הבריה. E S פרויט priit.

---

1. *Ta'an. 25a, E traduit מרא par פווישר puiusr. 13 40 S : o.
2. V suit S.

524. *Froit*, « crapaud ».

525. *Fromier*, « s'agiter ».

526. a) *Fronces*, « fronces, plis des vêtements ».

b, d) *Fronces*, « rides ».

c) *Fronces*, « plis, parties pliées du corps (comme les aisselles, etc.) ».

527. *Froncier*, « froncer, faire des plis ».

528. *Frontal*, « ornement du front, diadème ».

529. *Froter*, « frotter ».

530. *Fueil*, « teinture faite avec l'orseille ou parelle ».

531. *Fusel*, « fuseau ».

532. ***Gabel* [allemand], « fourche ».

533. ***Galbena* [ital.], « galbanum ».

---

524. NID. 56a, זבוגי. μ פרויוט pruiut — ρ S פרוויט pruiit.

525. a) YEB. 97a, דובב. *j* o — S פריטה prith.
b) SAN. 90b, דובב. S פרונמייר prunmiir — B פרונמייש prunmiis.

526. a) SAB. 147a, כופלין. e l פרונציש prunçs — ι פורנצש purnçs — 6 50 o — S פרונציש prunçis.
b) B.M. 87a, קמטין. *m* γ 20 פרונציש prunçis — β E פרנצאש prnças — *y* רונצדוריש runçduris — q S פרוצנש pruçns.
c) NID. 42b, קמטים. μ פרונשש prunss — ρ פרוניש prunis — S פרונצש prunçs — I פרונצאש prunças.
d) NID. 47a, קמט. μ פרונשש prunss — ρ פרוצנש pruçns — b פרונצא prunça — S פרונצש prunçs.

527. a) BÉÇ. 23a, קטורא בודי. *b* μ a *s* פרונציר prunçir — λ פרנצרי prnçri — 5 פרנידץ prnidç — 6 o — 7 12 פורנצייר purnçiir — 13 פרינציר prinçir — 45 פרונשיר prunsir (pr. *fronsir* ?) — *v* פרניצידר prniçidr — A פרנציר prnçir — S פרונצייר prunçiir — B אופרונצייר auprunçiir.
*b) M.Q. 10b, קיטורי בורי. λ 6 49 o — A פרונציר prunçir — S פרוונציר pruunçir.

528. SAB. 57b, אפוזייני. e פרנטל prntl — 12 50 פרונטל pruntl — ι o — ı פורנטל purntl — 11 פרונטולי pruntli (it. *frontale*) — S פרונטויל pruntil [1].

529. B.Q. 80b, חיכוך. α פוֹרוֹטִיר frotir — β *y* o o — p פְרוֹטֵיר froter — r S[1] פרוטיר prutir.

530. GUIT. 19b, במיא דגרא. 3 m u 14 פרויל puiil — 17 פלויל pliil — 39 פוליול puliul — S פרוילי puiili.

531. a) SAB. 122b, כרש. e פויישול puiisul — ι l פושיול pusiul — 11 פויישל puiisl — 12 o — 44 פויישיל puiisil — *s* B[1] פוזיל puzil — 50 פושייל pusiil — S פושיל pusil.
b) SOUK. 37a, כרש. 5 6 o — 17 פושייל pusiil — S פוזיל puzil.

532. B.M. 83a, בדיגלא. *m* β γ *y* q 20 o — S « en allemand » גבלא gbla.

533. KER. 6a, חלבנה. 2 B גלבנא glbna.

---

1. ı substitue à la glose la phrase. אפוזוינו [*sic*] 'שעושין מן הזהב על המצח' אבל סבכה...

534. *Gales*, « noix de galle, galles du chêne ».

535. *Galme*, « galbanum »

536. *Ganbais*, « pourpoint rembourré ».

537. *Ganz*, « gants ».

538. *Garance*, « garance ».

539. **Garantie*, « garantie ».

540. *Garbeil[l]es*, « larves du taon ».

541. *Garmaise*, « Worms ».

542. *Girofle*, « girofle ».

543. *Glace*, « glace ».

---

534. a) SAB. 104b, עפצים. e l 11 50 S גלש gls — ι גאלש gals — 12 o.
b) 'ER. 3a, עפצים. e *h* t 50 גלש gls — 6 S גלא gla — F גליאש glias (pg. *galhas* ou esp. **gallas*) — B גלאש glas.
c) PES. 53a, בוילין. 6 27 גלש gls — B גליש glis.
d) MEG. 19a, עפצים. 5 6 13 17 a *s* v גלש gls — *v* 1 קלש kls — A גאלש gals.
e) SOT. 17b, עפצים. B גליש glis.
f) GUIT. 11a, עפצין. *l* 3 m t u 14 17a a c *w* δ A $S^2$ גלש gls — 17b o — *u* גאלש gals.
g) GUIT. 19a, עפצים. 3 m u 14 17 c $S^2$ גלש gls — 39 גאלש gals.
h) SCHEB. 42a, עפצי. χ גליאש glias (pg. *galhas* ou esp. **gallas*) — μ *t* גאלש gals — π *v* δ A S גלש gls — u גלש gales.
i) MEN. 31b, עפצין. 2 B גלש gls.

535. GUIT. 69a, חלבניתא. 3 גליוא gliia — m 39 S גלמא glma — u גלכצא glkça — 14 גלוונא gluuna — 17 גמלא gmla.

536. SAB. 120a, קלבום. e קנבציש knbçis — ι מבויישו mbiisi — l גובוייש gubuiis — 11 גרבייש grbiis — 12 44 50 גנבייש gnbiis — S יגנבייש ignbiis.

537. MEN. 35a, בתי ידים. 2 גונשא gunsa — B גטן gtn — $B^2$ גוונטי guunti (it. *guanti*) — V גוטן gutn.

538. SAB. 66b, פיאה. e ι l 12 50 A L גרנצא grnça — 11 רוייה גרנצא ruiih grnça — S 'גרבינ grbin' — B [גרסינן] [1].

539. B.Q. 103a, פנחויא. α גראנטיא grantia — β *y* o r $S^2$ o — p גראנטיא garantie [2].

540. HOUL. 67b, דרני. θ S גרבליויש grbliis — ρ s גרביילש grbiils — 8 גרבליש grblis — $S^2$ גרבילייש grbiliis.

541. BÉÇ. 24b, ד"ה ולערב אסורין. *h* גרמישא grmisa — λ 6 7 12 45 גרמשא grmsa — μ גרמיוזא grmiiza — 5 ? — 13 גוורמשא guurmsa — A וויירמשא uuirmsa — S 'גרמייש grmiis' — T גרמיזא grmiza — 44 וורמשא uurmsa.

542. GUIT. 68b, חולפי ימא. 3 m 39 S גירופלא girupla — u גירופא girupa — 14 גרופולא grupula (it. *garofola*) — 17 גירופילא girupila.

543. a) BER. 18b, דברדא. θ גלצא glça — 11 גלאשו glasu (pr. *glas[s]o*) — E גילאדה giladh (cat. *gelada*) — S 'גלאצא glaça'.

---

1. V suit L. Meg. 24b, A a גרנויישא grniisa comme explication de קוצה. 6 13 17 S : o.
2. La glose suit le mot חוזק.

544. *Glaçons*, « glaçons, morceaux de glace ».

545. **Glaid*, « glaïeul, sorte de plante ».

546. *Glaire*, « glaire, humeur visqueuse ».

547. *Glaise*, « glaise, argile grasse ».

548. b, d, e, h) *Glant*, « gland, fruit du chêne ».

a, f) *Glant*, « glands ».

c) *Glanz*, « gland ».

g) *Glanz*, « glands ».

i, j) *Glanz*, « glandes ».

---

b) SAB. 51b, .ברד. e גלנצא glnça — s l 1 12 50 S W (§ 235) גלצא glça — ι 11 o — A גלונא glina.

c) B.B. 20a, .ברד. n S גלצא glça — 9 o — B גלשא glsa.

544. BER. 59a, .גדודי. θ גלצונש glçuns — 11 o — S גלציויש glçiis.

545. NID. 65b, .שיפא. μ ρ o — S גליויד gliid.

546. a) HOUL. 46b, .משקה...עב. θ גלידא glida — ρ 15 S גליוורא gliira — 8 גְלֵייְרָא glaira — s גלריא glria — O (I, 112a, § 411) גלירא glira.

b) HOUL. 50a, .שירקא דמעוויא. θ ρ 15 S גליוורא gliira — 8 גְלֵייִרָא gleire — s גלידייא glidiia — 1 גילדייא gildiia — 44 I גליוידא gliida.

c) HOUL. 117b, .רוטב. θ ρ s S גליוורא gliira — 8 גְלֵייְרָא glaire.

d) HOUL. 120a, .לחה. θ ρ קליוורא kliira — 8 גְלֵייְרָא glaire — s S גליוורא gliira.

e) NID. 29a, .מטנפות. μ ρ S גליוורא gliira.

547. BÉÇ. 35b, .אדמיה. b 12 גלישא glisa — λ 5 7 13 S גליוישא gliisa — μ גלידא glida — 6 o.

548. a) R.H. 23a, s.v. .בלוטי. x גלש gls — λ 13 גלנרא glnra (it. *glanda*) — 5 גלנדא glnda (it. *glanda*) — S גליאנדה gliandh (it. *ghlianda* [*sic*]).

b) GUIT. 59a, .פיסתקא. 3 גלנא glna — m 17 V גלנט glnt — u 39 גלנץ glnç — 14 גלנדא glnda (it, *glanda*) — S גנלט gnlt.

c) GUIT. 69a, s.v. .לחוגבי. 3 נלנש nlns — m u 14 39 S גלנץ glnç — 17 רגלנץ rglnç — B¹ גלנט glnt [1].

d) GUIT. 69a, .פיסתקא. 3 o — m u 39 S גלנט glnt — 14 גלנש glns — 17 גלנץ glnç.

e) QID. 47a, .אלון. j n 10 F גלנט glnt — μ גלאנט glant — 3 גלנאט glnat — B אגלנט aglnt.

f) 'A.Z. 14a, .פירי דארדא. ν a v 1 A S גלנט glnt — ν גלש gls — δ גלנטא glnta — T גלונין glunin.

g) MEN. 63a, .בלוטי. 2 w גלנץ glnç — B גלניץ glniç.

h) HOUL. 12b, .אלון. θ גְלָנָט galanat — ρ 8 גלנט glnt — s גלנץ glnç — S גלאנץ glanç [2].

---

1. V suit B¹. B a 'גלנ' gln'.
2. Dans θ les points-voyelles ont peut-être été ajoutés après-coup.

549. *Gleste*, « motte de terre ».
550. ***Glonz* [?], « glands ».
551. *Gloon*, « morceau de bois fendu ».
552. *Glud*, « colle ».
553. *Gome*, « gomme ».
554. *Gonelesches* [?], « broderies ou ouvrages faits au métier, aux dessins en relief ».
555. *Gorg*, « engin de pêche qu'on construit en enfonçant des pieux dans l'eau, et en y faisant des haies de joncs ».
556. *Governail*, « gouvernail ».

---

i) Houl. 18b, חיטי. θ ρ S גלנץ glnç — 8 גלנט glnt — s גְלַנְץ glanç — A גלנד glnd — V גלאנץ glanç.
j) Houl. 45b, פולין. θ S גלנץ glnç — ρ גלפץ glpç — 8 גְלַנְץ glanç — s גלַנץ glanç [1] — 15 גלנטי glnti.
549. Sab. 81a, הפאיים. e ι l 50 S גלישטא glista — 11 12 o.
550. B.B. 80b, s.v. בלוטו. S B גלונץ glunç.
551. a) Sab. 98b, אטבי. e גלואן gluan — ι 12 o — l 50 S גלואון gluaun — 11 גלובו glubu (it. [?] *glovo*).
b) Men. 32a, אטבא דסיפרי. 2 גלואון gluaun — B גלועין gluein.
c) Men. 63a, כלבוס. 2 w גלואין gluain — B גלואון gluaun.
552. a) Sab. 78a, דבק. e l 12 גלוד glud — ι גלור glur — 11 גלודר gludr — 50 גלודיד gludid — S גלודייר gluziir.
b) Sab. 78b, דבק. e l 11 12 50 S גלוד glud — ι גְלוּד glud — l גלודי gludi.
c) Pes. 42b, פירורא. 6 27 B גלוד glud.
d) Pes. 42b, דבק. 6 27 B גלוד.
e) R.H. 27a, בדבק. *x* A F S גלוד glud — λ גליר glir — 5 13 גליד glid.
f) Sot. 17a, דבק. B גליד glid.
g) Men. 34b, דבק. 2 גילור gilur — B גלור glur — V גלוד glud.
h) Houl. 52a, דבוק. θ 8 S גלוד glud — ρ 15 s גלור glur — V גלודא gluda.
553. a) Sab. 23a, שרף. c ι k l t 11 12 50 B T גומא guma.
b) Sab. 104b, קומא. e ι l 11 12 50 S גומא guma.
*c) Meg. 18b, קומא. 17 גומא guma. 5 ? — 6 13 S o [2].
*d) Ker. 6a, צרי. 2 B גומא guma.
554. Souk. 10a, סדינין המצויירין. 5 גלודיש glidis — 6 17 o — A גלישקא gliska — S גלינשקש glinsks.
555. B.Q. 81a, s.v. שלא ופרוס קלע. α גוֹרג ğurg — β גורג gurg — *y* גורגי gurgi — o גרוג grug — p גוֹרג gorg — r גורגא gurga (cat. *gorga*) — S I גור gur.
556. B.M. 87a, מורדיא. *m y* o — β כברשיל kbrsil — γ גוברציול gubrçiil — q גובריל gubril — 20 גובירניר gubirnir — S גובארניול gubarniil — B גובהחריניול gubhḥriniil — B² טימון timun — V גובירינויל gubiriniil [3].

---

1. Dans s il y a un ד *d* au-dessus de la ligne et entre l'*n* et le ç.
2. Cette glose se trouve après les mots שרף אילן. 13 a גומא, corrigé plus tard en קומוס, au lieu de קומא.
3. L'exemplaire de B² qui se trouve dans la *Stadtbibliothek* de Francfort sur Mein porte la leçon indiquée dans le texte ; celui de New York répète la leçon de B.

557. *Gradil*, « gril ».

558. *Gradil[l]e* [?], « gril ».

559. *Grafie*, « style (pour écrire) ».

560. *Gramenter*, « pratiquer la nécromancie, la magie ».

561. **Gram[m]atica* [lat. ? ital. ?], « latin ».

562. **Grange*, « grange ».

562 *bis*. *Grater*, « gratter ».

563. *Gratuise*, « déchets de laine qui tombent (des étoffes) au foulage ».

564. *Gratuisier*, « gratter ».

---

557. a) 'Er. 101a, ד"ה וכן ביעתא. *e b* 6 F V גרדיל grdil — S גריל gril — T גראייל grail.
b) Pes. 74a, אסכלא. 6 גרטיל grtil — 27 גָרְצִיל graçil — B גראילש grails.
c) Béç. 32b, אסכלא. *b* גראדיל gradil — λ 7 12 גרדיל grdil — μ גריליא griliia — 5 קרדיל krdil — 6 גרטיל grtil — 13 גריול griil — 45 גריביל gribil — S גראילא graila — B גראדלא gradla — $B^2$ גראדילא gradila [1].

558. a) 'A.Z. 75b, אסכלא. *v* גרדילא grdila — a v δ גריול griil — *t* $6^a$ גריל gril — A גדיל gdil — S גרדילה grdilh — V גורדלא girdla.
b) Zeb. 97a, אסכלא. f 'גרד grd' — B גרדולי grdili — $B^2$ גרדולא grdila [2].

559. a) Qid. 21b, מכתב. *j* n B גרויפא griipa — μ גְרַפְיָיא grafia — 3 גרפויא grpiia — 7 10 גרפיאה grpiah — F [גופי] gupi (cat. *grafi* ?).
b) Scheb. 4b, מכתב. ζ גריפה griph — μ גרויפא griipa — π 'גריפי gripi' — u B גריפא gripa — 24 גרפי grpi (cat. *grafi*) — 37 S גרפויא grpiia.
c) 'A.Z. 22b, מכתבא. *v* גרפין grpin (pr. *grafin* [?]) — S גרפיא grpia.

560. Nid. 17a, האוחזים אה העונים. μ גרמאנטיר grmantir — ρ S גרמנטיר grmntir — t גרמנטייר grmntiir.

561. 'A.Z. 10a, ד"ה כתב ולשון. *v* ? — S o — E גראממיקא gramtika [3].

562. B.M. 60a, גורן. *m* β *y* 20 S o — γ גרנויא grniia — q 'גרני grni' [4].

563. a) Sab. 147a, מתגררין. e ı l ı גרטייר grtiir — 6 44 50 A S גרטיר grtir — *s* גרטיץ grtiç — Ed. Cracovie (1602) ['גרסי].
b) Qid. 22b, גרדר. *l* גראטייר gratiir — μ גרטילא grtila — 3 n F גרטיר grtir — 7 גרשנו grsnu — 10 'גרטי grti' — b Ω 2 גרטייר grtiir — c גריטייר gritiir — B גרדהטר grdhtr — V גראטר gratr.
c) B.Q. 119a, מוכין. α β *y* p גרטויישא grtuiisa — S o — $B^2$ 'גרנוויש grnuiis' [5].

564. Houl. 25b. גרר. θ גרטווישיר grtuiisir — ρ גרטו וישר grtu iisr — 8 גרלמיישיר grlmiisir (au-dessus de la ligne, main postérieure : גרטיר grtir) — s גרטושיר grtusir — S גרוטושייר grutusiir.

---

1. V suit $B^2$.
2. V suit B.
3. Pour d'autres textes où cette glose se rencontre, cf. D. S. Blondheim, *Les Parlers judéo-romans*, XXXIV, n. 1.
4. La glose suit le mot התבואה.
5. La glose se trouve entre 'מתני et הכובס.

565. *Gravele*, « gravier ».

566. *Gred*, « reconnaissance, gré ».

567. **Grenier*, « grenier ».

568. *Gresle*, « grêle, eau congelée tombant en grains ».

569. *Greve*, « raie, séparation des cheveux ».

570. *Grifon*, « griffon, oiseau ».

571. *Grue*, « grue ».

572. *G[u]ernon*, « lèvres d'animaux (moustaches ?) ».

573. *G[u]esde*, « guède ».

---

565. a) Sab. 8b, רקק. e l t 12 50 גרבילא grbila — ι גרבנא grbna (pr. *gravena*) — k קרבוליא krbilia — 11 גרבינא grbina (pr. *gravena*) — B גרווילא gruuila.
b) Sab. 100b, רקק. e l 12 50 S גרבילא grbila — ι גרבווילא grbiila — 11 גרבולא grbula.
c) ʿEr. 43a, רקק. e גרבינא grbina (pr. *gravena*) — *h* F גרבילא grbila — 6 S גרבלא grbla — 50 גְרְבֵילאי grbelai [1].
d) Houl. 27b, רקק. θ s S גרבילא grbila — ρ נרבויל nrbiil — 8 גְרָבֵילוֹ gravelo (it.).

566. a) Sab. 63b, טובותיך. e l גריר grir — ι 12 o — 11 בון גריד bun grid — — 50 גריד grid — E גדיא gdia — S הגריא hgria [2].
b) Béç. 29b, טובותיך. *h* 13 גריד grid — λ 12 S גריר grir — μ גריי grii — 5 גרוד grud — 6 7 o — 45 גְרֵיִר greiir.
c) Ket. 85b, חיזוק טובה. *k* גרדיר grdir — ξ o — 3 S גריד grid — 14 גְרֵיד gred.

567. B.M. 60a, מגורה. *m* β *y* 20 S o — γ q גרנייר grniir [3].

568. a) B.B. 20a, כפור. *n* גרישלא grisla — 9 S o — B גריישלאן griislan.
b) ʿA.Z. 54a, גיר. ν גרישלא grisla — S גרושלא grusla.

569. Sab. 60a, ד"ה חולקת. e גרילא grila — ι 12 o — l גריוא griua — 11 קרינא krina — 50 גריווא griuua — A S גרייוא griiua.

570. Houl. 25b, s.v. פרט לעופות. θ גריפן gripn — ρ 8 s S גריפון gripun [4].

571. Qid. 44a, בְרוכיא. *j* גרוייאה gruiiah (pr. *gruia*) — μ 3 n 10 F B Citation dans Kamhi, *Radicum liber* (vº סוס) גרואה gruah.

572. Sab. 129b, שפמו. e גוריינץ guriinç — ι גייוש giius — l גויירנץ guiirnç — 6 11 12 o [5] — 50 גרנין grnin — S גרויינון gruiinun.

573. a) B.Q. 101b, קוצה. α o p גיישרא giisra — β *y* o (β a en marge : גיושרא

---

1. B.M. 26b, *m* a [גרבוילא בלע'], « grbiila en fr. » pour [ארבלי כברה] — β γ *y* 20 B o — q ?

2. L'*b* doit s'attacher au mot טוב qui précède, dont elle a été séparée par une faute de copiste. Le ms. 11 omet le mot טוב ou טובה.

3. La glose suit le mot תבואה.

4. Dans θ une main postérieure a ajouté un *u* entre *p* et *n*.

5. Dans 11 ניב et dans 12 בורא ניב remplacent la glose. Dans e et l le mot ניב est inséré après la glose.

574. a, b) *Haldrobe*, « bosse (de chameau) ».

c) *Haldrobes*, « bosses (d'hommes) ».

575. a, b, c, d, e, g, h, i, j) *Hanche*, « hanche ».

f) *Hanches*, « hanches ».

576. *Haneton*, « hanneton ».

577. *Hanfers* (allem.), « oseilles ».

578. *Harpe*, « harpe ».

---

giisra) — r גוישטרא giistra — S 'גייר giir' — B 'גווד guud' — V גוודא guuda [1].

b) Nid. 50a, קוצה. μ S גיישדא giisda — ρ גוויישרא guiisra — B גויטרא guitra.

574. a) Sab. 54a, חוטרתו. e l 44 S חלדרובא ḥldruba — ι 12 o — 11 [גבנון] — 50 חלדרו ḥldru — A וולדורא uuldura [2].

b) Houl. 122a, חטרת. θ חלדרובה ḥldrubh — ρ הלדרובא hldruba — 8 חַלטריובא ḥaltrube — s חדרבולא ḥdrbula — S חלדרובא ḥldruba.

c) Bek. 43a, חטרות. 2 חלדרונש ḥldruns — 4 חלטרוביש ḥltrubis — B חלדרובש ḥldrubs.

575. a) Sab. 152a, ד"ה זו קליבוסת. e [הקנה] hknh — ι 6 E אנקא anka — l 50 S הנקא hnka.

b) Guit. 69b, קלבוסת. 3 m u 14 17 S הנקא hnka.

c) Guit. 69b, קילבוסת. 3 o — m u 14 17 S הנקא hnka.

d) Zeb. 18b, קליבוסת. f B הנקא hnka — V אנקא anka (it. *anca*).

e) Houl. 11a, עצם מן האליה. θ ρ s S הנקא hnka — 8 הַנְקא hanka — S[2] הנקש hnks.

f) Houl. 50a, עצמות האליה. θ ρ 44 S חנקש hnks — s חנקא hnka — 8 הַנקש hanks — S[2] הנקאש hnkas.

g) Houl. 54b, עצם האליה. θ ρ 8 s 15 S הנקא hnka — 44 אנקא anka (it. *anca*).

h) Houl. 59a, עוקץ. θ ρ 8 s 15 S[2] הנקא hnka — *u* הנצא hnça — *v* A קנצא knça — 44 S אנקא anka (it. *anca*).

i) Houl. 93a, עצם. θ s *u* 44 S הנקא hnka — ρ 8 A אנקא anka (it. *anca*) — v הנקש hnks.

j) Houl. 93a, עוקץ. θ ρ s *u* 1 S הנקא hnka — 8 אנקא anka (it. *anca*) — *v* הנקש hnks — A 'אנק ank' (it. *anca*).

576. 'A.Z. 28b, גבולנותא. v S הנטון hntun — O (IV, 43a, § 150) הבטון hbtun.

577. Souk. 39b, ירבוזין. 5 o — 6 (ajouté au-dessus de la ligne) הינפריש hinpris — 17 חנפריש hnprs — S הנפליש hnpls.

578. 'Er. 103a, מיני כלי זמר. e הדפה hdph — 6 הרפא hrpa — F o — S ארפא arpa (it. *arpa*).

---

1. Meg. 24b, A a גיירא giira comme traduction de סמוים. 6 13 17 S: o.

2. ι substitue à la glose la phrase suivante: חטורתו׳תל של בשר עלה [*sic*] מתוך גבו שעור אמה ועליה עושין המורעת שהיא כור הגמל או סרנא [*sic*] או אופני המשוא [*sic*] ׳בשוליותה...

579. *Haterel*, « nuque, partie postérieure du cou ».

580. b) *Helme*, « heaume ».
a) *Helmes*, « heaumes ».

581. *Heriçon*, « hérisson ».

582. *Herneis*, « suite d'une armée, serviteurs chargés du ravitaillement ».

583. *Homlon*, « houblon ».

584. **Hoses*, « guêtres, chaussons ».

585. *Humer*, « humer, avaler en aspirant ».

586. *Iedre*, « lierre ».

---

579. a) SAN. 52b, עורף. S קטריל ktril.
b) 'A.Z. 25a, עורף. v o — E ארטויל artiil — S הטריל htril.

580. a) ZEB. 88b, כובעי נצרים. f הולמש hilms — B הוילמש hiilms.
b) HOUL. 18b, קולמוס. θ 8 S הולמא hilma — ρ אילמא ailma — s היולמא helma — S² הלמא hlma.

581. a) B.B. 4a, ולא. 9 E הריצון hriçun — S T (*ad* Sab. 54b) הירצון hirçun — B הרצון hrçun.
b) HOUL. 122a, אנקה. θ ρ הירצון hirçun — 8 הירצון hireçun — s S הריצון hriçun.

582. KET. 3b, אוספרווא. *k* S² הירנייש hirniis — 3 קירנש kirns — 14 הירבייש hirbiis.

583. a) SAB. 107b, כשותא. e ι l 11 50 S הומלון humlun — 12 המלון hmlun.
b) SAB. 139a, כשותא. e l 6 11 12 50 *s* הומלון humlun — ι המלן hmln — A הומלן humln — S הימלון himlun.
c) 'ER. 28a, כשות. e 6 הומלין humlin — *b* 50 S הומלון humlun — F הימלון himlun [1].
d) KET. 60b, כשות. *k* ξ c S הומלון humlun — 3 הומלין humlin.
e) GUIT. 69a, כשותא. 3 m u 14 39 S הומלון humlun — 17 ומלון umlun.
f) B.M. 42b, כשותא. *m* הומלין humlin — β γ 20 B הומלון humlun — *y* הולמון hulmun — q הומלה humlḥ [2].
g) HOUL. 47b, כשותא. θ *s* 15 44 S הומלון humlun — ρ הומלין humlin — 8 הומלון homlon.
*h) M.Q. 12b, כשותא. λ 6 *v* S הומלון humlun — A הימלון himlun.

584. NED. 55b, אנפליא. v הודש huds — B הושש huss.

585. a) BER. 62a, שריף. θ S הומיר humir — 11 o.
b) PES. 28a, ישריף. 6 V הומיר humir — 27 הומיר humer — 35 הו מיד hu mid — B הומיר ḥumir.
c) 'A.Z. 29b, שורף. v הומייר humiir — 3 הומיר humir.
*d) KER. 22a, שריף. 2 הומר humr — B הומיר humir.

586. a) SOUK. 9b, קיסום. 5 6 אינרא ainra (it. *enara*) — 17 אדרייא adriia (pr.

---

1. Le scribe de *b* a écrit deux *l*, dont il a ensuite biffé l'une ou peut-être toutes les deux.

2. β et *y* ajoutent בלשון אשכנז, « en allemand ».

587. *Irai[g]ne*, « araignée ».

588. *Jabe* [?], « jabot ».

589. *Jafreite*, « armoire ».

590. *Jaines*, « moisissures, fleurs de vin ».

591. *Jaldiere*, « chaudière ».

592. *Jalemels*, « chalumeaux, flûtes ».

593. **Jalice*, « calice ».

594. *Jaloncie* [?], « jaunisse ».

595. *Jamant* [?], « aimant, oxyde de fer ».

---

*adreia* (?) — 1 B² אודרא aidra — S 'אידר aidr' — l אוילדא ailda (pr. *elra*), יידרא iidra (esp. *yedra*) — X (f° 9b) אוריורא airira [1].

b) Souk. 11a, קיסוס. 5 אינרא ainra (it. *enara*) — 6 אוידרא aiidra — 17 s אידרא aidra — A 'איור aiir' — S אירא aira.

587. a) Sab. 77b, שממית. e ι ארניא arnia (pr. *aranha*) — l אוריוינא airiina — 11 אורטיא aurtia — 12 o — 50 אוריצא airiça — S אויראנוויאה aiiraniiah (pr. *eranha*).

b) Souk. 52a, בוכיא. 5 6 o — 17 אידנייא aidniia — E 'אראנייא araniia' (esp. *araña*) — S איריניא airinia.

588. Houl. 56b, זפק. θ 8 (en marge) s S ייבאי iibai — ρ יירא iira — 8 (texte) ייבן iibn — 15 ייבא iiba — 44 גבאצו gbaçu (it. *gavaz[z]o*) — B o [2].

589. a) Sab. 32a, ארנא [3]. e פרויטא priita — ι ופרויטא upriita — k ויפריי iiprii — l ויפרויטא iipriita — t 50 ויפריטא iiprita — 11 o — 12 יפרויטא ipriita — S פריטי priti.

b) 'Arak. 32a, מגדלות, « en allemand » : *p* ויפרטייא iiprtiia — Z ירפטא irpta — B o.

590. Sab. 139b, קמחים. e S ייניש iins — ι 12 o — l קאנוש chanus — 6 44 ייניש iinis — 11 וויניש uuins — 50 יינוש iinus.

591. B.M. 70a, דודא. *m* גילדיירא gildiira — β יילדירא iildira — γ יילדידא iildida — *y* o — q קאלדיירא kaldiira — 20 קלדיירא kldiira — S קלדירא kldira.

592. 'A.Z. 47a, חליליין. v יילמילש iilmls — S למילש lmils.

593. 'A.Z. 50a, כלי. v S o — *t* v A גליצא gliça [4].

594. a) Ber. 25a, ירקון. θ יילונסיאה iilonsiah — 11 ילונסיאה ilonsiah — 18 ייטלוסייא iitlusiia — 28 טלנסיחה tlnsiḥh — S גלניצה glniçh.

b) Yom. 84a, ירקון. *i* ילבסיאה ielbsiah — μ יילנסיאה iilnsiah — 5 יילונסיאה iilunsiah — B o — F אלגיזה algizh [5].

595. San. 107b, שואבת. S יומנט iumnt — E ייםאנט iimant — B קלמינטה klminth — Ed. Bâle (1581) : קלאמיטה klamith (it. *calamita*) [6].

---

1. V suit B².
2. La glose précède le mot כרם.
3. Tous les mss. qui donnent la glose, excepté k, ajoutent après *jafreite* le mot בלעז, « en langue romane, » qui manque dans le texte imprimé.
4. Le contexte de la glose est mutilé dans les éditions modernes ; le voici : וכן כלי שקורי' גליצא אין משמשין בו לע"ד. Le passage se trouve s.v. אין לה בטילה עולמית.
5. La glose s'insère après le mot מוריקות.
6. L'éd. de Bâle est citée dans le *Diqdouqé Soferim*, *ad loc.*

596. *Jardons*, « chardons ».

597. *Jaret*, « jarret (de la femme) ».

598. *Jarpir*, « étirer, désagréger (de la laine, à la main) ».

599. a) *Jas[s]e*, « châsse (d'une balance) ».

b) *Jas[s]e*, « châsse, coffret ».

600. *Javanz*, « chat-huant, espèce de hibou ».

601. *Javeles*, « javelles ».

602. *Jencives*, « gencives ».

603. *Jenjevre* [?], « gingembre ».

604. *Jenoil*, « genou ».

605. *Jenoilles* [?], « genouillères, guêtres ».

---

596. a) SAB. 144b, קוצים. e 50 וירדונש iirduns — ι קרדוש krdus — l S קרדונש krduns — 6 o.
b) B.Q. 119a, קוצים. α β y p וירדונש iirduns — v קרשט krst — A קרשטא krsta — S² קרדונש krduns.

597. NID. 58a, קפץ הירך והשוק. μ ρ וירט iirt — S ווריוט iiriit.

598. B.Q. 93b, נפץ. α p וירפיד iirpid — β ירפיד irpid — y o וורפיר iirpir — r קרפיר krpir — S² ירפיר irpir [1].

599. a) SAB. 60a, העץ הארוך. e l 11 12 50 S וישא iisa — ι o.
b) SOT. 48b, איטני. E וישא iisa — B משא msa.

600. BER. 57b, קריא. θ יבניץ ibniç — 11 וינביץ iinbiç — S וייבנץ iibnç — l יצבא içba.

601. MEN. 71a, צבותים. 2 w ויבו֗לש iibuls — B ווביליש iibilis.

602. a) B.Q. 83a, גובי. α ינציבש inçibs — β וינציבש iunçibs — y יוציבש iuçibs — o צינובש çinibs — p r וינציבש iinçibs — S² וינוויביש iiniibis.
b) 'A.Z. 28a, ככי. v יניבץ inibç (pr. *gengivaç*) — S T דינציבש zinçibs — T R. Elhanan וונציבש iunçibs.
c) HOUL. 59a, הנכין. θ s 44 S T וינציבש iinçibs — ρ יצגובש içgibs — 8 ייִנְציִבֵש jencives — 15 וינצבט iinçbt — T (dans S²) ויגשיבץ iinsibç.
d) BEK. 35a, חוטין החיצונות. 2 צצנבש ççnbs — 4 גינשיבש ginsibs — B 'ינציב inçib' — B² דינציבה zinçibh (it. *zenziva*) — V ינציבה inçibh.
e) BEK. 37a, חוטין. 2 וינזיבש uinzibs — 4 ויניבש iinibs — 29 וינייבש iiniibs — B T ינציבש inçibs.
*f) M.Q. 28b, מכבא. 49 ויניבאש iinibas (pr. *gengivas*) — S o — λ 6 ?

603. a) SAB. 65a, דנגבילא. e l וינייברא iiniibra — ι 12 o — 11 50 יניובר iniibr — 1 דינזינברי zinzinbri — S גיגינברא giginbra — Ed. Giustiniani (1550, D.S.) דינזירו zinziru (it. *zenzero*) — Ed. Cracovie (1602) גינזירו ginziru.
b) PES. 42b. דנגבילא. 6 גינזברא ginzbra — 27 זְנְגַברא zingabra — B דינזיברא zinzibra.

604. HOUL. 42b, ארכובה. θ S וינוויל iinuiil — ρ ייבול iibul — s וינול iinul — 8 ייִנוֹיִל jenoial.

605. SAB. 120a, פרגוד. e l וינולייש iinuliis — ι ילונש iluns — 11 יוניליוריש iuniliuris — 12 o — 44 וינילייריש iiniliiris — 50 ויניליירש iiniliirs — S גנוליילש gnuliils.

1. Cf. CHARPIR, n° 191.

606. *Jenol*, « ligament cervical (des animaux) ».

607. *Jesne*, « chêne ».

608. *Jes[s]es*, « gesses (espèce de pois) ».

609. *Jevestredure* [?], « chevêtre, licou ».

610. *Jirons*, « girons, pans du vêtement (d'une femme) ».

611. *Joindrez*[?], « apprenti ».

612. ***Jo[i]nture*, « jointure (des os) ».

613. *Jonc*, « jonc ».

614. a, b) *Jonchieres*, « engins de pêche faits de joncs ».

c) *Jonchieres*, « fromages ».

---

606. a) PES. 83b, אלול. 6 ייבול iibul — 27 יצלל jeçol — 48 יאל ial — B o.
b) HOUL. 121a, מרטקא. θ ρ רייבול riibul — 8 יבוֹל jebol — s ייבול iinul — S ייבול iibul.

607. PES. 74a, אלון. 6 יישנא iisna — 27 קוישנא kiisna — B יושנא iusna.

608. SAB. 143a, אפונין. e S ייששׁ iiss — ι ויישן iisn — l ויישיש iisis — 6 o — 50 יישיש jaises.

609. SOT. 45a, בית פגי. B בשטדידורא bstdidura.

610. NID. 56b, בצדי הבגד. μ ϱ S יירונש iiruns [1].

611. a) GUIT. 58a, שוליא. 3 רווייידריץ ruuiidriç — m S אונדרין aindrin — u יונדריין iundriin — 14 וונדריץ uundriç — 17 o.
b) MAK. 8b, שוליא. v [עבד] — B ויוינדרינו iuiindrinu.

612. MAK. 21a, פרק. v יינטורא iintura — B ייונטר iiuntr.

613. a) 'ER. 58a, כיגג. e יונק jonc — *h* 50 A S יונק iunk — 6 יוֹנָק jonc — F יונקו iunku (esp. *junco*).
b) SOUK. 16a, גמי. 5 6 יונק iunk — 17 יונקי iunki (it. *junchi* ?) — S יונק iunk.
c) SOUK. 20a, גמי. 5 S יונק iunk — 6 יוֹנְק jonc — 17 יונקי iunki (it. *junchi* ?) — A גונק gunk.
d) 'A.Z. 75a, גמי. v o — S יונק iunk.

614. a) SOUK. 13b, ד"ה דאורבני. 5 6 17 o — A גונקיאיירש gunkiaiirs — S יונקש iunks.
b) GUIT. 60b, אוהרי. *l* אבקרייש abkriis — 3 יונקי iunki (it. *junchi*) — m יונקריש iunkris — u יונקירש iunkirs — 14 יונקש iunks — 17 o — c יונקרייש iunkriis — 39 אינקיידש ainkiids — S יונקיירש iunkiirs.
c) B.M. 89a, חריצי חלב. *m* יונקרש iunkrs — β תיניויקי ובלעז רקוטא tiniiki *et en langue romane* rkuta (it. *recota*) — γ יוקירש iukirs — *y* תיניויקי ובלעז ריקוטא tiniiki *et en langue romane* rikuta (it. *ricol[t]a*) — q אנקיירש ankiirs — 20 יונקירש iunkirs — B o [2].

---

1. M.Q. 26a, A a 'יורש irus' (éd. Romm : יורישה, irush) *giro[n]s*[?], pour traduire הכיתנים. Contexte : ל"א סולמות כעין שלוקמין הכותנים י'בלעז.

2. SAB. 95a, ד"ה המחבין, S a אנקיידש (faute pour יונקיירש iunkiirs, *jonchieres*). e ι l ιι 12 50 : o. D'après V, cette glose désigne le petit-lait ; il est

615. *Joteles*, « espèce d'herbes ».

616. ***Jumeles*, « jumelles, montants du pressoir ».

617. *Jusarme*, « guisarme, sorte de hallebarde ».

617 *bis*. *Kniboses* [?] (allem.), « genouillères, guêtres».

618. *Laces* [?], « lacs (à prendre des oiseaux) ».

619. *Laiserde*, « lézard ».

620. *Laiteron*, « laiteron » (plante).

621. *Laiton*, « suc laiteux d'herbes ».

622. a, b, c, d) *Laitug*[*u*]*e*, « laitue ».

e) *Laitug*[*u*]*es*, « laitues ».

---

615. 'Er. 28a, פעפועין. e ווטילש ioteles — *b* יוטילש iuteles — 6 S יוטליש iutlis — 50 יוטילש iutils — F רוטילש rutils — B² יוטליט iutlit — O (II, 66a, § 131, 2) וטילש utils [1].

616. B.B. 67b, כלונסות. *n* o — S ייםוילש iimils (pr. *jemelas* ?) — B יומיילין iumiilin — Ed. Lublin (1576, citée dans *Diq. Sof.*) יומוילש iumils.

617. a) San. 30b, ארירן. S יושרמא iusrma.

b) San. 41a, ארירן. S יושרמא iusrma.

617*bis*. Sab. 120a, פרגוד. e קינהושש kinhuss — ι קייהו שאש kiihu sas [2] — l קצרו שש kçru ss — 11 50 קינדושש kinduss — 12 o — 44 קיטרשש kitrss — S קני הוזן kni huzn.

618. Sab. 90b, נישבין. e 12 o — ι לישטש lists (lecture douteuse) — l ליינוייש liinuiis — 11 לציויש lçiis — 50 ליניייש liniis — S ליצש liçs — B² לצש lçs [3].

619. Houl. 122a, לטאה. θ ρ ליישירא liisira — 8 ליישרא liisra — s לישרדא lisrda — S לישיירדא lisiirda.

620. Sab. 90a, החלבצין. e o — ι פירולא perola (it. *ferola*) — l 12 50 לייטרון liitrun — 11 ליטרי litri (pr. *laitre* ?) — S לטרון ltrun [4].

621. Pes. 39a, שרף. 6 27 B לייטון liitun.

622. a) Pes. 39a, חסא. 6 לטוקא ltuka (it. *lat*[*t*]*uca*) — 27 לייטוגא liituga — B ליטוגא lituga — D (184) לטוגה ltuga (it. *lat*[*t*]*uga* ?).

b) 'A.Z. 10b, חסא. v ליטוגה litugh — E ליטוגא litugh — S לייטוגא liituga.

---

cependant probable que nous y avons affaire à une glose marginale mal placée qui veut dire, ou : « panier fait en jonc pour préparer des fromages, » ou bien « fromages ».

1. V suit S. O ne cite pas Raschi expressément.

2. Dans e et ι cette glose est qualifiée de « grecque » (ובלשון ווני ק').

3. V suit B.

4. ι a le contexte suivant : והלבצין פ"י ב"ה [=בעל הערוך] זרע עשב כמין ביצה ומיבשין אותו לרחוץ בו הידים והוא מין פירולא. Cf. *Arouk*, éd. Kohut, III, 394b.

623. *Lame*, « lame ».
624. *Lanpe*, « lampe ».
625. *Lanterne*. « lanterne ».
626. *Lates*, « lattes ».
627. *Latin*, « latin ».
628. *Lazre* [?], « laser ».
629. *Lazur*, « azur ».

---

c) ʿA.Z. 11a, חזרת. v ליטוגא lituga — E ליגוגא liguga (esp. *lechuga*) — S לייטוגא liituga.

d) ʿA.Z. 48b, חזורין. v לייטוגא liituga — a *v* δ A S לטוגא ltuga.

e) Ber. 57b, חזורין. 2 לייטוגש liitugs — 4 ליטוגס litugs — E ליטוגא lituga — G לייטונאש liitunas — B לטוג' ltug' — V לטוגא ltuga.

623. Sab. 59b, מום. c לנדא lnda (pr. *landu*) — ι [כעין ציץ] — l לָמא lame — 11 למה lmeh — 12 o — ı לאמא lama — 50 A S למא lma — V O (II, 39b, § 84, 5) לימא lima.

624. a) Sab. 23a, עששית. e (déchiré) — ι לנטירנאש lntirnas — k לונפא lunpa — l A S לנפא lnpa — t לטרנא ltrna — 11 ליגטירניש lintirnis (cat. *lenternes*) — 12 o — 50 ליגטרינא lentrena (cat. *lentrena ?*) — B לנטרנא lntrna.

b) Sab. 44a, עששית. e לנפדא lnpda (pr. *lanpeda*) — ι 12 o — l *s* S לנפא lnpa — 11 לנאפנא lnapna (it. *lanpana*) — 50 לנכדא lnkda (pr. *lanpeda ?*)

625. a) Ber. 25b, בעששית. θ 11 S לנטירנא lntirna — 18 לנטרא lntra — A לנטרנא lntrna — a *s* v לנטערנא lnterna.

b) Ber. 53a, עששית. θ 11 v S¹ לנטירנא lntirna — A לאנטרנא lantrna — a *s* לנטערנא lnterna — S לאנטירנ' lantirn' ¹.

c) Souk. 29a, פנס. 5 17 S לנטירנא lntirna — 6 o — E ליגטירנא lintirna (esp. *linterna*).

d) R.H. 24a, עששית. *x* לנטירנא lntirna — λ 5 13 לנפנא lnpna (it. *lanpana*) — S קנדילה kndilh (it. *candela*).

626. a) Yom. 16a, דפי עץ. *i* לַטַש lattas (pr. *lattas*) — μ לאטש lats — 5 לטיש ltis — B לטש lts.

b) Souk. 9b, קני הגג. 5 6 17 o — D (p. 306) לאטיש latis — S לטש lts.

627. Sab. 103b, ד"ה כיון דאותא. e ι l 11 12 50 B לטין ltin ².

628. a) Sab. 140a, חלתית. e ι l *s* 1 A S לזרא lzra — 6 11 לזרו lzru (it. *lazaro ?*) — 12 o — 50 לירא lira.

b) ʿA.Z. 35b, חלתית v a v *t* *v* 1 δ A S לזרא lzra.

c) Houl. 58b, חלתית. θ ρ s 15 44 S לזרא lzra — 8 (en marge, main italienne) לזארא lzara (it. *lazara ?*) — A לזור lzur.

629. Houl. 47b, s.v. כבוחלא. θ s 15 S לזור lzur — ρ [חוור] — 8 לְזור lazur — 44 לְזורו *laz[z]ur[r]o* (it.).

---

1. Pour Sab. 23a, où certains textes donnent la glose *lanterne* comme traduction de עששית, v. le nº 624a.

2. ʿA.Z. 10a, E a, הלטין שמדברים בו הגלחים: ד"ה כתב ולשון, « le *latin* que parlent les prêtres ». Pour d'autres sources de cette expression, cf. D.S. Blondheim, *Les parlers judéo-romans*, XXXIV, n. 1. v : ? S : o.

630. c) *Lemois[s]el*, « peloton de fil ».
a, d) *Lemois[s]el*, « pelotons de fil ».
b) *Lemois[s]els*, « pelotons de fil ».

631. *Lemos[s]el*, « peloton de fil ».

632. *Leng[u]e Surie*, « langue syriaque ».

633. a, c) *Lentil[l]os*, « (homme) semé de taches blanches (lentilles) ».
b *Lentil[l]oses*, « (mains) semées de taches blanches ».

634. b) **Lentre* [?] « lente, œuf de pou ».
a, c) *Lentres*, « lentes, œufs de poux ».

635. *Lesche*, « laiche ».

---

630. a) HAG. 12a, פקעיות. λ 6 למוויישל lmuiisl — 5 למרויישל lmriisl — 13 S לומישייול lumisiil — E o.
b) 'A.Z. 17b, קיבורי. v לימוויישלש limuiisls — S לימשילש limsils — E למושייולאש lmusiilas.
c) HOUL. 95b, קיבורא. θ למווישל lmuiisl — ρ למווישיל lumiisil — 8 לימושייולי limusiili — s לושייול lusiil — S לימוויישיל limuiisil.
d) HOUL. 138a, פקעיות. θ לימשייול limsiil — ρ למווישיל lmuiisil — s לושייולש lusiils — 8 לו מְשייול lu msiil — S לימוויישייול limuiisiil — B למושייול lmusiil.

631. a) MEN. 41b, פקעת. 2 4 לומנא lumna — B למושיל lmusil.
b) BEK. 22a, פיקה. 2 לומשייול lumsiil — 4 פושיל pusil — B למושיל lmusil.

632. a) PES. 61a, סורסי. 6 B לינגא שורייא linga suriia — 27 לֵינְגָא שורייא lenga suriia.
b) SOT. 49b, סורסי. B לינגא שורייא linga suriia.

633. a) BER. 58b, בהקנים. θ 11 לינטיינוסי lintiinusi (it. *lentijjinosi*) — a o — *s* לינטוולש lintuuls — v לונטולש luntuls — A לצט לויט lçt luit — F לינטיליושו lintiliusu (pg. *lentilhoso*) — S לאנטיליוש lantilius — B² לינטיליויש lintiliis — V לינטייליוש lintiilius.
b) MEG. 24b, בוהקניות. 5 13 S לינטייש lintiis — 6 ליטיינש litiins — 16 לנטולייאוש lntuliiaus — 17 לנטילושש lntiluss — a v לטולוש ltulus — *s* לאנטולא lantula — A לנטילודש lntiluds.
c) BEK. 45b, בוהק. 2 B o — 4 לינטילוש lintilus — Z לינטלש lintls.

634. a) 'A.Z. 3b, ביצי כינים. v אלינדי alindi (pr. *alende*?) — E לוידרייש liidriis (esp. *liendres*) — S לינטריש lintris [1].
*b) TA'AN. 22b, אינבא. 13 40 S לינדינא lindina (it. *lendena*) — T לנדא lnda.
**c) NAZ. 39a, אונבא. 46 לינדיניש lindinis (pr.-cat. *lendenes*) — B לינטריש lintris.

635. a) SOUK. 16a, שיפא 5 6 *s* 1 S לישקא liska — 17 o.
b) SOUK. 20a, חולת. 5 6 17 לישקא liska — S לשקא lska.

---

1. Dans le commentaire sur SAB. 107a (t. I, f. 76b, éd. Salonique), E cite cette glose sous la forme לוינדריש liindris.

636. *Letron* [?], « laiton [?] ».
637. *Letuarie*, « électuaire ».
638. *Leule* [?], « luette ».
639. a, c, d, f, g) *Lice*, « lice, fil muni d'une maille, où passe un fil de la chaîne ».
b, e, h) *Lices*, « lices ».
640. *Limace*, « limace ».
641. **Limaçon*, « limaçon ».
642. ***Limato* (ital.), « limon ».
643. *Limaz*, « maladie de l'œil ».
644. *Lime*, « lime ».

---

c) SOT. 49b, חוליות. B לישקא liska.
d) 'A.Z. 75b, צבתא. v לשקא lska — S לישקא liska.
e) HOUL. 16b, טימורנא דאגמא. θ רישקא ruska — ρ 8 s S לישקא liska.
636. MEN. 28b, גמטירין. 2 ליטרון litrun — Z לימפרון limprun — B לייטון liitun.
637. a) BER. 36b, המולתא. θ לטוארא ltuara (it. *latloara* ?) — 11 לטואריא ltuaria — S ליטואריור lituariiu (it. *let*[*t*]*uario* [?] — Citation dans *Sefer Rabiah*, I. 80, 5-6 : לייטואיירא liituaiira.
b) YOM. 81b, חימלתא. *i* 5 ליטואריאה lituariah — μ ליטוייראה lituiirah — B לייטוריגה liiturigh.
638. 'A.Z. 29a, איסתומכא דליבא. v ליבולא libula — S נובלא nibla.
639. a) SAB. 66b, נירא. e l 11 12 50 S ליצא liça — ι ליצה liçh.
b) SAB. 73a, בתי נירין. e l 12 S ליציש liçs — ι 44 A ליציש liçis — 11 ליצא liça — 50 ליצניש liçnis — *s* לייציש liiçs.
c) SAB. 105a, בנירה. e ι ליץ liç (pr. *litz*) — l 11 12 50 ליצא liça — A לייצא liiça — S ליציין liçiç — B ליציש liçis.
d) SAB. 105a, הנירא. e ι l 11 12 50 S O (II, 30b, § 65) ליצא liça — C (Kélim XXI, 1) : ליצו liçu (it. *liz*[*z*]*o*).
e) B.Q. 119b, נירין. α p לייניש liins — β ליגויש ligus — γ לוגיש lugis — S² ליציייץ liçiiç.
f) 'A.Z. 28b, נורא ברקא. v לוצא luça — S ליצא liça.
g) 'A.Z. 28b, ברקא. v ליצא liça — S לייצא liiça.
h) HOUL. 90b, נירין. θ ליציש liçis — ρ לישיש lisis (corrigé en ליציש liçis) — 8 לייניש liins — s S ליציש liçs — E ליציץ liçç.
640. a) SAB. 77b, שבלול. e לימץ limç (pr. *limatz*) — ι לימאיץ limaç (pr. *limatz*) — l 12 S לימצא limça — 11 o — 50 לימצון limçun.
b) HAG. 11a, חומט. λ 5 6 13 Citation dans *Tosefot R. Isaïe de Trani*, *ad loc.* לימצא limça — S לימגא limga (it. *lumaga* ?).
c) HOUL. 122a, חומט. θ ρ S לימצא limça — 8 s לימצון limçun.
641. M.Q. 6b, שבלול. λ o — 6 בובולי bubuli (it. *bovolo*) — F [sic] לימוץ limuç — S לימצין limçun — Citation dans *Tosefot R. Isaïe de Trani* (HAG. 11a) לימצין limçin.
642. M.Q. 4b, שירטון. λ לימטו limtu — 6 (lacune) — S o.
643. a) 'A.Z. 28b, משקדי חלדוני. v לימץ limç — S לימין limin — O (IV, 43a, § 150) לימון limun.
b) BEK. 38a, חלזון. 2 4 לימן limn — B לימון limun.
644. a) SAB. 52b, בשופינא. e l 11 12 50 S לימא lima — ι o.

645. a) *Limede*, « limée ».
b) *Limer*, « limer ».
646. *Limon*, « limon, boue ».
647. *Limons*, « limons du lit ».
648. *Linoel*, « fil de lin, ficelle ».
649. *Lischier*, « repasser (au fer chaud) ».
650. ***Lista* [pr. ou it.], « lisière (d'un tissu) ».
651. *Litieres*, « couches, jonchées (de cailles par terre) ».
652. *Loces*, « lumières (chandelles, etc.) ».

---

b) B.Q. 98a, בשופינא. α β y o p r S² לימא lima.
c) Houl. 25b, בשופינא. θ ρ S² I לימא lima — 8 לִימָא lima — s S לימ' lim' [1].
645. a) Sab. 52b, בשופא. e לימרא limra — ι 12 L o — l S לימדא limda — 11 לימיודה limiidh — 50 לימידא limida [2].
b) 'A.Z. 75b, שפה. ν S לימר limr — D (p. 164) לימא lima.
646. a) Ber. 60a, שרטון. θ 11 לימטו limtu (it. *limato*) — S לימץ limç.
b) 'Er. 99b, שירטון, e F B לימון limun — *h* לימוס limus — 6 לים lis — S o.
c) Pes. 68a, שורקא דמעיא. 6 27 B לימון limun.
d) San. 75a, טינא. E S [נימוק] nimuk — L¹ לימון limun — L² o [3].
e) Zeb. 116b, שירטון. f o — E לגיון lgiun - B לימון limun.
647. Sab. 43a, ארוכות. e 12 o — ι 11 לימוניש limunis — l S לימונש limuns — 50 למונש lmuns.
648. a) Sab. 64a, והמשיחות. e ליניול liniul (pr. *linhol*) — ι ליניויל liniiul (pr. *linhol*) — l לינויול linuiul — 11 וויל uuil — 12 o — 50 ליטייל litiil — S לציאל lçial.
b) Souk. 36b, משיחה. 5 6 22 a *s* o — 17 ליניול liniul (pr. *linhol* ?) — A לצול lçul — S ליכוייל likuiil — X (fo 11a) לינויל linuil.
c) R.H. 22b, משיחה. *x* ליניל liniil — λ 5 13 o — S לונצי lunçi.
d) Guit. 78b, משיחה. c לינאל linal — 3 לינזייל linziil — m 39 לינוייל linuiil — u לטייל ltiil — 14 לצול lçul — 17 o — S ליצול liçul.
649. a) Ket. 10b, גיהוץ. *k* 3 14 לישקייר liskiir — B לשיקייר lsikiir.
*b) Ta'an. 29b, גיהוץ. 13 40 S לישקייר liskiir — a לישריר lisrir — A לישדיר lisdir.
*c) M.Q. 24a, גיהוץ. λ 6 B o — *s* לישקיר liskir — *v* לישקור liskur — A ליקייר likiir.
650. Sab. 105a, האימרא. e 11 12 50 S o — l ? — ι לישטא lista.
651. Yom. 75b, משטיחין. *i* ליטיירִיש litieres — μ לייטירייש liitiriis — 5 ליטייריש litiiris — E ליטיראש litiras (esp. *literas*) — B ליטרידש litrids.
652. Sab. 22b, נרות. e k l 50 S לוצש luçs — ι t לוציש luçis — 11 o — 12 ליוצש liuçs — B לו צש lu çs [4].

---

1. Dans S on a ajouté un א (*a*) écrit à la main. V suit S².
2. V suit L.
3. J'indique par L¹ et L² les deux manuscrits dont parle L sur ce passage.
4. V suit B².

653. a) *Loge*, « loge, galerie ouverte ».

b) *Loges*, « loges, galeries ouvertes ».

654. *Lonbardie*, « Lombardie ».

655. b) *Lonbel*, « lombe (d'animal) ».

a) *Lonbels*, « lombes (d'animal) ».

656. *Lor*, voir LOR APARTENEMENT, n° 48.

657. *Lor*, « laurier ».

658. *Lorier*, « laurier ».

659. *Luisant*, « luisant, brillant ».

660. *Lumesels* [?], « pelotons de fil ».

661. **Lupine* [?], « lupin ».

662. *Luzie* [?], « emplâtre pour l'œil ».

---

653. a) MEN. 33b, באכסדרא רומיתא. 2 לוייא luiia — B לויאי luiai [1].
**b) B.B. 61a, s.v. בדקא חלילה. *n* אלשמילא alsmla — S לוויש luiis — B לודריש ludrs.

654. BÉÇ. 33a, ד"ה מן המים. *b* µ 12 45 לונברדיאה lunbrdiah — λ 13 לונגוברדיאה lungubrdiah (it. *Longobardia*) — 5 לונגוורדיאה lunguurdiah — 6 לונגברדיאה lungbrdiah — 7 לנגוברדיאה lngubrdiah (it. *Langobardia* ?) — S לומברדיאה lumbrdiah.

655. a) HOUL. 93a, מיתנים. θ *u* S לונבילש lunbils — ρ לונבלש lunbls — 8 לונבליץ lunblç — s לונבייש lunbiis — A לונבליש lunblis.
b) HOUL. 93a, ראש המיתן. θ ρ s *u* 44 S לונביל lunbil — 8 לונבל lunb — ι A לוביל lubil.

657. a) PES. 56a, דפנא. 6 27 V לור lur — B לוד lud.
b) R.H. 23a, ערי. *x* ליד lid — λ 13 לורו luru (it. *lauro*) — 5 לור lur — S לוירו luiru (it. *lavero* ?).
c) B.B. 4a, עץ ערמונים. *9* לורי luri — S B לור lur.

658. a) SOUK. 23a, דפנא. 5 ליר lur — 6 לוורור luurir — 17 S לוריר lurir.
b) GUIT. 69b, עראה. 3 לודייר ludiir — m u S לורייר luriir — 14 לור lur (pr. *laur*) — 17 לאורו lauru (it. *lauro*) — 39 לוריד lurid.
*c) M.Q. 7a, ד"ה דפנא. λ 6 S o — A F לורייר luriir — H לור lur.
*d) M.Q. 10b, דפנא. A לומיר lumir.
**e) B.B. 81a, ערי. S O — B לרייר lriir.

659. *ARAK. 10b, ממורק. *p* לויישנטא luiisnta — B לויישנט luiisnt — B² לוצינטו luçintu (it. *luzento*).

660. a) SOUK. 9a, הסוסין. 5 6 o — 17 לומיישיל lumiisil — S לומשייש lumsiis.
b) B.Q. 119b, פקעיות. α p למישייליש lmisiils — β *y* לומישליל lumislil — S² לוישייל luisiil.

661. NED. 58b, לוף. B לופינא lupina.

662. a) SAB. 18a, קילור. e l 11 S לוזיא luzia [2] — ι לוויא luuia — k 12 לודייא ludiia — t 50 לודיא ludia — V לוזא luza — O (II, 2a, § 2) לוזייא luziia.

---

1. Cf. ci-dessus, p. 23, n. 3.
2. Dans l on a biffé la glose לוזיא et écrit le mot איקלויירא aikliire (*éclaire*) en marge à côté.

663. *Mac*, « pavot ».

664. *Macecre*, « boucherie (abattoir et boutique) ».

665. *Maciedes* [?], « battues (dans l'aire) ».

666. *Maçug[u]e*, « massue ».

667. *Madernes*, « coupes à boire en *madre* (bois veiné) ».

668. *Madriz*, « matrice ».

669. a, b, c, e, f) *Mail[l]e*, « taie (dans l'œil) ».

d) *Mail[l]e*, « maille (de cuirasse) ».

---

b) Sab. 76b, קילור. e ι 50 לוזיא luzia — l לוזויא luziia — 11 12 o — S לודויא ludiia.

c) Sab. 108b, קילורין. e l 44 S I לוזיא luzia — ι לוטא luta — 11 ליזויא liziia — 12 לודא luda — 50 לויוא luiia.

663. a) Pes. 35a, כלניתא. 6 מק mk — 27 o — B מק׳ mk'.

b) R.H. 13b, פרגין. x [מק[בל׳ mkbl — λ 5 13 F מק mk — S מקו mku (it. *maco?*)

664. Béç. 28a, באטליז. *h* מאצקרא maçkra — λ 6 מצילו mçilu (it. *mazel[l]o*) — μ [מעיקרא] meikra — 7 מצקרא mçkra — 12 13 S o — 45 [מסקנא] mskna [1].

665. Souk. 14a, בוססות. 5 6 o — 17 מציודש mçiids — S מרציאש mrçias — B מרציאה mrçiah.

666. Sab. 63a, אלה. e l 12 50 מצוגא mçuga — ι מוצוגא muçuga — 11 מצא mça (it. *maz[z]a*) — A מאשואה masuah — B מצוקה mçukh (it. *maz[z]uca*) — S מציאה mçiah (d'après *Diq. Sof.*, *ad loc.*) [2].

667. a) Ket. 65a, שופרזי. *k* מדורנש פלוידרין mdirns pliidrin (all. *vled[e]rin*) — ξ מדינריש mdinrs — 3 מדרינש mdrins — S מדירניש mdirnis — Ed. Francfort sur-le-Mein (1721) מדירניש פלוודרין mdirnis pliidrin (all. *vled[e]rin*).

b) Men. 28b, אלכסנדרים. 2 אדרנש adrns — B מדרנש mdrns.

668. a) San. 33a, אם. S מדריצו mdriçu (it. *madrizo*) — V מטריצה mtriçh (it. *matriza*).

b) Houl. 48a, שלפוחית. θ מרויץ mriiç — ρ S מריץ mriç — 8 s מוידריץ miidriç — 15 o — 44 מדריש mdris.

c) Houl. 54a, אם. θ ρ 8 S מדריץ mdriç — s מריץ mriç — 15 מדרינן mdrinn — 44 מַדְרֵי madré (it. *madre*).

669. a) Sab. 78a, ברקית. e טיולא tiila — ι l S מיולא miila — 11 12 מליא mlia — 50 מלירא mlira.

b) Guit. 69a, ברוקתי. 3 מילא mila — m 39 S מיולא miila — u מאיולא maiila — 14 S² מלייא mliia (it. *maglia*) — 17 o — B טיולא tiila.

---

1. La glose s'insère entre באטליז et ונמכרין, s.v. דתנן פסולי.

2. Sab. 63a, avant les mots גמ׳ שרגא, 11 a les mots קופל מצא, expliquant קופל par mça, it. *maz[z]a*. Cette glose se retrouve dans l'*Aruch*, s.v. אלה 1. e i l 12 50 S : o.

670. *Mail[l]oler*, « emmailloter ».

671. *Maiseles*, « boucheries (boutiques) ».

672. *Mais[s]elers*, « (dents) mâchelières, molaires ».

673. *Mais[s]eles* [?], « (dents) mâchelières, molaires ».

674. a, c, d, **f) *Mait*, « huche, partie du pressoir où l'on met le raisin ».

e) *Maiz*, « huche, partie du pressoir ».

b) *Maiz*, « pétrins ».

675. **Maitinet*, voir *PER MAITINET, n° 795.

676. *Maiz*, voir MAIT, n° 674.

---

c) B.M. 78b, נהורדיתא. *m* מייל miil — β γ 20 מיילא miila — *y* מוויליא miilia — q מאיילא maiila — S מזלייא muliia.

d) B.B. 9b, קליפה. 9 מלייא mliia — E מאלייא maliia (esp. *malla*) — S מיילא miila.

e) Bek. 38a, עצב. 2 4 מיילא miila — B מייל miil.

f) Bek. 38b, ברקא. 2 B מיילא miila — 4 o.

670. Sab. 66b, לפופי. e מלולייר mluliir — ι o — l מיילוליר miilulir — 11 אינמיילוליר אינפסייר ainmiilulir ainpsiir — 12 מייליר miilir — 50 אינמי לו ליד ainmi lu lid — S אנמללטוייר anmlltuiir.

671. Houl. 95a, מקולין. θ S מיישילש miisils — ρ מיישיליש miisilis — 8 מזיליייש mziliis — s מיישליש miislis [1].

672. Bek. 39a, מתאומות. 2 מישליש mislis — 4 משייליש msiilis — 29 מיישילש miisils — B מיינשלירש miinslirs — B² משילרש msilrs.

673. a) Ber. 56a, ככי. θ 11 משילרי msilri (it. *mascel[l]ari*) — S מאשליירש masliirs — B² משילארי msilari (it. *mascel[l]ari*).

b) Bek. 35a, השינים הגדולות. 2 מישלש misls — 4 מישילירש misilirs — B מיישלירש miislirs — B² מאסילארים masilaris — V מיישילירש miisilirs.

c) Bek. 37a, פנומיות. 2 מיישילש miisils — מישלרש mislrs — 29 מיישילרש miisilrs — B מינשלירש minslirs.

674. a) Pes. 15a, גת העליונה. 6 מייט miit — 27 מַייט maiit — B מייטו miiti.

b) Pes. 30b, אגני. 6 27 B מייץ miiç — 35 מייט miit.

c) 'A.Z. 55a, עזישים של גת. *v* S C (*ad* Toh. X, 8) מייט miit — B מייש miis.

d) 'A.Z. 75a, והעדשים. *v* S W (§ 161) מייט miit.

e) Men. 48a, עדשים. 2 4 מייץ miiç — B מיץ miç [2].

**f) B.B. 67b, טולפחא. *n* o — S B מייט miit.

675. a) Sab. 109b, חטטין. e ι l 11 מלנץ mlnç — 12 [חבורות] — 50 o — S מלאנץ mlanç — B מאלנץ malnç.

---

1. Houl. 132b, s explique מסחתא par עלי קבוע לקצב עליו בשר מיישיל בל', miisil, *maisel*. θ ρ S : [חנותו], 8 : ?

2. *Ta'an. 25a, on trouve dans E מייט miit comme explication de אגנא « pétrin » ; la glose s'insère entre עריבה et la phrase suivante. 13 14 S : o.

677. c) *Malant*, « ulcères, plaies ».

a, b, d, e, f, g) *Malanz*, « ulcères, plaies ».

678. ***Males*, « sacs en cuir ».

679. *Mal[e]veid*, « fièvre chaude ».

680. *Malve*, « mauve(plante) ».

681. **Mangedure* [?], « mangeoire ».

682. *Manier*, « manier, tâter ».

683. *Mantel*, « manteau ».

---

b) Qid. 81a, כיבי. μ מלאנץ mlanç — 3 מלניג mlnig — n 10 מלנץ mlnç — F מלפץ mlpç — B ולנץ ulnç.

c) B.Q. 83b, צמחין. α β y o p S² מלנט mlnt — r מללנט mllnt — v מלנש mlns — A 'מאלני' malni'.

d) San. 101a, צמחין. E S מלנץ mlnç.

e) Houl. 46b, מכות. θ מליש mlis — ρ 8 מלנץ mlnç — s מגלנץ mglnç — 15 מלנט mlnt — 44 מַלַש malas — *u* מלאנץ mlanç — A מלנין mlnin — S מלנש mlns.

f) Houl. 48a, צמחין. θ ρ S 44 D (p. 399) S מלנץ mlnç — 8 מַלַנְץ malanç — *v* 1 מלנט mlnt — A [מלעיל].

g) Houl. 48a, צמחין. θ מנלץ mnlç — ρ 8 s S מלנץ mlnç — A מלנטן mlntn.

678. Pes. 17b, מרצופין. 6 B o — 27 מַלִיש malis [1].

679. a) Ber. 32a, אשתא דגרמי. θ מלוי mlui — 11 מולי muli — 18 ō — S מלוייר mluiir.

b) Sab. 67a. אשתא צמירתא. e מלוויד mluuid — ι מליויד mliiud — 11 12 o — l מלמייר mlmiir — 50 מַלְוַוִי malevai — EB מלויי mluii — S [חולין].

c) Pes. 25b, אושתא צמירתא 6 מלווי mluui — 27 B מלויי mluii.

d) ʿA.Z. 28a, אישתא צמירתא. ν מלנייר mlniir — S מלוויד mluuid — O (IV, 42a, § 148) מלווי mluué.

680. Sab. 35b, אדאני. e ι מלוא mlua — k l S מלווא mluua — t מלויא mluia — 11 מלווה mluuh — 12 o — 50 מַלְוָא malva — A מלוואש mluuas.

681. M.Q. 10b, אקורפיטא. λ 'מנוים' mniim' — 6 מנוידור mniidur — S מנייטורה muiiturh (it. *manjatora*).

682. Houl. 9a, ממשמשא. θ ρ S מנייר mniir — s מַנְיֵיר manier [2].

683. a) Sab. 101b, סרבל. e מנטל mntl — ι l 11 50 מנטיל mntil — 12 o — S מונטיל muntil.

b) Sab. 120a, מקטורן. e מנטל mntl — ι 11 12 44 50 S מנטיל mntil — l מנטוויל mntuuil.

c) Men. 41a, סרבלא. 2 4 מנטיל mntil — E מאנטייל mantiil — B [מבטל] — V מנטל mntl.

---

1. Contexte de la glose : ...מרצופין של עור שלועזין מ' : שנטמאו :

2. Dans l'exemplaire de S à Munich la glose est vocalisée à la main ainsi : מַנְיֵיר manier.

684. *Marche*, « frontière ».
685. *Maresc*, « marais ».
686. *Mare[s]chalcies*, « écuries, étables ».
687. *Mar[r]ubie*, « marrube ».
688. *Martel*, « marteau ».
689. *Martrine*, « martre ».

---

684. a) ʿEr. 45a, לספר. e 6 *s* A F $B^2$ מורקא mrka — *h* נרקא nrka — 50 וירקא uirka — S [עיר] [1].
b) Yeb. 48b, לספר. d מדקא mdka — *j* מארקא marka — S מ̈רחא mrḥa — B מרקא mrka.
c) B.Q. 83a, לספר. *α* β *y* o p r $S^2$ מרקא mrka.
d) San. 2a, בספר S מרקא mrka.

685. a) Yeb. 121a, אגמא. *j* b מרישק mrisk — S מרשק mrsk — V מרשט mrst.
b) B.M. 74a, ביצה. *m* γ *y* מרשק mrsk — β משרק msrk — q מרישק mrisk — 20 ׳מרשק mrsk' — S מרשקא mrska.
c) San. 5b, בצעים. S מרישק mrisk.
d) San. 96a, בצעי מים. S מרשע mrse — B מרשקו mrsku (it. *maresco?*) — E מרשק mrsk.
e) Scheb. 16a, בצעים. ζ מרישין mrisin — μ מריישק mriisk — π o — u מרישק mresk — 24 מרישק mrisk — S מרישקא mriska.
*f) Taʿan. 22a, אגם. 13 40 S מרשיק mrsik.

686. San. 21b, ד״ה אוצטבלאות. 51 מרקלציאיש mrklçias — S [למאכל] — B o [2].

687. a) Pes. 39a, תמכתא. 6 1 B H (sur l'Alfasi) מרוביאא mrubiia — 27 מרוניא mrunia — *s* מוירש mirs — D (p. 184) מרוביוה mrubiih — I רבאנו rbanu (esp. *râbano*).
b) ʿA.Z. 29a, אגדנא. *v* מרובי mrubi (pr. *mar[r]ubi*) — S מרוביא mrubia.

688. a) Sab. 102b, קורנס. e 1 11 50 S מרטיל mrtil — ι מַרְטֵיל martel — מרטוייל mrtuiil — 12 o — *s* מורטיל murtil — A מירטיל mirtil.
b) Sab. 122b, קורנס. e מרטל mrtl — ι l 11 44 50 S מרטיל mrtil — 12 [מכה בפטיש].
c) Meg. 25a, מרזפתא. 5 S מרטיל mrtil — 6 17 o
d) B.Q. 98a, קורנסא. *α* p S מרטייל mrtiil — β *y* o r $S^2$ מרטיל mrtil.
e) Houl. 25b, בקורנס. θ מרטילו mrtilu (it. *martel[l]o*) — ρ 8 S מרטיל mrtil — s מַרְטֵיל martel — $S^2$ o [3].
f) Houl. 58b, קורנס. θ *ρ* 8 S מרטיל mrtil — 15 s מרטל mrtl.

689. a) Ber. 57b, קפוד. θ 11 מוטריצי mutriçi — S מרטינא mrtina — I מיימון miimun — Citation dans l'*Eç Hayyim* de Jacob b. Juda de Londres (*Festschr.* de Steinschneider, p. 204) מרמיטא mrmita.
b) Houl. 52b, נמייה. θ s מרטינא mrtina — ρ *u v* 44 A S מרטרינא mrtrina — 8 מַרְטְרִינָא martrina — 15 מרטצא mrtça.

---

1. $B^2$ insère les mots מירקא בלעז « *marche* en français » avant le mot [עיר] de S, de sorte qu'il donne la glose deux fois. On trouve מרקא mrka aussi dans l'éd. Romm de l'ʿ*En Jacob*.
2. La glose, précédée par ובר, s'insère après סוסים.
3. Cette glose se trouve immédiatement avant le ד״ה מהור.

690. a) *Mas[s]es*, « masses (de verre) ».

b, c) *Masses*, « masses (de fer) ».

691. ***Mast*, « mât ».

692. **Matinet*, voir PER MAITINET, n° 795.

693. b) *Maton*, « masse (de levain) ».

a) *Matons*, « petites masses de chaux, pétries avec de l'eau ».

c) *Matons*, « caillebottes, masses de lait caillé ».

d, e, f) *Matons*, « morceaux (de terre glaise du potier, dont il fait des vases) ».

694. *Menaisons*, « diarrhée, dysenterie ».

---

690. a) SAB. 154b, עששיות. e l 6 50 B מישש mss [1] — ι o — S [?] [מכמיש] mms [2]
b) YOM. 34b, עששיות. *i* מַשִׁיש mases — μ משייץ msiiç — 5 $B^2$ משיץ msiç — B מישיש msis.
c) 'A.Z. 16a, עששיות. *v* S מושש mss.

691. a) NAZ. 55a, איסקריא. 46 מַשְׁט mast — B משט mst — $B^2$ פרשט pust.
b) B.B. 73a, אסקריא. *n* משבום בלשון אשכנז msbum (*masbum*) *en allemand* — S B משט mst.
c) B.B. 161b, מיכותא. S o — B משטא msta.

693. a) SAB. 80b, ביצת הסיד. e ι l 11 50 מטונש mtuns — 12 o — S מטונס mtuns.
b) PES. 45b, כופת. 6 27 B מטון mtun.
c) PES. 65a, חביצין. 6 27 (en marge) B מטונש mtuns — 48 מונטונש muntunes.
d) BÉÇ. 15a, ביצת הגיר. *h* מַטוֹנְשָׁ matonasa — λ מוטונש mutuns — μ 5 6 13 45 S מטונש mtuns — 7 מיטוינש mtuins [3] — 12 מַטוֹנְשׁ matons. — 33 מַטוֹנְס matons.
e) SOT. 11b, הביצים. E מטונש mtuns — B o [4].
f) B.M. 72b, ביצים של יוצר. *m* מוטונש mutuns — β γ 20 S מטונש mtuns — *y* מטוניש mtunis — q מַטְנְש matns — B מעונטש meunts.

694. SAB. 53b, ד"ה שאכלה כרשינין. e מנישוש mnisus (pr. *menaisos*) — ι 11 22 o — l מיישונש miisuns — 12 מנוש mnus — 50 מניישוש mniisus (pr. *menaisos*) — A טרינקייש trinkiis — S מניוזונש mniizuns.

---

1. Sous l'*m* et la première *s* dans 6 il y a des lignes horizontales légèrement inclinées en bas à gauche, de sorte que la leçon de ce ms. est peut-être masas.

2. V suit B.

3. Le passage qui renferme la glose dans 7 se lit ainsi : ונעשה כמו ביצה הויצרי' מוטיט בלעז עב קריי ביצה מטוינש. On a donc inséré une phrase dans laquelle se trouve מוטיט mutit (probablement une altération de מטונש mtuns) comme explication de 'ביצה (*sic*) הויצרי. *h* λ μ 6 12 13 : o. 5 ?

4. Cette glose se trouve dans le ד"ה סדן.

695. *Menestrel*, « officier, serviteur ».

696. *Mente*, « menthe ».

697. *Menton*, « menton ».

698. *Menusier*, « émincer, couper en morceaux ».

699. ***Mer betée*, « la Mer Morte, le lac Asphaltite ».

700. *Merciers*[?], « merciers, marchands de menus objets ».

701. *Meredier*s [?], « merisier [?] ».

702. *Mereles*, « jetons, fragments de bois ».

---

695. a) SAB 49a, קסדור. e l מנשטרר mnstrl — ι 12 o — 11 מנשטיל mnstil — 50 מנשבודיל mnsbudil — S I מנושטראל mnistral.
b) SAB. 148a, דוילא. e מנשתרל mnstrl — ι o — l 6 S מנשטרל mnstrl — 50 מנישטדל mnistdl.
c) SAB. 154a, פורסי. e S מנשטרל mnstrl — ι o — l מנשריל mnsril — 6 מנישטריל mnistril — 50 מנשטריל mnstril.

696. a) SAB. 128a, נינוא. c מנטא mnta — ι l 11 50 A S מינטא minta — 12 o [1] — B מינטאי mintai.
b) SAB. 140a, אמותא. e 1 מנטא mnta — ι l 6 11 s A B מינטא minta — 12 o [2] — 50 מֵינְטֵא menta — S מינטרא mintra.
c) SAB. 140a, ניניא. e l מנטא mnta — ι 12 B o — 6 11 50 A מינטא minta.
d) GUIT. 69b, נינוא. 3 14 17 39 S מינטא minta — m u מנטא mnta — V מינטה minth.
e) 'A.Z. 29a, נינוא. v מנטא mnta — S מינטא minta.

697. a) BER. 24b, סנטרו. θ 11 O (I, 37a, § 98) מינטון mintun — 18 מונטו munto — 28 מונטון muntun — S מנטון mntun.
b) SCHEB. 3a, בסנטר. ζ π 24 S מונטון muntun — μ מאנטון mantun — u מנטון mntun.
c) NID. 23b, סנטר. μ מאנטון mantun — ρ מינטון mintun — S מנטון mntun.
**d) MAK. 20a, הסנטר. v מנטון mntun — 6ª A מונטון muntun — B מנטן mntn.

698. BER. 39a, פרמינהו. θ מנוציור mnuçiir — 11 מנוציר mnuçir — S מנושויר mnusiir.

699. PES. 28a, ים המלח. 6 27 35 B o — L ( >V) מיר בטיאה mir btiah.

700. SOUK. 30a, אוונכרי. 5 6 o — 17 מרצריש mrçris (pr. *merçaris* ?) — S מרציש mrçis.

701. GUIT. 69a, פרידא. 3 מריריירש mririirs — m מריורירש mriirirs — u מרשידרא mrsidra — 14 מריידש miriids — 17 מידידידש midididis — 39 מרייריא mriiria — S מדיירידש mdiirids — B מדיירישרש mdiirisrs [3].

702. a) QID. 21b, באוסקולדרי. j מריליירש mriliirs — μ n F מרילש mrils — 3 מירילייש mrilis — 7 אדנתלש adntls — 10 מנדלש mndls — B מריילש mriils.

---

1. 12 remplace cette glose et no. 917a par la phrase : נובא (sic) פוגם מוני עשבים.

2. 12 remplace cette glose et la suivante par אבותא· ניניא· עשבים.

3. V suit B.

703. *Merkaze* (all.), « singe à queue ».

704. *Mesg[u]e*, « petit-lait ».

705. *Mestier*, (« en notre langue »), « armoire ».

---

b) SAN. 25b, פספסין. a v מריליש mriliis — b A מרולש mrils — *t* מריולש mriils — *v* מרלש mrls — S מרליש mrlis [1].

703. BEK. 8a, קיפוף, 2 E B מרקצא mrkça — 4 מירקצא mirkça — B[2] מער קאץ mer kaç.

704. a) PES. 42a, נסובי דחלבא. 6 27 B מישגא misga.

b) B.M. 68b, בנסובי. *m* כספא kspa (pr. *caspa ?) — β *y* מישגא misga — γ 20 S משגא msga — q מֶשְׁגָא mesge — I (s. v. תתר) שואירו suairu (esp. *suero*).

c) 'A.Z. 30b, נסובי דחלבא. v מושדונא misduna — S מישגא m isga — B מיהגא mihga — V משגא msga.

d) 'A.Z. 35a, נסיובי דחלבא. *v* גשפה gsph (pr. *gaspa*) — S מישג' misg' — V מישגא misga.

e) 'A.Z. 35b, נסיובי. *v t v* δ משגא msga — a v מענגא menga — A מסקא mska — S מישגא misga.

f) HOUL. 114a, מי חלב. θ ρ o — 8 s משגא msga — S מישגא misga.

*g) NED. 51b, קום. B משגא msga.

705. a) SAB. 32a, ארנא. e ι t 11 משטייר mstiir — k S משטיר mstir — l 50 מישטייר mistiir [2]. — 12 משטיירי mstiiri (it. *mestiere* ?).

b) SAB. 106a, מגדל. e 11 50 S משטייר mstiir — ι 12 o — l מישטייר mistiir.

c) 'ER. 14b, מגדל. e מישטייר mistiir — *h* 6 F משטייר mstiir — t מושטר mistr — 50 S משטיר mstir — B מנשטיר mnstir (esp. [?] *menester*).

d) 'ER. 30b, מגדל. e *h* משטייר mstiir — 6 50 S משטיר mstir — 36 משטר mstr — F משתייר mstiir.

e) 'ER. 34a, המגדל. e 50 משטייר mstiir — *h* משטיר mstir — 6 מישטִיר miṣtir — F משתייר mstiir. — S o [3].

f) PES. 8a, מגדל. 6 27 B משטייר mstiir.

g) BÉÇ. 24a, מגדל. *h* 5 6 7 13 45 משטייר mstiir — λ משנייר msniir — μ ריישטייר riiistiir — 12 משתייר mstiir — S מישטייר mistiir.

h) HAG. 15b, מגדל. λ משטר mstr — 5 משטיר mstir — 6 13 S משטייר mstiir.

i) 'A.Z. 69a, דולבקי. v a *t* A משטייר mstiir — v משטיר mstir — *v* משטוייר mstuiir — 1 משטויר mstuir — S משנוייר msnuiir.

j) HOUL. 125b, תיבת. θ 8 S משטייר mstiir — ρ משעייר mseiir — s משטיר mstir.

k) 'ARAK. 32a, מגדלות. *p* משטיר mstir — B Z משטייר mstiir.

---

1. *NED. 25a, v traduit איסקונדרי par מרלייש mrliis. B : O.
2. Au lieu de ובלשונינו, « et dans notre langue », l a ובלשון זה, « et dans cette langue ».
3. Cette glose s'introduit après le mot המגדל, dans le ד"ה נתכוון.

706. *Metal*, « métal ».
707. *Mez*, « hydromel ».
708. *Mil*, « millet. »
709. *Mincedure* [?], « des betteraves émincées ».
710. c) *Minciedes*, « émincées, coupées en petits morceaux ».
a, b) *Mincier*, « émincer, couper en petits morceaux ».
711. *Minie*, « minium ».
712. *Miredoir*, « miroir ».
713. *Mochier*, « moucher ».

---

706. Men. 28b, גסטרון. 2 מטל mtl — B Z מוטל mitl.
707. Bek. 45b, דבש. 2 מיץ miç — 4 מיין miin — B מיל mil — V מיד mid.
708. a) Ber. 37a, אורז. θ 11 o [1]. — S T מיל mil.
b) B.M. 40a, אורז. *m* γ 20 B מיל mil — β (en marge) *y* מייל miil — q מייל miil.
709. Guit. 69a, פירביא דסילקא. 3 39 מנצודרא mnçudra — m O — u מיצדירש miçdurs — 14 מינוציור minuçiir — 17 דנציורא dnçiura — S מציגדור' mçindur' — S² מצינדורא mçindura [2].
710. a) Sab. 74b, דפרים. e l 50 S מינציור minçiir — ι מנציור mnçiir — 11 מונציר munçir — 12 o.
b) Beç. 17b, רסק. *b* מינציור minçiir — λ דמנוציר dmnuçir — μ מנוזייר mnuziir — 5 דמנמיר dmnmir — 6 דמונצר dminçr — 7 מינצר minçr — 12 S מינציר minçir — 13 דימינוצור diminuçur — 45 מיני ציור mini çiir.
c) Houl. 31a, מופרמי. θ מנשדיש mnsdis — ρ S מינציירש minçiirs — 8 מינשידיש mensedes — s מנציירדש mnçiirds — 44 מינוצר minuçr (it. *minuz[z]ar*).
711. a) Sab. 104b, סקרתא. e ι L מיניא minia — l מינייא miniia — 11 [מין] — 12 o — 50 מינא mina — S אימניא aimnia — B² אמיניא aminia [3].
b) Guit. 19a, סקרתא. m u 14 39 מינא mina — 17 מניו mniu (it. *minio*?) — S² מיניאו miniau (it. *minio*) [4].
c) Bek. 58a, סקרתא. 2 G מיצא miça — 4 o — B מציא mçia.
712. a) Sab. 149a, מראה. e l 6 מירדוייר mirduiir — ι 50 o — 44 מירודייר mirudiir — S מירואייר miruaiir.
b) A.Z. 29a, מראה. v מידרור midrur (pr. *mirador*) — S מירדוייר mirduiir.
c) Houl. 16b, מראה. θ מרדוייר mrduiir — ρ 8 S מירדוייר mirduiir — ξ מירואור miruaur.
713. a) Sab. 90a, מוחטין. e ι l 11 50 S מוקייר mukiir — 12 o — 44 איסמוקרי aismukri (it. *ismoc[c]are*).
b) Beç. 22a, לכוחוש. *h* מושקייר muskiir — λ μ 5 6 7 13 S T מוקייר mukiir — 12 מוקייר mokier — 45 מוקיץ mukiç — a מוציור muçiir —

---

1. Ces deux manuscrits substituent à la glose la phrase hébraïque, דומה לחטה, « il ressemble au blé ».
2. V suit S².
3. V suit S.
4. m et 39 ont un *u* surmonté d'un signe : ב.

714. *Modle* [?], « modèle », (de contrat de divorce ; un contrat de divorce en blanc).

715. *Mo[il]lier*, « mouiller ».

716. *Moiol*, « jaune de l'œuf ».

717. *Mole*, « meule (à aiguiser) ».

718. *Moles*, « tenailles, pinces ».

719. *Mols*, « mous » (en parlant d'olives ramollies).

720. a) *Molse*, « mousse » (plante).

b) *Molse*, « duvet ».

721. *Morier*, « mûrier ».

722. *Morsels*[?], « bouchées ».

723. *Morsillant* [?], « mangeant par petites bouchées ».

724. *Mortier*, « mortier (à piler) ».

---

*s* מוציר muçir — A אובציר aubçir — F מוקיר mukir — B² מוקאר mukar (it. *mocar*).

c) San. 67b, מנפץ. E מוקיר mukir — S מוקייר mukiir.

d) Men. 107a, מחטטין. 2 o — Z מוקאר mukar (pr. *mocar*) — B ממוקיד mmukid — B² ממוקיר mmukir.

714. Zeb. 3a, טפום. f מזללא mzlla — B מולל mull.

715. B.M. 85b, אשטר. *m y* 20 I מולייר muliir — β מוליר mulir — γ מולייד muliid — q מויליר muiilir — S מוליית muliit (ou -ות -ut) — B מוליור muliur — E מוליאר muliar (cat. *mollar* ?).

716. a) 'A.Z. 40a, חלמון. *v* מוייוילי muiiuili — δ A מויא muia — S מויול muiul.

b) Houl. 64a, חלמון. θ מזול mzul — ρ מיוולי miiuli — δ' מוויול muliul — s S מייול muiil — 44 מויול muiul.

717. 'A.Z. 75b, אבן של נפחים. *v* S מולא mula.

718. Yeb. 43a, מלקט. d *j* מולש muls — S טנלש tnls.

719. a) 'A.Z. 39b, מגולגלין. *v* S מולש muls.

b) 'A.Z. 40b, דדפי טובא. *v* S מולש muls [1].

720. a) Sab. 20b, זאזא. e ι l 12 S מולשא mulsa — k מושא musa — t מוש mus — 11 'מולש muls' — 50 אושא ausa.

b) Houl. 56b, גוצה. θ מושלא musla — ρ 'מולש muls' — δ s מולשא mulsa — 15 שולשא sulsa — S מולש muls.

721. Sab. 67b, תות. e 12 S מורייר muriir — ι o — l מוריד murid — 11 מודיי mudii — 50 מורייד muriid.

722. Souk. 26a, ד"ה תרתי או תלת. 5 מורשיליש mursilis — 6 מורשלייש mursliis — 17 o — S מורשייליש mursiils — T מורשיל mursil.

723. Sab. 140b, ליבצע בצועי. — e מורשילידש mursilids — ι 12 50 o — l מורשיילנט mursiilant — 6 11 מורשיל mursil — S מורשליונט murs liunt.

724. a) Sab. 77b, אסיתא. e l 50 S מורטייר murtiir — ι מורטייאר murtiiar — 11 o — 12 מרטיר mrtir.

b) 'Er. 87a, אסיתא. e מרטייר (pr.) morter — *h* מורטייר murtiir — 6 50 S מורטיר murtir — F מוקטייר muktiir.

---

1. Yeb. 80b. c a מיל mul, *mol* « mou », pour traduire לקוי. *j* b S : o; V [רך].

725. a) *Mostede* [?] (du poisson) « moite, frais ».
b) *Mostedes* [?] (des pierres) « humides, chargées d'eau ».
726. a) *Mostnice*, « espèce de plastron ou bavette pourvue de cordons pour l'attacher autour du cou, et ornée d'or ».
b) *Mostnices*, « colliers [?] ».
727. a, b, d, e) *Mote*, « motte (de terre) ».
c) *Moteș*, « mottes (de terre) ».
728. *Motel*, « masse (de levain) ».
729. *Mudel* [?] « muselière ».
730. **Murfetne* [?], [all.], « sablière, poutre posée horizontalement sur un mur pour porter la toiture ».
731. a) *Musg[u]e*, « musc ».
b, c) *Musg[u]e*, « muguet, maladie de la bouche ».

---

c) ·Er. 102a, אסיתא. e S מורטייר murtiir — 6 38 F B מורטיר murtir [1].

725. a) Béç. 24b, מפולמים. — *h* מוישטא muista — λ 5 6 7 מושטייא mustiia — μ מוייטאש muiitas — 12 מושטרא mustra — 13 o — 45 משטדא mstda — S מוייטא muiita — B אמי ami.
b) Hag. 12a, מפולמות. λ מושטריש mustris — 5 מושטריט mustrit — 6 מושטדיט mustdit — 13 S o — E מושטרין mustrin.

726. a) Sab. 59b, מנקטא פארי. e l 50 S מושטניצא mustniça — ι 12 o — 11 משטינצא mstinça.
b) Qid. 9a, ד"ה חומרי. / מושטנינט mustnint — μ o — n מושטניינא mustniina — 10 מושטניאש mustnias — c מושטניינש mustniins — F מושטניש mustniis — B 'ארשטני' austni' [2].

727. a) Pes. 62b, קלא. 6 27 B מוטא muta — E מוטה muth [3].
b) R.H. 25a, קלא. *x* λ 5 13 S מוטא muta.
c) B.Q. 69a, קדודות. α p מוֹטש motes — β מו ששטף mu sstp — y מוטוניש mutunis — o מטונש mtuns — r S מוטש muts.
d) B.Q. 92b, קלא. α p o — β *y* o r S מוטא muta.
e) B.M. 30b, קלא. *m* β *y* q 20 מוטא muta — γ מוֹטו mot — B מרטא mrta.

728. Houl. 129a, כופת שאור. θ ρ S מוטייל mutiil — 8 מוטא muta — s מטון mtun.

729. Sab. 51b, בזממא. e מודל mudl — ι o — l 44 מודייל mudiil — 11 12 50 מורייל muriil — S מוזיל muzil.

730. B.B. 6a, אפריזא. 9 מורפינט murpint — S B o.

731. a) Ber. 43a, ממושק. — θ מושגו musgu — 11 מושקו musku [4] — S מושגא musga.

---

1. V suit S.
2. Les mss. c et 10 et l'éd. F mettent la glose après le mot בוטונש; *j* et *n* s'accordent avec V en le mettant après le mot פובלש.
3. Dans 27 la glose se trouve en marge.
4. Cette leçon de 11 est douteuse. Voici ce qu'on lit dans le ms. : חוץ

732. *Nafradura [prov.], « blessure ».

733. **Narbone, « Narbonne ».

734. **Naveta [prov. ou ital.], « navette (de tisserand) ».

735. Neel, « nielle » (gravure).

736. Neele, « nielle » (gravure).

737. Neele, « nielle » (plante).

738. Neeler, « nieller » (graver).

739. Nesples, « nèfles ».

740. Nitre, « nitre [?] ».

---

b) B.M. 85a, צפירנא. *m* מושג׳ musg' — β 20 o — γ *y* q B מושגא musga [1].

c) ʻA.Z. 28a, צפידנא. v מושגא musga — S O (IV, 42a, § 148) מישגא misga.

732. San. 109b, פצע. S נפרדורא nprdura — E o.

733. Houl. 90b, ד"ה ומשמונים ושתים ריבוא. θ ρ 8 S o — s נרבונא nrbuna [2].

734. Sab. 96b, בוכיאר. e l 11 12 50 S o — ι נביטא naveta [3].

735. a) Guit. 7a, s. v. כלולא. 3 t 14 S[a] נויל niil — m נוילא niila — u מויל mil — 17 כיל kail.

b) Houl. 25b, s. v. לכרכר. θ 8 s S נויל niil — ɣ ניאל nial — S[a] ניל nil.

736. Sot. 49b, s. v. אבן של מלח. B נאולא naula.

737. a) Ber. 40a, קצח. θ מילא...גזילא mila...gzila — 11 מולא...נוילא mila... niila — S נוילא niila [4].

b) Pes. 35a, שוצניתא. 6 נוילא neiila — 27 B נוילא niila.

738. Sab. 18a, ד"ה גפרית. e נוילר niilr — ι k 11 נויל niil — l צליר çlir (glose en marge, à peine lisible) — t נליור nliir — 12 נווליד niilid — 50 טוילד teled — S נווליר niilir.

739. Guit. 71a, s. v. בפירי. *l* נשפלשי nsplsi (et en marge : מִשְׁפְּלַן misplan [all.]) — 3 נישפליש nisplis — m u S נישפלש nispls — 14 נישפולש nispuls (pr. *nespolas*) — 17 נשפלין nsplin — c נפלאש nplas — V נישפלה nisplh.

740. a) Sab. 89b, נתר. e נוטרי nitri (pr. *nitre*) — ι נטרה nitrh — l 11 12 50 V נוטרא nitra — S נוטראה nitrah.

---

..ממושקו ׳שהוא; le texte imprimé porte : ..חוץ ממושק ׳מושגא בלעז שהוא. Le copiste de 11 a donc substitué au mot hébreu מושק une forme מושקו.

1. ʻEr. 41b, S explique הדרוקן par מושגא musga, *musg[u]e*, « maladie de la bouche ». e *h* 6 50 E F : o.

2. Contexte de la glose : העוסקות בה [לימוד בני נ׳ ].

3. Contexte de la glose : בוכיאר [נ׳ בלע׳]כלי שקנה...

4. θ et 11 ont le contexte suivant : [הוא זרע שהורה דומה לפלפל ונמצאת בין החטים ו]רבותינו פירשו מולא אבל שמעתי שהוא מין זרע שזורעין אותו בארץ ישמעאל [וקורין אותו נוילא] (θ substitue à נוילא *niila* la forme corrompue גזילא gzila). La leçon de Raschi est remplacée par la forme corrompue *mila*, et on a ajouté à la fin la glose *niila*, dérivée p.-é. de l'*Aroukh*, s. v. קצח, et qui peut représenter une forme italienne *nijella*.

741. a, b, c, d, e, f, **h) *Nosche*, « broche, fermoir ».

*g) *Nosches* [?], « broches, fermoirs ».

742. *Nuisement*, « tort, dommage ».

743. *Nuitum* [?], « lutin ».

744. **Nutiun* [?], « lutin ».

745. *Obledes*, « oublies, pâtisseries ».

746. *Oiseles*, « oseilles ».

---

b) SAN. 49b, נתר. S ניתרא nitra.[1]

c) M.Q. 17b, נתר. 49 ניטרא nitra — S o — λ 6 [1] ?

741. a) SAB. 54a, כבינתי. e l 11 12 50 S נושקא nuska — ι o.

b) SAB. 57a, עיר של זהב. e ι l 11 12 *s* 1 50 S O (II, 39a, § 84, 4) R. Ascher. W (§ 239) נושקא nuska — A טוסקא tska.

c) SAB. 62a, מכבנתא. e l 11 12 50 *s* A O (II, 39a, § 84, 4) W (§ 239) נושקא nuska — ₆ נושקלא nuskla (pr. *noscla*) — B נושקאה nuskah — S נושקא' nuska'[2].

d) YOM. 25a, בכוליאר. *i* μ 5 B נושקא nuska.

e) GUIT. 15a, כבינתי. *l* קא... (marge enlevée)...ka — 3 u 14 S² נושקא nuska — m נושק' nusk' — 17ᵃ [חפץ] — 17ᵇ o — 39 נושקלא nuskla (pr. *noscla* ?)

f) SCHEB. 6b, כבנתי. ʒ μ 37 S נושקא nuska — π נישקל niskl (pr. *noscla* ?) — u נושקא noske — 24 יושקא iuska.

*g) M.Q. 12b, שירין. λ o — 6 בוקי buki — S נושקי nuski (it. *nusche*)[3].

**h) B. B. 151b, כבינתי. S B T (*ad* B. B. 156b) נושקא nuska.

742. MEG. 11a, שמנה. 5 ? — 6 [נבוי שמנה] — 17 נוישמנט nuiismnt — E כודמנט kudmnt — 13 S [שנמונה'].

743. BEK. 44b, בן נפילים. 2 o — 4 o (l'espace en blanc) — 29 ? — B נוויטום nuiitum — V נוויטון nuiitun.

744. ME'IL. 17b, בן תכיליון. 2 טטיון ttiun — E o — B Z (correction de T) נוטיון nutiun — T למיטוך lmtuk.

745. a) BER. 41b, פת שנלושה עם תבלין. θ אובלודיש aubludis — 11 אובלוריש aubluris — a אובלרייש aublriis — v אובלדייש aubldiis — *s* אובלייש aubliis — A אובליש aublis — S אובליאש aublias — O (I, 51a, § 149) אבליאש ablias.

b) BER. 42a, לחמניות. θ אובלידש aublids — 11 אובלדיש aubldis — a *s* אובליידש aubliids — v אובלדייש aubldiis — A אובלוייש aubluiis — S אובליאייש aubliaiis — B² אובלייאש aubliias — T U (5a) אובליאש aublias — Citation dans R. Ascher אובלניו aublniu — O (I, 51a, § 149) אבוליש aubils.

746. SOUK. 39b, ירבוזין. 5 o — 6 (ajouté au-dessus de la ligne) אוישליש auislis — 17 אוישיליש auisilis — S אווידלש auiidls.

---

1. Contexte dans 49 : נתר מין אדמה שמכבסין היבמה ולועזין נ', « espèce de terre avec laquelle on lave (des vêtements) ».

2. Cf. aussi 417d.

3. Il y a deux points sur l'*i* de *nuski* dans S ; on a interprété ces points comme des marques d'abréviation, et par conséquent nous avons le נושקיא nuskia de V.

747. *Okrin*, « cuvette, baquet ».

748. *Olme*, « orme ».

749. *Ondede*, « ondée, averse ».

750. *Ordir*, « ourdir, tendre les fils de la chaîne pour faire un tissu ».

751. *Ordon*, « rangées de ceps de vigne ».

752. **Orel*, « écharpe pour couvrir surtout la tête ».

753. *Orels*, « fils qui forment le bord d'un vêtement ».

754. *Orpiment*, « orpiment ».

---

747. a) B.M. 84b, משוכלי. *m* אוקרי' aukri' — β γ *y* q אוקרין aukrin — 20 o — S אונקרין aunkrin — B קונקרי kunkri [1].
b) 'A.Z. 51b, משכילתא, « en langue slave » : ν אוקורין aukurin — S אוקדון aukdun [2].

748. R.H. 23a, בוטמי. *x* S אולמי aulmi — λ 5 13 אולמו aulmu (it. *olmo*).

749. Meg. 28b, זולחא דמיטרא. 5 ? — 6 13 S o — 17 אונרדא aunrde — A אונדיאה aundiah.

750. a) Sab. 73a, מיסך. e ι l 11 12 *s* 1 44 50 S אורדיר aurdir — A אורדיא aurdia.
b) Nid. 58a, המווי. μ S אורדיר aurdir — ρ אורדייר aurdiir.

751. B.M. 89b, אומנות. *m* אורינט aurint — β γ *y* q אורדון aurdun — 20 o — B אורמן aurmn.

752. Nid. 57b, פוליום. μ ρ o — S O (I, 93b, § 351) אוריל auril [3].

753. a) 'Er. 96b. הוטים. e אורוילש auriils — *b* אורוילויש auriilis (cat. *orelles*) — 6 אודרויש audliis — F אורילויאש auriliias (esp. *orillas*) — S אוריל auril.
b) Men. 42a, חוטין. 2 4 אורוילש auriils — B אורילש aurils.

754. a) Sab. 104b, סמא. e l 50 A אורפימנט aurpimnt — ι S אורפימוינט aurpimint — 11 אורו פימונטו auru pimiutu (it. *oro pimento?*) — 12 אורפימנטו aurpinmtu (it. *orpimento*).
b) Meg. 18b, סמא. 5 אארופו מינטו aarupu mintu (it. *auropomento?*) — 6 אאוריפימנט aauripimnt (pr. *auripiment?*) — 13 אאורו פומינמטו aauru puminmtu (it. *auro pomento?*) — 17 *s* 1 אורפימנט aurpimnt — a ארמפינט armpint — ν אורמפינט aurmpint — *v* אופירמש aupirms — S אאורו פומינטו aauru pumintu (it. *auro pomento?*) — V אורפומניטו aurpumnitu (it. *orpomento?*)
c) Guit. 19a, סמא. 3 m c 39 S[2] אורפומנט aurpimnt — u אורפימנט orpimnt — 14 אורופימנט aurupimnt (it. *auropiment?*) — 17 אורפימנטו orpimanto (it. *orpimento*).
d) Houl. 88b, זרניך. θ אורפימנטי aurpimnti — ρ אור פימנט aur pimnt — 8 8 S O (I, 109a, § 396) אורפימנט aurpimnt — 44 ...אורפומי aurpumi...

1. γ dit que la glose est allemande; q la traite d'allemande, mais ce dernier mot est biffé et remplacé par « française ».

2. ν dit que la glose est allemande.

3. O attribue la glose à R. Samuël b. Méïr, petit-fils de Raschi. Il est donc possible que S a tiré la glose de la même source.

754 bis. a) *Ortie*, » ortie ». b, c, d, e, f, g) *Orties*, « orties ».

755. *Or*[*u*]*gue*, « roquette (plante) ».

756. *Osereid*, « oseraie ».

757. *Osieres*, « osiers ».

758. *Ostoir*, « épervier ».

759. **Ovredure* [?], « linteau, ce qui est au-dessus d'une porte ».

---

754 *bis* a) SAB. 20b, שברא. e 11 50 אורטויא aurtiia — ι אורטויה aurtiih — k אורטידוש aurtidus — 1 t S I אורטיאה aurtiah — 12 o — V אורטיא aurtia.
b) SAB. 152a, חולפי. e ι l B אורטיאש aurtias — 6 50 אורטויש aurtiis — E אורטיגאש aurtigas (esp. *ortigas*) — S אוטיאש autias [1].
c) B.M. 23b, חלפי. *m* γ q 20 אורטיאש aurtias — *y* איטואיש autias — β אורטיש aurtis — B אורטיא aurtia.
d) SAN. 44a, חולפי. E אורטיגאש aurtigas (esp. *ortigas*) — S אורטויאש aurtiias.
e) SAN. 103a, חרולים. E אורטיגאש aurtigas (esp. *ortigas*) — S אורטיגש aurtigs (pr. *ortigas*).
f) HOUL. 62b, חלפי. θ ρ s אורטייש aurtiis — 8 אוֹרְטוּיֵיש ortiuiias [2]. — 15 אמטייש amtiis — S אורטיאש aurtias.
g) HOUL. 110a, חולפי. θ אודטוישי aidtiisi — ρ אורטיישי aurtiisi — 8 אוירטייש auirtiis — s אורטיאש aurtias — S אורטויש aurtiis.

755. a) SAB. 109a, גרגירא. — e l 12 50 S אורוגא auruga — ι אורוגו aurugu — 11 רוקא ruka (it. *ruca*).
b) 'ER. 28a, גרגיר. e איירוגא aiiruga (pr. *eruga*) — *h* 50 F S אורוגא auruga — 6 o.
c) YOM. 18b, הגרגיר. *i* μ 5 אורוגא auruga — B ארוגא aruga.
d) SOUK. 39b, גרגיר של אפר. 5 6 S אורוגא auruga — 17 או רוגא au ruga.
e) GUIT. 69b, גלגילא. 3 m אורגא aurga — u אורונא auruna — 14 39 S אורוגא auruga — 17 או רוגא au ruga.
f) 'A.Z. 10b, גרגירא. *v* אירוגא airuga (pr. *eruga*) — E אורוגא auruga — S רוקא ruka (it. *ruca*).

756. a) SOT. 12b, אגם. E אושיידיר ausiidir — B o.
b) QID. 72a, ארבא תגיונא. *j* אורשיר aursir — μ שלצש slçs — 3 אושריר ausrir — n אושרידי ausridi — 10 אושריירא ausriira (ou דא-, -da) — F שאלדירא salzira (cat. *salzeda* ?) — B אושרא ausra.

757. 'ER. 34b, אורבנין. e אושיירש ausiirs — *h* אושראש ausras — 6 אוזריש auzris — 36 אוזרייש auzriis — 50 אושיראש ausiras — F אושושייש aussiis — ST אורשריש aursris.

758. HOUL. 42a, חגם. θ $S^{2}$ אוסטוויר austuiir — ρ אשטורי asturi (it. *astore*) — 8 אוֹשטוֹיר ostoir — s אושטור austur — *u* S אושטוויר austuiir — ר אשטווייר astuuiir — 44 אשטור astur (it. *astor*) — Citation dans *Bet Yosef* (*Yoreh Déah*, § 57, éd. 1564) : אסטור astur (esp. *azlor* ?)

759. M.Q. 11a, s.v. הפתח. λ 6 אוברדורא aubrdura — S אוברטור aubrtur.

---

1. V suit B.

2. Une main italienne postérieure a inséré au-dessus de la ligne dans le ms. 8 le mot אורטיקא aurtika (it. *ortica*).

760. *Ovrez*, « (des étoffes) ornées de dessins de couleurs ».

761. *Padrastres* [?], « parâtres, beaux-pères ».

762. *Pail[l]ole*, « paillettes, parcelles d'or ».

763. *Pais[s]els*, « échalas, pieux pour soutenir des ceps de vigne ».

764. *Pais[s]ion*, « épilepsie ».

765. *Pal*, « pieu, poteau ».

766. *Pal-*[?], « palis, clôture ».

767. **Pàlaisin* [?], « paralysie ».

768. *Palastre*, « pièce, morceau (pour le raccommodage) ».

---

760. a) SAB. 22a, בקרמים. e l אובריץ aubriç — ι אוברדיץ aubrdiç — k ברושדיץ brusdiç — t אובירית aubiriç — 11 12 50 o — S אובריוץ aubriiç.
b) SAB. 45a, קרמים. e ι l 11 אובריץ aubriç — 12 הובריץ hubriç — 50 אובדין aubdin — L קובריונא kubriina — S אובריונא aubriina.
c) SOUK. 10a, קרמין המצויירין. 5 אובריץ aubriç — 6 o — 17 אובריונ' aubriin' — A אוברִיא aubria — S אוכריין aukriin — V אובריין aubriin.
d) BÉÇ. 30b, קרמין. *h* 12 אובריץ aubriç — λ אוברה aubrh — μ S אובריוץ aubriiç — 5 6 o — 7 אובריר aubrir — 13 אובירויץ aubiriiç — 45 אובירן aubirn — $B^2$ טפיצאריאה tpiçariah (it. *tap[p]ez[z]aria*).
e) B.M. 60b, קרמי. *m* אובריויש aubriis — *y* מוברץ mubrç — β q 42 S אובריץ aubriç — γ אובייץ aubiiç — 20 אובריוץ aubriiç.

761. SOT. 42b, פאפי. E פדרשטרוש pdrstrus (esp. *padrastros*) — B פרשטרא prstra.

762. KET. 67a, מומלא. *k* פלוילא pluila — ξ פוליאולא puliaula — 3 פילוילא piliula — S פלאלא plala.

763. a) B.M. 103b, בקנים. *m* פורגילש purgils — β פוישיל piisil — γ פַיישְלַש paiselas — *y* פליש plis — q פילש pils — 20 פוישולש piisuls — S פושיל pusil.
**b) B.B. 69a, קנין המחולקין. — *n* o — S פוישליש puislis — B פאשילש pasils.

764. KET. 60b, *s. v.* בני נכפי. — *k* פוישימון piisimun — ξ פישאון pisaun — 3 פוישון piisun — S פוישיאון piisiaun.

765. ʿER. 34b, קונדם. e o - *h* פאל pal (*bis*) — 6 פַל pal — *s* פול pul — 50 o — F פאלא pala (esp. *pala*) — S o — $B^2$ פלו plu (it. *palo*)[1] — Ed. Giustinian (Venise, 1550) פלוקש pluks[2].

766. ʿER. 72a, מוסיפס. e פלפוס plpus — *h* פל pl — 6 S o [3] — 50 פַלְפֵיט palpet — *s* A פליש plis — F פלס pls.

767. PES. 111b, רוח פלגא. *a* (Raschi [?]) : B פלשדין plsdin.
***b* (Raschbam) : 6 B מוורשין muursin — 27 פליושין pliisin.

768. MEN. 33b, טלה. 2 B פלשטרא plstra.

---

1. V suit $B^2$.

2. Citée d'après le *Diqdouqé soferim*, qui dit que cette leçon se retrouve dans l'éd. de Bâle (1580).

3. La glose s'introduit entre דמי et ד"ה אף במוסיפס.

769. b, c) *Palde*, « pâle ».
a, d) *Paldes*, « pâle ».

770. **Pale*, voir PALDE, n° 769.

771. *Palete*, « palètte, petite pelle [?] ».

772. *Pance*, « panse, premier estomac des ruminants ».

773. b, c) *Panil*, « panic, panis ».
a) *Paniz*, « panic, panis ».

774. a, c) *Paon*, « paon ».
b) *Paon salvage*, « coq de bruyère [?] ».

---

769. a) PES. 39a, מכסופין [כל ירק שפניו]. 6 27 B פלדש plds.
b) SOT. 12a, ירקרקת. E פלדא plda — B o [1].
c) SCHEB. 6b, דיהה. ζ פלרא plra — μ 24 37 S פלדא plda — π פולדא pulda — u (en marge) פא pa — B פלדתא pldta — V פליתא plita.
d) NID. 19a, דיהה. μ ρ S פלדש plds — t פלש pls [2].

771. BÉÇ. 11b, ציר. *b* 12 פלטא plta — λ μ 13 בליטה blith — 5 בליטא blita — o 7 פליטה plith — 45 פליטא peleta — a *v* פלייטא pliita — A פלטייא pltiia — S פליטא plita.

772. a) SAB. 36a, הכרס. e ι k l t 11 50 פנצא pnça — 12 o — S פאנצא pança.
b) SOUK. 34a, הכרס. — 5 6 o — 17 B² פנצא pnça — S פנצה pnçh.
c) HOUL. 42a, הכרס. θ ρ 8 s 44 S פנצא pnça.
d) HOUL. 42b, כרס. θ ρ 8 s 15 S פנצא pnça.
e) HOUL. 49a, הכרס. θ ρ s 15 S O (I, 116b, § 413) פנצא pnça — 8 פַּנְצָא pança.
f) HOUL. 50b, סניא דיבי. θ ρ 8 s 15 44 S פנצא pnça [3].
g) HOUL. 50b, והכרס. θ ρ 8 s 15 44 *u* S פנצא pnça — A פנצה pnçh [4].
h) HOUL. 93a, הקרב [5]. θ (en marge) s *u v* 1 A פנצא pnça — ρ 8 S o.

773. a) BER. 37a, דוחן. θ מילייו [או] פניליו milliu (it. *miglio*) [ou] pniliiu (it. *paniglio?*) — 11 מילייו [או] פניקלו miliiu (it. *miglio*) [ou] pniklu (it. *paniclo*) — S פניץ pniç.
b) R.H. 13b, דוחן. *x* פסיל psil — λ 13 מילייו miliiu (it. *miglio*) — F פנייל pniil — S מיליו miliu (it. *miglio*).
c) B.M. 40a, דוחן. *m* γ 20 פנייל pniil — *y* β פניל pnil — q פַּנִייל paniil — B פטיל ptil.

774. a) B.Q. 55a, טווס. α p r פואון puaun — β o פאון paun — *y* פאוון pauun (it. *pavon*) — S² פוואון puuaun (it. *pavon*). — V פואן puuan [6].

---

1. La glose s'insère avant ד"ה בנויה.

2. NID. 62a, μ a la glose פלא pla, *pale*, pour expliquer דיהה, « pâle ». ρ S : o.

3. La glose est précédée par l'article hébreu, ה. Dans 8 elle est insérée au-dessus de la ligne, de même que דיבי, le mot précédent.

4. HOUL. 93a, avant les mots האי תרבא דתותי מתני, s a la glose קרב פנצא pnça. θ ρ 8 S : o.

5. הקרב n'indique que la situation du mot sur lequel porte la glose. De fait, les textes qui le donnent n'ont pas סוף הקרב, mais שקורין (A הכרס) בסוף כרס פנצא.

6. Dans r le deuxième *u* est écrit au-dessus de la ligne. SAB. 130a, 5c insère בלע״ז (pguni) טַוְסָא פגוני entre עופות et נאכיר. C'est l'italien *pagone* « paon ».

775. **Pape*, « bouillie ».

776. *Parasoviz*, « parfait, universel » (en parlant d'une règle).

777. *Parche*, « cuir rouge ».

778. **Parlediz*, « bavardage, commérage ».

779. *Pasmer*, « se pâmer ».

780. *Pastede*, « pâté (pâtisserie) ».

781. **Paulus*, « (saint) Paul ».

782. *Paveil*, « sorte de jonc ».

783. *Pedruge*, « petites pierres ».

784. ***Peitrail*, « poitrail, partie du harnais qui se met sur la poitrine de l'âne ».

785. *Peitral*, « poitrail, partie du harnais qui se met sur la poitrine de l'animal ».

---

b) Houl. 63a, דוכיפת. θ פואון שלוויא puaun sluuia — ρ o — s פאון שלווגא paun sluuga — 8 פאון שלבויא paon slbiia — 15 פואין של באויא puain sl baiia — S פואון שלבויא puaun slbiia — B² פאוון שלבויא puuan (it. *pavon* ?) slbiia.

c) Houl. 116a, טווסא. θ ρ s 8 פאון paun — S פואון puaun.

775. Pes. 39b, ותוקא. 6 27 B o — A פפא ppa.

776. Zeb. 4b, בולא. f פרואשבו pruasbi — B פראשביין prasbiin.

777. a) Pes. 42b, לבא. 6 *s* 1 A פורקא purka — 27 פרקא prka — B סרכא srka.

b) Houl. 28a, לכא. θ זרטיק zrtik — ρ S פרקא prka — 8 פרקא parka — s פרקא parke.

778. Nid. 66a, (עיריך) דימות. μ ρ o — S פרלדיץ prldiç.

779. a) Sab. 9b, ותעלפה. e ι פשמייר psmiir — k l t 11 12 B² (V) פשמיר psmir — 50 פשמיד psmid — B 'פשמי psmi'.

b) Guit. 69b, פירחא דליבא. 3 14 S פשמייר psmiir — m פשוויר psuiir — u 39 פשמיר psmir — 17 נשמיר usmir.

c) Nid. 69b, ותעלפה. μ ρ o — 48 אברשמיד ablsmid (pr. *ablasmed*, « s'évanouit ») — S פאשמייר pasmiir.

780. Pes. 74b, ד"ה טפליה. 6 פשטירא pstira — 27 פשטידא pasteda — B T U (138c) פשטידא pstida.

781. 'A.Z. 10a, ד"ה כתב ולשון. v ? — S o — E פאולוס paulus.

782. a) Yom. 78b, שעם. *i* פוי pavé — μ פוגי pugi — 5 o — A 'פנווי pnuii' — B פווי puii — I פוויל puiil.

b) Souk. 16a, שיפא. 5 ? — 6 A S o — 17 פוויל puiil — *s* פוי pui.

c) Souk. 20a, שיפה. 5 a פווי puui — 6 פרוי prui — 17 כוויי kuuii — A פוואי puuai — S פוויל puuil [1].

d) Yeb. 102b, שעם. *j* פווי puui — S [וגומי] — B [וגמי] — O (I, 184b, § 664) טוי tui.

e) 'A.Z. 75a, שיפא. v o — S פוויר puiur.

783. Nid. 8b, רשושין. μ פרודייא prudiia — ρ t פידרווייא pidruiia — S פרדויא prduia.

784. B.B. 78a, חבק. S פטוריל pturil — B פוטריל putril.

785. a) Sab. 53a, מסריכן. e פיטרל pitrl — ι 44 פיטורלי piturli (it. *pet[t]orale*)

1. Souk. 20b, S traduit שעם par פווייל puuiil. 5 6 17 : o.

786. *Peiz* [?], « poix ».
787. *Pele*, « pelle ».
788. *Pelede*, « pelletée ».
789. *Peleg[u]e* [?], « la pleine mer ».

---

— l פיטריל pitril — 11 פטורל pturl (it. *pet[t]oral*) — 12 o — 50 פויטרל piitrl — S פיטראל pitral [1].

b) SAB. 64a, קילקלי. e 50 פויטרל piitrl — ι S פויטראל piitral — l 11 פוטרל pitrl — 12 o — P (239b) פוויטראל puiitral — I פוטראל pitral.

786. B.M. 40a, בזפת. *m* [והיין בורע] uhiin — *y* β 20 (20 : בלע׳) [כוויץ בלעז] miiç — γ [מיין בוריע] miin — q ? — B o [2].

787. a) SAB. 122b, רחת. e 11 12 50 *s* A פלא pla — ι פלה plh — l פילא pila — ι S פאלא pala (it. *pala*) — 44 פאלה palh (it. *pala*).

b) SOUK. 13a, דוקרנים (expliqué par דקר). 5 6 o — 17 פַלש pales (cat. *pales*) — S פלא pla.

c) BÈÇ. 2a, דקר. *h* פל pl — λ (en marge) פַלו palo (it. *palo*) — μ פאלא pala — 5 6 7 12 13 *s* פלו plu (it. *palo*) — a פושור pusur — *v* פול pul — A פולא pula — S פילא pila.

c bis) YEB. 64a, עתר. d S T (*ad* Souk. 14*a*) פלא pla — *j* o — E פאלא pala (esp. *pala*).

d) B.Q. 60a, רחת. α S² פליא pliia — β *y* o r פלא pla — p פַליא paliia — S פויילא piila [5].

e) B.M. 103b, דבילא. *m* פיליה pilih — β γ *y* 20 פלא pla — q פֵילא pele — S פאלא pala (it. *pala*).

f) B.M. 105a, הרחת. *m* γ *y* S פלא pla — β פָלא pala (it. *pala*) — 20 פַלא pala (it. *pala*) — q פֵילא pele.

g) B.B. 24b, רחת. *n* 9 30 פלא pla — S "פלאי plai" — B פלה plh.

h) ʿA.Z. 15b, מזרה. *v* B T פלא pla — S פלה plh [4].

*i) TAʿAN. 21 b, דבילי. 13 40 S פלי pli (it. *pale*) — E פלא pla — B "פלי pli" — V פליא plia [5].

*j) TAʿAN. 25a, מוסא. 13 40 o — S 'פלאי plai' — V פאליא palia.

*k) TAʿAN. 25a, מורדה. 13 40 S פלא pla.

788. BER. 8a, דיבורלא. θ 11 פלידא plida — S פלאדא plada [it. *palada*].

789. a) SAB. 19a, פולגוס. e l 11 12 פלגא plga — ι פלנא plna — k o — t 50 B פילגא pilga — 44 B² פולגו pilgu (it. *pelago*) — V פולגס pilgs — O (II, 3a, § 3) פלמו plmu [6].

---

1. Dans l'exemplaire de B du Jewish Theological Seminary à New York il y a un ו (u) inséré à la main entre *t* et *r*.

2. La glose s'insère entre בזפת et כופרא.

3. V suit S².

4. V suit B.

5. Comme la majorité des textes ont *pale*, forme italienne du pluriel, et comme le lemme araméen dans le commentaire est également au pluriel, il se peut que le texte français primitif portait *peles*.

6. Le scribe de ι a écrit d'abord פלגוא plgua, qu'il a remplacé par la leçon dans le texte.

790. *Peletre*, « pyrèthre ».

791: *Pelote*, « pelote, boule ».

792. *Pelote rodonte*, « pelote ronde ».

793. *Penail*, « penne, plume ».

794. *Pendanz*, « cordons qui serventà attacher (a) un manteau, (b) une ceinture ».

795. **Per maitinet* [sic], *per matinet*, « de grand matin, de grand matin » (c.-à-d., de très bonne heure).

796. **b) *Perche*, « perche, morceau de bois ».

a) *Perches*, « perches ».

797. *Perdriz*, « perdrix ».

---

b) ‘Er. 41b, שלולית הים. e פלגא plge -- *h* פליגא pliga — 6 פִּילְגָא pelega — 50 F פלגא plga — S פולגא pilga.

790. a) Guit. 69a, חומתו. 3 S פולטרו piltru (it. *pilatro*) — m פולטרא piltra — u פירוטרא piritra — 14 o — 17 פרשא prsa — 39 פליטרא plitra.

b) Guit. 69a, דחומתו. 3 ? — m פולטרו pultru (it. *pilatro* [?]) — u פלטא plta — 14 S פילטרו piltru (it. *pilatro*) — 17 מוליטרא militra — 39 o.

791. a) Sab. 78b, כדור. e 11 50 פולוטא piluta — ι פולוטה piluth — l 12 S פלוטא pluta.

b) Souk. 36a, כדור. 5 6 o — 17 S X (f. 10b) פלוטא pluta — A פלוט' plut'.

c) San. 68a, כדור. S פלוטה pluth.

d) ‘A.Z. 40b, כדור. v S פולוטא piluta — δ *v* A פלוטא pluta [1] — v פלוט plut.

792. Houl. 64a, כדור. θ פולוטא דודונתא piluta dudunta — ρ פולוטא דורנרא piluta durnra — 8 פִּילוֹטָא רוֹדוֹנטא pelota rodonta — s פולוטא רדונטא piluta rdunta — S T פלוטא pluta.

793. Yom. 84a, גדפא דאווזא. *i* O (IV, 42a, § 148) פנויל pniil — μ 5 o — B כנויל kniil.

794. a) Sab. 59b, מפרחיותא — e פנדנץ pndnç — ι [שמפריח] — l פדנץ pdnç — 11 פינדריץ pindriç — 12 o — 50 פֵּינְדֵנִיט pendanet — S פינדצא pindça — O (II, 39b, § 84, ζ) טרק trk.

b) Sab. 111b, חוטין. e פנדיץ pndiç (pr. *penditz*?) — ι פונדין pundin — l פנדנץ pndnç — 11 פרונטיץ pruntiç — 12 o — 44 פינדריץ pindriç — 50 פנדוץ pnduç — S פינרונץ pinrunç — B פינדונץ pindunç — Ed. Cracovie (1602) פינדונס pinduns.

795. Pes. 59a, בבקר בבקר (ד"ה אין לך). 6 B o — 27 פְּרַמִיטִינְט פֶּרְמָטִינֶט per-maitinet permatinet [2].

796. a) R.H. 22b, כלונסות. *x* פרקש prks — λ 13 [עצים] — 5 o — S פירטקי pirtki (it. *perteche*).

**b) B.B. 99b, פזרא. S פירקא pirka — B פורקא purka.

797. a) Ber. 39a, פרגיות. θ E $S^{3}$ פרדיץ prdiç — 11 S פרדריץ prdriç.

b) B.Q. 55a, פסיוני. α β p פרדריץ prdriç — *y* פֶּרדיץ perdiç — o $S^{3}$ פירדיץ pirdiç — r פירדחוץ pirdḥuç — S פירדרין pirdrin.

---

1. Le ms. *v* donne la glose comme étant allemande!

2. Contexte de la glose : בבקר בבקר ומשמ' בראשית של בקרים כאדם שאומ' פ' פ' ובתמיד...

798. *Persches* [?], « pêches ».

799. **Pertuçar* [ital., ou **pertucer*, fr.], « percer ».

800. *Pesels*, « pois [?] ».

801. **Petru*[*s*], « (saint) Pierre ».

802. *Pic*, « pic (instrument de fer) ».

803. *Piece*, « penne, commencement de la chaîne, bout de fil qui sert à attacher la chaîne à l'ensouple ».

804. *Pikedure* [?], « piqûre, comme la morsure d'un serpent ».

805. *Pile*, « pile, tas ».

806. *Piler*, « pilier ».

807. **Pilon*, « pilon, instrument pour piler ».

---

798. a) SAB. 45a, אפרסקין. e פרשקש prsks — 1 o — 1 S פיקש piks — 11 פירשיקי pirsiki (it. *persiche*) — 12 פשטקיש pstkis — 50 פרשט prst (pr. *presset* ?) — B פירקש pirks — Ed. Cracovie (1602) פירסיקי pirsiki (it. *persiche*).
b) BÉÇ. 26b, אפרסקין. *h* פרשקים prskis — λ 5 פירציקא pirçika (it. *perzica* ?) — μ פוירקאש piirkas — 6 פורסקש pirsks — 7 פשקט pskt — 12 כשבש ksbs — 13 פורסקיש pirskis — 45 פרישקט priskt (pr. *preschet* ?) — S פשקיש pskis — B פרשקיש prskis — B² פירסויגי pirsiigi (it. *perseghe*) [1].

799. TA'AN. 20a, בקדרה. 13 40 פריטוצר prituçr — S פורטוצר pirtuçr — E o.

800. HOUL. 52a, חיביצי. θ (en marge ; addition postérieure) פישילש pisils — p פשליש psls — 8 o — s פשיליש psilis — 15 S פושלש pisls.

801. 'A.Z. 10a, ד"ה כתב ורשון. v? — S o — E פיטרו' pitru'.

802. a) BER. 28b, פטויש. θ 11 o — 18 S פיק pik — E פיקו piku (esp. *pico*).
b) SAB. 102b, פטויש. e ı l *s* S פיק pik — 11 פורקי purki — 12 o — 50 פורק purk.

803. SAB. 105a, בית נירא. e ı 11 50 O (II, 30b, § 65) פיצא piça — 1 S ליצא liça — l פיצא peçe — 12 o — C (*ad* Kelim XXI, 1) פיינא piina.

804. 'A.Z. 30b, נוקורי. v פיקדורא pikdura — S o.

805. 'A.Z. 40b, הפתק. v פוילא piila — S פילח pilh.

806. a) 'ER. 5a, ד"ה לחי הבולט. e פילויר piliir — *b* F פילאר pilar (esp. [?] *pilar*) — 6 50 פילור pilir — t פיליה pilih [2] — S o.
b) 'ER. 9b, עמוד. e פילויר piliir — *h* t 6 פילור pilir — 50 פיליד pilid — F פילאר pilar (esp. [?] *pilar*) — S פליור pliir.

807. SOUK. 35b. בוכנא. 6 17 S T o — A *Mahzor Vitry* (p. 431) פילון pilun — *Siddour Raschi* (§ 293) פילור pilur.

---

1. KET. 112a, ζ a le mot פרשגא prsga (pr. *persega* ?) pour expliquer אפרסקי (le ms. porte : פרסקי זהו פרשגא בלע'). *k* 14 S² : o. 3 : ?

2. Cette glose se trouve après les mots בישום חיזוק. Elle est précédée par : כזו (diagramme) יבאן קורין לו. Dans t (d'où j'emprunte cette citation), le mot לו et la glose ne forment qu'un mot, par erreur de scribe.

808. *Pin*, « pin (arbre) ».

809. *Piretre*, « pyrèthre ».

810. ***Pisón* [esp.], « pilon » [?].

811. d) *Pla[ig]nant*, « se plaignant, se lamentant ».

a, b) *Plaindre*, « se plaindre, se lamenter ».

c) *Plaindres*, « lamentations, gémissements ».

812. *Plaine*, « rabot (outil) ».

813. *Plais[s]ier*, « ployer des

---

808. a) R.H. 23a, תורניתא. *x* פיו piu — λ 13 S פיניוא piniia (it. *pigna*) — 5 פיניי pinii (it. *pigne*) — T (*ad* ‘A.Z. 14a) פין pin [1].
b) Guit. 57a, תורניתא. 3 u S פין pin — m[עץ] — 14 פירי piri (en marge נ"א פין : « un autre ms. a pin ») — 17 o — E פיין piin.
**c) B.B. 80b, תורניתא. S V פין pin — B ופין upin [2].

809. Nid. 51b, והחיומות. µ פירטרא pirtra — ρ פורטה purth — S פיטרטרא pitrtra.

810. Ta‘an. 28a, עלו. 13 40 S o — E פישון pisun.

811. a) Ket. 60a, גונח. *k* פליינדרא pliindra — ξ פליידרא pliidra — 3 o — S פליינדריא pliindria.
b) B.Q. 80a, גונח. α o r פליינדרא pliindra — β *y* o — p פְלַיינְדְרָא plaindre — S[2] פליידרא pliidra.
c) Houl. 51b, גניחותיה. θ s S פליינדרש pliindrs — ρ פליינדרא pliindra — 8 פְלַיינְדְרֵשׁ plaindres — 15 פליצטרש pliçtrs — 44 פויליגדרש piilindrs — B פליינדריש plindris.
d) Tem. 15b, גונח. 4 פלאניינש planiins (pr. *planhens*) — B פלניוט plniit.

812. a) Sab. 48b, רהיטני. e פלנא plna (pr. *plana*) — ι l 11 S פליינא pliina — 12 o — 50 פלניוא plniia (pr. *planha*).
b) Sab. 58b, רהיטני. e B[2] פלינא plina — ι l 11 50 פליינא pliina — 12 (lacune) — S פלינ' plin' — V פלינה plinh.
c) Sab. 97a, מלקט ורהיטני. e ι l 50 S פליינא pliina — 11 o — 12 פיינגא piinga [3] — V פליינה pliinh.
d) Qid. 35b, מלקט. *j* µ n 7 10 B פליינא pliina — 3 פלניוא plniia (pr. *planha*) — F פלניא plnia (pr. [?] *planha*).
e) Qid. 35b, רהיטני. *j* פלינא plina — µ n 7 10 B פליינא pliina — 3 F פלניוא plniia (pr. [?] *planha*).
f) B.Q. 119b, רהיטני. α p S[2] פליינא pliina — β *y* o.

813. a) ‘Er. 34b, כבושי כבשי כאגמא. e פלישויר plisiir — *h* פלשטיר plstir —

---

1. Sab. 90a, S a פיו piu (L פיונא piuna), *pin*, comme explication de תורניתא. e ι l 11 12 : o; 50 [עץ].

2. La leçon de S se répète, d'après le *Diqdouqé Soferim*, *ad loc.*, dans le commentaire de R. Abraham Ab Bet Din de Narbonne (vers 1110-vers 1178-9).

3. On lit dans 12 : מלקט קורין טורא רהיטני פיינגא, « On appelle מלקט tura (corruption de *radetora*, « rabot » [Ar., éd. Kohut, VII, 260 b ; 302 b ; I, 53a], qui dans les Abruzzes (Finamore) = *radimadia*) et רהיטני piinga » (cf. l'ital. [dans les Abruzzes] *pianga*, « pietra pianeggiante larga e poco spessa (Finamore)) .

joncs, des branches d'arbres, pour former une haie, un enclos ».

814. b, d) *Planche*, « planche ». a, c, *e) *Planches*, « planches ».

815. *Plaster*, « plâtrer ».

816. *Plastre*, « plâtre ».

817. b) *Plat* [ou *Plaz*], « plat ». a) *Plate*, « platte ».

818. *Plate*, « lingot ».

819. *Pleiede*, « pliée ».

820. *Pleiediz*, « pliable, flexible ».

---

6 פלשיר plsir — 36 פלי שיב pli sib [1] — 50 פְּלִוִישֵׁיר pliiser — F[כאילן] — S o.

b) Béç. 13b, ד"ה הוה מפשה. *b* λ פלווישר pliisr (pr. *plaisar*) — μ פלווישויר pliisiir — 5 44 45 פלווישיר pliisir — 6 o — 7 פלישטר plistr — 12 פלווישרא pliisra — 13 פלשייר plsiir — S פלווישויץ pliisiç.

c) B.M. 108b, ד"ה אי ריכבא דדיקלא. *m* פלישויר plisiir — β *y* פלווישיר pliisir — γ q 20 פלווישויר pliisiir — S 'פלשייר plsiir' [2].

814. a) Souk. 51b, לווחין. 5 S פלנקש plnks — 6 פְּלֶנְקֶשׁ plnkes — 17 פְּלִינְקַשׁ plinkas — E פלנקא plnka.

b) Yeb. 103a, לוחתא. *j* S פלנקא plnka — b פלנקש plnks — c פלאנקא planka [3].

c) B.M. 117a, לווחין. *m* S פלנקש plnks — β γ *y* פלנקיש plnkis — q פלנקיש plnchs.

d) B.B. 21a, גמלא. *n* 'פלנק plnk' — 9 S פלנקא plnka — B o [4].

*e) M.Q. 12a, ליםודדים. 49 פלנקש plnks — S o — λ 6 ? [5].

815. Yeb. 63a, שפוץ. d פלמשטרא plmstra — *j* פלשטויר plstiir — E S פלשטיר plstir.

816. Houl. 123b, טפילה. θ ρ s S פלשטרא plstra — 8 פְּלַשְׁטְרָא plastra.

817. a) 'A.Z. 40a, כד. *v t v* δ A פלטא plta — a v פלוטא pluta — S פלטרא pltra.

b) Houl. 64a, כד. θ ρ פלץ plç — 8 פלט plat — s פלט plt — S פלטא plta — V פלוטא pluta.

818. a) B.Q. 96b, נסכא. *α* β o p r S² פלטא plta — *y* פלשא plsa.

b) B.M. 26a, נסכא. *m* סרטא slta — β *y* 20 פלשטא plsta — γ *t* A B פלטא plta — q פְּלַאטֵינֵשׁ platenes [6].

c) Men. 107a, נסכא. 2 o — B פלטא plta.

[8]19. 'A.Z. 51b, מקופלת. *v* פיוליירא piiliira — S פלוודא pliida.

820. Men. 88b, של פרקים. 2 ? — w כל ירויץ kl iriç — M 'פליורי pliiri' — B o.

---

1. Il y a des points au-dessus des deux *i* dans 36. Au-dessus de la ligne on lit כרשיר klsir.

2. B, suivi par V, substitue à la leçon de S פלשיירי plsiiri.

3. Qid. 81a, μ ajoute, après דף קצר המוטל ברוחב נהר, dans ד"ה נקט מצרא שקורין פלאנקא, planka, *planche*. 10 F B : o. n ?

4. La glose s'introduit après לוח קצרא, *s. v.* גמלא.

5. Contexte dans 49 : למודים נסרים של עץ שלועזין פ'.

6. B.M. 47a, *m* a פלטאה pltah pour expliquer אסימון. La glose s'insère après פירסא dans le ד"ה מפיק לאפיך. *y* β γ 20 B : o — q ?

821. ***Plombe*, « plomb ».

822. *Plomer*, « revêtir, recouvrir de plomb (un vase d'argile) ».

823. ***Plonte*, « plainte ».

824. b) *Plume*, « plume ».
a, c) *Plumes*, « plumes ».

825. *Podagre*, « podagre, goutte aux pieds ».

826. *Poiçons* [?], « mamelon, tétin ».

827. a) *Poindre*, « percer ».
b [?], c) *Point*, « perce ».

---

821. B.B. 89b, אבר. S [עופרת] — B פלומבא plumba.

822. a) PES. 30b, קונווא. 6 s B O(II, 115b, § 256) פלומיר plumir — 27 פלומ' plum' — 35 A פלומיד plumid — 1 פלומייר plumiir.
b) KET. 107b, מאני דקוניא. k 3 14 פלומיר plumir — ξ פלום plum — S פלומבליר plumblir.
c) 'A.Z. 33b, קוניא. v פלומייר plumiir — S פלומיד plumid — V פולמיד pulmid — T פלומיץ plumiç — T R. Elhanan פלומר plumr.
d) 'A.Z. 75b, קוניא. v פלומיר plumir — S פלומידי plumidi — B פלומירי plumiri.
e) ZEB. 54a, קוניא. f פלימיז plimiz — B פלומיר plumir — V פולמיר pulmir — Z פלומיה plumih.
f) HOUL. 47b, דקוניא. θ ρ 8 s פלומיר plumir — 15 o — 44 פלומבו plumbu — S פלומיאה plumiah [1].

823. YEB. 63b, לאנחה. j פלונטא plunta — d S o [2].

824. a) SAB. 108a, כנפי הגוף. e 11 50 פלומש plums — ι o — l פלושמש plusms — 12 פלומא pluma — S בלואש bluas.
b) HOUL. 46b, גדפא. θ פלימא plima — ρ 8 44 S פלומא pluma — s פלומ' plum' — 15 o.
c) HOUL. 56b, כנפיה. θ 15 פלומיש plumis — ρ S פלומש plums — 8 פלומא pluma — s פלומא pluma.

825. a) SOT. 10a, פודגרא. E פואקרא puakra — B פודגדא pudgra.
b) SAN. 48b, פודגרא. E B פודגרא pudgra — S פורגרא purgra [3].

826. NID. 47a, עוקץ. μ פויישונש puiisuns — ρ פומבונש pumbuns — b ביברון bibrun — S פוציצש puçiçs.

827. a) SAB. 146a, למוברז. e פונידורא punidura (pr. *ponidura*) — ι 6 50 o — l פוויינדרא puiindra — S פווינדור' puiindur' — B² פווינדורא puiindura.
b) SAN. 76b, דברזיה מיברז. S פושנט pusnt — B פונשט punst.
c) HOUL. 8a, מברז. θ ρ S פוויינט puiint — s פינויינט puniint.

---

1. Le ms. d'Oxford, Michael 237 (voir Darmesteter, *Rel. sci.*, I, 113) a פלומבו plumbu.

2. Contexte de la glose : ...כבודם של ישר ולפי שנקראים בנשוף (*sic*) קרוי להו הברים· שבא (*sic*) הנוי לאנחה ובלעז פ' נפלו מריב...

3. V suit B.

828. a) *Point*, « points (avec l'aiguille) ».

b) *Point*, « point (avec l'aiguille) ».

c) *Poinz*, « points (avec l'aiguille) ».

829. *Pointe*, « pointe (d'aiguille) ».

830. *Pointor*, « instrument de fer, dont une extrémité est pointue et l'autre à deux pointes; les copistes s'en servent (pour marquer les lignes) ».

831. a, b, c) *Pointure*, « piqûre (de flamme) ».

d) *Pointure*, « tacheture, marques ».

e) *Pointures*, « piqûres ».

832. ***Pointurer*, « piquer la chair, tatouer ».

833. *Poinz*, voir POINT, n° 828 c.

---

828. a) SAB. 73a, תפירות. e l 50 פויינט puiint — ι S o — 11 פונויט puniit — 12 פויינש puiins — 44 פונטי punti (it. *punti*) [1].
b) YEB. 5b, תכיפה. *f* פויינטא puiinta — d פוצט puçt — S פויינט puiint.
c) B.Q. 119b, הובין. α p פויינץ puiinç — β שוינט siunt — γ שויינץ siinuç — S[2] ופויינץ ipuiinç [2].

829. a) SAB. 52b, עוקצה. e l S פויינטא puiinta — ι [הראש הדק] — 11 פויינטא puuinta — 12 סויינטא suiinta — 50 פוניוטא puniita — V פונטא punta (it. *punta*).
b) SAB. 123a, עוקצה. e l 11 *s* S פויינטא puiinta — ι פרייטא priita — 12 (en marge) טויינט tiint — 1 פונטו puntu — 50 כווינטורא kiintura — A פונטוין puntin.
c) HOUL. 48b, חודה. θ s 44 פונטא punta (it. *punta*) — ρ פועיטא pueita — 8 פונטא punta (it.) — 15 o — S פווינטא puiinta — B פונטה punth (it. *punta*).

830. SOUK. 32a, הוכינק. 5 פונטויר puntiir — 6 17 פרוינטר puiintr — *s* פונטור pontor — a פונטיר puntr — A פויינצר puiinçr — D (p. 316) S פויצטור puiçtur.

831. a) KET. 39b, ריבדא. *k* פרייטורא puiitura — ξ פונטודא puntuda (pr. *pontuda*) — 3 o — 14 [הכאה שלהקזת דם] — S פונטוויורא puntuiira.
b) SAN. 93b, ריבדא. S פונויורא puoiura — E פונמרא punmra.
c) 'A.Z. 27a, ריבדא. ν פונטורא puntura (pr. *pontura*) — S פוינדרא puindra.
d) HOUL. 57a, נוקיב. θ פונטור puntur — ρ פרויטרא puiitra — 8 פויינטורא poiintura — s פונטורא puntura — 15 פווינטורא puiintura — S פויינטורא piintura.
e) NID. 67a, ריבדי. μ פויינטורא puiintura — ρ פונטורש punturs (pr. *ponturas*) — S פויינטורש puiinturs — V פוינטורט puinturt.

832. MAK. 21a, כתובת קעקע. ν פויינטוריור puiinturiir — B פויינטוריר puiinturir.

---

1. Cette glose s'insère avant le ד"ה על כינת יתפור.
2. La leçon de ℨ est douteuse ; après coup on a dû substituer un *p* à l'*s*.

834. *Poison*, « breuvage ».

835. *Poje*, « poche, grande cuiller ».

836. *Poliol*, « pouliot (plante) ».

837. *Polpe*, « partie charnue de la cuisse » (qui recouvre la tête du fémur).

838. ***Polpediz*, « charnu ».

839. *Polpier*, « pourpier (plante) ».

---

834. a) Ber. 50b, קורויטי θ 11 פוצון puçun — S פוישון puisun.
b) Sab. 139b, .אינומלין e 1 6 44 50 *s* פווישון puiisun — ι 12 o — 11 A פווישין puiisin — S פושון pusun.
·c) ‘A.Z. 30a, .אלונתית ν פווישון puiisun — S פושון pusun.
d) Houl. 6a, .אלונתית θ פווישין puiisin — ρ פישון pisun — s פושיון pusiun — B[2] פוישון puisun.

835. Béç. 14a, .בעץ פרור *h* 12 45 פוייא puiia — λ פוריא puria — μ פוויאה puiiah — 5 6 7 13 o — S פוקיא pukia.

836. a) Ber. 44b, .סוסון θ פוליוו puliiu (it. *pulejjo*) — 11 [פולין] pulin — S פוליאול puliaul.
b) Ber. 57b, .סוסין θ פוליול puliul — 11 [פולין] pulin — S פוליאול puliaul.
c) Sab. 109b, .פותנק e פוליול puliul — ι טוליזל tulizl — I 11 פולייול puliiul — 12 [עשב] — 50 פוליו puliu (it. *pulejo*) — 1 פולייא puliia — S פולאל pulal [1].
d) Sab. 128a, .צתרי e : 1 פוליול puliul — 11 50 פולייול puliiul — 12 o — A פוליצול puliçul — S פוליאול puliaul.
e) Ket. 77b, .פולא *k* פולאלן pulaln — ξ פוליאול puliaul — 3 פליול pliul — 14 פוליול puliul — S פוליון puliun.
f) Guit. 69b, .סיסין 3 פוליור puliur — m פולאל pulal — u S פוליאול puliaul — 14 פוליו puliu (it. *pulejo*) — 17 [פולין] pulin — 39 פוליול puliul.
g) ‘A. Z. 29a, .סוסון ν בליול bliul — S פוליול puliul.
h) Nid. 51a, .סיאה μ S פוליול puliul — ρ פוליו puliu (it. *pulejo*) — I פולאו pulau.

837. a) ‘A.Z. 25a, .שופי ν E S I פולפא pulpa.
b) Houl. 89b, כף, 0 ρ s 8 *v* S פולפא pulpa — A פלפא plpa.
*c) Ker. 21a, .כף הירך 2 B פולפא pulpa.

838. Houl. 93b, .בצד הכשר θ 8 s S o — ρ פולפריץ pulpriç [2].

839. a) ‘Er. 28a, .הלגלוגות e פולפייר pulpiir — *b* S פולפיר pulpir — 6 50 פולפיד pulpid — F פוליפיר pulipir.

---

1. Quelques lignes avant cette glose se trouve le mot ווערד, expliqué dans A par פוליאול, puliaul. e ι l 11 12 50 S : o. Une glose פוליי pulii, introduite à la même page dans ι pour expliquer ד'ה ואולא פותנק, représente une forme du pr. *polieg* ; e l 11 12 50 S : o.

2. Contexte de la glose : פנימי סמוך לעצם קולית שקורין דורדוויל בצד הכשר פ' [voir REDONDEL, nº 883a, n.]. Cette phrase remplace le ד"ה פנימי de V.

840. b) *Pomel*, « pommette, ornement de chandelier ».

a) *Pomels*, « pommettes (partie de la joue) ».

841. *Ponton*, « grand tonneau ».

842. *Popedes*, « paquets de lin sérancé ».

843. *Poplier*, « peuplier ».

844. *Porceint*, « ceinture ».

845. *Porche*, « vestibule, pièce devant une maison ».

---

b) Yom. 18b, הלגלוגות. *i* 5 פולפייר pulpiir — μ פולפיר pulpir — B פילפור pilpur.

c) Souk. 39b, חלגלוגות. 5 פלפיר plpir — 6 פולפיר pulpir [1] — 17 פולפייר pulpiir — S פולפיד pulpid.

d) R.H. 26b, פרפחיני. *x* פולפייר pulpiir — λ 5 13 S פורקקלי purkkli (it. *porcac[c]le*).

e) Meg. 18a, פרפחיני. 5 13 S פורקקלי purkkli (it. *porcac[c]le*) — 6 פוליויקר puliikr — 17 פולפייר pulpiir.

840. a) A.Z. 30b, רומני דאפי. v פומילש pumils — S פומילא pumila.

b) Men. 28b, כפתור. 2 B פומל puml.

841. R.H. 27a, פיטם. *x* פוטיין putiin — 5 λ V פונטין puntin — 13 o — S פונטון puntun — Ed. Cracovie (1603) סונטון suntun.

842. a) B.M. 21a, אניצי. *m* : *et dans notre langue* פופיואש pupiias — β *y* o — q b פופיאש pupias — 20 מורפרש morpras — B פופיר pupir.

b) Houl. 51b, בודרו. θ פרש prs — ρ פופיריש pupiris — 8 (en marge) טפדש tpds — s S פופידש pupids — 15 שפידש spids [2].

843. Guit. 68b, חולפא. 3 17 39 S פופלייר pupliir — m 14 [צפצפה] — u סופלייאר supliiar.

844. a) Sab. 13b, סינר. e פרצינט percint (pr.?) — ι פרשניוט prsniit — k פורצינש purçins — l פורציוט purçiit — t פורשיינגו pirsiinnu — 11 o — 12 פורצינטט purcintt — 50 פורצינטא purçinta — B³ פורציונש purçiins — S פורציינט purçiint.

b) Nid. 13b, פבולגיא. μ פורציינט purçiint — ρ פורצנט purçnt — t פורצינש purçins — S פורצינט purçint.

c) Ned. 55b, פלוניא. v פורצט purçt — B o [3].

845. a) Ber. 22b, קילעא. θ פ...א (trois lettres effacées) p...a — 11 o — S פורקא purka — B² פורטיגו purtigu (it. *portego*).

b) Souk. 3b, אכסדרא. 5 17 S פורקא purka — 6 o — V פורטקא purtka (it. *porteca*).

c) Souk. 8b, בית שער. 5 A S X (f. 8b) פורקא purka — 6 פורטא purta (it. *porta*) — 17 פורטו purtu (it. *porto*).

d) B.Q. 19b, קולעא. α β *y* o פורקא purka — S פרקא prka — p r ?

---

1. Dans 6 on a inséré en marge le mot italien פורקקלי purkkli, c'est-à-dire *porcac[c]le*.

2. Dans θ une main postérieure a ajouté פו pu au commencement de la glose.

3. Cette glose se trouve après le mot סינר.

846. *Porels* [?], « poireaux ».
847. *Porje*, » vestibule, pièce devant une maison ».
848. *Port*, « port (de mer) ».
849. *Posle*, « croupière ».
850. *Poste*, « ponte, quantité d'œufs que l'oiseau porte en une fois dans ses entrailles ».
851. *Posterne* [?], « poterne, petite porte ».

---

e) B.B. 11b, בית שער. *n* פּוֹרְקָא poreka — 9 S V פורקא purka — B 'פורק purk'.
f) 'A.Z. 24a, קוֹלְנָא. *v* פודתא pudta — 23 פּוּרְקָא purka — S פורקא purka.
846. a) Ber. 9b, כרתי. θ 44 פוריש puris — 11 פריש purs (pr. *pors*) — S פוריויש puriis.
b) Souk. 34b, כרתי. 5 6 o — 17 פוריש puris — *s* 1 פוריויש puriis — A פורש purs (pr. *pors*) — S פורי puri (it. *por*[*r*]*i*).
c) Béç. 17b, קפלוטות. *h* פורני purni — λ 5 פוריש puris — μ פוריוט purii — 7 כורשי kursi — 6 פורוש purus — 12 פורשי pursi — 13 45 פורש purs (pr. *pors*) — S פוריויש puriis.
d) B.B. 18b, כרישין. *n* B פורילש purils — 9 S פוריוילש puriils.
e) 'A.Z. 10b, כרתי. *v* o — E פורש purs (pr. *pors*) — S פּוריש puris.
*f) Ker. 15b, קפלוט. 2 B פורש purs (pr. *pors* ?).
847. Pes. 72b, קירעא. 6 o — 27 פורטא purta (it. *porta*) — B פורויא puriia.
848. a) 'Er. 41b, לנמיר. e *h* פורט purt — 6 S פורטו purtu (it. *porto*) — 50 פּוֹרְט port — *s* A פורטא purta — F פואירטו puairtu (esp. *puerto*).
b) Yom. 38a, לנמלה. *i* μ פורט purt — 5 B פורטו purtu (it. *porto*).
c) Yom. 77a, ופרוותא. 5 ? — *i* פּוֹרְטוֹ porto (it. *porto*) — μ B פורט purt — E פורטו purtu.
d) R. H. 23a, פרוותא. *x* פּוֹרְט port — λ 5 13 S פורטו purtu (it. *porto*) — E פורט purt.
e) Meg. 6a, אקרא. 5 13 E S פורטו purtu (it. *porto*) — 6 o — 17 פורט purt.
f) 'A.Z. 34b, נמירא. *v* פּוֹרְט port — a v פוארוט puarut — δ *t v* פורטא purta — 1 A S פורט purt.
g) Houl. 95b, נמיר. θ פּוֹרְט port — ρ 8 s S פורט purt [1].
h) Nid. 67a, נמל. μ ρ S פורט purt — V פורטו purtu (it. *porto*).
*i) M.Q. 10b, אקרא. 49 'פורט purt' — S o — λ 6 ? [2]
849. a) Sab. 53a, רצועה. e פושטלא pustla — ι 11 o — 1 12 S פושלא pusla — 50 פולשילא pulsila.
b) Sab. 54a, בטולטלת. e ι 1 12 44 *s* S פושלא pusla — 11 פולשא pelsa — 50 פולשא pulsa — A בשטלא bstla.
850. Houl. 58a, יוחלא. θ ρ 8 s 15 44 S פושטא pusta — V פושטח pustḥ.
851. B.M. 33a, פשפשים. *m* q o — β *y* פושטרינא pustrina — γ פושטירפון pustirpun — 20 פושרניץ pusrniç — B פושטיר pustir.

---

1. On a ajouté en ms. des points-voyelles dans l'exemplaire de S de Munich; on y lit פּוֹרְט port.

2. Contexte dans 49 : 'אקרא נמיר פ.

852. *Pote*, « patte ».

853. *Prembre*, « presser ».

854. a, *e) *Pres[s]e*, « presse, deux longues planches entre lesquelles on place les vêtements à presser, et que l'on serre ».

b. *c) *Pres[s]e*, « presse » (sans indication précise du sens).

*d) *Presse*, « pressoir (pour les dattes) ».

855. ***Pres[s]e* [?], « bâton qui s'élève et descend dans les métiers des femmes (liais ?) ».

856. b) *Prived*, « familier, accoutumé ».

a, d, e) *Privez*, « familier, intime ».

---

852. Houl. 52b, סחופיה. θ s 15 פוטא puta — ρ בטא batta — 8 פונטא ponta — S פלוטא pluta [1].

853. a) Sab. 82a, ליטורח. e פרמברא perembre — ι ספרימיר sprimir (it. *spremer*) — l פרימברא priimbra — 11 פרמיכא prmika — 12 פרומביבא prumbiba — 50 פרימבא primba — S פריומברא priimbra.

b) Béç. 32b, מכבשין. *b* o — λ 5 13 פירמברא pirmbra — μ 6 o — 7 פרומברא prumbra — 12 פרימבדא primbda — 45 פימברי pimbri — 44 S פרימברא primbra.

c) Yeb. 102a. דחוס. *j* b c פרימברא primbra — A o — S בריומברא briimbra.

d) San. 76b, כבש. S פרמייר prmiir (pr. *premer*) — V פירמיר pirmir.

854. a) Sab. 141a, מכבש. e 6 S פרישא prisa — ι פרמשא prmsa (pr. *premsa*) — l פריישא prese — 11 פריישא priisa — 12 o — 44 פרישא peresa — 50 פרישא presa — *s* פורשא pursa — A 'פרש prs'.

b) Yeb. 69b, מכבש. d b S פרישא prisa — *j* c A o [2].

*c) Ta'an. 15a, מכבש. 13 40 S פרישא prisa.

*d) M.Q. 10b, במכבש. A פרשא prsa.

*e) M.Q. 23a, מכבש. λ 6 פרוסא prisa — A פרישא prisa — S [פירו'] piru' — B [פירוש] pirus.

855. Sab. 105a, ד"ה מצוביתא. e ι l 11 12 50 o — B פרישא prisa.

856. a) Er. 47a, גם. e פריביץ pribiz — *b* פריוטץ privatz(pr.) — 6 S o — 50 פריבץ priveç — F פרווץ pruuç [3].

b) Souk. 21a. גסה. 5 6 o — 17 פרוויד pruiid — S פריווי priuui.

c) Ket. 28a, גייסי בהדדי. *k* פראוץ prauç — ξ פרוידץ pruidç — 3 פיריץ piriiç — 14 פרוויץ pruuiiç — c פריבץ pribç — S[a] פריוויץ priuuiç [4].

---

1. Les deux dernières lettres dans 8 ont été ajoutées postérieurement par une main italienne.

2. Dans *j* la place de la glose est laissée en blanc, et suivie de la formule 'בל, « en langue romane. »

3. La glose s'insère après ד"ה גם בה ומרוצה לה.

4. Ket. 85b, c traduit דגים בוה, « intime, familier », par פירויץ piruiç. *k* ξ 14 S : o. 3 ?

c, f) *Privez*, « familiers, intimes ».

857. *Prodne* [?], « treillage, grille ».

858. *Provai[g]nier*, « provigner ».

859. *Provainz*, « provin ».

860. ***Prover*, « prouver ».

861. *Prunele*, « prunelle, pupille de l'œil ».

862. *Prunelier*, « prunellier, prunier sauvage ».

863. *Prunes*, « prunes ».

---

d) GUIT. 61b, גם. 3 39 V פריווץ priuuç — m 14 o — u S פריווייץ priuuiç — 17 פריון priun — *l* פרחת prḥt.

e) GUIT. 81a, גם. 3 פריוץ priuç — m פירווץ piruuç [1] — u פריווייץ priuuiç — 14 S פריווץ priuuç — 17 o — 39 פריוויץ priuiç.

f) QID. 33a, גיסי. *j* μ 3 פריביויץ pribiiç — n פְּרִיבֵץ priveç — 7 o — 10 פירוץ piruç — F פרביץ prbiç — B פריביץ pribiç.

857. YOM. 16a, סורג. *i* פְּרוֹדְנִי prodni — μ פרונדי prundi — 5 פרדוני prduni — B פרודני prudni [2].

858. B.B. 19b, מבריך. *n* פרוכציור prukçiir — 9 פרביינר prbiinr — S פרובוניור prubiniir — B פרובניור prubniir.

859. R.H. 9b, זמורה. *x* פדומנץ pdumnç — λ 13 a *s* 16 o — 5 (en marge) פרופיוניר prupiinir — A פרובינצא prubinça — S פרופיצא prupiça (it. *propajena*) — V פרופינא prupina (it. *propajena*).

860. MAK. 23b, הופיע. *v* פרוציור pruçiir — E פרוביור prubiir — B פרוביר prubir.

861. a) BEK. 38a, שחור. 2 פוזנלא puznla — 4 B פרונילא prunila — B[2] פורנילא purnila.

b) NID. 23a, אוכמא. μ פרוניילא pruniila — ρ פרונילא prunila — S o [3].

862. SAB. 23a, קֶטֶף. e 12 פרונליור prunliir — ι גרונליד grunlid (pr. *grunelier*) — k פרונליר prunlir — l פילנייליור pulniiliir — t S פרונייל pruniil — 11 פורנליור purnliir — 50 פרונא pruna.

863. a) BER. 39a, דורמסקין. θ פרוניש prunis — 11 S T פרונש pruns.

b) BER. 39a, דורמסקין. θ פרוניש prunis — 11 o — S פרונש pruns.

c) SAB. 144b, פגעין. e *s* A S I פרונש pruns — ι צרונש çruns — l פורנש purns — 6 פרוניש prunis — 50 טרנינ׳ trnini.

d) YOM. 81a, שזפין. *i* B פרוניש prunis — μ 5 V I פרונש pruns.

---

1. Il y a une *r* (ר) au-dessus du premier *u*.

2. Le scribe de μ a d'abord écrit פרוד *prud*, qu'il a ensuite biffé. PES. 64b, on trouve dans L la note suivante : בד"ה בחיל לפנים (sic) הסורג כו' נ"ב כדתנן במסכת מודות סורג מחיצה של קנים מסירגב (sic) כעין סריגי המיטות משים נדי והעון דלתות שעושין לפני אוצרי יין שקורין פדריניש. On y donne le mot פדורניש *pdurnis*, c'est-à-dire *prodnes*, dans le sens de « grilles, treillages qu'on trouve devant les magasins [chais ?] de vin. » 6 27 B : o.

3. BER. 40b[?]; I a, s. v. שתין, בפ' כיצד מברכין דתנן בריש דמאו השיתי׳ והריבמין מאי שותין מיני תאנה ופרש"י יש אומרין ששמן פרונייאש. B : o. On y a *pruneles* (ou *-las ?*), « prunelles, fruits » ; c'est probablement une interpolation.

864. *Pui*, « colline, hauteur ».

865. *Punaise*, « punaise ».

866. *Puteis*, « putois ».

867. *Rabaz*, « espace entre le bord intérieur du seuil et l'endroit où s'arrête la porte ».

868. *Rabdes*, « (eaux) torrentueuses ».

869. *Rafne*, « radis ».

870. *Rail*[*li*]*er*, « avoir la diarrhée (en parlant d'une vache) ».

871. *Raiol*, « bois à extrémité pointue dont se servent les tisserands pour séparer les fils de la trame, avant de passer la navette à travers eux ».

---

e) B.Q. 116b, דורמסקנין. α o p ı פרונש pruns — β פרוניש prunis — *y* פדיניש pdinis — S² [פרושי'] prusi' [1].

f) B.M. 60a, שיסקי. *m* פורניש purnis — *y* β γ q 20 a *t* A S I פרונש pruns — 42 פרניש prnus.

864. SAB. 26a, סולמא דצור. e l פויי puii — ı k סוי sui — t פוייל puiil — 11 12 50 o — 41 פויי puii — S פוויאיאה puiiaiah.

865. NID. 58b, פשפש. μ פונויש puniis — ρ o — S פונוישא puniisa.

866. a) PES. 9b, ברדלים. 6 פיטוייש putuiis — 27 פוטייש putiis — B פוטויישי putuiisi [2].

b) YOM. 84a, דאפא. *i* 5 פיטוייש putiis — μ פוויטוטו puuitut — B פוטוייש putuiis.

c) B.M. 24a, ברדלס. *m* פוטואש putuas — β פוטוויש pituiis — γ h q פוטודייש putuiis — *y* פוטוויינש putuiins — 20 פוטוישו putiisu — B פוטיאש putias.

d) B.M. 93b, בדדלם. *m* β *y* q S פוטווייש putuiis — γ טויטוש tiitus — 20 o — V פוטייש putiis.

e) SAN. 15b, ברדלס. S פונוויש punuius — B פוטווייש putuiis — Citation dans T, *ad* BEK. 8a, éd. Bomberg : פוטוריש puturs ; éd. Vilna : פיטיש putus — T (*ad* SAN. 15b ; *bis*) Z, *ad* BEK. 8a : פוטייש putiis.

867. PES. 85b, ד"ה בין האגף. 6 o — 27 B רביץ rbç.

868. a) 'A.Z. 39a, רדופי. *v* דברש dbrs — 23 ...דש.. ds — S דבדביש dbdbs.

b) 'A.Z. 75a, רודפין. *v* דבדש dbds — S ריבדש ribds.

869. 'A.Z. 11a, צנון. *v* S רפנא rpna — E רבנא rbna.

870. B.M. 90a, מיתרזת. *m* רולייר ruliir — β דליר dlir — γ דיולד diild — *y* דיוליר diilir — q רוילייר railer — 20 הילר hilr — B רוולר riulr.

871. a) SAB. 75b, כרכר. e l 50 S ריויל riul — ı דויל diul — 11 דוויל diiul — 12 דוייל duil.

b) SAB. 81a, כרכר. e ריויל riul — ı דיול diul — l רוויל ruiul — 11 רוזיל ruiil — 12 B o — 50 רוויל riiul — A רווזל riizl.

c) SAB. 122b, כרכר. e l 50 רויל riul — ı 11 44 רוויל riiul — 12 o — A רצל rçl — S ראויל rail.

d) 'A.Z. 49b, כרכור. *v* רויל riul — S דוילו duilu.

---

1. V résout l'abréviation : (פרושים) !

2. Dans B la glose est précédée par אלנמס, l'arabe النمس, *an-nims*, « ichneumon, furet. »

872. *Ranper*, « ramper ».

873. ***Rastoire*, « racloire, radoire, planchette qui sert à faire tomber ce qui s'élève au-dessus du bord d'une mesure ».

874. *Rebracier*, « retrousser ses manches ».

875. *Receder*, « gémir, se lamenter ».

876. *Recuit*, « (il) recuit, remet (le métal) au feu ».

877. *Red*, « radeau ».

878. *Redegier*, « soutirer (du vin), tirer au clair ».

879. *Redo[g]nier*, « rogner ».

880. *Redoil[l]e* [?] « rouille ».

---

872. a) 'Er. 21a, מטפס. e רנפיור rnpiir — *h* רנפיר rnpir — 6 גרפיר grpir — t ונפיר unpir — 50 F דנפיר dnpir — S קרפיד krpid.
b) 'Er. 100a, מטפס. e רפייר rpiir — *h* רַנְפֵּייר ranpeier — 6 o — *s* רנפיר rnpir — F [ועולה] — S דנפויר dnpiir.

873. B.B. 89b, מחק. S דשטיורא dstiura — B רשטוויירא rstuiira.

874. a) Sab. 9b, משוקשור בין כתפיו. e רבצייר rbçiir — ι דבנטייר dbntiir — — k דבירציר dbirçir — l רברציד rbrçid [1] — t 'רברצי rbrçi' — 11 ברציר brçir — 12 o — 50 ריברציד ribrçid — B ברצויירא brçiira.
b) Sab. 52b, ולקשור בה בין כתפיו. e רברצייר rbrçiir — ι o — l רברציר rbrçir — 11 דובריצאדור dubrçadur (pr. *rebraçador*) — 12 דברציר dbrçir — 50 רבדאצדור rbdaçdur (pr. *rebraçador*) — S 'ברצייר brçiir' — B[2] ברצויירא brçiira.

875. R.H. 34a, מיליל. *x* דונדייר dundiir — λ ריצריר riçrir — 5 13 ריצדיר riçdir — 6 o — S רצידיר rçidir [2].

876. B.M. 84a, משיצרפם בכבשן. *m* דוקייונו dukiiunu — β *y* ריקוייש rikuiis — γ רקוייט rkuiit — q 'דקויי dkuii' — 20 רקנייט rkniit — S דקיינו dkiinu.

877. Ber. 28b, באסדא, en français : 0 רידי ridi — 11 רירי riri — 18 ריד rid — 47 כַּד kad — S רדייל rdiil (pr. *radel*).

878. B.Q. 115b, שפי. α p רדייר rdiir — ß ריידיד riidid — *y* דיידיר diidir — o דרייר driir — S[2] רודייר rudiir.

879. a) Sab. 146b, מחתך. e 44 50 רדונייר rduniir — ι o — l רדוויניר rduiiniir — 6 רודונייר ruduner — S רונייר runiir — V רונגייר rungiir.
b) Zeb. 94a, קיצוע. f רדונייר ẓduniir — B דדוויינייר dduiiniir.

880. a) Sab. 52b, הלודה. e רוביל rubil (pr. *rovil*) — ι 50 o — l 12 דדוילא dduila — 11 ררוליאדה rruliadh (pr. *redolhada* ?) — S רואיוראה ruaiirah.
b) Sab. 102b, חלודה. e רוילא ruila — ι רדולא rdula — l רדוויל rduiil — 11 12 רדוליא rduliia — 50 רדויילא rduiila — S רואייל ruaiil.
c) Yom. 38b, רקביבות. *i* V רדוליא rdulia — μ דרוליור druliir — 5 רודיליא rudilia — E o — B רדולויא rduliia.
d) San. 14b, החלידו. S דדוויילא dduiila.

---

1. La deuxième ר est au-dessus et un peu à gauche du ב.

2. R.H. 27b, A a ריטצטיר ritçtir (probablement *receder*, « gémir »), pour traduire הברה. *x* λ 13 B F : o.

881. *Redois[s]edure*, « blessure, écorchure (sur le dos des bêtes de somme) ».

882. *Redois[s]ier*, « blesser (écorcher) le dos (d'un âne) ».

883. *Redondel*, « fémur, os de la cuisse ».

884. *Redorte*, « sorte de treillis (clayonnage) qui enveloppe et retient ensemble les olives ou les raisins sous la poutre dans le pressoir ».

885. **Refoler*, « fouler de nouveau ».

886. *Refrait*, « mélodie ».

---

e) Nid. 4a, חלודה. μ רדוליואה rduliiah — ρ רדוליא rdulia — t רוויליאה ruiiliah — S רדולירא rdulira.

f) Ta'an. 8a, ד"ה בישתכין עליו. 13 S רודיליוא rudiliia — 40 רודליוא rudliia.

881. a) Sab. 76b, כתית. e רדווישדורא rduiisdura — ι 12 o — l דרווישדורא druiisdura — 11 רידרשיידורא ridusiidura — 50 דווישדורא duiisdura — S 'רדויישא rduiisa'.

b) Sab. 154b, כתיתא. e l 50 רדווישדורא rduiisdura — ι 6 o — S רדויישדודא rduiisduda.

c) Qid. 81a, סקבא. μ דרוייש druiis — 3 דורשדורש dursdurs — ח 10 רדויישדירא rduiisdura — F דרורי שדורא druri sdura — B דדרישדורא ddrisdura.

d) B.M. 38b, כתישא. *m* דרי מישורא dri msura — β *y* רידושייר ridusiir — ; 20 דרווישדירא druiisdura — q מוויישורא muiisura — B איישרא aiisra.

882. a) Yeb. 120b, מסקיב. *j* דרוויישייר druiisiir — S דאשור dasir.

b) B.M. 27b, מסקב. *m* דדויישין dduiisin — β γ רידוויישור riduiisir — *y* דדויישיר dduiisir — q רדווישייר rduiisiir — 20 'דמורשוי dmirsii' — B דורויישר duruiisr.

883. a) Pes. 85a, בקולית. 6 o — 27 דרונדיל drundil — B דדונדיל ddundil — V רדונדיל rdundil [1].

b) Houl. 119a, קולית. θ ρ ראנדייל randiil — 8 רונדל rondel — s o — S רדונדיל rdundil — I רודונדול ridundil.

884. a) San. 26a, עקל. E ריטורתא riturta (esp. *retorta*) — S דדורתא ddurta.

b) 'A.Z. 75a, גורגי. v רדוטש rduts — S ריבוטי ributi — V ריבוסי ribusi.

c) Nid. 65b, עקלים. μ רדורטא rdurta — ρ דודורטש dudurts — S רדורטש rdurts.

885. M.Q. 23a, בגרדא. 49 רפוליר rpulir — S o — λ 6? [2].

886. Yom. 38a, פרק בשיר. *i* ריפריט retrait — μ רפריינט rpriint — 5 יפיינט ripiint — B o.

---

1. Houl. 93b. ρ substitue à ד"ה פניבי la phrase suivante : פנומי סמוך לעצם קולית שקורין דורדייול. On y a durduiil comme explication de קולית, « femur. » θ 8 s S : o.

2. Contexte dans 49 : בגרדא דסרבלא׳ ר׳ כסרבל ישן שתקנוהו כעין חדשים ע׳ גרורה.

887. *Regresil[l]er*, « se contracter, se plisser ».
888. *Reides*, « raide, dur ».
889. *Reilles*. « barres (transversales) qui relient les parties d'une porte ».
890. ***Reimes*, « rames ».
891. *Reims*, « rames ».
892. *Reitwage* (all.), « voiture pour transporter les personnes ».
893. *Resine*, « résine ».
894. ***Rest*, « vomitif [?] ».
895. a) *Rest*, « réunion d'oiseaux égorgés, enfilés à une ficelle, un lien ».
b) *Rest*, « ficelles, liens ».

887. MEN. 35a, וכווצו. 2 רגלושליור rglusliur — B דגרזליר dgrzlir — W (§ 209) 'ריגיירזליר rigiirizlir'.
888. a) HOUL. 43b, מתקשה. θ דבריש dbris — ρ דוריש duris — 8 רֵיידֵשׁ reides — s דורשיר dursir — 15 o — S דיירש diirs — B דדייש ddiis.
b) HOUL. 46 b, מתקשה. θ S דיירש diirs — ρ ררשט rrst — 8 רַיידֵשׁ raides — s רידיר ridir — 15 רמשט rmst — 44 רייִדש riids.
c) HOUL. 48b, קשה. θ דנרש dnrs — ρ S דיירש diirs — 8 רַיידִשׁ raides — s רייִדיש riidis — 15 o.
889. 'ER. 101a, גשמה. e ריליִיש riliis — *b* 6 S דיליִיש diliis — F o.
890. B.B. 73a, משוטות. *n* o — S ריימיש riimis — B 'ריימ riim' — Ed. Lublin (1576) ריימש riims — V ריימא riima.
891. KET. 85a, עוגין. *k* ξ 3 S ריימיש riims — 14 רימש rims.
892. a) GUIT. 55b, רוספק. 3 דיטוודגא dituuga — m רייטוודגין riituugin — u ריטואג rituag — 14 טידוודגא tiduuga — 17 דטווגא dtuuna — 39 ריטוודגן riuugn — S רוטודגא rituga.
b) B.M. 73b, גוהרקא. *m* 'ריטוודג rituug' — β רייטוודגא riituuga — γ דיטווַיגא detwaga — *y* ריישוודגא riisuuga — q רֵייטא ווָגא rete wage — 20 o — S רייטוודגן riituugn.
893. a) SAB. 133b, קלבא. e רשינא rsina — ι דשינה dsinh — l S I רישינא risina — 6 דיישינא diisina — 11 50 ריישינא riisina — 12 o [1].
b) BÉÇ. 33b, זפת. *h* רישנא risna — λ 5 (en marge dans 5) 6 7 12 13 45 S ריישינא riisina — μ ראשינא rasina — T (*ad* SAB. 146a) ריישנא riisna — O (II, 35a, § 78, 12) דיישטינא diistina.
c) B.Q. 85a, קלבא. α β o p ריישינא riisina — *y* ריישנאי riisnai — r דיישינא diisina — S² ריישינה riisinh — V רשינא rsina — I רישינא risina.
894. SAB. 123b, אפיקטויזין. e ι 11 12 50 S o — l רֵישְׁט rest [2].
895. a) HOUL. 4a, דקוריא. θ ריטש rits — ρ רישט rist — s רֵישְׁט rest — S רייסט riist — S² ריישט riist.
b) HOUL. 95b, הרודין. θ ריטש rits — ρ דושטי disti — 8 רישט rist — s ריישט riist — S רישטש rists.

1. Dans e une main postérieure a inséré יי ii, entre *r* et *s*.
2. Contexte de la glose : ...אפקטויזין׳ קואה ר׳ שותה משקה ומקיא.

896. *Restreint*, « (il) se contracte, se serre ».

897. *Retors*, « retors, retordu ».

898. a) *Retraire* [?], « rétracter, contracter ».

f) *Retraist*, « se rétrécit, se contracta ».

b, c, d, e, g, h, i, j) *Retrait*, « se rétrécit, se contracte » (ou « rétréci, contracté »).

899. **R[h]enus* [lat.], « Rhin ».

900. *Riedre gardes*, « arrière-gardes ».

901. *Ristes*, « paquets de lin sérancé ».

---

896. Sab. 37b, מצמביק. e דשטרויינש dstriins — ι דשטרויט dstriit — l 50 רשטרויינט rstriint — 11 ספירט spirt — 12 o — S רטרויט rtriit.

897. Sab. 28a, שזורין. e כשורשט ksurst — ι k l t 11 50 S רטורש rturs — 12 V דטורש dturs — 34 רטורו rturu — B² רטורט rturt.

898. a) Zeb. 53a, חומר. f o — B דנורויירא dnuriira.

b) Sab. 120a, מחירך. e רטרוירט rtriirt — ι שרטרויש srtriis — l רטיירט rtiirt — 11 רטויישינט rtiisint — 12 o — 50 S רטרויט rtriit.

c) Souk. 23b, כווצא. 5 6 o — 17 רייטיש riitis — S רטרויט rtriit — B² דטרויט dtriit [1].

d) Guit. 57a, גמדא. 3 רטרויטא rtriita — m 17 o — u רטרויט rtriit — 14 ריטריט ritrit — E דלוריש dluriis — S דטרויט dtriit — B דיטרויט ditriit — V דיטריויש ditrius.

e) Guit. 57a, סולד. 3 u רטרויט rtriit — m 17 o — 14 דיטרויד ditriid — E דטרוייש dtriis — S דטרויט dtriit — V דיטרוויש ditriis.

f) B.Q. 85b, צמיתה. α p רטרוישט rtriist — β y רטרויטש rtriits — o רייטרוישט riitriist — r רייטרישט riitrist — S² רשטרירט rstrirt — V דשטרירט dstrirt.

g) Houl. 43a, גבידא. θ דטרויש dtriis — ρ דיטרוויש ditriis — 8 רְטַרַיִט retarait — s רטדיר rtdir — 15 o — 44 דטרויט dtriit — S רטרויט rtriit — S² רטרייר rtriir.

h) Houl. 43b, כויץ. θ דטויש dtiis — ρ רטריט rtrit — 8 רְטַרַיְט retrait — s S רטרויט rtriit — 15 o — B² רטוייש rtiis [2].

i) Bek. 39b, כווצן. 2 דטריש dtris — 4 רייטורש riitirs — B רטוירט rtiirt.

j) Nid. 3a, כויין. μ רטרויינט rtriint — ρ הטרויט htriit — t S רטרויט rtriit — B דשרויט dsriit.

899. M.Q. 11a, ד"ה מתני' מיעקה. λ כינוס kinus — 6 רינוש rinus — S רינוס rinus.

900. Yom. 68b, דורכאות. l רוידירי גרדש riidiri grds — μ דִירֵא גַרְדַש dire gardas — ς רוידרי גרדש riidri grds — B רידריגרדש ridrigrds.

901. a) Sab. 17b, אונין. e l 50 רישטיש rists — ι k 11 o — t 12 44 רישטיש ristis — S ארישא arissa.

b) Souk. 12b, אונץ. 5 6 17 o — A ריטיש rits — S רישטא rista — X (f. 10a) ארשטיש arstis.

---

1. V suit S.

2. V suit B².

902. *Rivieres*, « cours d'eau, ruisseaux ».

903. **Roche*, « roche ».

904. *Rode*, « roue ».

905. *Rodeles*, « rouelles, tranches minces coupées en rond ».

906. *Rodil*, « rouille » (sur l'argent ; aspect de l'argent noirci ?).

907. *Rodognedures* [?], « rognures (de cuir) ».

908. *Rodognier*, « rogner ».

909. *Rodonte*, voir PELOTE RODONTE, n° 792.

910. *Rois*, « rauque, rude (le son de la trompette) ».

911. *Roise*, « routoir, lieu où l'on rouit le chanvre ».

912. *Rome*, « Rome ».

913. a) *Ronce*, « ronce ».
b) *Ronces*, « ronces ».

---

c) B.M. 21a, אניצי, « en allemand » : *m* רישטץ. ristç — *y* β B רישטא rista [1] — q רישטש rists — 20 רשטוט rstit — b רישטאנש ristans [2].

902. R.H. 24b, אפיקים. *x* דיכוירש dikiṛs — λ 13 o — S ריבריש ribris.

903. NID. 8b, צונמא. μ רוקא rucha — ρ t S [סלע].

904. SAB. 44b, מוכני. e o — ι 50 רודא ruda — l רואה roe — 11 רודה rudh — 12 S [אופן].

905. KET. 61a, גרגלידי. *k* דורילש durils — ξ רודילש rudils — 3 רודליש rudlis — S מירידא mirida.

906. SAB. 65a, שוכתא. e רודיל rudil — ι 12 o — l 50 רודייל rudiil — 11 דודייל dudiil — B רויל ruil — S אזיל azil.

907. B.Q. 119b, קיצרעין. α רודוניש rudunis — β *y* רדוויריש rduiiris — p רודוניש rudunis — S דוניוריש duniiris — S[2] דונייוריש duniiuris — — B רוניוריש runiiuris.

908. B.Q. 66b, שקצען. α p רודונייר ruduniir — β דרוגייר druniir — *y* רדונדיר rdundir — o רודונייר riduniir — r דרונייר druniir — S[2] דרומיר drumir.

910. R.H. 27b, צרור. *x* דויש duis — λ 5 F S רוויש ruiis — 13 o — A ראוקש rauks.

911. B.M. 75b, משרה. *m* S רווישא ruiisa — β *y* 20 o — γ רויישא roiese — q דווישא doise.

912. a) BÈÇ. 24b, ד"ה ולערב אסורין. *h* μ 12 45 S רומא ruma — λ 6 7 13 44 T [רומי] rumi — 5 ?
b) QID. 71a, s.v. עיסה. *j* n 10 F רומא ruma — E רומה rumh — B רומ' rum' — V רומאט rumat.
**c) B.B. 52a, s.v. אבא. S [רומי] rumi — B רומא ruma.

913. a) SAB. 7a, היזמי. e רומצא rumça — ι רומאי rumai — k l t 50 רונצא runça — 11 12 o — B רורצאי rurçai.
b) SAB. 109b, חגים. e רוצצש ruççs — ι 12 o — l 11 50 רוצנש ruçns — S רונצץ runçç.

---

1. Le ms. β, au lieu de dire « en allemand, » dit בלעז ובל' אשכנז, « en langue romane et en allemand. »

2. *NED. 48b, le ms. v a la glose רישטיט ristit pour expliquer כופו. Le con-

914. a, b, d) *Ros*, « rouge (figure d'un homme) ».

c) *Ros[s]e*, « (terre) rouge ».

915. *Rose*, « rose ».

916. *Roter*, « roter ».

917. *Rude*, « rue (plante) ».

918. **Ruse*, « engin de pêche ».

919. *Sac*, « quantité de raisin, d'olives, qu'on mettait en une fois sous le pressoir ».

920. *Sadree*, « sarriette ».

921. *Salje*, « sauge ».

922. *Salmuire*, « saumure ».

---

914. a) Ber. 58b, גיחור. θ F S ריש rus — 11 o [1].
b) Ber. 59b, גיחורי. θ 11 o — S רוש rus [2].
c) 'A.Z. 33b, שחומי. ν B רושא rusa — S שורא sura.
d) Bek. 45b, סומקא. 2 o — 4 29 B רוש rus.

915. Guit. 68b, ורדא. 3 m u 14 17 רושא rusa — 39 רוזא ruza — S רוסא rusa.

916. Ber. 24a, שגיהק. θ 11 רוטיר rutir — 18 נוטליר nutlir — S רוטייר rutiir.

917. a) Sab. 128a, פיגם. e ι l 50 Ed. Amsterdam (1715) רודא ruda — 11 B[2] רוטא ruta (it. *ruta*) — 12 o — A רודו rudu — S רוזא ruza (pr. *ruza*) [3].
b) 'Er. 34b, פגם. e *h* 6 S רודא ruda — 50 רידה ridh — F רוטרא rutra.
c) Souk. 39b, פיגם. 5 6 (en marge dans 6) 17 רוטא ruta (it. *ruta*). — S רוזא ruza (pr. *ruza*) — B רודא ruda.
d) 'A.Z. 28a, טוגנא. ν S רודא ruda.

918. M.Q. 11a, אוהרו. λ 6 o — S רושא rusa.

919. a) B.M. 105a, אירלא. *m* β *y* q 20 S שק sk — γ שק sk.
b) 'A.Z. 55a, תפוח. ν S שק sk.

920. a) Sab. 128a, צתרי. e שדריאה sdriiah — ι 50 שדרייא sdriia — l שירדויא srdiia — 11 שרדיאה srdiah — 12 o — A S שדריאה sdriah.
b) Sab. 128a, חשי. e שדרויא sdriia — ι 12 o — l שררויא srriia — 11 שרדיאה srdiah — 50 שידרייא sidriia — A S שדריאה sdriah.
c) 'A.Z. 29a, צותרי. ν שדריא sdria — S שרריאה srriah.
d) Nid. 51a, קורנית. μ שנדריאה sndriah — ρ שדורויאה sduriiah — S שדריאה sdriah.

921. Sab. 109b, כורוא חוורא. e שליא slia (corrigé en marge שלויאה sluiah [pr. *salvia*]) — ι שליא slia — l שליויא sliia — 11 50 S שלויא sluia — 12 o.

922. a) Ber. 36a, זמית. θ 11 סליימא sliima [4] — L שלמוריא slmuria — S שלמויירא slmuiira — V שלמירא slmira.
b) Sab. 108a, הילמי. e ι l 50 A S שלמויירא slmuiira — 11 שלמוריא

---

texte de ν diffère entièrement de V. Le voici : כיפי גודל כופי רישמיט בלע' של פשתן ואדרינהי לפי שלא היה עוסק בתורה... B : o.

1. Ber. 31b, S, E introduisent ריש בלעז rus après צחור (E : חור). θ 11 18 o.

2. Guit. 69b, on trouve dans le ms. 14, au lieu des mots de V אחלות אדום, « aloès rouge », les mots אהל רוס « aloès [en hébreu] *rus*, pour expliquer אהלא תלאנא. 3 ? — m u 17 20 39 S : o.

3. V suit l'éd. d'Amsterdam.

4. Ces deux mss ajoutent l'explication כוי מלח, « du saumure » ; cette explication se retrouve dans les notes de S. Luria et de J. Sirkes.

923. *Salvage*, voir PAON SALVAGE, n° 774 b.

924. *Salvages*, « (poireaux) sauvages ».

925. ***Sanbac*[*c*]*o*[it.], « essence de jasmin ».

926. *Sanbuels*, « selle, siège [1] ».

927. a, b, e, f, g) *Sancterud'* « ecchymosé, affecté d'ecchymose (tache produite par le sang extravasé et retenu dans la chair) ».

c, d) *Sancterude*, « ecchymosée ».

---

slmuria — 12 o [2] — Salomon Adéni, *Melekhet Schelomoh*, sur la Mischnah, Sab. XIV, 2 : שלמורא slmura.

c) 'ER. 14b, הילמי. e שלמוירא slmuira — *h* S שלמווירא slmuiira — 6 שלמורא slmura — t שלמוריא slmuria — 50 של מוריא sal moria — F שלמיידא slmiida.

d) 'A.Z. 39b, מלח סלקונדרית. *v v* שליימא sliima — a שלמורא slmura — A שלמוריא slmuria — S o [3].

*e) NED. 55b, זומית. B שליימורא sliimura — B² שלמורא slmura (it. *salamora* ?).

924. PES. 39a, כרשי שדה. 6 שלוויש sluuis — 27 B שלווייש sluuiis.

925. SAB. 50b, כוספא דוסמין. e 11 12 50 S o — ι סנבקו snbku [4] — l ?

926. BÉÇ. 25b, אלונקי. *h* שנדואילא snduaila — λ שלבוליש slbuls — μ en marge אוצללאש auçllas — 5 שנבולש snbuls — 6 שלבלש slbls — 7 שנביליש snbils — 12 שנבואילש snbuails — 13 o — 45 שנביליש snbilis — S שנביאילש snbiails.

927. a) PES. 74b, אסמיק. 6 אישקנטור aiskntur — 27 שנקטרוד snktrud — B אישקנטורא aiskntura — U (138c) שנקרונא snkruna.

b) BÉÇ. 22a, דמא. *h* o — λ שנטארור sntarur — μ דשנקטוראה dsnkturah — 57 שנטראור sntraur — 6 שנארור snarur — 12 שקנטר אור skntr aur — 13 שנאטרור snatrur — 45 שנקטנאור snktnaur — F של קראדור sl kradur — S שנקנור snknur [5].

c) HOUL. 46b, האדומה. θ שאנקור sankur — ρ שנקטר שורא snktr sura — 8 שנקטרוד sankterud — s שנקודור snkudur — 15 שנקטר אודא snktr.

---

1. Raschi décrit ce siège ainsi : « Chacun des deux porteurs met sa main sur l'épaule de l'autre. Ils font de la sorte un soutien pour le siège de la personne qu'ils veulent porter ».

2. 12 substitue la phrase hébraïque, דבר מלוח, « chose salée ».

3. Cette glose s'introduit après les mots דגים טמאום, dans le ד"ה אוכלין אותה.

4. Contexte dans ι : פסולת שומשמין [V : כוספא דיסמין] וסמוין [*sic*] עטפוסא שושנים לבנים קטנים [ויש]להן ריח טוב·יותר טוב מריח שושנים ועליהם ארוכין ועושין [מה]ן שמן וקורין[אותו] ס' עפר פלפלין... On y a une forme italienne tirée de l'arabe زنبق, *zanbaq*, « essence de jasmin ».

5. 'A.Z. 28b, on trouve, d'après une citation dans A sur Sabbat, Pér. XIV (t. I, p. 138b, éd. de Venise), la glose שנקטרוא snktrua pour expliquer דביא, le sens étant le même que dans Béç. 22a. v S : o.

928. c, d) *Sansue*, « sangsue ».
a, b) *Sansues*, « sangsues ».

929. *Sap*, « sapin ».

930. **Sarcir*, « recoudre (une déchirure) ».

931. *Sarcler*, « sarcler ».

---

auda — 44 שֶׁנְקְטְדוּרא senktedure — S שנקוטרדא snkutrda — P(142b) שטירא strura — P ms. (f. 61b) שנטרואה sntruah.

d) Houl. 47b, אדומה. θ s שנקטורא snktura — ρ [שקורין רוה] — 8 שֶׁנקטירדא sankteruda — 15 שנקטר אורא snktr aura — 44 שְׁטְוּטוּרָא satietura — S שנקוטרודא snkutruda.

e) Houl. 53b, האדום. θ שנקראור snkraur — ρ שנגרנא snguna — 8 שֶׁנקטירד sankterud — s שנקטור snktur — 15 שנקט ראיד snkt raid — S שנקוטרודא snkutruda.

f) Houl. 93b, אסמיק. θ שנקטראור snktraur — ρ שקנדורה skndurh — 8 o — s שנקטדור snktdur — 44 שבקטראוד sbktraud — S שנקוטראו snkutrau.

g) Houl. 112a, דאסמיק. θ (ajouté entre les lignes) שקנטרור skntrur — φ o — 8 שנקט דאור snkt daur — s שנקטדור snktdur — S שנקוטרודא snkutruda — B תנרוטרודא tnrutruda — V שנקטרודא snktruda.

928. a) Sab. 54b, יאלי. e שמישואש snsuas — ι 12 o ι — I שנשואה snsuah — 11 שנשוג snsug — 50 B[2] O (II, 37a, § 83, 15) שנשואש snsuas — A שינשוייש sinsuiis — T שאנשואש sansuas — S שונשואש sunsuas.

b) Guit. 69b, ביני. 3 שנגוש sngus (pr. *sansugas*?) — m S שנשואש snsuas — υ שנשואה snsuah — 14 שנשוגש snsugs (pr. *sansugas*) — 17 שנשיגם snsigm (pr. *sansugas*) — 39 שאשוש sasus.

c) ʿA.Z. 12a, עלוקה. v ארניא arniia (pr. *eruge*) — S שנשואה snsuah [2].

d) Bek. 44b, עלקא. 2 4 B שנשואה snsuah — E אנשואה ansuah — B[2] שנסוגה snsugh (it. *sansuga*) [3].

929. a) Beç. 33b, במוסתקי. *h* שפא spa — λ 6 [שרף] — μ שאף sap — 5 12 13 o — 7 45 S O (II, 35a, § 78, 12) שף sp [4].

b) R.H. 23a, שאגא. *x* נצפ nçp — λ 5 13 שף sp — S שפ sp.

*c) B.B. 80b, אפרסמא. S שפא spa — B שף sp — H [שרף].

*d) B.B. 80b, שאגא. S B שף sp — H [שרף].

930. M.Q. 10a, לתפור. λ שרצין srçin — 6 שרציר srçir — S O [5].

931. B.M. 75a, נכוש. *m* (en marge) *y* S שרקליר srklir — β שרקלוד srklud — φ o — 9 שַׁאקליר saacler — 20 סרקיאר srkiar (it. *sarchiar*).

---

1. ι substitue à la glose la phrase : אותן תולעים שמוצצים הדם של אדם.

2. ʿA.Z. 12b, le mot נימא est expliqué dans A (où le passage se trouve dans le 14e chapitre de Sabbat, I, 139a, éd. Venise; f. 40a, éd. Romm) par שנשואה snsuah. v S o.

3. V suit B.

4. Dans λ la leçon שרף a été biffée par le scribe.

5. La glose suit (הקריעה שקורין) כדי לתפור, s. v. בולא מחט בבת אחת.

932. *Sarpe*, « serpe ».

933. *Sar[r]azine*, « vêtement ample [de dessus], qu'on appelle en arabe *maḥchiya* ».

934. *Sar[r]oc*, « sarrau, vêtement de dessus ».

935. **Saule*, « fait d'avoir mangé jusqu'à satiété, excessivement ».

936. *Savon*, « savon ».

937. **Seide*, « soie, poil raide ».

938. *Seigle*, « seigle ».

---

932. a) Béç. 31a, מגל. *b* שריפא sripa — λ 5 7 12 13 44 45 S שרפא srpa — µ שארפא sarpa — 6 o.
   b) R.H. 33a, מגלא. *x* S שרפא srpa — λ 5 6 13 o.
   c) B.M. 84a, ומגל יד. *m* שרפא srpa — β *y* 20 S o — γ שפורא spura — q 'שרפ srp'.
   d) Houl. 15b, במגל יד. θ ρ S שרפא srpa — 8 שְׂרְפָא sarfa — s שרפא srfa — S[2] רשפא rspa.

933. Sab. 120a, ארנקלי. e שרזינא srzina — ι שכזניה skznih — l שרזניאה srzniah — 11 שרשי ניסכא srsi niska (pr. *sar[r]asinesca*) — 12 o — 44 שרשינישקא srsiniska (pr. *sar[r]asinesca*) — 50 שורטשקא surtska (pr. *sar[r]asinesca*) — S שרינישא srinisa.

934. a) Sab. 77b, לבדשא. e l 50 S שרוק sruk — ι שור קוט sur kut — 11 12 o [1].
   *b) M. Q. 23a, חימוצתא. 49 שריק srik (רי de lecture peu sûre) — O (II, 180b, § 444) שרוק sruk — S o — λ 6 [2] ?

935. Pes. 107b, אכילה גסה. 48 שאבלא sabla — V o.

936. a) B.Q. 93b, צפון. α y שבון sbun — β שפון spun (it. *sapon*) — o ספוני (it. *sapone*) — p שַׁבוֹן savun — r שׁוֹן savon — S[2] שוון suun — B שיון siun.
   b) B.Q. 101a, צפון. α β y r שבון sbun — o ספון spun (it. *sapon*) — p שבון svun — S[2] שוון suun.
   c) Nid. 62a, צפון. µ שאבון sabun — ρ שפון spun (it. *sapon*) — S שבון sbun.
   *d) Ker. 6a, בורית. 2 שפון spun (it. *sapon*) — B סבון sbun — B[2] סאבון sabun [3].
   *e) Ker. 6a, בורית. 2 ? — B ספוני spuni (it. *sapone*).

937. M.Q. 14a, שער. 49 שוידא siida — S o — λ 6 ? [4]

938. a) Pes. 35a, שיפון. 6 27 שויגלא siigla — B שוגלא sigla.
   b) Pes. 35a, דישרא. 6 B שויגלא siigla — 27 שריגלא srigla — V שוגלא sigla.
   c) Men. 70b, דישרא. 2 w שויגלא siigla — B סוגלא sigla.

---

1. ι a שקוק שור קוט pour שקורין שרוק. L'éd. de Sulzbach (1745) substitue רוק, ruk, l'allemand *Rock*, à *saroc*.
2. O donne la glose comme étant allemande.
3. V suit B[2].
4. Contexte dans 49 : (*sic*) ושער מצערו כגון אותו שער שלודעין ש' המצערות לקטן מותר לגרחו במועד.

939. *Seirons*, « cirons (petits insectes) ».

940. *Sel geme*, « sel gemme ».

941. *Sele*, « selle ».

942. a) *Seneschal*, « sénéchal ».

b) *Seneschals*, « sénéchal ».

943. *Sentir*, « sentir, percevoir ».

944. *Seondier*, « (pain) de farine inférieure ».

945. *Sereine*, « sirène ».

946. ***Serors*, « jumelles, montants du pressoir ».

947. *Ser[r]e*, « scie ».

---

939. SAB. 107b, הטפוין. e l שוירונש siiruns — ι 11 L שורונש — 12 שויקונש siikuns — 50 o — S שוירוץ siruç.

940. a) SOT. 49b, אבן של מלח. B שוילמא siilma — V שלוימיא sliimia.
b) 'A.Z. 28b, מלחא גללניתא. v o — S שלוימה sliimh — V O (IV, 43a, § 150) שליימא sliima.
c) HOUL. 113a, מולחא גללניתא. θ 8 של ימא sl ima — ρ שלויבוא sliima — s של ים [sl im] — S שלומיא slimia — V שלמיא slmia.

941. B.Q. 17b, אוכף. α p B שוילא sila — β y o סולא sila — r שְלויא seliia (cat. *sella*) — $S^1$ סולה silh.

942. a) SOUK. 27a, אפוטרופוס. 5 6 o — 17 שינשקל sinskl — S שקלט sklt — B שקלק sklk.
b) KET. 61a, אטורגגא דמלכא. *k* שניקלש snikls — ξ E שנשקלש snskls — 3 סנישקלש sniskls — S שינשקלש sinskls — $S^1$ שינישקלש siniskls — B שינושקלקוש siniskIkus.

943. NID. 3a, מרגשת. μ ρ שנטיר sntir — ι שינטיר sintir — S שנטר sntr.

944. a) 'ER. 56a, פת קיבר. e שאונדייר saundiir — *h* o — 6 שונדיר sundir — 50 שאונדיר saunder — F שאוגיר saugir — S שונדר sundr.
b) KET. 112a, קיבוריא. *k* שאונדר saundr — ξ illisible — 3 שאונדריר saundrir — 14 o — S שאונדיר saundir.
c) GUIT. 56a, גושקרא. 3 υ 39 שאונדיר saundir — m S שאונדייר saundiir — 14 שאנדיר sandir — 17 שאונד ד saund d (*sic*).
d) 'ARAK. 30b, קיבר. *p* שֻוֶנְדֵי suvendé — B שגונדייר sgundiir.

945. BEK. 8a, בני ומא. 2 שוריינא siriina — 4 שרינא srina — E שירינא sirina — B שריינא sriina — $B^1$ סורינא sirina.

946. B.B. 67b, כלונסות. *n* o — S שדורש sdurs — B שרורש srurs.

947. a) SOUK. 34a, מסר. 5 6 פריאוני לש' יון priauni (πριόνι) *en langue grecque* — 17 סורה sirh — A שיירא siira — S שוגה sigh.
b) BÉÇ. 31a, מגירה. *h* 6 7 12 שירא sira — λ 5 סיגא siga — μ שיירא siira — 13 שיגא siga — 44 פרא pra — 45 B שיגה sigh — S שיאה siah.
c) B.Q. 119b, מגורה. α p שיודא siida — β שיגא siga — *y* שויגא siiga — $S^1$ שיורה siirh.
d) HOUL. 15b, מגירה. θ סירא sira *et en marge* : ויש שקורין אותו סֵוּגָה בלע"ז « *et quelques-uns l'appellent* segah *en langue romane* » — ρ שירה sirh — 8 s שֵירא sera — S שיירא siira — $S^1$ שויגא siiga — $B^1$ סוגה sigh — V סויגא siiga.

948. *Ser[r]edure*, « serrure ».

949. **Sertes*, « chapelets, réunions (de figues enfilées à un lien) ».

950. **Sestier*, « setier (mesure) ».

951. *Seür*, « sureau ».

952. *Sevil*, « haie ».

953. **Sevrer*, « sevrer ».

954. *Singe*, « singe ».

955. *Solaz*, « compagnie, société ».

---

e) Bek. 10b; מגירה. 2 4 שירא sira — B שגיא sgia — B² סיגא siga — V שיגא siga.

f) 'Arak. 23b, מגירה. *p* שייאה siiah — B שייגא siiga — B² סיגא siga.

948. a) Sab. 81a, הף. e l שרדורא srdura — ι שכדודה skdudh — 11 S שירדורא sirdura [1]. — 12 o — 50 שירדונא sirduna — Ed. Amsterdam (1715) [מתרווד].

b) 'Er. 101b, מנעולין. e S שרדורא srdura — 6 סיראטורא siratura (it. *ser[r]atura*) — F סיראדורא siradura (esp. *cer[r]adura*?).

*c) Pes. 119a, קולפי. E סירדורא sirdura — B שרדורא srdura [2].

d) B.B. 7b, פותחת. 9 שירדורא sirdura — S שרדורא srdura — B שירודר' sirudr — B² שירדור' sirdur' [3].

949. *Ned. 61b, s.v. עד שיוכפלו המקצועות. B שירטיש sirtis — V שירטיט sirtit.

950. M.Q. 24b, בקנין. A שישטייר sistiir.

951. Pes. 56a, ד"ה ושרין ליה. 6 שאוד saud — 27 שאור saur — B שנבוג snbug (pr. *sanbug*?)

952. Guit. 70a, גדר. 3 m 17 S שביל sbil — u שביול sbiul — 14 שייבא siiba.

953. Ta'an. 11b, גימל. 13 E S שבריר sbrir — 40 o.

954. Bek. 8a, קוף. 2 B שיניא siniia — 4 שינייו siniiu — E שימיו simiu — B² שימייא simiia (it. *scim[m]ia*?)

955. a) Ber. 6b, לצוות. θ 11 o [4] — 25 שולץ sulç — S שלווץ sluuç.

b) Sab. 30b, לצוות. e k l t שולץ sulç — ι S שולאץ sulaç — 11 שילין silin — 12 o — 50 שולץ solaz — Ed. Amsterdam (1648) שולאש sulas.

c) Qid. 63a, בצוותא. *j* F שולץ sulç — μ שולאץ sulaç — 3 n? — 10 שולייץ suliiç — B o [5].

d) B.Q. 9b, צוותא. α שולדא sulda — β *y* o p r שולץ sulç — S² שולאש sulas.

e) B.M. 28a, דמצות. *m* שולאץ sulaç — *y* β (en marge dans β) γ q 20 שולץ sulç — B [ויש לו] [6].

---

1. Dans 11 la glose se place avant le mot כרכר.

2. **Pes. 119a, dans le commentaire de Raschbam, 48 traduit קולפי par שיראיריש siraurs, *ser[r]eures*.

3. V suit B.

4. θ et 11 substituent à la glose la phrase suivante : שיברא זה לצוות לזה׳ שלא יהא יחיד וקשה לו שבזמן שאדם עם אחרים מטייל והולך עמהם וכשה״א יחיד משתומם.

5. La glose s'insère avant les mots שלא אשב.

6. Voir aussi TENAILLE, nº 989e (p. 137, n. 1).

956. *Solcier*, « confire dans du vinaigre et des épices ».

957. *Soldedure*, « couture (d'une bourse) ».

958. a, b) *Solder*, « souder (des métaux) ».

c) *Solder*, « presser (ses lèvres) ensemble, les coller l'une sur l'autre ».

d) *Solder*, « se souder, se boucher (un tonneau défectueux qui a été raccommodé) ».

e) *Solder*, « se souder, se réunir par adhésion en une seule pièce (des parties du corps d'un animal) ».

959. *Sole*, « semelle ».

960. a) *Solive*, « solive ».

b) *Solives*, « solives ».

961. **Solz*, « confiture de végétaux ».

962. **Someil[l]ier*, « sommeiller ».

---

956. Houl. 97b, כבש. θ ρ 44 שולציר sulçir — 8 שולשייר sulsiir — s שולצר sulçr — S שוליניר sulinir.

957. Sab. 91b, חלביה. e שולדדורא sulddura — ι שול דרודא sul druda — l (en marge) S שולדורא suldura — 11 סולדרורא suldrura — 12 o — 50 שולד דורא suld dura.

958. a) Sab. 16b, ודיתכן. e ι שולדייר suldiir — k שלדייר saldair — l t 11 12 B² שולדיר suldir — 50 טולדיר tuldir — S שולדי' suldi' — l סולדאדורא suldadura (esp. *soldadura*).

b) Sab. 41b, מציף. e שולדר suldr — ι שולדייר suldiir — l 12 50 S שולדייר suldiir — 11 שולדור suldur.

c) Qid. 25a, חלים. *j* o — μ 3 שולדיר suldir — n שולדיר solder — 7 שולידר sulidr (it. *solidar*) — 10 שוליר sulir (en marge שולדיר suldir) — F שולדא sulda — B שולדור suldur.

d) 'A.Z. 69b, חלים. v שולדייר suldiir — S סלדיר sldir.

e) Houl. 45a, חלים. θ סולדק sildk — ρ שולרת sulrt — 8 s 15 o — S שולדרא suldra.

959. a) Ber. 43b, גולדא. θ S שולא sula — 11 סולא sula — E שולת sult.

b) Sab. 60b, עקב. e l 12 50 *s* A S שולא sula — ι שולה sulb — 11 סולו sulu (it. *solo*).

c) Sab. 112a, כף. e ι 50 S שולא sula — l שולא sola — 11 שולו sulu (it. *solo*) — 12 [עור].

d) Yeb. 101a, עקב. *j* b c V שולא sula — S טלון tlun — B שולה sulh.

e) Yeb. 103b, עקב. *j* S שולא sula.

f) Qid. 14b, עקב. *j* μ B שולא sula — n סולא sula — 10 o — F שואילא suaila (esp. *suela*).

960. a) 'Er. 84a, זיז. e *h* 6 F שוליבא suliba — 50 שוליכא solika — S o [1].

b) Souk. 22a, קורות הבית. 5 6 שולביש sulbis — 17 שליבש slibs — S שוליבא suliba.

961. Ta'an. 24b, כובשת. 13 40 S שולץ sulç.

962. Ta'an. 12a, מתנמנם. 13 S שומיליור sumiliir — 40 שומליור sumliir.

---

1. La glose s'insère entre זיז et הבורלט, ד"ה זיז.

963. *Son*, « son, bruit ».
964. *Sorbier*, « sorbier ».
965. c) *Sorcil*, « sourcils ».
a, b) *Sorcils*, « sourcils ».
966. *Sorparlediz*, « discours presomptueux, excessif ».
*967. *Sorsemez*, « ladre » (en parlant de la chair de porc).
968. *Sospecier*, « soupçonner ».
969. *Sospiriel*, « trou dans la bonde d'un tonneau ».
970. a) *Sovine*, « couchée sur le dos ».
**b) *Sovins*, « couché sur le dos ».
971. **Sterke* (allemand), « empois » (ou, moins probablement, *Sterke[n]*, « empeser »).
972. *Stok* (all.), « cep, entrave ».

---

963. SAN. 94b, משק. E o — S שון sun.
964. a) QID. 73b, זרדתא. *j* 3 10 o — μ קורמייר kurmiir — n שלביר slbir — F שורביר surbir — B שלריר slrir.
*b) PES. 111b, זרדתא. I (Pseudo-Raschi) B שונדכייר sundkiir.
II (Raschbam) 6 B שוכבייר sukbiir — 27 שורבייר surbiir — V שונביר sunbir.
965. a) BEK. 43a, גבינין. 2 B שורצילש surçils — 4 שורצילוש surçilus.
b) BEK. 43b, גבינים. 2 B שורצילש surçils — 4 שורצילוש surçilus.
c) NID. 23b, גבות עינים. μ שורציילא surçiila — ρ S שורציל surçil.
966. BER. 28a, נעניתי לך. θ טרופרליין truprliin — 11 שדופליין sdupliin — 18 שורפלי surpli — E שור פרלדיץ sur prldiç — S שורפרליי surprlii — B² o.
967. KET. 61b, s.v. דבר אחר. *k* שורשמא sursma — ξ שורשמיץ sursmiç — 3 שורשמיין sursmiin — S שורשמין sursmin.
968. a) GUIT. 19a, מדמין. 3 שושפיציר suspiçir — m שושפציור suspçiir — u S שושפציר suspçir — 14 שושפינציר suspinçir — 17 o — 39 שושפצציר suspççir.
b) HOUL. 90b, נומה. θ ρ s שושפציר suspçir — 8 שוש פצר sus pçr — S שושפנשיר suspnsir — B שושפינשיר suspinsir.
969. ʻA. Z. 69b, שויכא. ν שושפיל suspil — S o — I שופליור supliir — T (ʻA. Z. 70a) שושפריאל susprial.
970. a) NID. 17b, פרקדנית. μ שופינא supina — ρ שקודרינא skudrina — t o — S שובינא subina.
**b) B.B. 74a, אפרקיד. E Ed. Lublin (1576) שובינש subins — S שובנש subns — B שודינש sudins — V שיפינש sipins.
971. B.M. 60b, לכסכוסי. *m* γ 20 42 B o — *y* שטורקא strka — β שווידקיר suiidkir … q ?[1]
972. ʻA.Z. 15b, סדן. ν o — a v A S שטוק stuk — 6ª שתוק stuk [2].

---

1. Contexte dans β : ... לכסכוסי אנפושור בלע׳ [לכסכוסי בלשון אשכנז ש׳ שמלבנין בגדים] במו סיבין.

2. ν ou sa source a omis la glose allemande par erreur ; voici le contexte de ν : סדן לשום רגלי איש ובלשון אשכנז ובלע׳ ציף. Voir ci-dessus, p. 21, n. 3.

973. *Tabaḥie*, « rectum, dernière partie du gros intestin ».
974. *Taches*, « taches (dans la crête d'un coq) ».
975. b) *Tajer*, « tacheter ».
a) *Tajez*, « tacheté ».
976. a, b) *Tajes*, « taches ».
c) *Tajes blanjes*, « taches blanches ».
977. *Talemasje*, « masque ».
978. *Talon*, « talon ».
979. *Talpe*, « taupe ».

---

973. a) BER. 62b, לכרכשוה. θ ביצו טבחיאה mçu (it. *maz[z]o*) tbḥiah — 11 ביצו mçu (it. *maz[z]o*) — B טבחויא tbḥiia — S טבחוא tbḥia.
b) HOUL. 49b, דכרכשא. θ s S טבחויא tbḥiia — ρ [פי] טבחויא tbḥiia — 8 A טבחיא tbḥia.
c) HOUL. 50a, חלחולית. θ S טבחויא tbḥiia — ρ 8 טבחיא tbḥia — s ? — 44 טבחיאה tbḥiah — A טבחא tbḥa.
d) HOUL. 95b, כרכשא. θ s טבחויא tbḥiia — ρ טבחויאה tbḥiah — 8 טבחייה tbḥiih — S 'טבחי tbḥi' — B טבחיא tbḥia [1].
e) HOUL. 113a, וכרכשא. θ 8 S טבחויא tbḥiia — ρ טבחואה tbḥiah — s ?
974. 'A.Z. 4b, סורויקי. v טקש tks — S נוקייש nukiis.
975. a) SOUK. 33b, בונומר. 5 6 o — 17 טיינן tiinn — S טצש tçs [2].
b) NID. 51a, מנמר. μ ρ S טייר tiir.
976. a) BER. 7a, שורויקי. θ 11 טינטא tinta — 25 שייץ siiç, corrigé en טיישי tiisi — S טייש tiis — B טייט tiit.
b) HOUL. 46b, אוכמי. θ o — ρ [שיש] sis — 8 s 15 S טייש tiis — 44 טַייש tajes — T טאייש taiis.
c) HOUL. 47b, שורייקי חיוורי. θ טויש בלניישנט tiis blniisnt — ρ s טויש בלנקש tiis blnks — 8 טַייש בְּלַנְקֵשׁ tajes blankes — 15 טייט בלטויש tiit bltis — 44 טייש tiis — S טקש tks.
977. a) SAB. 66a, ליוקטמין. e ι טלמינשא tlminsa — I טלמיישייא tlmiisiia — 11 טלמשייא tlmsiia — 12 טלמסיא tlmsia — 50 טַלְמַשְׁיֵיא talemasje — S טלמאשקא tlmaska.
b) SAB. 66b, פרמי. e טלמשייא tlmsiia — ι 50 טלמשיא tlmsia — I O (II, 42a, § 84, 22) טלמיישא tlmiisa — 11 שלמשייא slmsiia — 12 S טלמסיא tlmsia.
978. YEB. 102a, עקב. *j* c S טלון tlun — B שלון slun [3].
979. a) BER. 57b, קורפרא. θ 11 S טלפא tlpa — I טופו tupu (esp. *topo*).
b) SAB. 78a, דכרושתינא. e ι l 12 50 S טלפא tlpa — 11 o.
c) HOUL. 63a, באות שבשרצים. θ ρ 8 s 15 S טלפא tlpa.
d) HOUL. 63a, קיפוף. θ ρ 8 s 15 S טלפא tlpa.
e) HOUL. 63a, קורפדאי. θ ρ 8 s 15 S טלפא tlpa [4].

---

1. Dans le S de Munich on lit : 'טַבְחִי tabahi', les voyelles ayant été ajoutées en manuscrit.
2. NID. 19a, 48 a הוין] השרוני מנומר טייא בלעז], avec tiia, *tajé*(?), « tacheté », comme traduction de השרוני, en parlant du vin. S o — μ ρ ?
3. V suit B.
4. 'M.Q. 6b, 6 a שבורין תופינו. tupinu, l'italien dialectal *topino*, « taupe », pour traduire בריה שאין לה עינים. λ B : o.

980. *Tan*, « tan, écorce de chêne ».

981. *Tanbor*, « tambour ».

982. *Tapid*, « tapis ».

983. *Tariedre*, « tarière ».

984. *Tas*, « tas ».

985. b, c, d, e, f, *g, *h, *i) *Tasche*, « sac ».

a) *Tasches*, « sacs̃ ».

986. a) *Teigne* « teigne (qui grandit dans les étoffes de laine) ».

---

980. Sab. 79a, קליפת ארז. e 11 12 50 טן tn — ι l טאן tan — S טנא tna (it. *tan*[*n*]*a* ?)

981. Sot. 49b, טנבורא. B טנבור tnbur.

982. a) B.Q. 117a, ביסתרקי. α o p טפיד tpid — β טפיר tpir — γ תפיר tpir — E $S^2$ תפיד tpid.

b) B.B. 13b, ביסתרקי. *n* S טפיד tpid — 9 טופייר tupiir.

c) San. 95a, בסתרקי. E תפיטי tpiti (esp. *tapete*) — S תפיט tpit — B תפית tpit — V טפיט tpit.

983. a) Qid. 21b, מקדח. *j* טרוויילא truiila (pr. *travela*) — μ טריאיירא triaiira — 3 טריבילא tribila (it. *trivel*[*l*]*a*) — n V טריידא triida — 7 טרוולא truula (pr. *travela* ?) — 10 טרידרא tridra (au-dessus de la ligne, en main postérieure : טריוולא triuula [it. *trivel*[*l*]*a*]) — F טיריא tiria — B טריידרא triidra.

b) B.Q. 119b, מקדח. α p טרידא trida — β טרידרא tridra — γ טדידרא tdidra — $S^2$ טריידא triida.

c) Bek. 37b, מקדח. 2 טיינא tiina — 4 B טריבלא tribla (it. *trivel*[*l*]*a*) — 29 טרידדא tridda.

984. Sab. 50a, הפתק. e נטש nts — ι נוש nus — l 11 12 50 S טש ts.

985. a) Sab. 154b, גוולקי. e l 6 50 טשקש tsks — ι נושקש nusks — S עשקנש eskns.

b) Meg. 26b, דלוסקמי. 5 ? — 6 פושקו pusku — 13 S o — 17 טשקאש tskas — a טשקא tska — A קאושא kaisa [1].

c) Guit. 28a, טליקא. 3 u 14 a *u w* 1 A S טשקא tska — m טשיקא tsika — 17 o.

d) Guit. 78a, טסקא. 3 m c $S^2$ טשקא tska — u ששקא sska — 14 טסקא tska — 17 o.

e) Qid. 50a, דלוסקמא. *j* n B טשקא tska — μ טְשְׁקא taska — 3 10 V טסקא tska — F לישקא liska.

f) B.M. 20b, טליקא. *m* β q 20 טשקא tska — γ V טסקא tska — B טשק' tsk'.

*g) Ta'an. 23b, גזאלקא. 13 40 S טשקא tska — E טסקא tska.

*h) M.Q. 24b, דלוסקמיו. 49 נושקא nuska — S o — λ 6?

*i) Me'il. 21a, דלוסקמא. 2 $B^2$ טשקא tska — B טסקא tska.

986. a) Houl. 28a, יניבא. θ ρ 8 טיינא tiina — s טינייא tiinie — S טיינייא tiiniia — $S^2$ טיניא tinia — $B^2$ טרמא trma (it. *tarma*).

---

1. Cette glose se trouve dans le ד"ה דלוסקמי, avant le mot כמור.

b) *Teigne*, « teigne (qui mange le lin) ».

987. a) *Teile*, « toile, pellicule ».

b, c, e, f, g, h, i, j, k, o, p, q) *Teile*, « toile, taie de l'œil ».

d) *Teile*, « toile, étoffe ».

l) *Teile*, « membrane épaisse et forte qui couvre les flancs (d'un animal) ».

m, n) *Teile*, « membrane, graisse qui recouvre la panse ».

*r) *Teiles*, « toiles, étoffes ».

988. *Teliers*, « métiers à tisser [?] (des femmes) ».

989. e) *Tenail[l]e*, « tenaille ».

a, b, c, d, f) *Tenail[l]es*, « tenailles ».

---

b) Houl. 85b, ואניבא. θ ρ 8 S טיינא tiina — s טינא tina — B[2] טרמא trma (it. *tarma*) — V טייש tiis — E o.

987. a) Ber. 25a, קרום. θ 11 18 טיילא tiila — S טילא.

b) Pes. 73a, דוקין. 6 o — 27 טילא tela — B טליוא tliia.

c) Bèç. 27a, דוקין. *h* μ 5 6 *7* 12 13 S טיילא tiila — λ 45 טילא tila.

d) Hag. 12b, דוק. λ 5 6 13 S טילא tila — V טיילא tiila.

e) Guit. 56a. דוקין. 3 m u 14 39 טיילא tiila — 17 טייל tiil — S טילא tila — S[2] טירה tilh.

f) 'A.Z. 3b, דוקין. v טיילש tiils — S טילא tila.

g) 'A.Z. 51a, דוקין. v טילא tila — S טיילא tiila.

h) Zeb. 35b, דוקין. f o — B טיילא tiila.

i) Zeb. 85b. דוקין. f טיילא tiila — B טילא tila.

j) Men. 79a, דוקין. 2 ? — w שיילא (ש douteux, peut-être ט) siila — M טילא tila — B o.

k) Men. 101a, דוקין, 2 o — B טיילא tiila — B[2] טוילא tuila.

l) Houl. 8b. קרום. θ ρ טיילא tiila — s 44 S טילא tila — S[2] טילה tilh.

m) Houl. 49b, חלב שעל הקרב. θ טליוא tliia — ρ 15 *u* A O (I, 116b, § 413) טיילא tiila — 8 טיילא taile — s טיל' til' — S טילא tila.

n) Houl. 93a, חלב הכיכסה את הקרב. θ ρ o — *u* טייל tiil — *v* A S טיילא tiila — s 8 טילא tila.

o) Bek. 16a, דוקין. 2 טיילא tiila — 4 טילה tilh — B טילא tila.

p) Bek. 28a, דוקין. 2 B טיילא tiila — 4 טילא tila.

q) Bek. 38a, דק. 2 4 B טיילא tiila — 29 B[2] טילא tila.

*r) M.Q. 10b, קירמי. A טיילש tiils.

988. Sab. 113a, עמודים. e 50 S טליירש tliirs — ι טליואש tliias — l טליידש tliids — 11 ריליש rilis — 12 o[1].

989. a) Sab. 110a, צבתא. e 50 טנויילש tniils — ι טנוילאש tniilas — l איצטנוילש aiçtniils — 11 טינויילש tioiils — 12 [מספרים] — S איטנליש aitnls — V איטנלייש aitnliis.

---

1. 30 ajoute : ובמקומי קורין אותו ריילש, « et dans mon endroit on l'appelle riils » (cf. 11) : c'est l'anc. fran. *reilles*, cf. REILLES, n° 889.

990. *Tenpeil[l]on* [?], « clou qui a deux pointes aiguës et recourbées ».

991. *Tenpene*, « membrane séreuse, partie de la paroi abdominale qui couvre la panse ».

992. a, *d, *e, *f) *Tenple*, « tempe (partie de la tête) ».

b, c) *Tenples*, « tempes ».

993. *Tenprer* [?], « tremper, mettre dans une bouillie ».

994. b) *Tenrum*, « cartilage (intérieur, anti-hélix) de l'oreille (d'un animal) ».

a) *Tenrums*, « cartilages (d'un animal) ».

---

b) Pes. 54a, צבת. 6 27 טנוילש tniils — E טונויאליש tiniialis — B טנליויש tnliis.

c) Ket. 77b, צבתא. *k* טנדליש tndlis — ξ טנוילש tniils — 3 טונליוא tinliia (it. *tenaglia*) — S 14 טונליויש tinliis — S² טנליויש tnliis.

d) B.Q. 9b, צבתא. α טנליויש tnliis — β *y* o טונליויש tinliis — p טנאווילש tnaiils — r טנוילש tniils — S טטנויילאש ttniilas — S² טנויילאש tniilas.

e) B.Q. 59b, צבתא. α p δ v טנליויא tnliia — β טונויילא tiniila — *y* יטונליוי itinlii (it. *tenaglie*) — o טונליויא tinliia — r o [1] — A S טנויילא tniila — S² טנליויה tnliih — B טנויילה tniilh — V טנליויש tnliis.

f) San. 52a, צבת. S טנליויש tnliis.

990. Sab. 60b, כלבום. e הינפליון hinpliun — ι הנפליו hnpliu — l הונפיליון hinpiliun — 11 טינפוליון tinpiliun — 12 o — 50 טנפיילון tnpiilun — A תפיליוון tpiliiun — S טינפויילון tinpiilun.

991. a) Houl. 42b, קרום עב. θ 8 s S טנפנא tnpna — ρ טנפא tnpa — 15 פנצא pnça — P (143a) טנבא tnba — P ms., f. 62b טנבא tanbe.

b) Houl. 50b, קרום עב. θ s 44 S טינפנא tinpna — ρ V טינפא tinpa — 8 A טנפנא tnpna — *v* טנעפנא tnepna — 15 טנפא tnpa.

992. a) Sab. 80b, צידעא. e 12 טנפלא tnpla — ι טנפלה tnplh — l 11 50 S טינפלא tinpla.

b) Bek. 35a, צדעיו. 2 o — 4 טומפליש timplis — B שינפליש sinpls — V טונפליש tunpls.

c) Nid. 29a, צדעיו. μ טינפליויש tinpliis — ρ S טנפליש tnpls.

**d) Naz. 3a, צדעא. 46 שמפיל smpil — B o — B² טינפלא tinpla [2].

**e) B.B. 60b, בת צדעא. *n* טיפלא tipla — S טינפלא tinpla — B טנפל tnpl.

**f) Mak. 20a, s. v. חייב על הראש. *v* טונפלא tinpla — B טנפלא tnpla.

993. Guit. 69b, ונשטרינהו. 3 17 o — m טרנפייר trnpiir — u טרנפיר trnpir — 14 טינפריר tinprir — 39 טנפיר tnpir — S טרנפריר trnprir — V טרכנרייד trknriid.

994. a) Pes. 84a, והסחוסים. 6 טינרומש tinrums — 27 טנדרים tndrus — B טוברים tibrus.

---

1. Le ms. r substitue à la glose et son contexte le passage suivant : צוותא צוות שורין בריעז. Dans ce passage, le mot צוותא, provenant d'un texte différent du notre, est traduit par sulç, *solaz*, « compagnie ». (V. le nº 955).

2. Dans l'exemplaire de B de R. Beçalel Aschkenazi, qui se trouve maintenant à la Bibliothèque municipale de Francfort sur Mein, on a ajouté en marge à l'encre : דינפלא dinpla.

995. c, e) *Tenve*, « mince, maigre ».

d) *Tenve*, « aigu, mince ».

a, b) *Tenves*, « minces, maigres ».

f, g) *Tenves*, « mince, maigre ».

996. *Tepor* [?], « chaleur, tiédeur (d'une journée nuageuse) ».

997. ***Tercel*, « troisième essaim (de l'année) ».

998. **Teriake*[?], « thériaque ».

999. *Tevale*, « touaille, linge pour s'essuyer ».

1000. *Tifinon* [?], « fard, rouge ».

1001. *Til*, « tilleul (arbre) ».

1002. *Tiules*, « tuiles ».

---

b) Bek. 37a, חסחוים. 2 o — 4 טנרוס tnrus — 29 טנרום tnrum — B טנדרון tndrun.

995. a) Souk. 13b, דקות. 5 6 o — 17 טנביש tnbis — S טינבש tinbs.

b) B.Q. 119a, דקין. α טַנבש tanbs — β y S טנבש tnbs — p טנבש tanbs.

c) Houl. 46a, מרודד. θ טינביש tinbis — ρ טנרא tnra (it. *tenera* ?) — 8 s טנבא tnba — 15 טינגא tinna — S טינבא tinba.

d) Houl. 48a, חליש. θ ρ S o — 8 טנבֿא tnva — s טנבא tnba — i5 טינכא tinka [1].

e) Bek. 45a, טריפה. 2 4 o — 29 טבנא tbna — B טנבא tnba.

f) 'Arak. 10b, דק. *p* טינבישא tinbisa — B טינבש tinbs.

g) Nid. 21a, פשוטו. μ טינבש tinbs — ρ S טנבש tnbs — t טנכש tnks.

996. Yom. 28b, דוהמא דשמשא. *i* טופיור tupiur — μ טורפור turpur — 5 ? — E תופיר tupur — B o [2].

997. B.B. 80a, שלישי (נחיל). S B טירציל tirçil.

998. Ned. 41b, תורייקי. B תוריוקא tiriika.

999. Sab. 40b, אלונטית. e o — ι 12 S טיולא tiula — l 44 50 טיוולא tiuula — 11 (en marge) טובולא tibula — *s* A טאלא tala.

1000. a) Sab. 64b, שרק. e טיפינון tipinun — ι 12 o — l טיופנויין tiipnuiin — 11 טיכפטון tikptun — 50 טינפטון tinptun — S טינפאנאה tinpanah.

b) Sab. 95a, סרק. e טיפינון tipinun — ι l טיפנטון tipntun — 11 12 o — 50 טפינון tpinun — S טיפינויין tipinuiin — I טיפוניין tipuniin.

*c) M.Q. 9b. סרק. 49 כופירון kupirun — S o — λ 6?

1001. Houl. 51b, s. v. תומחתא. θ טיילי tiili — ρ s טייל tiil — 8 טִיול til — 15 S טיל til.

1002. a) Sab. 29a, רעפים. e טיולש teules (pr. *teules*) — ι טיבלש tibls — k S טיוליש tiuls — l טיוולש tiuules — t טִיוָלש tiuals [3] — 11 טיבליש tiblis — 12 o — 34 טוברלו' tibli' — 50 טִיבְּרש tiules.

---

1. Cette glose se trouve s. v. דחליש פומיה.

2. La glose s'introduit entre המעינן et ד"ה דנא.

3. Dans t il y a un point au-dessous du ל qui ne peut guère être un *i*. Le scribe sans doute s'est trompé en copiant le טִיוָלש tiulas de sa source. Dans l on a טיווליש pour טיוליש.

1003. *Tonels*, « tonneaux ».

1004. *Tonine*, « thon (espèce de poisson) ».

1005. *Torbeil*, « tourbillon, tempête ».

1006. *Tore*, « aconit ».

1007. *Torn*, « treuil, roue (d'un puits, p. ex.) ».

1008. *Tornede*[?], « (un œuf) gâté ».

1009. *Tornediz*, « (un lit) pliant, mobile ».

---

b) Sab. 125a, רעפים. e טוולש tuuls (pr. *teules*) — ι טבלש tbls (pr. *teules*) — l 50 טיוולש tiuuls — 11 טוולִיש tuulis (pr. *teules*) — 12 o — S טיבלש tibls.

c) Pes. 30b, מרעפים. 6 טיגוליש tigulis — 27 *s* A טיבלש tibls — 35 טבלש tbls (cat. *teules*) — B טיוליש tiilis.

d) Béç. 33a, רעפים. *h* טיווליש tiuulis — λ טיגולשי tigulsi — μ 7 טייבולש tiibuls — 5 13 טיגוליש tigulis — 6 טיגולש tiguls — 12 טייבלש tiibls — 45 טיבלש tibls — S טייבלוש tiiblus.

e) B.Q. 69a, רעפים. α β p S[2] טיבלש tibls — *y* o טיגוליש tigulis — r טיבלש teules (cat. *teules*) — E טיבלא tibla.

f) Men. 63a,רעפים. 2 o — w בלש ... ... bls (en marge, presque illisible) — B טיבלש tibls.

1003. 'A.Z. 59b, דודורין. v טנילש tnils (pr. *tenels*?) — S טולינץ tulinç — Y (136b) טונילש tunils.

1004. a) Ber. 44a, טרית. θ 11 S O (I, 54a, § 161) טונינא tunina.

b) Sab. 39a, קוליים האיספנין. e ι l 11 *s* 50 S טונינא tunina — 12 o.

c) Meg. 6a, טרית. 5 6 13 o — 17 טוּטִנַ' בלשון יון tutina' en langue grecque — S טונינא tunina.

d) Houl. 66a, סולתנית. θ ρ s S טונינא tunina — 8 טוֹנִינָא tonina — 44 טוטנא tutna.

1005. Ber. 59a, זעפא. θ 11 טורביל turbil — S סופטורבייל supturbiil.

1006. a) Houl. 58b, תיעא. θ ρ s S תורא tura — 8 (en marge, dans une main italienne) טורא tura — I תורייא turiia.

b) Houl. 59a, מורירתא. θ 8 s 15 טורא tura [1] — ρ S T תורא tura.

1007. a) 'Er. 104a, בגלגל. e טוֹרְן torn — *b* תורְן turn — 6 טוֹר tur — F טורנו turnu (esp. *torno*) — S טורן turn.

b) Houl. 15b, במכבר. θ 8 טורנו turnu (it. *torno*) [2] — ρ טורניל turnil — s טוֹר tor — S טורן turn [3] — S[2] טור tur.

1008. Bek. 57b, מוזרתא. 2 E G o — 4 טרדנא trdna — B טורניך turnik.

1009. Sab. 47b, גלניתא. e טורניצא turniça — ι 12 o — l 50 S טורנדיץ turndiç

---

1. Nid. 51b, μ a ... התיאה תורא ב'ל ומרה היא מאד ·חלת הרוע; il traduit תיאה par *tore*. Comme ρ et la citation dans R. Samson (ad *Oukç*. III, 5) s'accordent avec les éditions à expliquer התיאה היונן סיאה, la glose de μ est d'authenticité fort douteuse.

2. Dans 8 les lettres נו *nu* ont été ajoutées après coup.

3. L'exemplaire de S de Munich a été vocalisé en ms. ainsi : טוֹרֶן toren.

1010. *Tornedoire*, « rallonge, partie démontable (d'une table) ».

1011. a, b) *Torner*, « tourner la pâte, pour en former le pain ».

**c) *Torner*, « s'altérer, se dénaturer, devenir aigre (un aliment) ».

1012. *Tortel*, « galette cuite sous la cendre ».

1013. ***Torturios*, « qui font tort aux autres, injustes ».

1014. *Tos*, « toux ».

1015. *Tos[s]er*, « tousser ».

1016. **Traïna*, « (il) traina ».

1017. *Trames*, « trames ».

1018. *Traped* [?], « tapis ».

1019. *Trecedoirs*, « tresses (de lin non filé) ».

---

— 11 טורשיץ tursiç — *s* טורנייץ turniiç — 1 טורטיל turtil — A שריצא sriça — B טורנדין turndin.

1010. Béç. 29b, תוך. *h* טורנרוויירא turnruiira — λ מטרא mtra — μ טורנוויירא turnuiira — 5 6 7 13 o — 12 טורנידודוייא turniduduiia — 45 S טורנדוויירא turnduiira.

1011. a) Men. 50b, עריכתן. 2 ? — 4 ? — w טורטיר turtir — B טוניר tunir — V' סוניר sunir [1].

b) Men. 55a, עריכתה. 2 טורטיר turtir — w טורניר torner — B טורניר turnir.

**c) B.B. 95b, שעברה צורתו. S טוריר turir — B טורנייר turniir.

1012. Sab. 19b, חררה. e 50 טורטל turtl — ι טרטל trtl — k טורטייל turtiil — l טורטוייל turtuiil — t 11 12 44 B¹ טורטיל turtil — S 'טורטי turti' — Ed. Giustinian (Venise, 1550) פוגאצה pugaçh (D.S. ; it. *fugaz[z]a* [2]).

1013. Naz. 49b, קנטרנין. 46 טורטוריוש turturius — B טירטוריוש tirturius.

1014. *Er. 99a, ד"ה לא תהליך. e טונשא tunsa — *b* 6 F S טוש tus — B 'טוש tus — B¹ טושא tusa (it. *tos[s]a*) [3].

1015. a) Ber. 62b, נחר. θ טוסיר tusir — 11 סוטיר sutir — S טושיר tusir.

b) Qid. 81b, אכמר. μ טושי tusi — n 3 10 E F טושיר tusir — B שוטיר sutir.

1016. Ber. 10b, גירר. θ 11 S o — F טראינה traioh [4].

1017. B.Q. 119b, פונקלין. α p טרמיש trms — β *y* טרמייש trmiis — S טריימש triims.

1018. a) Yeb. 63a, ביסתרקי. d טרפוד trpud — *j* טרפייר trpiir — E טאפיד tapid — S שפיד spid — B טאפיט tapit.

*b) Ta'an. 21b, בסתרקי. 13 40 S טרפיטו trpitu (it. *trapeto*) — E O — B טפידו tpidu — B¹ טרפידו trpidu (it. *trapedo*) [5].

---

1. Cf. les leçons de 2 et de 4 données sous ENTORTER, n° 356, c. Sous a), Men. 50b, Raschi dit que la glose est « en langue de France ».

2. Béç. 9a, on trouve dans S la glose טירטיל turtil pour expliquer חלה. *h* λ μ 6 7 12 13 45 : o. 5 ?

3. V' suit S.

4. Contexte de la glose : ... זהב וכסף ׳ גורר טראינה בלע״ז : עיבר ניסן ...

5. V' suit B.

1020. *Treces*, « tresses (de lin non filé) ».

1021. a) *Trecier*, « serrer (ses mains) entre ses doigts ».

b) *Trecier*, « tresser, tisser (un rideau, pour servir de mur à une cabane) ».

c) *Trecier*, « tresser (les courroies des phylactères) ».

1022. b, c, d, g, h) *Treil[l]e*, « treille ».

a, e, f) *Treil[l]es*, « treilles ».

1023. *Treïl[l]ier*, « faire monter en treille ».

1024. *Tremuie*, « trémie ».

---

1019. Bek. 29b, תיכו. 2 o — 4 טרנרור trnrur — B טרצויירש trçuiirs.

1020. B.Q. 119b, תיכו. α β טריצש triçs — γ טריציש triçis — p טְרֵיכִיש trekes (leçon incertaine) — S² שרימש srims.

1021. a) Sab. 10a, פכר. e טרציור trçiir — ι טריצייר triçiir — k טרנציר trnçir — l טרציר trçir — t B מרציר mrçir — 11 טריציר triçir — 12 E O — 50 טרצייד trçiid.

b) 'Er. 86b, משלשל. e B² טריציר triçir — *h* טרצייר trçiir — 6 טרציד trçid — 50 טירציד tirçid — S [האורג] — F טרציר trçir [1].

c) Men. 35b, מתלית. 2 צירציר çirçir — B טרניר trnir.

1022. a) Pes. 53a, דלירת. 6 B טריוליש triilis — 27 טריולש triils — 48 טרויש וידליויש triis uidliis.

b) Souk. 9b, דלית. 5 6 o — 17 טרמילא trmila — 1 S טריולא triila.

c) Ket. 111b, דלית. *k* טרליא trlia — ξ טדילא tdila (leçon peu sûre) — 3 טריולא triila — 14 o — S טריליאה triliah.

d) B.M. 116b, דלית. *m* טרילה trilh — β *y* o — γ פריולא pfiila — q טְרַיוּלָא traile — S פלידא plida.

e) Men. 53b, דליותיהן. 2 w E טריולש triils — B טרויילש truiils.

f) Men. 86b, דליות. 2 טריול triil — w טריולעיו triileiu — B טריילש triils — M טלטריילש tltriils.

g) Houl. 90b, גפן. θ ρ טרילא trila — 8 s טריליא triliia — E o — S טריירלא triila.

*h) Ker. 15a, בדלית. 2 B טריולא triila.

1023. Souk. 11a, הדלה. 5 6 o — 17 טריולא triila — *s* טריולור triilir — A שראיולא sraiila — S טרליר trlir.

1024. a) Hag. 3b, אפרכסת. λ 5 טרימוויא trimuiia — 6 E טרימווא trimuia — 13 S טירמוייא tirmuiia.

b) B.B. 20b, קלת. *n* S טרימוייא trimuiia — 9 טרימויא trimuia — B טרויימוייר truiimuiir.

c) Houl. 89a, אפרכסת. θ טרמויא trinuia — ρ טרומיא trumia — 8 טורמויא turmiia — s E S טרמוויא trmuiia.

**d) B.B. 65a, קלת. *n* o — S B טרמוויא trmuiia.

---

1. V suit B². Pes. 102b, dans le commentaire de Raschbam, 48 a משלשלין, [וגדיר טריציר] ל׳ שלשלת triçir, ***trecier*, « tresser, unir (des bénédictions) ». V [o]. 6 27 B?

1025. *Trepied*, « trépied ».

1026. a, b) *Trestrest*, « exsude, émet (un liquide) ».

c, d, e, f, g) *Trestrest*, « pénètre, entre bien avant ».

1027. *Trev*, « poutres du toit ».

1028. *Triege*, « raccourci, chemin plus court ».

1029. **Trijes*, « mets de blé écrasé ».

1030. a) *Troche*, « bouquet, groupe (de palmiers) ».

b) *Troche*, « trochet, touffe, amas de tiges (roseaux) sur le même pied ».

c) *Troches*, « trochets, amas de tiges (roseaux) sur le même pied ».

1031. *Troje*, « réunion, masse (de dattes) ».

---

1025. a) SAB. 78b, פטפוט. e שרפיר srpir — ι 1 S טרפיור trpiir — 11 12 טרפיד trpid — 50 B טרפויד trpiid.

b) SAB. 102b, פטפוטי. e טרפד trpd (pr. *treped*) — ι o — 1 12 50 B טרפייד trpiid — 11 טריפד tripd (pr. *treped*) — S טרפויר trpiir [1].

c) BÉÇ. 32b, ד"ה לשפות. *b* טרפיד trpid — λ טריפייד tripiid — μ o — 5 טריפידי tripidi (it. *trep[p]iedi*) — 6 13 טריפיד tripid — 7 טרופך trupk (pr. *treped ?*) — 12 S טרפויד trpiid — 45 טריפיט tripit.

d) BEÇ. 33a, ד"ה וכן ביעתא. *b* 12 טרפיד trpid — λ 6 13 45 טריפיד tripid — μ טרפויר trpiir — 5 טריפידי tripidi (it. *trep[p]iedi*) — 7 טריפר tripr (pr. *treped ?*) — S טרפייד trpiid.

1026. a) PES. 30b, מידויתי. 6 o — 27 טרישטרישט שובנט. sumnt tristrist — 35 טרששרנשים trssrnsis — B טרשטדטש trstdts.

b) YOM. 78a, משחל שחול. *i* טְרֶישְׁטְרֶישְׁט trestrest — μ טרשורישט trsurist — 5 o — B טרישטרושט tristrist.

c) 'A.Z. 76a, ונדבקת. v שורצהורישט surçhurist — S טרשטריש trstris.

d) ZEB. 79b, קריר. f טרשטרישט trstrist — B טרישטריטש tristrits — C (*ad* Toh. IV, 4) טריסטריסט tristrist.

e) ZEB. 98a, בעומקו .. נכנס. f טרשטריש trstris — B טרישטטריט tristtrit.

f) MEN. 83a. קדיר. 2 o — w טרשנו דישט trsnu dist — B כורשטרייט kurstriit — M טראשטישט trastist.

g) NID. 56b, מקדיר. μ טרשרייטא trsriita — ρ טרישטרישט tristrist — S טרשטרייש trstriis.

1027. SOUK. 22a, קורות העליוה. 5 o — 6 טרב trb — 17 שריט srit — S טריב trib.

1028. BER. 62b, קפנדריא. θ S טרייא triia — 11 o.

1029. TA'AN. 24b, דייסא. 13 40 S טרייש triis — V טריים triis.

1030. a) SOUK. 32a, כף. 5 6 o — 17 טראקא traka — S טרוקא truka.

**b) B.B. 68b, חוצת הקנים. *n* o — S טרוקא truka — B טרוק truk.

**c) B.B. 143b, כחושים של קנה. S טרוייש truiis — B טרוקש truks.

1031. KET. 80a, שיגרא. *k* טרוייא truiia — ξ טרייה triih — 14 ? — S טרווא truiua — V טרויות truiut.

---

1. V suit B. BEÇ. 28b, 5, λ, μ et 45 insèrent, après les mots להכות עליו בפטיש, un long passage, au cours duquel on trouve טריפיד tripid (μ טרפייר trpiir ; 45 טרפיר trpir) comme explication de כלי של ברזל. *b* 6 7 12 13 S : o.

1032. a) *Tronc,* « tronc, bloc ».

*b, **c) *Tronc,* « tronc (d'arbre) ».

1033. *Tronches,* « tronches, bûches ».

1034. b) *Tronçon,* « morceau, fragment ».

a) *Tronçons,* « tronçons, morceaux (d'un serpent) ».

1035. *Trop* [ou *-pe* ?], « mélodie ».

1036. *Truele,* « truelle ».

1037. a) *Tudel,* « tuyau, tige ».

b, c) *Tudels,* « tuyaux, tiges ».

1038. *Tudeles* [?], « tuyaux, tiges ».

1039. *Uis*[*s*]*eries,* « chambranle, encadrement d'une porte ».

1040. *Underschuch* [?], (all.) « chaussure fine [?] que l'on met au-dessous d'une chaussure plus épaisse [?], pour se protéger contre l'humidité ».

1041. *User,* « user (des ustensiles en argent et en cuivre) ».

---

1032. a) QID. 27b, סדנא. *j* טרונק trunk — µ טרנק trnk — 3 טורנק turnk — n טרוק truk — 7 טרנוק trnuk — 10 טרונקי trunki — F טרונקא trunka (cat. [?] *tronca*) — B טרינק trink.

*b) TA'AN. 25b, סדן. 13 40 S טרונק trunk.

**c) B.B. 68b, סדן. *n* o — S טרונק trunk — B טרונה trunh.

1033. B.Q. 96a, גובי. *α* p r טרונקש trunks — β *y* o — o [חתיכות] — S טרונקייש trunkiis.

1034. a) SAB. 109b, גרבי. e טרוצנש truçns — ι 12 o — I בירצונויש birçunus — 11 טרונצוש trunçus — 50 טירוצונש truçuns — S טרונצוץ trunçuç.

b) SAN. 45a, פרק. S טורנצון turnçun.

1035. QID. 71a, נעימה. *j* µ B טרוף trup — 3 טינפר linpr — n טרופא trope — — 10 טרופא trupa — E טרונפו trunpu (esp. *tronpo* ?) — F טרונפא trunpa (esp. *tronpa* ?).

1036. a) SAB. 80b, כף סיד. e טבלא tbla (pr. *tibla*) — ι טיבלא tibla (pr. *tibla*) — l טרואילא truaila — 11 12 o — 50 טואלא tuala — S טרואיל truail.

b) MAK. 9b, מחצל. *v* B טרואילא truaila.

*c) M.Q. 11a, מחצליום. A טרואלא truala.

1037. a) YOM. 47a, דרד. *i* טודייל tudiil — µ טורייל turiil — 5 V טודיל tudil — B טוריל turil.

b) B.Q. 81a, זירין. *α y* p טורילש turils — β טורליש turlis — o טוריליש turilis — r טורויילש turiils — S² טודיליש tudilis.

c) 'A.Z. 7b, זורין. *v* טנויש tuds — S דולדוילש duldiils.

1038. SOUK. 12a, זרדין. 5 6 o — 17 טורילייש turiliis — A ואילש uails — S טויילש tuiils — X (f° 10a) טורדליש turdlis.

1039. MEN. 33b, פצימין. 2 אושריא ausria — B איישריאש auisrias — Z אוישראש auisras.

1040. YEB. 102b, קורדקיסין. *j* הופליינש hupliins — S אונדרשוך aundrsuk.

1041. B.M. 29b, לשחקן. *m* γ 20 אושיר auser — β *y* אושייר ausiir — q אושר user — B אוזיר auzir.

1042. a, b, c, e) *Vadil*, « pelle à feu ».
d) *Vadils*, « pelles à feu ».
1043. *Valede*, « vallée ».
1044. *Van*, « van ».
1045. *Vaner*, « vanner ».
1046. b) *Vece*, « vesce ».
a) *Veces*, « vesces ».
1047. b, d, e, f, g) *Vedil[l]e*, « vrille ».
a, c, h) *Vedil[l]es*, « vrilles ».

---

1042. a) Sab. 20a, במגריפה. e וְדִיר vadel — ι Ṡ וודולי uudili (it. *vadile*?) — k l ι 12 44 וודיר uudil — 11 o — 50 בדיל bdil.
b) Sab. 122b, מגריפה. e 11 *s* 50 S וודיל uudil — ι l 12 o — 44 ודויל udiil [1] — A ווידל uuidl.
c) Hag. 20a, מגריפה. λ ווידיל uuidil — 5 6 13 S וודיל uudil — F וולד uuld.
d) B.M. 30a, מגריפות. *m* 'וולדי uuldi' — *y* β וודיליץ uudiliç — γ בידילץ ndilç — q וַאיש vais — 20 וורילף uurilp — 21 B וודולש uudils.
e) 'Arak. 10b, מגריפה. *p* וַדַל vadal — B זדיל zudil — V וודיל uudil.
1043. Hag. 19a, גממיות. λ ולידא ulida — 5 וולידה uulidh — 6 וולידא uulida — 13 S וולורא uulura [2].
1044. a) Sab. 134a, בניפוותא. e l 6 11 50 וון uun — ι וַאנַיילי vanaile — 12 o — S וואן uuan.
b) B.M. 74a, נפוותא. *m* β *y* S וון uun — γ ווהן uuhn — q וַוַאן uauan — 20 o.
c) Nid. 31a, בנפה. μ ρ S וון uun.
*d) Ta'an. 3b, נפוותא. 13 40 S וון uun.
1045. a) Houl. 7b, חבט. θ אכיר akir — ρ ווטיר uutir — s וַנֵיר vaner — S וונייר uuniir — B 'וניר uunir' — S[a] וניר uunir.
b) Houl. 91b, דורה. θ s S ווניר uunir — ρ וניר unir — 8 E וונייר uuniir.
1046. a) Sab. 17b, כרשינין. e אריש ers (pr. *ers*) — ι ווייצש uuiçs — k ויצש uiçs — l ווייצש uuiçs — t 50 ווצש uuçs.— 11 o — 12 ויבש uibs — S ביצא biça.
b) Bek. 37b, הינדא. 2 וויצא uuiça — 4 B ויצא uiça — 29 וֵיצא ueça.
1047. a) Ber. 55a, רולבי גפנים. θ 11 קפיטי kpiti — S וודיליש uudilis.
b) Sab. 78b, סיב. e ודילא udila — ι וודילא uudila — l ודיילא udiila — 11 ויירדולא uirdula — 12 o — 50 ווירייילא uuiriila — *s* A וידולא uidila — S ודיליא udilia.
c) Sab. 81a, לולבי גפנים. e S וודולש uudils — ι 11 o — 12 וולדינש uuldins — l ודיולש udiuls — 50 ווידיילא uuidiila.
d) 'Er. 58a, ד"ה נברא. e o — *h* [חריות] — 6 ורוליא urilia [3] — 50 וודילא uudila — F ודולה udilh — S וודולא uudila.

1. Le ms. l omet la glose parce que le copiste a sauté une ligne entière.

2. Souk. 25a, S a וולואה uuliah, *valee*, pour traduire נקע, « vallée, creux de terrain ». 5 6 17 : o.

3. Le premier *i* a été plus tard changé en *d*.

1048. *Vedriol* [?], « vitriol, sulfate de fer ».

1049. ***Veile*, « voile (de navire) ».

1050. *Vene*[?], « en allemand » [?], « engin de pêche qu'on construit en enfonçant des pieux dans l'eau et en y faisant des haies de joncs ».

1051. *Venteler*, « agiter en l'air ».

1052. *Venter*, « éventer, donner de l'air ».

1053. **Ventose*, « ventouse ».

1054. *Verner*, « conduire, faire marcher (un bateau) ».

1055. *Ver*[*r*]*ue*, « verrue ».

---

e) Pes. 39a, אצוותא דדקלא. 6 27 ודילא udila — 1 וודילא uudila — B ווידילא uuidila — D (p. 184) ודיליא udilia.

f) Ket. 50a, אצוותא דדיקלא. *k* 14 וודיליא uudilia — ξ ודילא udila — 3 וודיילא uudiila — S וודלווידא uudliida.

g) Houl. 70a, ד"ה כרכו בסיב. θ וודילא uudila — ρ ודולא udila — 8 (insertion interlinéaire, en main italienne) וורולא uurula — s וידיל uidil — S מרויילא mriila.

h) Houl. 92a, קבוקבנות. θ ודיילש udiils — ρ ודייליש udiilis — 8 וודילש uudils — s וידילש. uidils — S וודיילש uudiils.

1048. Sot. 17b, קנקנתום. B וויטריאולו uuitriaulu (it. *vetriolo*).

1049. B.B. 73a. אדרא. *n* [וווילון] uuilun — S ווייל uuiil — B וויילא uuiila.

1050. B.Q. 81a, s. v. שלא יפרוס קלע. α וונא uuna — δ A S ווכא uuka — β *y* (place laissée en blanc ; correction récente dans β : בנא bna) — o מונא mina — p וונא uuane — r ווכא uuake — 1 מבא mba — I שונא suna [1].

1051. Souk. 37b, הונף. 5 6 o — 17 וינטליר uintlir — S וונטליר uuntlir.

1052. Bèç. 33b, להניף. *h* λ 13 וויינטיר uuintir — μ וונטייר uuntiir — 5 וונדיר uundir — 6 וונטיר uuntir — 7 45 ויינטייר uintiir — 12 ונטר uutr — S וונטלייר uuntliir.

1053. Ta'an. 21b, קרנא. 13 40 E S וינטושא uintusa.

1054. Ket. 85a, ממלח. *k* ווירניר uuirnir — ξ וירציר uirçir — 3 וורנר uurnr — 14 וודירניר uudirnir — F וירדית uirdit — S ווייירניר uuiirnir.

1055. a) 'Er. 103a, יבלת. e 6 o — F וירוגא uiruga (esp. *ver*[*r*]*uga*) — S מרואה mruah — V ורואה uruah.

b) Pes. 65b, יבלת. 6 B ורואה uruah — 27 (en marge) וורואה uuruah.

c) Yeb. 120a, שומא. *j* ווירוייאה uuiruiiah — a וורואה uuruah — b S ורואה uruah.

d) Ket. 75a, שומא. *k* וזואה uzuah — ξ ורואה uruah — 3 a c *u w* δ S וורואה uuruah — 14 וירואה uiruah

---

1. p ajoute (en marge) : ויש מקומות באשכנז שקורין אותו עֲריך, « et il y a des endroits en Allemagne où on l'appelle *Erich*. » α β *y* o r B : o. Il s'y agit du souabe *Erich* ; cf. v. Wartburg, *Frz. Etym. Wb.*, *s. v.* ARCA, n. 5. Comme le ms. r ajoute généralement une ligne sur chaque glose, le sens de la ligne sur le *k* est douteux.

1056. *Ver[r]uos*, « verruqueux, atteint de verrues ».

1057. *Ves[s]ie*, « vessie ».

1058. *Vestedure*, « arrière-faix, secondines ».

1059. **Vidons*, « représentant ».

1060. b) *Viole*, « violette ».

a) *Violes*, « violettes ».

1061. *Vire*, « règle (pour tracer des lignes) ».

1062. *Vires*, « flèches ».

1063. b, c) *Vivier*, « vivier (pour poissons) ».

a) *Vivier*, « viviers (pour poissons) ».

---

e) QID. 16b, שומא. *j* וווירוויאה uuiruiiah — μ וורואה uuruah — 7 o — n וורדואה uurduah — 10 הרואה hruah — F ווירוגא uiruga (esp. *ver[r]uga*) — B ורואה uruah.

f) B.M. 27b, שומא. *m* β ויירואה uiruah — γ ונריאה unriah — *y* ווירואה uuiruah — q וֵירוּאה veruah — 20 בּוּרוּאַה buruah — B וורואה uuruah — l זורוגא zuruga (esp. *ver[r]uga*).

g) ZEB. 40b, אם. f וורואה uuruah — B וושיאה uusiah.

h) BEK. 40b, יבלת. 2 4 29 ורואה uruah — B זורואין zuruain — V ורואין uruain — Z ויירואה uiruah.

i) NID. 46a, שומא. μ וויירואה uuiruah — ρ ורוּוּיה urulih — S ורואה uruah.

1056. BER. 58b, הדרניקום. θ 11 ווראוש uuraus — F ויירוגושו uirugusu (esp. *ver[r]ugoso*) — S ורודאוש urudaus.

1057. a) ʻA.Z. 40b, שילפוחא. *v* וושיאה uusiah — S משיאה msiah.

b) ZEB. 40b, שלפוחית. f B וושיאה uusiah.

1058. BER. 4a, ובשליא. θ ושטודורא ustidura — 11 וישטדורא uistdura — E וישטידורא uistidura — S 'וישטידור uistidur'.

1059. QID. 74a, בשודא דדייני. μ 10 F B o — 3 n ? — *j* וידונס uiduns [1].

1060. a) BER. 43b, סיגלי. θ ווויאולי uuiauli (it. *viole*) — 11 ויאולי uiauli (it. *viole*) — a v s A ויאולא uiaula — S ויאולש uiauls — $B^1$ ווולש uiiuls.

b) SAB. 50b, סגלי. e וואילא uuaila — ι בִּיאוֹלִי biole (it. *viole*) — l 11 ווויאולא uuiaula — 12 o — *s* 44 ויאולא uiaula — r ויאוליש uiaulis — 50 וייולא uiula — A ווויוליא uuiiulia — $B^1$ ויאולי uiauli (it. *viole*) — E ויאולה uiaulh — S ויאול uiaul.

1061. SAB. 11b. קומס. e ι t 11 S וירא uira — k אֲרִיגַא ariga (it. *ar[r]iga*) — 12 ורירא urra [2] — l זִירָא nira [3] — 50 וִירָא vira.

1062. SOT. 44a, כשולין. B וורייש uuriis.

1063. a) BÉÇ. 23b, ביברים. *b* ויבויירש uibiirs — λ 6 7 45 [בובר] bibr — μ. ויוויר uiuiir — 5 ביבב bibb — 12 ביבייר bibiir — 13 בובּרו bubru (it. *vivaro*?)

---

1. Contexte dans *j* : משודא דדיוני [הוא עצמו או אחר ר' לפי ט"ע] בדין שאין תלוי...

2. Le deuxième *r* est peut-être un *d*.

3. Le *nun* final (= *n*) au commencement de la leçon de l ressemble un peu à ו vi. Le scribe a écrit un *nun* final probablement parce que le mot précédent se termine par cette lettre.

1064. a) *Viz*, « escalier à vis, tournant ».

b, **c) *Viz*, « vis de pressoir ».

1064 *bis*. *Vlos* [allemand], « radeau ».

1065. *Volter*, « se rouler ».

1066. *Voltur*, « vautour ».

1066 *bis*. *Vomite*, « vomitif ».

---

— a ויור uiur — *s v* וריא uuira — A ווירא uuiira — S וביור uibiir — B² וואיור uuaiir.

b) Ket. 79a, פירא דכוורי. *k* ווירא uuiira — ξ ויביר uibir — 3 וויבר uuibr — 14 ביברו bibri (it. *vivaro* ?) — a וויאר uuiar — c בביויר bibiir — *u* ווילדי uuildi — *w* וייור uiiur — δ וייל‍ר uiilr — ι ווילר uuilr — A ווייר uuiir — S ויוויר uiuiir.

c) Qid. 72a, פירא. *j* o — μ ויוויר uiuiir — 3 E B [ביבר] bibr — n בִּיבִויר biviir — 10 בוביור bubiir (en marge : [ביבר] bibr) — F ביביר bibir [1].

1064. a) Yom. 19a, מסיבה. *i* ויץ uiç — μ 5 ווויץ uuiç — B o [2].

b) 'A.Z. 60a, גלגל. *v* וויטץ uuitç (pr. *vitz*) — S וויץ uuiç [3].

**c) B.B. 67b, חומרתא. *n* o — S ווינו uuinu — B ויין uiin.

1064 *bis*. Ber. 28b, באסדא. θ 11 47 o — 18 [lacune] — S וילוס uilos — B ולוס ulos — O (I, 27b, § 49) וולוס uulos.

1065. a) B.Q. 18b, שנתגלגלה. *α β y* p בולטיר bultir — o בוליור buliir — r וולטיר uultir — S⁴ בולטר bultr.

b) B.Q. 23b, גלגל. *α* וֹולְטִיר voltir — β *y* בולטיר bultir — o וולטיר uultir — p וֹולְטִיר volter — r בּוֹלטרריר bultrrir — S ווליטר uulitr — B מליטר mlitr — S² וולטר uultr.

1066. a) Ber. 58b, קפוף. θ 11 F S *I* וולטיר uultur — a ι וולטיר uultir — v *s* וולוטייר uulutiir — A וולוטר iulutr.

b) Ket. 50a, דיא. *k* 14 וולטור uultur — ξ וטריאולה utriaulh — 3 ולטיר ultir — 31 וולטור uultur — S וושטור uustur.

c) B.M. 24b, דיו. *m* וולטורא uultura — *y* β 20 וולטור uultur — γ וֹלְטוּר voltur — q וולטוויר uultuiir — B אוולטור auultur (pr. *oltor* ?)

1066 *bis*. a) Sab. 12a, אפיקטוויזון. c רישטא rista — ι דישטא dista — k l 11 12 50 o — t זומיטא zumita — S בומיט' bumit' — B גומיט' gumit (it. *gomit-*) — B² גומיטא gumita (it. *gomita*).

---

1. *Ta'an. 24a, E a וינור uinir, corruption de *vivier*, pour traduire פירא דכוורי. 13 40 S o.

2. La glose se trouve entre גלגל של גת et ד"ה לגג. ι ajoute : ובלשון אשכנז קרוי גִיגְדֵל שָׁטֵין, « et en allemand on l'appelle *gigdel satain* » ; c'est là une corruption du moyen haut allem. *wendelstein*, qu'on lit dans Raschi sur I Rois, VI, 8 (éd., p. 54), II Rois, I, 2 (p. 58), Ezéch., XLI, 7 (p. 95). μ B : o.

3. Houl. 15b, après טורניל [V : טור] ρ ajoute : (*sic*) ולשון יון הוא. והוא סכין של בית יד שלו עשוי כמין גלגל שקורין ווין ונכנס בתוך חקתא ויוצא ממנו על ידו הגלגל. גלגל y est traduit uuin, corruption de *viz*. θ 8 s S : o.

1067. ***Walken* (allemand), voir FLOCHIER, nº 491.

1068. *Warance*, « garance ».

1069. ***Wascrud*, « presque cru, mal cuit ».

1070. ***Wendelstein*[allemand], voir VIZ, nº 1064, n. 31.

1071. *Wesde*, « guède ».

1072. —, « sorte de lèpre, par suite de laquelle le visage se sillonne de fentes ».

1073. *—, « éclairs (de nuit) ».

1074. —, « longue tresse de cheveux (tombant sur la nuque) ».

1075. —, « (surface) unie, sans saillie ».

1076. —, « fardeau [?] ».

1077. —, « ? »

---

b) SOUK. 40b, אפיקטוידין. 5 ? — 6 בּוֹמִיטָא bomite — 17 בומיטא bumita — S o [1].

c) B.Q. 102a, אפיקטוידין. α β p וומיטא uumita — y וומיטו uumitu (it. *vomito*) — o [רפואה] — r וֹמִיטָא vomite — S[a] וושיט uusit.

1068. a) SAB. 68a, קוצה. e גרנצא grnça — ι וְרְדִי uurze — l 50 S וורנצא uurnça — 11 וודי uuri — 12 ורנצא urnça.

b) SAB. 79a, פואה. e 12 ורנצאה urnçah — ι וודנצנא uudnçna — l וודנצאה uudnçah — 11 גדנא gdna [2] — 50 ווינצא uuinça — S וורנצא uurnça.

c) SAB. 89b, פואה. e 11 S וורנצא uurnça — ι רוויא וורנצה ruiia uurnçh — l וְרַנְצא uarance — 12 ורנצא urnça — 50 וורבנא uurbna.

1069. NAZ. 45b, ד"ה או שולקן. 46 וישקרוד uiskrud — B ווסקודר uuskudr.

1071. a) SAB. 68a, סטים. e ווישרדא uuisrda — ι דּוִיָא duia — l וויישרא uuiisra- 11 רוויישא ruiisa — 12 ושירא uusira — 50 ווישרא uuisra — L ווישרא וורנצא uuisra uurnça — S ווישדא uuisda.

b) SAB. 79a, סטים. e ווישרדא uuisrda — ι ווישרא uuisra — l ווישדאה uuisdah — 11 ווישרא uuisra — 12 וויישראה uuiisrah — 50 ווישדא uuisda — S וישודא uisuda.

c) PES. 56b, קוצה. 6 וזישדא uzisda — 27 ווישדא uuisda — B וויישרא uuiisra.

1072. SAB. 134a, חספניתא. e אנדרא andra — ι אוינדרא aindra — l איידרא aiidra — 6 11 12 o — 50 איינידרא aiinidra — S אוניירא ainiira.

1073. TA'AN. 3b, גולהי דלוליא. 13 אישלושנרא aislusnra — 40 אישלושרנא aislusrna — S אישלושטרא aislustra — T לנושור lnisur.

1074. 'A.Z. 11b, בלורית. v אפוריייל apuriil — 23 אפורלייץ apurliiç — S אפודלייץ apudliç.

1075. BER. 24a, טוחות. o 11 אפלדים apldis — 18 אפלטרייש apltriis — S 'אפלטיירש apltiirs'.

1076. SAN. 108a, מהמהם. S אשטריא astria.

1077. KET. 61b, כישרבט. *k* אשיש asis — ξ אשיאש asias — 3 אשייש asiis — S אשאש asas — I אשיאר asiar [3].

---

1. Cette glose se trouve après le mot להקיא.
2. On pourrait aussi lire גרנא grna.
3. Voici le contexte de la glose : « Le travail du lin étend et grossit les lèvres ;

1078. —, « reproche, blâme ».

1079. *—, « vider (une citerne) d'eau ».

1080. **—, « morceau large d'un vêtement ».

1081. **—, « tarière ».

1082. *—, « espèce de tissu ».

1083. —, « matrice (d'un animal) ».

1084. **—, « espèce de légume (qui a besoin d'être cuit longtemps pour être mangé) ».

1085. **—, « substance [végétale ? minérale ?] qui sert au blanchissage, au nettoyage ».

1086. *—, « ? »

1087. —, « pénètre, entre bien avant ».

1088. —, « espèce de soie molle qui se fend ».

---

1078. HAG. 12a, גערה. (expl. p. בזופה). λ אשקרויש askriis — 5 אשקורויש askuriis — 6 13 S o [1].

1079. SAN. 109a, שאפי. S אשקרן askrn — E B o [2].

1080. SAB. 59b (ch. VI), רסוקי (A : דוסקא). e ι l 11 s 1 16 22 50 S o — A ברושט — 12 [lacune] [3].

1081. SCHEB. 4b, מקדה. μ π u 24 37 S o — ζ בריגא brina (esp. *barrena*).

1082. M.Q. 6b, אריגה. A 'דטרויד dtriid' — (A, éd. Romm, דטרוידא dtriida) [4].

1083. a) BER. 44b, הרת. θ מטריאה mtriah — 11 מטוריאה mtiriah — S ולדירא uldira.
 b) BER. 57b, הרת. θ וודילרא uudilra — 11 וודוליא uudilia — S וידלוירא uidliira.

1084. SAB. 18b, עססיות. e ι k l 11 12 50 S o — t טבריש tbrs [5].

1085. SAB. 90a, שלוף דוץ. e ι l 11 12 B o — ι טראפנא trapna — 50 ? [6]

1086. M.Q. 27a, ד"ה קרביטיוו. λ o — 6 טרגפיטא trgpita — S תרגיפיא trgipia — B תרגיפניא trgipnia [7].

1087. HOUL. 97a, מפעפע. θ ρ טרושט trist — 8 טרושפשייר trispsiir — s אשטנדרי astndri — S טרישנלשט trisnlst.

1088. SAB. 20b, סוריקין. e וַיְדש iiades — ι 11 יירש iirs — k ריש ris — l יידש iids — t וַרַש uaras — 12 o — 50 וידש uids — S ידש ids.

---

dans notre langue cela s'appelle —, parce qu'on est obligé sans cesse de mouiller le fil avec la salive ».

1. La glose s'insère après le mot בזופה.

2. La glose précède le mot כלומר.

3. La glose est suivie par בלעך, probablement une erreur pour בלעז, « en langue romane ». [Cf. les *Additions et Corrections*, *infra*.]

4. Contexte : ...ואורג בו במחט כענין זה הוטין חדשים כעין אריגה ד' בלעז...

5. Contexte de la glose : עססיות ותרמוסין ·מיני קיטניות· ויש מפר' עססיות ט' ותרמוסין כליין (voir BLEZ, nº 115) וצריכין בישול ביותר.

6. Contexte : שלוף דוץ לא אתפרש אבל כך שמו ט' בלע.

7. Contexte : [Talmud :] » si l'on délie les cordons du lit, il tombe de lui-même ». Ps.-Raschi : « Ses cordons, puisque c'est comme un — ».

1089. **—, « partie du métier des tisserands qui tissent avec le pied, analogue au roseau qui s'élève et descend dans le métier des femmes ».

1090. —, « maladie [espèce d'hydropisie ?], où la peau se gonfle sur la chair et il se dépose dans l'intervalle de l'eau, de sorte que la partie affectée est molle et ressemble à du verre ».

1091. —, « milieu de la face courbe (postérieure) de la caillette (quatrième estomac des ruminants) ».

1092. —, « roseau (bâton) qui sert à mesurer le vin dans un réceptacle ».

1093. —, « dessert ».

1094. —, « pennes, bouts de fil qu'on enlève de la fin du tissu ».

1095. —, « ver qui se trouve dans les choux (chenille ?) ».

1096. —, « des pains longs et courts [? étroits ?] ».

1097. **—, « espèce de monnaie ».

1098. *—, « escarbot (en langue slave) ».

1099. — « ? »

1100. *—, « espèce de vêtement, chemise ».

1101. —, « mets qu'on cuisine dans un pot et qui contient des miettes de pain, etc. ».

---

1089. Sab. 105a, במצוביתא. e ı l 11 12 500 — S לימייש limiis.

1090. Sab. 33a, תפוח. e פונינש punins — ı פוניש punis — k l 12 פונייש puniis — ı פונדש punds — 11 פונדוש pundus — 34 פונדורש pundurs — 50 [בעובין] beubi — S שיינוויש siiniis.

1091. Houl. 50a, באמצע הקשת. 6 פורציטא purçita — ρ פוישטה piisth — 8 s ı 5 o — S פושטא pusta — B פישטא pista.

1092. 'A.Z. 57a, קנה. v S פוילא piila.

1093. Souk. 27a, תרגימא. 5 6 T o — 17 'פרגוט prgut' — S פרונגוש prungus.

1094. Men. 42b, קוצים. 2 פרייקש priiks — 4 פריקש priks — B פרוקיש prukis.

1095. Mak. 16b, ביניתא דבי כרבא. v קנטילא kntila (pr. *cantila*) — B צוילא çiila — T צמלא çmla.

1096. Pes. 48b, כעכין. 6 קווילש kuuils — 27 קויקלש kuikls — B קוויליש kuiilus.

1097. B.B. 165b, דרכמונות. S אנכוסי ankusi (it. *mancosi*) — B קינונש kinuns.

1098. 'A.Z. 28b, חופושתא. v O (IV, 43a, § 150) o — S קרוקוס krukus.

1099. Houl. 48a, התליע (?). 0 8 15 S o — ρ רולבש rulbs — s ? [1].

1100. M.Q. 24a, אונקלי. λ שיופנש siipns — 6 S שיופינש siipins.

1101. a) Ber. 37b, חביצא. 0 שלדקיק sldkik — 11 ...דקיק (lacune) dkik — a A Citation dans Tos. R. Judah he-Hasid (ms. de New York) שלקוק slkuk — v [שלקות] slkut — S Citation dans Tos. R. Judah he-Hasid (éd. Varsovie, 1863) שלנייקוק sliiikuk — T, éd. S: שלויקוק sliikuk — T,

---

1. Contexte dans ρ : צבוחין ׳מולנץ סביבות [התליע הכבד ר׳ בלעז] סמוכתה :, « le foie (de l'animal) a produit des vers, en français (?) *rulbs* (?) ».

1102. *—, « espèce de ceinture [?] ».

---

2e éd. Bomberg שליונקוק sliinkuk — O (I, 50a, § 147) : שלינקוק slinkuk.

b) Men. 75b, חביצא. 2 ? — w של נקוק (*sic*) sl nkuk — M שלנקוק slnkik — Z שלניקוק slnikuk — T, éd. Bomberg, שלנקוק slnkuk — T, éd. Vilna, שלינקוק slinkuk — B [של רקיקין] sl rkikin.

1102. Ned. 55b, פונדא. v שרפירלא srpirla — B o [1].

---

1. Contexte : ... פונדא ש' בלע' פונדא. Si le dernier mot n'est pas une répétition du lemme, c'est l'italien *fonda*, « bourse », qui glose le lemme dans l'*Aroukh* de Nathan de Rome (VI, 366b, éd. Kohut).

# LISTE DES GLOSES

DANS

# L'ORDRE DU TALMUD

Au commencement de chaque traité, on trouvera les sigles des sources qui ont été étudiées pour en établir le texte. On a indiqué généralement par des caractères gras les mss. ou les imprimés qui ne contiennent qu'une petite partie des gloses que renferme le traité en question, et on a mis entre parenthèses les éditions qui ont été consultées sans qu'on y ait relevé de variantes. V a été consulté partout.

Le lecteur ne devra pas oublier que les traités dont le commentaire n'est pas de Raschi ou est d'origine incertaine viennent à la fin, de sorte que Nid., Pes., ch. X, Ta'an., M.Q., Ned., Naz., B.B. (Raschbam), Mak. (R. Judah b. Nathan), Ker., Me'il, se suivent dans l'ordre mentionné.

| | | | | | |
|---|---|---|---|---|---|
| BERAKOT : θ, 11, 18, | | BER. 28b | 877 | BER. 43b | 222a |
| **25, 28, 44, 47** ; a, | | 28b | 1064 *bis* | 43b | 347a |
| s, **v**, 1 ; S, $S^{2}$, B, | | 28b | 265a | 43b | 959a |
| $B^{2}$, **F**, **A**, **E**. | | 31b | 914a, n. 1 | 44a | 1004a |
| | | 32a | 360 | 44a | 266a |
| BER. 4a | 1058 | 32a | 679a | 44b | 836a |
| 6a | 517a | 36a | 922a | 44b | 1083a |
| 6b | 955a | 36b | 637a | 44b | 331a |
| 7a | 976a | 37a | 708a | 47b | 482a |
| 8a | 125a | 37a | 773a | 50b | 834a |
| 8a | 788 | 37b | 1101a | 50b | 37b |
| 9b | 846a | 39a | 6a | 51a | 521 |
| 10b | 1016 | 39a | 863a | 52b | 47a |
| 13b | 135a | 39a | 863b | 53a | 625b |
| 18b | 543a | 39a | 797a | 54b | 203a |
| 22b | 845a | 39a | 698 | 55a | 1047a |
| 24a | 1075 | 39a | 42a | 56a | 673a |
| 24a | 916 | 40a | 125b | 57b | 689a |
| 24a | 81a | 40a | 737a | 57b | 516a |
| 24a | 433a | 40b | 129 | 57b | 325a |
| 24a | 431a, n. 1 | 40b | 861b, n. 3 | 57b | 600 |
| 24b | 697a | 40b | 258a | 57b | 294a |
| 25a | 594a | 41b | 745a | 57b | 979a |
| 25a | 987a | 42a | 745b | 57b | 177a |
| 25b | 625a | 42a | 37a | 57b | 433b |
| 28a | 966 | 43a | 731a | 57b | 115 |
| 28b | 802a | 43b | 416a | 57b | 836b |
| 28b | 170a | 43b | 1060a | 57b | 1083b |

| Sab. 58b | 94b | Sab. 73a | 191b | Sab. 91b | 957 |
|---|---|---|---|---|---|
| 58b | 143a | 73a | 750a | 92a | 432a |
| 58b | 812b | 73a | 639b | 92a | 23a |
| 59b | 623 | 73a | 828a | 92b | 507a |
| 59b | 519 | 73b | 315 | 93a | 144 |
| 59b | 1080 | 74b | 710a | 95a | 1000b |
| 59b | 794a | 75b | 871a | 95a | 614c, n. 2 |
| 59b | 726a | 76b | 881a | 96b | 734 |
| 60a | 381a | 76b | 662b | 97a | 812c |
| 60a | 423 | 77b | 640a | 98b | 551a |
| 60a | 599a | 77b | 587a | 100b | 565b |
| 60a | 484a | 77b | 68a | 101a | 226a |
| 60a | 569 | 77b | 724a | 101b | 683a |
| 60b | 959b | 77b | 934a | 102b | 802b |
| 60b | 347b | 78a | 552a | 102b | 334 |
| 60b | 492 | 78a | 669a | 102b | 688a |
| 60b | 990 | 78a | 979b | 102b | 880b |
| 62a | 148 | 78b | 552b | 102b | 1025b |
| 62a | 85 | 78b | 1025a | 102b | 225b |
| 62a | 391a | 78b | 1047b | 102b | 516b |
| 62a | 741c | 78b | 355a | 103a | 272a |
| 62a | 84 | 78b | 791a | 103b | 627 |
| 62b | 101a | 78b | 253 | 103b | 155 |
| 62b | 295b | 79a | 1071b | 104b | 754a |
| 62b | 140a | 79a | 1068b | 104b | 711a |
| 63a | 666 | 79a | 1068b | 104b | 553b |
| 63a | 666, n. 2 | 79a | 224c | 104b | 7a |
| 63b | 566a | 79a | 980 | 104b | 534a |
| 64a | 785b | 79a | 458a | 104b | 7b |
| 64a | 165b | 80b | 992a | 105a | 639c |
| 64a | 648a | 80b | 693a | 105a | 650 |
| 64b | 1000a | 80b | 71a | 105a | 803 |
| 65a | 603a | 80b | 1036a | 105a | 639d |
| 65a | 906 | 81a | 296 | 105a | 1089 |
| 66a | 977a | 81a | 948a | 105a | 855 |
| 66b | 62 | 81a | 871b | 106a | 705b |
| 66b | 370a | 81a | 99a | 107a | 295c |
| 66b | 977b | 81a | 549 | 107b | 939 |
| 66b | 380c | 81a | 480a | 107b | 583a |
| 66b | 538 | 81a | 1047c | 108a | 121a |
| 66b | 138 | 81b | 191c | 108a | 824a |
| 66b | 670 | 82a | 853a | 108a | 922b |
| 66b | 246 | 88a | 298a | 108b | 662c |
| 66b | 639a | 89b | 283a | 108b | 489a |
| 67a | 203d | 89b | 1068c | 109a | 19a |
| 67a | 679b | 89b | 740a | 109a | 755a |
| 67a | 337a | 90a | 620 | 109b | 677a |
| 67a | 215a | 90a | 808a, n. 1 | 109b | 836c, n. 1 |
| 67a | 46 | 90a | 1085 | 109b | 913b |
| 67b | 721 | 90a | 512 | 109b | 921 |
| 68a | 1071a | 90a | 713a | 109b | 836c |
| 68a | 1068a | 90b | 618 | 109b | 471a |

| | | |
|---|---|---|
| SAB. | 109b | 836c, n. 1 |
| | 109b | 275a |
| | 109b | 394a |
| | 109b | 1034a |
| | 110a | 380d |
| | 110a | 989a |
| | 110a | 159a |
| | 110a | 33b |
| | 110a | 283b |
| | 110b | 471b |
| | 110b | 265c |
| | 110b | 30a |
| | 111a | 314 |
| | 111b | 224d |
| | 111b | 794b |
| | 112a | 959c |
| | 112b | 146 |
| | 113a | 456a |
| | 113a | 353a |
| | 113a | 988 |
| | 113b | 71b |
| | 116a | 454 |
| | 118a | 466c |
| | 119a | 458b |
| | 120a | 683b |
| | 120a | 933 |
| | 120a | 536 |
| | 120a | 195 |
| | 120a | 456b |
| | 120a | 180 |
| | 120a | 605 |
| | 120a | 617 *bis* |
| | 120a | 898b |
| | 120b | 285c |
| | 122b | 688b |
| | 122b | 1042b |
| | 122b | 787a |
| | 122b | 507b |
| | 122b | 531a |
| | 122b | 871c |
| | 123a | 829b |
| | 123b | 894 |
| | 123b | 233a |
| | 123b | 325b |
| | 124b | 516c |
| | 124b | 466d |
| | 124b | 388a |
| | 125a | 1002b |
| | 128a | 696a |
| | 128a | 917a |
| | 128a | 920a |
| | 128a | 836d |

| | | |
|---|---|---|
| SAB. | 128a | 368 |
| | 128a | 920b |
| | 129a | 153a |
| | 129a | 489b |
| | 129b | 572 |
| | 129b | 344a |
| | 130a | 774a, n. 6 |
| | 130a | 513a |
| | 133b | 893a |
| | 134a | 1072 |
| | 134a | 477a |
| | 134a | 339a |
| | 134a | 1044a |
| | 134a | 28 |
| | 134a | 407 |
| | 136a | 81b |
| | 137b | 467b |
| | 137b | 430 |
| | 138a | 458c |
| | 138b | 468a |
| | 139a | 583b |
| | 139b | 134 |
| | 139b | 590 |
| | 139b | 834b |
| | 139b | 137 |
| | 140a | 317a |
| | 140a | 275b |
| | 140a | 696b |
| | 140a | 696c |
| | 140a | 628a |
| | 140b | 175 |
| | 140b | 723 |
| | 141a | 854a |
| | 141b | 514a |
| | 143a | 511a |
| | 143a | 608 |
| | 144b | 863c |
| | 144b | 222c |
| | 144b | 258c |
| | 144b | 596a |
| | 145a | 112c |
| | 145b | 236 |
| | 146a | 827a |
| | 146b | 879a |
| | 146b | 466e |
| | 147a | 526a |
| | 147a | 562 *bis*a |
| | 147a | 444a |
| | 147a | 406a |
| | 147b | 444b |
| | 147b | 344b |
| | 148a | 695b |

| | | |
|---|---|---|
| SAB. | 148a | 406q |
| | 149a | 712a |
| | 150a | 310a |
| | 150b | 442c |
| | 151b | 353b |
| | 152a | 486a |
| | 152a | 754*bis*b |
| | 152a | 166b |
| | 152a | 575a |
| | 154a | 695c |
| | 154b | 690a |
| | 154b | 881b |
| | 154b | 985a |
| | 154b | 165c |
| | 155a | 203e |
| | 156a | 451a |
| | 156b | 417d |
| | 156b | 37c |
| | 157a | 233b |

'EROUBIN : e, *h*, 6, t, 36, 38, 50 ; *s* ; S, B, B², F, A, (E).

| | | |
|---|---|---|
| 'ER. | 3a | 534b |
| | 5a | 806a |
| | 8a | 203f |
| | 8b | 203g |
| | 9a | 53 |
| | 9b | 806b |
| | 13a | 7c |
| | 14b | 705c |
| | 14b | 263b |
| | 14b | 922c |
| | 15b | 421a |
| | 17b | 250a, n. 2 |
| | 19a | 460 |
| | 21a | 872a |
| | 27a | 59a |
| | 27a | 59b |
| | 27b | 18a |
| | 28a | 615 |
| | 28a | 839a |
| | 28a | 19b |
| | 28a | 583c |
| | 28a | 275c |
| | 28a | 755b |
| | 28b | 523a |
| | 28b | 122 |
| | 28b | 455a |
| | 30b | 705d |
| | 31b | 482b |

| | | |
|---|---|---|
| Souk. | 52a | 587b |

Béçah : *h*, λ, μ, 5, 6, 7, 12, 13, 32, 33, 44, 45 ; a, *s*, *v* ; S, B, B², F, A, E.

| | | |
|---|---|---|
| Beç. | 2a | 787c |
| | 3b | 471c |
| | 7a | 88 |
| | 7a | 183a |
| | 9a | 1012, n. 2 |
| | 10a | 266b |
| | 11b | 771 |
| | 13b | 322 |
| | 14a | 835 |
| | 14a | 286 |
| | 14b | 263c |
| | 15a | 466g |
| | 15a | 181a, n. 3 |
| | 15a | 693d |
| | 17b | 710b |
| | 17b | 846c |
| | 22a | 285d |
| | 22a | 713b |
| | 22a | 428b |
| | 22a | 107 |
| | 22a | 178a |
| | 22a | 927b |
| | 22a | 373a |
| | 22b | 141 |
| | 22b | 333 |
| | 23a | 527a |
| | 23a | 445b |
| | 23b | 1063a |
| | 24a | 705g |
| | 24b | 725a |
| | 24b | 541 |
| | 24b | 912a |
| | 25b | 211b |
| | 25b | 341 |
| | 25b | 158 |
| | 25b | 458d |
| | 25b | 926 |
| | 26b | 798b |
| | 26b | 222e |
| | 27a | 987c |
| | 28a | 664 |
| | 28a | 11 |
| | 28b | 420 |
| | 28b | 1025b, n. 1 |
| | 29a | 392a |
| Béç. | 29a | 5a |
| | 29b | 566b |
| | 29b | 1010 |
| | 30a | 507d |
| | 30b | 285e |
| | 30b | 760d |
| | 31a | 22 |
| | 31a | 105a |
| | 31a | 947b |
| | 31a | 325d |
| | 31a | 932a |
| | 31b | 105b |
| | 31b | 476 |
| | 32a | 285f |
| | 32b | 557c |
| | 32b | 853b |
| | 32b | 1025c |
| | 33a | 1025d |
| | 33a | 511b |
| | 33a | 513b |
| | 33a | 654 |
| | 33a | 1002d |
| | 33b | 1052 |
| | 33b | 394b |
| | 33b | 813b |
| | 33b | 325e |
| | 33b | 929a |
| | 33b | 893b |
| | 33b | 86 |
| | 34a | 241 |
| | 35b | 269b |
| | 35b | 547 |
| | 36a | 9 |

Rosch Ha-Schanah : *x*, λ, 5, 6, 13 ; a, *s*, 16 ; S, (B), (B²), F, A, E.

| | | |
|---|---|---|
| R. H. | 9b | 859 |
| | 9b | 354b |
| | 12b | 471d |
| | 13b | 773b |
| | 13b | 663b |
| | 13b | 455b |
| | 14a | 211c |
| | 22b | 796a |
| | 22b | 648c |
| | 23a | 808a |
| | 23a | 153b |
| | 23a | 929b |
| | 23a | 748 |
| R. H. | 23a | 199a |
| | 23a | 548a |
| | 23a | 252a |
| | 23a | 657b |
| | 23a | 82c |
| | 23a | 192a |
| | 23a | 328 |
| | 23a | 848d |
| | 24a | 625d |
| | 24b | 424a |
| | 24b | 902 |
| | 25a | 727b |
| | 26b | 839d |
| | 26b | 425a |
| | 27a | 390b |
| | 27a | 841 |
| | 27a | 552e |
| | 27b | 875, n. 2 |
| | 27b | 910 |
| | 33a | 932b |
| | 34a | 235 |
| | 34a | 875 |

Meguillah : 5, 6, 13, 17 ; a, *s*, V, *v*, 1 ; S, (B), (B²), A, E.

| | | |
|---|---|---|
| Meg. | 6a | 1004c |
| | 6a | 848e |
| | 11a | 742 |
| | 13a | 80a |
| | 13a | 382b |
| | 16b | 507e |
| | 18a | 839e |
| | 18a | 388d |
| | 18b | 754b |
| | 18b | 553c |
| | 19a | 7d |
| | 19a | 534d |
| | 24b | 633b |
| | 24b | 283c |
| | 24b | 573a, n. 1 |
| | 24b | 538, n. 1 |
| | 24b | 135d, n. 3 |
| | 25a | 688c |
| | 26b | 985b |
| | 26b | 29b |
| | 26b | 391d |
| | 28a | 516f |
| | 28b | 367b |
| | 28b | 749 |

| | | |
|---|---|---|
| SOT. | 48b | 599b |
| | 48b | 339d |
| | 48b | 142a |
| | 49b | 940a |
| | 49b | 736 |
| | 49b | 635c |
| | 49b | 981 |
| | 49b | 468c |
| | 49b | 632b |

GUITTIN : *l*, 3, m, t, u, 14, 17, 19, 39 ; a, c, *u*, *w*, ð, 1 ; S, S², B, B², R, A, E.

| | | |
|---|---|---|
| GUIT. | 2b | 248a, n. 1 |
| | 7a | 735a |
| | 8b | 329a |
| | 8b | 329b |
| | 11a | 534f |
| | 12b | 244a |
| | 14a | 263d |
| | 15a | 741e |
| | 19a | 7f, n. 1 |
| | 19a | 754c |
| | 19a | 711b |
| | 19a | 7f |
| | 19a | 534g |
| | 19a | 7f, n. 1. |
| | 19a | 968a |
| | 19b | 530 |
| | 20a | 149b |
| | 20a | 225c |
| | 25a | 181e |
| | 28a | 123c |
| | 28a | 985c |
| | 29b | 321 |
| | 32a | 516g |
| | 35a | 263e |
| | 55b | 892a |
| | 56a | 987e |
| | 56a | 944c |
| | 56b | 229 |
| | 56b | 68b |
| | 57a | 898d |
| | 57a | 898e |
| | 57a | 808b |
| | 58a | 611a |
| | 59a | 548b |
| | 60b | 78 |
| | 60b | 614b |
| | 61a | 20b |
| GUIT. | 61b | 856d |
| | 65b | 244b |
| | 67a | 217 |
| | 67b | 37d |
| | 68b | 181f |
| | 68b | 843 |
| | 68b | 542 |
| | 68b | 915 |
| | 69a | 669b |
| | 69a | 283d |
| | 69a | 442d |
| | 69a | 709 |
| | 69a | 701 |
| | 69a | 357a |
| | 69a | 548c |
| | 69a | 443b |
| | 69a | 790a |
| | 69a | 790b |
| | 69a | 83 |
| | 69a | 471f |
| | 69a | 583e |
| | 69a | 443c |
| | 69a | 207 |
| | 69a | 548d |
| | 69a | 39 |
| | 69a | 535 |
| | 69b | 419a |
| | 69b | 215c |
| | 69b | 914b, n. 2 |
| | 69b | 779b |
| | 69b | 993 |
| | 69b | 696d |
| | 69b | 658b |
| | 69b | 82d |
| | 69b | 755e |
| | 69b | 836f |
| | 69b | 928b |
| | 69b | 30b |
| | 69b | 223a |
| | 69b | 131b |
| | 69b | 575b |
| | 69b | 575c |
| | 69b | 479 |
| | 70a | 516h |
| | 70a | 268a |
| | 70a | 283e |
| | 70a | 283f |
| | 70a | 952 |
| | 70a | 21 |
| | 70a | 19f |
| | 70b | 263f |
| | 71a | 177b |
| GUIT. | 71a | 739 |
| | 73a | 384 |
| | 78a | 985d |
| | 78b | 648d |
| | 79b | 505a |
| | 81a | 856e |
| | 86a | 223b |
| | 87b | 232 |
| | 90a | 5b |

QIDDOUSCHIN : *j*, μ, 3, n, 7, 10 ; a, b, c, *t*, *w*, ð, Ω ; B, F, A, E.

| | | |
|---|---|---|
| QID. | 9a | 131c |
| | 9a | 480*ter* |
| | 9a | 726b |
| | 13a | 101e |
| | 14b | 959f |
| | 16b | 1055e |
| | 21b | 145a |
| | 21b | 983a |
| | 21b | 559a |
| | 21b | 702a |
| | 22a | 40 |
| | 22b | 562*bis*b |
| | 25a | 958c |
| | 27a | 202c |
| | 27b | 1032a |
| | 30b | 126 |
| | 31a | 164c |
| | 33a | 856f |
| | 34a | 121b |
| | 35b | 812d |
| | 35b | 812e |
| | 35b | 397b |
| | 40b | 399 |
| | 44a | 571 |
| | 44a | 523b |
| | 46b | 117a |
| | 47a | 548e |
| | 47a | 332 |
| | 50a | 985e |
| | 52b | 375 |
| | 54b | 414, n. 2 |
| | 62a | 345 |
| | 63a | 955c |
| | 71a | 912b |
| | 71a | 1035 |
| | 72a | 756b |
| | 72a | 1063c |

| | | |
|---|---|---|
| B. M. | 68b | 704b |
| | 69b | 516k |
| | 70a | 591 |
| | 72b | 693f |
| | 73b | 248a |
| | 73b | 892b |
| | 74a | 1044b |
| | 74a | 344d |
| | 74a | 685b |
| | 75a | 931 |
| | 75b | 911 |
| | 77a | 451c |
| | 78b | 669c |
| | 80a | 233c |
| | 81b | 263g |
| | 82b | 516l |
| | 82b | 325g |
| | 82b | 105c' |
| | 83a | 257 |
| | 83a | 532 |
| | 84a | 412 |
| | 84a | 932c |
| | 84a | 457a |
| | 84a | 876 |
| | 84b | 466k |
| | 84b | 747a |
| | 84b | 295d |
| | 84b | 123d |
| | 85a | 731b |
| | 85b | 429d |
| | 85b | 715 |
| | 86b | 69b |
| | 87a | 169 |
| | 87a | 526b |
| | 87a | 556 |
| | 89a | 614c |
| | 89a | 211d |
| | 89b | 751 |
| | 89b | 112d |
| | 90a | 165e |
| | 90a | 870 |
| | 93b | 866d |
| | 97a | 340c |
| | 99a | 318 |
| | 99a | 124 |
| | 99b | 324b |
| | 103b | 763a |
| | 103b | 516m |
| | 103b | 787e |
| | 105a | 787f |
| | 105a | 483 |
| | 105a | 919a |
| B. M. | 107a | 275g |
| | 107b | 283g |
| | 108b | 813c |
| | 109a | 259 |
| | 112a | 491b |
| | 112a | 499a |
| | 113b | 466l |
| | 114b | 387a |
| | 116b | 447a |
| | 116b | 1022d |
| | 117a | 213b |
| | 117a | 814c |
| | 117a | 203p |
| | 117b | 60 |

BABA BATRA : *n*, 9, 30; *t* ; S, B, B², A, E.

| | | |
|---|---|---|
| B. B. | 3b | 204 |
| | 4a | 581a |
| | 4a | 110b |
| | 4a | 657c |
| | 4a | 82e |
| | 6a | 50, n. 1 |
| | 6a | 730 |
| | 6a | 127a |
| | 7b | 948d |
| | 9a | 242 |
| | 9b | 669d |
| | 11b | 845e |
| | 11b | 26f |
| | 11b | 304c |
| | 13b | 982b |
| | 16b | 481d |
| | 17a | 179 |
| | 18a | 437 |
| | 18a | 846d |
| | 19b | 858 |
| | 20a | 543c |
| | 20a | 568a |
| | 20b | 172 |
| | 20b | 1024b |
| | 20b | 447b |
| | 21a | 814d |
| | 22b | 194 |
| | 24b | 787g |
| | 26a | 429e |

SANHÉDRIN : 51 ; a, b, *t*, *v*, v ; S, B, A. E.

| | | |
|---|---|---|
| SAN. | 2a | 684d |
| SAN. | 5b | 685c |
| | 14b | 880d |
| | 15b | 866e |
| | 20b | 143b |
| | 20b | 411a |
| | 21a | 523c |
| | 21b | 28, n., dans les *Additions* |
| | 21b | 686 |
| | 21b | 422 |
| | 25a | 426 |
| | 25b | 702b |
| | 26a | 884a |
| | 30b | 617a |
| | 33a | 668a |
| | 37a | 485 |
| | 39a | 156 |
| | 39a | 222g |
| | 39a | 292 |
| | 41a | 617b |
| | 41b | 398 |
| | 44a | 754*bis*d |
| | 44a | 33f |
| | 45a | 1034b |
| | 48b | 825b |
| | 49b | 740b |
| | 49b | 363a |
| | 51a | 451d |
| | 52a | 989f |
| | 52b | 579a |
| | 64a | 113 |
| | 64a | 114a |
| | 65a | 23b |
| | 67b | 713c |
| | 67b | 380f |
| | 68a | 791c |
| | 74b | 48 |
| | 75a | 646d |
| | 76b | 853d |
| | 76b | 827b |
| | 77b | 231a |
| | 81b | 20c |
| | 81b | 428c |
| | 82b | 427 |
| | 90b | 525b |
| | 91a | 393a |
| | 93b | 831b |
| | 93b | 489d |
| | 94b | 963 |
| | 95a | 982c |
| | 96a | 685d |
| | 98b | 183b |

| | |
|---|---|
| 'A. Z. 39b | 922d |
| 39b | 719a |
| 40a | 817a |
| 40a | 25a |
| 40a | 716a |
| 40a | 130 |
| 40b | 1057a |
| 40b | 719b |
| 40b | 805 |
| 40b | 791d |
| 47a | 592 |
| 47a | 255 |
| 48b | 622d |
| 49b | 871d |
| 50a | 593 |
| 50a | 168 |
| 51a | 987g |
| 51b | 819 |
| 51b | 747b |
| 54a | 568b |
| 54b | 225f |
| 55a | 674c |
| 55a | 919b |
| 57a | 1092 |
| 59b | 1003 |
| 59b | 324c |
| 60a | 1064b |
| 60a | 418 |
| 68b | 393b |
| 69a | 705i |
| 69b | 958d |
| 69b | 969 |
| 70b | 392e |
| 70b | 431b |
| 72a | 355b |
| 72b | 160 |
| 75a | 884b |
| 75a | 388f |
| 75a | 674d |
| 75a | 197b |
| 75a | 782e |
| 75a | 613d |
| 75a | 372 |
| 75a | 868b |
| 75b | 635d |
| 75b | 558a |
| 75b | 717 |
| 75b | 645b |
| 75b | 822d |
| 76a | 1026c |

ZEBAHIM : f ; B, B$^2$, E.

| | |
|---|---|
| ZEB. 2b | 188a |
| 3a | 714 |
| 4b | 776 |
| ZEB. 14b | 517b |
| 18a | 350b |
| 18b | 386 |
| 18b | 575d |
| 18b | 221 |
| 19a | 101g |
| 24a | 47c |
| 25b | 505b |
| 25b | 337d |
| 35b | 987h |
| 40b | 1057b |
| 40b | 1055g |
| 46b | 188b |
| 53a | 35 |
| 53a | 898a |
| 54a | 303 |
| 54a | 24b |
| 54a | 822e |
| 54a | 317e |
| 58a | 61c |
| 72a | 471i |
| 79b | 1026d |
| 83b | 383b |
| 85b | 987i |
| 88b | 131e |
| 88b | 66 |
| 88b | 580a |
| 88b | 380g |
| 94a | 879b |
| 95a | 466m |
| 97a | 558b |
| 98a | 1026e |
| 116b | 646e |
| 116b | 494 |
| 116b | 1b |
| 116b | 271b |

MENAHOT : 2, 4, w ; D, D$^2$, D$^3$, E, M.

| | |
|---|---|
| MEN. 7a | 480*bis*,a |
| 15b | 198 |
| 28b | 636 |
| 28b | 706 |
| 28b | 424b |
| 28b | 840b |
| MEN. 28b | 667b |
| 30b | 462a |
| 31b | 534i |
| 31b | 477d |
| 32a | 551b |
| 33a | 203r |
| 33b | 768 |
| 33b | 1039 |
| 33b | 26g |
| 33b | 185 |
| 33b | 653a |
| 33b | 216, n. 1 |
| 34b | 552g |
| 35a | 537 |
| 35a | 887 |
| 35b | 1021c |
| 37a | 135c |
| 39b | 496b |
| 41a | 145b |
| 41a | 90a |
| 41a | 683c |
| 41b | 631a |
| 42a | 753b |
| 42a | 395 |
| 42b | 1094 |
| 42b | 477e |
| 42b | 100b |
| 42b | 100c |
| 42b | 33h |
| 42b | 471j |
| 48a | 674e |
| 50b | 356c |
| 50b | 1011a |
| 53b | 1022e |
| 55a | 1011b |
| 63a | 551c |
| 63a | 548g |
| 63a | 199b |
| 63a | 1002f |
| 64b | 127b |
| 66a | 484b |
| 69b | 269b, n. 2 |
| 70b | 413b |
| 70b | 938c |
| 70b | 76c |
| 71a | 601 |
| 75b | 1101b |
| 76b | 214f |
| 79a | 987j |
| 83a | 1026f |
| 86a | 85, n. 2 |
| 86a | 151b |

| | | |
|---|---|---|
| Men. | 86a | 112e |
| | 86b | 1022f |
| | 87a | 205 |
| | 88b | 285f, n. 4 |
| | 88b | 820 |
| | 94a | 514c |
| | 94b | 226b |
| | 94b | 507g |
| | 94b | 173b |
| | 94b | 173c |
| | 96b | 458f |
| | 101a | 987k |
| | 107a | 818c |
| | 107a | 713d |

Houllin : 6, 9, 8, 8, 15, 44 : u, v, I ; S, $S^2$, B, $B^2$, A, E.

| | | |
|---|---|---|
| Houl. | 4a | 895a |
| | 6a | 834d |
| | 7b | 1045a |
| | 7b | 2 |
| | 8a | 827c |
| | 8b | 72b |
| | 8b | 987l |
| | 8b | 486b |
| | 9a | 682 |
| | 9a | 291a |
| | 11a | 470 |
| | 11a | 575e |
| | 12b | 548h |
| | 13a | 220a |
| | 15b | 932d |
| | 15b | 457b |
| | 15b | 947d |
| | 15b | 1007b |
| | 15b | 1064b, n. 3 |
| | 16b | 635e |
| | 16b | 214a |
| | 16b | 712c |
| | 17a | 80b |
| | 17b | 346b |
| | 17b | 75 |
| | 17b | 64 |
| | 17b | 72c |
| | 18a | 65 |
| | 18b | 580b |
| | 18b | 12 |
| | 18b | 9, n. 3 |
| | 18b | 9, n. 3 |
| | 18b | 548i |
| Houl. | 19a | 302 |
| | 20b | 291b |
| | 21a | 201 |
| | 25a | 73 |
| | 25a | 47d |
| | 25b | 644c |
| | 25b | 564 |
| | 25b | 735b |
| | 25b | 688e |
| | 25b | 570 |
| | 27b | 565d |
| | 28a | 986a |
| | 28a | 777b |
| | 30b | 467c |
| | 31a | 710c |
| | 38b | 331d |
| | 42a | 166d |
| | 42a | 772c |
| | 42a | 411b |
| | 42a | 758 |
| | 42b | 604 |
| | 42b | 307a |
| | 42b | 991a |
| | 42b | 772d |
| | 43a | 898g |
| | 43b | 888a |
| | 43b | 898h |
| | 45a | 958e |
| | 45a | 506b |
| | 45b | 548j |
| | 45b | 228 |
| | 46a | 331e |
| | 46a | 995c |
| | 46b | 824b |
| | 46b | 240 |
| | 46b | 888b |
| | 46b | 927c |
| | 46b | 289b |
| | 46b | 677e |
| | 46b | 976b |
| | 46b | 546a |
| | 47b | 629 |
| | 47b | 927d |
| | 47b | 283h |
| | 47b | 583g |
| | 47b | 283i |
| | 47b | 295e |
| | 47b | 822f |
| | 47b | 976c |
| | 48a | 668b |
| | 48a | 677f |
| | 48a | 1099 |
| Houl. | 48a | 995d |
| | 48a | 677g |
| | 48b | 888c |
| | 48b | 357b |
| | 48b | 829c |
| | 49a | 772e |
| | 49a | 323c |
| | 49b | 987m |
| | 49b | 973b |
| | 50a | 1091 |
| | 50a | 546b |
| | 50a | 973c |
| | 50a | 575f |
| | 50b | 276a |
| | 50b | 119 |
| | 50b | 772f |
| | 50b | 436 |
| | 50b | 991b |
| | 50b | 772g |
| | 50b | 323c, n. 1 |
| | 51a | 290b |
| | 51a | 268b |
| | 51b | 811c |
| | 51b | 96a |
| | 51b | 387b |
| | 51b | 842b |
| | 51b | 1001 |
| | 51b | 480*bis*, b |
| | 52a | 442e |
| | 52a | 800 |
| | 52a | 161a |
| | 52a | 552h |
| | 52a | 307b |
| | 52b | 689b |
| | 52b | 852 |
| | 53b | 927e |
| | 54a | 409b |
| | 54a | 668c |
| | 54b | 575g |
| | 56b | 588 |
| | 56b | 824c |
| | 56b | 720b |
| | 57a | 831d |
| | 57a | 446b |
| | 58a | 850 |
| | 58b | 210b |
| | 58b | 352 |
| | 58b | 688f |
| | 58b | 276b |
| | 58b | 628c |
| | 58b | 1006a |
| | 59a | 1006b |

| | | |
|---|---|---|
| NAZ. | 42a | 517d |
| | 45b | 1069 |
| | 49b | 1013 |
| | 50a | 142b |
| | 55a | 691a |
| | 56b | 42d |
| | 65a | 114c |

BABA BATRA (Raschbam) : *n*, 9 ; S, B, ($B^2$), A, E.

| | | |
|---|---|---|
| B. B. | 38a | 2831 |
| | 52a | 43 |
| | 52a | 912c |
| | 59a | 381e |
| | 60b | 992e |
| | 61a | 50 |
| | 61a | 653b |
| | 65a | 176 |
| | 65a | 1024d |
| | 67b | 674f |
| | 67b | 616 |
| | 67b | 946 |
| | 67b | 1064c |
| | 68b | 1030b |
| | 68b | 1032c |
| | 69a | 763b |
| | 69a | 203v |
| | 73a | 691b |
| | 73a | 1049 |
| | 73a | 41 |
| | 73a | 890 |
| | 73a | 219 |
| B. B. | 73a | 150 |
| | 74a | 970b |
| | 75a | 187b |
| | 78a | 165f |
| | 78a | 784 |
| | 80a | 997 |
| | 80b | 199c |
| | 80b | 808c |
| | 80b | 929c |
| | 80b | 153c |
| | 80b | 929d |
| | 80b | 199d |
| | 80b | 550 |
| | 81a | 251 |
| | 81a | 82h |
| | 81a | 658e |
| | 81a | 192b |
| | 88b | 237 |
| | 89b | 424c |
| | 89b | 821 |
| | 89b | 873 |
| | 89b | 153d |
| | 89b | 392g |
| | 95b | 15c |
| | 95b | 1011c |
| | 99b | 796b |
| | 107b | 515b |
| | 143b | 1030c |
| | 145b | 380i |
| | 150b | 77 |
| | 151b | 741h |
| | 156b | 190b |
| | 161b | 691c |
| | 165b | 1097 |
| | 167a | 208 |

MAKKOT (R. Judah b. Nathan) : v ; $6^a$ ; B, ($B^2$), A, E.

| | | |
|---|---|---|
| MAK. | 20a | 992f |
| | 20a | 697d |
| | 21a | 612 |
| | 21a | 832 |
| | 21a | 489g |
| | 22b | 311 |
| | 23b | 860 |

KERITOT : 2 ; B, $B^2$.

| | | |
|---|---|---|
| KER. | 6a | 553d |
| | 6a | 533 |
| | 6a | 416b |
| | 6a | 936d |
| | 6a | 363b |
| | 6a | 936e |
| | 13a | 295g |
| | 15a | 1022h |
| | 15b | 846f |
| | 21a | 837c |
| | 22a | 585d |

MĔ'ILAH : 2 ; B, $B^2$.

| | | |
|---|---|---|
| ME'IL. | 17b | 744 |
| | 21a | 985i |

# INDEX DES MOTS HÉBREUX OU ARAMÉENS
## QUE TRADUIT RASCHI

Dans l'index suivant, comme dans le corps du volume, on a donné les mots du Talmud sous la forme qu'ils revêtent dans l'édition Romm (V). Des renvois assez abondants permettent de retrouver plus facilement les racines des formes variantes ou un peu difficiles à reconnaître; ainsi on trouvera sous יקרו un renvoi à נקר, sous איסתתא un renvoi à אסטתא, etc. Le rabbin I. Salzer a aidé à faire cet index, de même que les deux qui le suivent.


אבזרויהו 48.
אבטא 132.
אבטיה 117a, b.
אבטיראות 248b.
אביסנא 353b.
אבן 246, 940a.
אבן של נפחים 717.
אבק 343.
אבר 821.
אברתא 368.
אגדנא 687b.
אגם 427, 685f, 756a.
אגביא 685a.
אגנא 674e, n. 2; v. אגני.
אגני 238; 674b.
אגרא 257.
אדאני 680.
אדום adj., 927d, g.
אדם, v., 927 c, e.
אדמה 71a, b; 269a, b; 547.
אדרא 1049.
אהלא 30a, c.
אהלות 914b, n. 2.
אוגני כרים 47b.
אוד 511a, b, c.
אוהרי 614b, 918.
אוו[ד]זא 793.
אוונא 248c.
אוונכרי 700.
אוזולתא 122.
אוזן 47a, c, d, e.
אוכמא 861b, 976b.
אוכף 941.
אוללא 919a.
אומניות 751.
און גליון 454.
אונין 901a, b.
אונץ v. אונין.
אונקלי 933, 1100.
אונקליות 282.
אופיא 392a, d, e, f.
אופתא 428a.
אורבנין 757.
אורוות 422.
אורד 708a, b.
אודן v. אזן.
אחה 260.
אחז 340a, d; 560.
אחר 1059.
אטבא 551a, b.
אטדרנגא (דמולכא) 942b.
אטליז 664.
איטני 599b.
אילוא 30b.
אימום 514a.
אימרא 650.
אינבא v. אוניבא.
אינדרונא 185.
אינומלין 834b.
אוניבא 634b, c.
אונך 187a.
אוספרווא 582.
אוסקונדרי 702a.
אוסקריא 691a, b.
אוסתוירא v. אסתוירא.
אוסתומכא 436.
אוסתומכא דליבא 638.
אוסתמא v. אסטמא.
אוסתמרא 203f.
אוצטרובל v. אוצטרובלא.
אוצטרובלא 172, 176.
אוצא 17c.
אושתא צמירתא v. אשתא צמירתא.
אושתומא 438c.
אכילה גסה 935.
אכל 345.
אכמור 1015b.
אכסדרא 845b.
אכסדרא רומיתא 185, n. 3; 653a.
אכרים 133.
אלה 666.
אלון 332; 548e, h; 607.
אלונסות 999.
אלונקי 926.
אלונתית 834c, d.
אלכסנדרים 667b.
אלל 606a.

# INDEX DES MOTS ROMANS
## TRANSCRITS EN CARACTÈRES HÉBREUX

Les mots romans qui se rencontrent dans la littérature rabbinique du moyen âge sont tirés en grande partie des commentaires talmudiques de Raschi : l'objet principal de l'index suivant est de rendre plus facile l'identification de ces mots. Dans ce but, un index aussi étendu que possible des formes relevées dans ce volume serait naturellement utile, mais un index tout à fait complet serait très long, sans être nécessaire : le lecteur saura chercher sous אנ ce qu'il ne trouve pas sous אינ, sous איש ce qui manque sous אש, etc. Il notera de même les équivalences suivantes : ־ה = ־א ; וו = ו ; ז = ש ; ט = ת ; יי = י ; כ = ק ; ס = ש. Il voudra bien remarquer aussi que, par suite d'erreur, on a souvent א = ש ; ג = נ ; ד = ז ; ד = ר ; ו = ו ; ט = ש ; ינ = צ ; נר ou ני = ט ; ס = פ ; ק = ר. Nous avons omis beaucoup de ces formes erronées, sans chercher à être tout à fait conséquent à cet égard.

# INDEX DES MOTS DE LANGUES

AUTRES QUE LE FRANÇAIS OU L'HÉBREU

QUI REMPLACENT DES GLOSES FRANÇAISES DANS CERTAINS TEXTES

# ADDITIONS ET CORRECTIONS

Introduction, p. XII, n. 1 : on a généralement consulté pour ce livre les exemplaires de S et de B du Jewish Theological Seminary de New-York. Dans certains cas, on s'est servi de l'édition mixte de B et de B² de l'Union Theological Seminary de New-York.

P. XIV, ms. k : cf. Assemani, *Bibliothecae Apostolicae Vaticanae Codicum Manuscriptorum Catalogus*, I (Rome, 1756); les mss. décrits par Assemani portent encore les numéros qu'il leur a donnés.

P. XVIII : 52. Ms. du Jewish Theological Seminary, New-York. Écrit sur papier, reliure rouge foncée. Dimensions extérieures, 21.4 × 14.3 cm. ; intérieures, environ 16 × environ 9 — 9.6 cm. 98 feuillets de 28 lignes à la page. Écriture italienne ; XIVe-XVe siècle ? Raschi sur Sab. Commence (fo 1a) par הדרן עלך במה אשה כלל גדול (= fo 67b de l'éd.). Des lacunes; fo 10a le scribe saute depuis שחומה שכל העתים לפי (*sic*) (fo 75a) jusqu'à למיצ֗ועהן דחויב אבל שאר (fo 76b) ; fo 33a, il saute depuis להא דרב ויהודה אותן אמ' שמואל (fo 97b) jusqu'à משתלהפות (*sic*) תוך האויר (fo 99a). Entre fo 43b et fo 44a il y a encore une lacune ; fo 43b se termine par רוק טפל שלא טעם (fo 108b) et fo 44a commence משום רפואה הוא (fo 109b). Comme on a laissé une espace en blanc à la fin du fo 43b, il est probable que cette lacune existait déjà dans la source du copiste. Fin du ms. (fo 98b) : שלא הוה לו פנאי לשאול (fo 157a). Présenté par le Dr H. G. Friedman au Seminary.

Les gloses offrent des ressemblances avec celles des autres mss. italiens du même traité, surtout avec 11 ; cf. 253, 334, 355a, 853a, etc. On note aussi des accords avec 44 (137, 353, 388a), et 50 (471b, 802b, etc.). Certaines erreurs suggèrent une influence germanique ; voir 458a, 563*bis* a, 828a. Provençalisme : 933.

P. XXIII, ms. 5 : B. Peyron, *Codices hebraici manu exarati regiae bibliothecae quae in Taurinensi Athenaeo asservatur* (Turin, 1880).

P. LVI, n. 5. Pour no CXX, lire no CCX.

P. LXXV : N... ed. Romm : 4 tomes (Vilna, 1900).

Les notes suivantes renvoient aux numéros des gloses et, à moins d'indication contraire, à la partie inférieure de la page.

7a, b : ajouter, après les leçons de 12 : (it. *adramento ?*).

7a : 52 אדרומנטו adrimntu.

7b ; 52 = 12.

9, partie supérieure : lire « aiguës » pour « aigues. »

19a : 52 o.

23a : 52 = 11.

28 : 52 = l. Ajouter en note : SAN. 21b, 51 a 'כלו', ב"ל אשלניר אפוהי, להנשים où l'on a aŝlnir, mauvaise

graphie pour *alesner*, c.-à-d. *alener*. B o.

30a : 52 אלו אין alu ain.

33b : 52 אולם aulm.

37b : Pour B lire S².

37c : 52 איממיניישטרויישון aiininistriisun.

53 : Après 50, écrire apusut en caractères romains.

57, partie supérieure : Faire précéder le mot *Arc* d'un astérisque.

60 : V ארקוולטו arkuultu (it. *archevolto*).

68a : 52 = l.

71a : 52 = e.

71b : 52 = 11.

81b : 52 פריליירי priliiri.

86 : Ajouter, après Bᴇç. 33b, *s.v.*

89a, n. 3 : Pour « expliquent מורדעת par bstil », lire, « l'expliquent par מורדעת, bstil. »

99a : 52 = 11.

112c : 52 = l.

118, partie supérieure : Ajouter, après n°. 276.

119 : Avant Hᴏᴜʟ. 50b, insérer le n° 119.

121a : 52 o.

122 : (Omettre a).

134 : 52 מצייר mçiir.

135d, n. 3 : Pour 13 ? lire 13 o.

136b : Insérer deux astérisques avant *b* (Raschbam).

137 : 52 פונדוריילישי punduriilisi.

144 : 52 כדירש kdirs.

146 : 52 = 11.

153a : 52 = o.

155 : 52 קרטיש krtis.

159a : 52 קפרי kpri.

161, partie supérieure : Pour c) lire a).

165c : 52 שינגלש singls.

166b : 52 צנפויילי çnpuiili.

173b : Omettre Z סורקולא surkula.

175 : 52 o.

180 : 52 = 11.

183c : Pour 8 קַלְבָּא lire קְלַבָּא.

188 : Insérer a) avant Zᴇʙ. 2b.

190 : Insérer a) avant Sᴀʙ. 11b.

191b : 52 = 50.

191c : 52 = e.

195 : 52 = ı.

203e : 52 קביליא kbiliia.

206 : Lire, avant B², 15 קנאה knah, et omettre 15 avant S.

222c : 52 קונדינו kundinu.

224c : 52 קוויפה kuiiph.

224d : 52 = 50.

225b : 52 קוויון kuiiun.

226a : 52 קוויטי kuiiti.

233a : 52 קולטוורא kultuura.

233b : 52 = ı.

236 : 52 = e.

253 : 52 [גוליירין קונדרין].

258c : 52 קורמוש kurmus.

265c : 52 = e.

272a : 52 = e.

275a : 52 = S.

275b : 52 קרישין krisin.

280 : Pour Yᴇʙ. 102a lire 102b.

283a : 52 קרגי krgi.

283b : 52 קרוגי אודיינטיל krugi audiintil.

285c : 52 קרויישו ל kruiisu l.

285d, e : Ajouter, après les leçons de 12 : (pr. *creisol ?*).

295c : 52 = e.

296 : 52 = e.

298a : 52 = 11.

310a : 52 דישקומ' diskum'.

314 : 52 ושל צירי' usl çiri'.

315 : 52 דשייר dsiir.

317a : 52 דשטי נפדייר dsti npdiir.

325b : 52 דולזורא dulzura.

334 : 52 אינקיילא ainkiila.

339a : 52 = 50.

340d : Ajouter après 4... (pr. *enfo[n]dar* [?] pour *enfondre*).

344a : 52 o.

344b : 52 אנמולולייר anmululiir.

353a : 52 אנשתלש anstls.

353b : 52 o.

355a : 52 = 11.

368 : 52 = e.

380d : 52 אישקלטיא aiskltia.

381e : Pour הוקין lire חוקין.

382b : Pour F lire E.

383a : Pour Yoma lire Yom.
388a : 52 אשקופיש askupis.
392e : Pour ʿA. Z. 70a lire 70b.
394a : 52 o.
406a : 52 אישלישיר aislisir.
406b : 52 אדולשיד adulsid.
407 : 52 o.
414, n. 2 : Pour Kid. lire Qid.
417d : 52 אשפליגא aspliga.
430 : 52 o.
432a : שטריגליש striglis.
442c : 52 o.
444a : 52 אישטרילא aistrila.
444b : 52 אישטלריא aistliria.
445b : Pour ומקדרון lire ומקרדון.
451a : 52 אושנייר ausniir.
454 : 52 אתגילש atgils.
456a : 52 פלשתא plsta.
456b : 52 = S.
458a : 52 פלדישדור pldisdur.
458b : 52 כלדישטולי kldistuli.
458c : 52 פלדושדיל pldusdil.
466c : 52 פליטריויש plitriis.
466d : 52 בילטרא biltra.
466e : 52 = 6.
467b : 52 = 44.
468a : 52 = 11.
471a : 52 פליג רליוא plig rliia.
471b : 52 פינוגריא pinugria.
477a : 52 פידנש pidns.
480a : 52 = e.
486a : 52 = e.
489a : 52 o.
489b : 52 = 11.
499b : Pour B lire S.
504 : Ajouter, après la leçon de 6 : (pr. *fontilha ?*).
507a : 52 = e.
507b : 52 = e.
511a : 52 פירקון pirkun
512 : 52 פירמי דוד pirmi dud.
513a : 52 o.
514a : 52 = e.
516b : 52 טיישור tiisur.
516c : 52 o.
516i : Pour B. K., lire B. Q.
519 : Ajouter ד"ה avant le mot כלילא.
526a : 52 פרונץ prunç.
531a : 52 פויזילי puiizili.
534a : 52 = e.
536 : 52 = 12.
546e : Ajouter ד"ה avant מטנפות.
549 : 52 o.
551a : 52 o.
552a : 52 o.
552b : 52 בלוד blud.
553b : 52 = e.
562*bis*-563 : Pour 563 lire 562*bis*, et pour c) lire 563.
562*bis* a : 52 גרדיר grdir.
565b : 52 כרבילא krbila.
572 : 52 o.
575a : 52 הנקה hnkh.
583a : 52 הומלין humlin.
583b : 52 = e.
587a : Ajouter, après la leçon de S (pr. *eranha ?*) ; 52 אורדינא aurdina.
587b : B² אירניא airnia.
590 : 52 = e.
596a : 52 o.
605 : 52 ויניליךש iinilirs.
608 : 52 o.
614c, n. 2 : 52 o.
617*bis* : 52 קינודשש kinudss.
618 : 52 ליצא liça.
620 : 52 ליטרון litrun.
622b : Pour E litugh, lire lituga.
627 : 52 = e.
628a : 52 o.
639b : 52 = e.
639c : 52 = l.
639d : 52 = e.
640a : 52 לימטן limtn.
644c, n. 1 : Pour S lire S°.
650 : 52 o.
662b : 52 o.
662c : 52 o.
669a : 52 o.
675 : Pour 675, en bas de la p. 92, lire 677.
677a : 52 = e.
683a : 52 = ι.
683b : 52 = ι.
688a : 52 מרעייל mreiil.

688b : 52 מרטייל mrtiil.
690a : 52 מישיש msis.
693a : 52 = e.
695b : 52 מינישטבל ministbl.
695c : 52 מנשטריטיל mnstritil.
696a : 52 = ι.
696b : 52 = ι.
696c : 52 = 6.
705b : 52 = e.
710a : 52 מונציור munçiir.
711a : 52 o.
712a : 52 מי הדיר mi hdir.
713a : 52 o.
723 : 52 = 6.
724a : 52 מורטיד murtid.
734 : 52 o.
740a : 52 קרידא krida.
750a : 52 = e.
754a : 52 = 12.
754*bis* b : 52 אורטורש aurturs.
755a : 52 o.
774a, n. 6 : 52 o.
787a : 52 = e.
791a : 52 = e.
794b : 52 פינדרצין pindrçin.
802b : 52 = 50.
803 : 52 o.
808a, n. 1 : 52 o.
812c : 52 o.
824a : 52 פלומוש plumus.
827a : 52 פונטיר puntir.
828a : 52 בוינט biint.
829b : 52 פיניטא piniita.
834b : 52 = e.
836c : 52 = c.
836c, n. 1 : 52 o.
836d : 52 פולגול pulgul.
853a : 52 פרמימיכא prmimika.
854a . 54 פרשא prsa.
855 : 52 o.
863c : 52 = e.
871a : 52 o.
871b : 52 רוויל ruuiil.
871c : 52 = ι.
879a : 52 = e.
880b : 52 = 11.
881a : 52 o.
881b : 52 רדושידורא rdusidura.
893a : 52 = 6.
894 : 52 o.
898b : 52 רטיישינש rtiisins.
913b : 52 o.
917a : 52 רודאי rudai.
920a : 52 = A.
920b : 52 שדריא sdria.
921 : 52 שולויא suluia.
922b : 52 שלמורי slmuri.
933 : 52 שרשנישקא srsniska (pr. *sar-[r]asinesca*).
934a : 52 = e.
939 : 52 = e.
948a : 52 = 11. La glose se trouve au même endroit que dans 11.
957 : 52 שולשול דורא silsul dura.
959c : 52 שלא sla.
979b : 52 o.
980 : 52 = e.
985a : 52 o.
988 : 52 רלייש rliis.
989a : 52 טלליינא tlliina.
992a : 52 שינפלא sinpla.
1000b : 52 o.
1002b : 52 = 11.
1025a : 52 = 11.
1025b : 52 טרפיד trpid.
1034a : 52 טרנוציא trnuçiia.
1036a : 52 o.
1042b : 52 וודייל uudiil.
1044a : 52 זון zun.
1047b : 52 = 1.
1047c : 52 o.
1068a : 52 ורזי urzi.
1068b : 52 גרנצא grnça.
1068c : 52 ורצצא urçça.
1071a : 52 רוישא ruisa.
1071b : 52 זטירא zutira.
1072 : 52 o.

1080. La glose représente le moyen haut all. *brust-blëch*, « logium, pectuleum, rationale » [Lexer]. C'est donc par suite d'une erreur qu'elle figure dans ce volume.

1085 : 52 o.
1089 : 52 o.

LISTE DES MANUSCRITS

DES

# COMMENTAIRES TALMUDIQUES DE RASCHI

La liste suivante des manuscrits qui ont servi de base au texte des gloses est dressée d'après l'ordre alphabétique des villes. Sous chaque bibliothèque les mss. sont rangés, généralement, dans l'ordre des catalogues imprimés. Le numéro du ms. dans le catalogue est suivi du sigle du ms. et (entre parenthèses) de la page de l'introduction où le texte est décrit. On trouvera, dans l'introduction, là où ils sont mentionnés pour la première fois, des indications bibliographiques sur les catalogues.

On a pu consulter tous les manuscrits énumérés dans la *List of Extant Manuscripts of Rashi's Talmudical Commentaries*, publiée dans la *Jewish Quarterly Review*, n. s., VIII (1916), 55-60, à l'exception des mss. Günzburg et du fragment décrit par le rabbin Badhab. Celui de Nikolsburg n'existe plus, paraît-il.

Arras, Bibliothèque municipale :
- 889 — 39 (XXXIX-XL)

Cambridge, Bibliothèque universitaire :
- Add. 477.8 — *x* (XXIX)
- 478.8 — *y* (XLIV)
- 479.8 — *z* (LII)
- Or. 803 — 46 (LXVIII-IX)
- T.-S. 10.F.$2^{1}$ — 36 (XIX)
- $2^{2}$ — 37 (LIII)
- $2^{3}$ — 34 (XVII)
- $3^{1}$ — 23 (LIV)
- $3^{2}$ — 33 (XXVII-III)
- 13.F.$1^{1}$ — 35 (XXI)
- $1^{2}$ — 30 (L)
- 18.F.$1^{1}$ — 28 (IX)
- $1^{2}$ — 29 (LXI-II)
- caisse F.3 — 31 (XXXVI)
- » — 32 (XXVII)
- » — 38 (XIX-XX)

Francfort s.M., Bibliothèque municipale :
- Merz. 8 — 16 (XXX)
- 132 — 7 (XXVI-II)
- 133 — 8 (LIX-X)

Hambourg, Bibliothèque municipale :
- Steins. 171.63 — 9 (XLIX-L)

Königsberg, Bibliothèque de l'État :
- 2369.4° — 44 (IX)

Leipzig, Bibliothèque universitaire :
- 1105 — 27 (XX-I)

Livourne, Bibl. du Talmud Torah :
- ? — 1' (X XI)

Londres, British Museum :
- Marg. 409 — 11 (VIII)
- 410 — 10 (XLI-II)
- 411 — α (XLIII)
- 412 — γ (XLVI)
- 413 — β (XLIII-IV)
- 473 — 22 (XXV)

474 δ (xxxvi-ii)
Or. 5558. A. 15 41 (xvii)
K. 15 42 (xlvii)
Bibliothèque D.S. Sassoon :
517 • 45 (xxviii)
Munich, Bibliothèque de l'État :
hebr. 216 6 (xv-xvi)
» 356.16 15 (lx)
New York, Bibliothèque du Jewish Theological Seminary :
Collection Elkan N. Adler :
147 25 (viii-ix)
942 26 (lxiii-iv)
1408 24 (liii)
1621 12 (xvi-ii)
1799 40 (lxiv-v)
2553 13 (xxvii)
Collection N. Porges (maintenant collection Sulzberger) :
[a] 17 (xxiv-v)
[b] 20 (xlvii)
Fragment de Berakot 47 (ix-x)
Ms. de Sab. et 'Er. 50 (xvii-iii)
Ms. de Sab. (67b-157a) 52 (205)
Oxford, Bibliothèque Bodléienne :
Neubauer 367 *j* (xxxii-iii)
368 *l* (xxxviii)
369 *n* (xlix)
370.4 *p* (lxii-iii)
419 *i* (xxii)
420 *h* (xix)
421 *k* (xxxiv-v)
429.2 *m* (xlvi)
545 *s* (x)
546 *t* (xlii)
547 *u* (xxxvi)
548 *v* (xxviii)
549 *w* (xxxvi)
867 51 (l-li)
Neubauer-Cowley
2676.6 23 (liv)
2680.4 18 (viii)
2835.19 19 (xxxix)
Heb. d. 78 43 (xlvii-iii)

Paris, Bibliothèque nationale :
311. f. hébr. a (x)
313 » b (xxxiii)
314 » c (xxxiii)
323 » d (xxxii)
324 » e (xiii)
325 » f (lv)
Bibl. de la communauté israélite :
III. A. 64 (53) 21 (xlvii)
Parme, Bibliothèque palatine :
De-Rossi 134 ι (xi-ii)
664 Ω (xlii)
808 λ (xxvi)
1292 ν (li-ii)
1293 π (lii-iii)
1299 μ (xxii-iii)
1300 ο (xliv)
1304 ρ (lix)
1309 θ (vii-iii)
1310 ξ (xxxv)
1324 ι (xiii)
Rome, Bibliothèque du Vatican :
ebraico 127 t xiv-xv)
129 k (xiv)
131 q (xlvii)
132 r (xlv)
135 m (xxxviii)
138 l (xiv)
139 s (lx)
140 u (xxxix)
157 p (xliv-v)
158 n (xli)
487 w (lvii)
Bibliothèque Angelica :
Or. Fondo antico
57 14 (xxxv-vi)
Turin, Bibliothèque universitaire :
Peyron XIII 6a (xxxiii-iv)
XXIX 5 (xxiii)
CXX 3 (xxxv)
CXLIX 2 (lvi)
CCX 4 (lvi-ii)
Varsovie, Bibl. synagogale (Tlomackie)
32 49 (lxvi-ii)

# TABLE DES MATIÈRES

## APPENDICE



MACON, PROTAT FRÈRES, IMPRIMEURS — MCMXXIX.

## BIBLIOTHÈQUE DE L'ÉCOLE DES HAUTES ÉTUDES

*Section des sciences historiques et philologiques*

33. Etudes sur l'industrie et la classe industrielle à Paris au xiiie et au xive siècle, par Gustave Fagniez. 12 fr.
34. Matériaux pour servir à l'histoire de la philosophie de l'Inde, par P. Regnaud, 2e partie. 10 fr.
35. Mélanges publiés par la section historique et philologique de l'Ecole des Hautes Etudes pour le dixième anniversaire de sa fondation. Avec 10 planches gravées. 15 fr.
36. La religion védique d'après les hymnes du Rig-Veda, par Abel Bergaigne. Tome Ier. (Epuisé.)
37. Histoire critique des règnes de Childérich et Chlodevech, par W. Junghans, traduite par Gabriel Monod, et augmentée d'une introduction et de notes nouvelles. 6 fr.
38. Les monuments égyptiens de la Bibliothèque nationale (cabinet des médailles et antiques), par E. Ledrain, in-4°, 1re liv. (Epuisé.)
39. L'inscription de Bavian, texte, traduction et commentaire philologique, avec trois appendices et un glossaire, par H. Pognon, 1re partie. 6 fr.
40. Patois de la commune de Vionnaz (Bas-Valais), par J. Gilliéron. Avec une carte. 7 fr. 50
41. Le Querolus, comédie latine anonyme. Texte en vers restitué d'après un principe nouveau et traduit pour la 1re fois en français. Précédé d'un examen littéraire par L. Havet. 12 fr.
42. L'inscription de Bavian, par H. Pognon, 2e partie. 6 fr.
43. De Saturnio Latinorum versu. Scripsit L. Havet. 15 fr.
44. Etudes d'archéologie orientale, par Ch. Clermont-Ganneau, t. Ier (3 parties in-4°), avec pl. 25 fr.
45. Histoire des institutions municipales de Senlis, par Jules Flammermont. 8 fr.
46. Essai sur les origines du fonds grec de l'Escurial. Episode de l'histoire de la renaissance des lettres en Espagne, par C. Graux. 15 fr.
47. Les monuments égyptiens de la Bibliothèque nationale, par E. Ledrain, 2e et 3e liv. in-4. (Epuisé.)
48. Etude critique sur le texte de la vie latine de sainte Geneviève de Paris, avec deux textes de cette vie, par Charles Kohler. 6 fr.
49. Deux versions hébraïques du Livre de Kalilâh et Dimnâh. La première accompagnée d'une traduction française publiée d'après les manuscrits de Paris et d'Oxford, par Joseph Derenbourg. 20 fr.
50. Recherches critiques sur les relations politiques de la France avec l'Allemagne, de 1292 à 1378, par Alfred Leroux. 8 fr. 50
51. Principaux monuments du Musée égyptien de Florence, par William-B. Berend, 1re partie. Stèles, bas-reliefs et fresques. In-4° avec 10 planches photogravées. 30 fr.
52. Les lapidaires français du moyen âge des xiie, xiiie et xive siècles, réunis, classés et publiés accompagnés de préfaces, de tables et d'un glossaire, par Léopold Pannier. Avec une notice préliminaire par Gaston Paris. 10 fr.
53. La religion védique d'après les hymnes du Rig-Véda, par Abel Bergaigne. Tome II. (Epuisé.)
54. La religion védique d'après les hymnes du Rig-Véda, par Abel Bergaigne. Tome III. (Epuisé.) 25 fr.
55. Les Etablissements de Rouen. Etude sur l'histoire des institutions municipales de Rouen, Falaise, Pont-Audemer, Verneuil, La Rochelle, Saintes, Oléron, Bayonne, Tours, Niort, Cognac, Saint-Jean-d'Angély, Angoulême, Poitiers, etc., par A. Giry. Tome Ier. 15 fr.
56. La métrique naturelle du langage, par P. Pierson, avec une notice préliminaire de G. Paris. 10 fr.
57. Vocabulaire vieux-breton avec commentaire, contenant toutes les gloses en vieux-breton, gallois, cornique, armoricain connues, précédé d'une introduction sur la phonétique du vieux-breton et sur l'âge et la provenance des gloses, par J. Loth. 20 fr.
58. Hincmar De ordine palatii epistola. Texte latin traduit et annoté par Maurice Prou. 4 fr.
59. Les Etablissements de Rouen, etc., par A. Giry. Tome II. 4 fr.
60. Essai sur les formes et les effets de l'affranchissement dans le droit gallo-franc, par Marcel Fournier. 5 fr.
61 et 62. Li Romans de Carité et Miserere du Renclus de Moiliens. Poème de la fin du xiie siècle. Edition critique accompagnée d'une introduction, de notes, d'un glossaire et d'une liste de rimes, par A.-G. van Hamel, 2 vol. 20 fr.
63. Etudes critiques sur les sources de l'histoire mérovingienne, 2e partie. Compilation dite de « Frédégaire », par Gabriel Monod. 6 fr.
64. Etudes sur le règne de Robert le Pieux (996-1031), par Ch. Pfister. 15 fr.
65. Nonius Marcellus. Collation de plusieurs manuscrits de Paris, de Genève et de Berne, par H. Meylan, suivi d'une notice sur les principaux manuscrits de Nonius pour les livres I, II, et III, par Louis Havet. 5 fr.
66. Le livre des parterres fleuris. Grammaire hébraïque en arabe d'Abou'l-Walid Merwan Ibn Djanah de Cordoue, publiée par Joseph Derenbourg. 50 fr.
67. Du parfait en grec et en latin, par Emile Ernault. 6 fr.
68. Stèles de la xiie dynastie au Musée égyptien du Louvre, publiées par E. Gayet. Avec 60 planches. Vol. in-4°. 17 fr.
69. Gujastak Abalish. Relation d'une conférence théologique présidée par le Calife Mâmoun. Texte pehlvi publié pour la première fois avec trad., comment. et lexique, par A. Barthélemy. 3 fr. 50
70. Etudes sur le papyrus Prisse. — Le livre de Kaqimna et les leçons de Ptah-Hotep, par Philippe Virey. 8 fr.
71. Les inscriptions babyloniennes du Wadi Brissa, par H. Pognon, avec 14 pl. 20 fr.
72. Johannis de Capua Directorium vitæ humanæ, alias parabola antiquorum sapientum. Version latine du livre de Khalilâh et Dimnâh, publiée et annotée par Joseph Derenbourg, membre de l'Institut, 2 fascicules. 16 fr.
73. Mélanges Renier. Recueil de travaux publiés par l'Ecole (Section des sciences historiques et philologiques) en mémoire de son président Léon Renier. Avec portrait. 15 fr.
74. La Bibliothèque de Fulvio Orsini. Contribution à l'histoire des collections d'Italie et à l'étude de la Renaissance, par Pierre de Nolhac, avec 1 pl. en photogr. 15 fr.
75. Histoire de la ville de Noyon et de ses institutions jusqu'à la fin du xiiie siècle, par Abel Lefranc. 6 fr.
76. Etude sur les relations politiques du pape Urbain V avec les rois de France Jean II et Charles V (1362-1370), d'après les registres de la chancellerie d'Urbain V, conservés aux archives du Vatican, par Maurice Prou. 6 fr.
77. Lettres de Servat Loup, abbé de Ferrières. Texte, notes et introduction par G. Desdevises du Dezert. 5 fr.
78. Simon Portius. — Grammatica linguæ græcæ vulgaris. Reproduction de l'édition de 1638, suivie d'un commentaire grammatical et historique par Wilhelm Meyer, avec une introduction de Jean Psichari. 12 fr. 50
79. La légende syriaque de saint Alexis, l'homme de Dieu, par Arthur Amiaud. 7 fr.
80. Les inscriptions antiques de la Côte-d'Or, par Paul Lejay. 9 fr.
81. Le livre des parterres fleuris d'Abou'l-Walid Merwan Ibn Djanah. Traduit en français sur les manuscrits arabes, par Moïse Metzger. 15 fr.

Librairie Ancienne Honoré CHAMPION, 5, quai Malaquais, Paris.

## BIBLIOTHÈQUE DE L'ÉCOLE DES HAUTES ÉTUDES

*Section des sciences historiques et philologiques*

82. Le roman en prose de Tristan, le roman de Palamède et la compilation de Rusticien de Pise. Analyse critique d'après les manuscrits de Paris, par E. Löseth. 18 fr.
83. Le théâtre indien, par Sylvain Lévi. (Epuisé.)
84. Documents des archives de la Chambre des comptes de Navarre (1196-1384), publiés par Jean-Auguste Brutails. 6 fr.
85. Commentaire sur le Séfer Yesira ou Livre de la création par le Gaon Saadya de Fayyoum, publié et traduit par Meyer Lambert. 10 fr.
86. Etude sur Geoffroi de Vendôme, par L. Compain. 7 fr. 50
87. Annales de l'histoire de France à l'époque carolingienne. Les derniers Carolingiens, Lothaire. Louis V, Charles de Lorraine (954-991), par Ferdinand Lot. 18 fr.
88. La politique extérieure de Louise de Savoie. Relations diplomatiques de la France et de l'Angleterre pendant la captivité de François Ier (1525-1526), par G. Jacqueton. 13 fr. 50
89. Aristote, Constitution d'Athènes. Traduite par B. Haussoullier avec la collaboration de E. Bourguet, Jean Bruhnes et L. Eisenmann. 5 fr.
90. Le poème de Gudrun, ses origines, sa formation et son histoire, par Albert Fécamp. (Epuisé.) 8 fr.
91. Pétrarque et l'humanisme, d'après un essai de restitution de sa bibliothèque, par Pierre de Nolhac. Deuxième édition, revue, corrigée et augmentée. 2 volumes avec un portrait inédit de Pétrarque et des fac-similés de ses manuscrits.
92. Etudes de philologie néo-grecque. Recherches sur le développement historique du grec, publiées par Jean Psichari. 22 fr. 50
93. Les chroniques de Zar'a Yâ 'eqôb et de Ba'eda Mâryâm, rois d'Ethiopie de 1434 à 1478 (Texte éthiopien et traduction), précédées d'une introduction par Jules Perruchon. 13 fr.
94. La prose métrique de Symmaque et les origines métriques du Cursus, par Louis Havet. 4 fr.
95. Les lamentations de Matheolus et le livre de Leësce de Jehan le Fèvre, de Ressons... (poèmes français du xive siècle). Edition critique accompagnée de l'original latin des *Lamentations* d'après l'unique manuscrit d'Utrecht, d'une introduction, de notes et de deux glossaires, par A.-G. van Hamel. T. Ier. Textes fr. et lat. des Lamentations.
96. Le même ouvrage. T. II. Texte du livre de Leësce ; introduction et notes. 10 fr.
97. Le livre de ce qu'il y a dans l'Hadès. Version abrégée publiée d'après les papyrus de Berlin et de Leyde avec variantes et traduction, et suivie d'un index des mots contenus au papyrus de Berlin n° 3001, par Gustave Jéquier. 10 fr.
98. Les fabliaux. Etudes de littérature populaire et d'histoire littéraire du moyen âge, par Joseph Bédier. Seconde édition. 12 fr. 50
99. Les annales de l'histoire de France à l'époque carolingienne. Eudes, comte de Paris et roi de France (882-898), par Edouard Favre. 8 fr.
100. L'Ecole pratique des Hautes Etudes (1868-1893). Documents pour servir à l'histoire de la section des sciences historiques et philologiques. (Sous presse.)
101. Etude sur la vie et le règne de Louis VIII (1187-1226), par Ch. Petit-Dutaillis. 16 fr.
102. Plavti Amphitrvo. Edidit L. Havet cum discipulis Belleville, Biais, Fourel, Gohin, Phillipot, Ramain, Rey, Roersch, Segrestaa, Tailliart, Vitry. 5 fr.
103. Saint Césaire, évêque d'Arles (503-543), par A. Malnory. (Epuisé.)
104. Chronique de Galâwdêwos (Claudius), roi d'Ethiopie. Texte éthiopien, traduit, annoté et précédé d'une introduction historique, par William-El. Conzelman. 10 fr.
105 Al Fakhri. Histoire du Khalifat et du Vizirat depuis leurs origines jusqu'à la chute du khalifat abbaside de Bagdâdh (11-656 de l'hégire = 632-1258 de notre ère). Avec des prolégomènes sur les principes du gouvernement, par Ibn-At-Tiktakâ. Nouvelle édition du texte arabe, par Hartwig Derenbourg. (Epuisé.)
106. Jean Balue, Cardinal d'Angers (1421?-1491), par Henri Forgeot. 7 fr.
107. Matériaux pour servir à l'histoire de la déesse buddhique Tarâ, par Godefroy de Blonay. 2 fr. 50
108. Essai sur l'histoire de l'Augustalité dans l'empire romain, par Félix Mourlot. Avec 2 cartes. 5 fr.
109. Tite-Live. Etude et collation du ms. 5726 de la Bibliothèque Nationale, par Jean Dianu. 2 fr. 75
110. Philippe de Mézières (1327-1405) et la croisade du xive siècle, par N. Jorga 18 fr.
111. Les lapidaires indiens, par Louis Finot. 10 fr.
112. Chronique de Denys de Tell-Mahré (4e partie). Texte syriaque, avec une traduction française, une introduction et des notes, par J.-B. Chabot. 25 fr.
113. Etudes d'archéologie orientale, par Ch. Clermont-Ganneau, tome II, in-4°. 25 fr.
114. Etude sur le grec du Nouveau Testament comparé avec celui des Septante. Sujet, complément et attribut, par l'abbé Joseph Viteau. 24 fr.
115. Recherches sur l'emploi du génitif-accusatif en vieux-slave, par A. Meillet. 6 fr.
116. L'Alsace au xviie siècle, par Rodolphe Reuss, Tome Ier. 18 fr.
117. La religion védique, d'après les hymnes du Rig-Véda, par E. Bergaigne. Tome IV : Index par M. Bloomfield. 5 fr.
118. Etude sur l'alliance de la France et de la Castille au xive et au xve siècle, par Georges Daumet. 6 fr.
119. Etudes critiques sur les sources de l'histoire carolingienne. 1re partie. Introduction. Les Annales carolingiennes. Premier livre : Des origines à 829, par Gabriel Monod. 6 fr.
120. L'Alsace au xviie siècle, par Rodolphe Reuss. T. II. 20 fr.
121. Le livre de l'ascension de l'esprit sur la forme du ciel et de la terre. Cours d'astronomie, rédigé en 1279, par Grégoire Aboulfarag, dit Bar-Hebræus, publié pour la première fois d'après les manuscrits de Paris, d'Oxford et de Cambridge, par F. Nau, 1re partie (texte syriaque) ; 2e partie (traduction française). 21 fr
122. Introduction à la chronologie du latin vulgaire, par George Mohl. 10 fr.
123. Essai de dialectologie normande, la palatalisation des groupes initiaux, gl, kl, fl, pl, bl, étudiée dans les parlers de 300 communes du département du Calvados, par Ch. Guerlin de Guer, avec tableaux et 8 cartes. 10 fr.
124. Annales de l'histoire de France à l'époque carolingienne. Charles le Simple, par Auguste Eckel. 5 fr.
125. Etude sur le traité de Paris de 1259 entre Louis IX, roi de France, et Henri III, roi d'Angleterre, par M. Gavrilovitch. 5 fr.
126. Etudes linguistiques sur la Basse-Auvergne. Morphologie du patois de Vinzelles, par Albert Dauzat. Avec 1 carte. 10 fr.
127. Annales de l'histoire de France à l'époque carolingienne. Le règne de Louis IV d'Outre-Mer, par Philippe Lauer. 12 fr.
128. Diwân de Tarafa Ibn-al-'Abd-al-Bakri, accompagné du Commentaire de Yousouf-al-A'lam de Santa-Maria, d'après les manuscrits de Paris et de Londres. Suivi d'un appendice renfermant de nombreuses poésies inédites tirées des manuscrits d'Alger, de Berlin, de Londres et de Vienne, publié, traduit et annoté par M. Seligsohn. 16 fr.

## BIBLIOTHÈQUE DE L'ÉCOLE DES HAUTES ÉTUDES

*Section des sciences historiques et philologiques*

129. Histoire des religions des Nosairis, par René Dussaud. 7 fr.
130. Textes religieux assyriens et babyloniens. Transcription, traduction et commentaire, par Fr. Martin. 6 fr.
131. Annales de l'histoire de France à l'époque carolingienne. Le royaume de Provence sous les Carolingiens (855-933 ?), par R. Poupardin. 15 fr.
132. Notices bibliographiques sur les archives des églises et des monastères de l'époque carolingienne, par Arthur Giry. 3 fr. 50
133. Hermiæ Alexandrini in Platonis Phædrum scholia ad fidem codicis parisini 1810 denuo collati, edidit et apparatu critico ornavit P. Couvreur. 12 fr.
134. Les marchands de l'eau, hanse parisienne et compagnie française, par Emile Picarda. 3 fr.
135. La diplomatie carolingienne, du traité de Verdun à la mort de Charles le Chauve (843-877), par Joseph Calmette. 7 fr.
136. Le parler populaire dans la commune de Thaon (Calvados) (Phonétique, morphologie, syntaxe, folklore) suivi d'un lexique alphabétique de tous les mots étudiés, par Ch. Guerlin de Guer. 16 fr.
137. Te'ezâza Sanbat (commandements du Sabbat). Accompagné de six autres écrits pseudo-épigraphiques admis par les falachas ou Juifs d'Abyssinie. Texte éthiopien publié et traduit par J. Halévy. 13 fr. 50
138. Études sur l'histoire de Milet et du Didymeion, par B. Haussoullier. 13 fr.
139. Etudes sur l'étymologie et le vocabulaire du vieux slave, par A. Meillet, 1re partie. 7 fr.
— 2e partie. 12 fr. 50
140. Etude sur les sources principales des Mémorables de Xénophon, par A. Chavanon. 5 fr.
141. Histoire de saint Azazaïl. Texte syriaque inédit avec introduction et trad. française, précédée des actes grecs de saint Pancrace, publiés pour la première fois par F. Macler, avec 2 pl. 5 fr.
142. Histoire de la conquête romaine de la Dacie et des corps d'armée qui y ont pris part, par Mme Victoria Vaschide, avec une carte. 7 fr.
143. Le cautionnement dans l'ancien droit grec, par T.-W. Beasley. 3 fr. 50
144. Le Nil à l'époque pharaonique, son rôle et son culte en Égypte, par Charles Palanque. 6 fr. 50
145. Les officiers royaux des Bailliages et Sénéchaussées et les institutions monarchiques locales en France, à la fin du moyen âge, par Gustave Dupont-Ferrier. Avec 2 cartes. 30 fr.
146. Le parler de Buividze. Essai de description d'un dialecte lituanien oriental, par R. Gauthiot. 10 fr.
147. Etudes sur le règne de Hugues Capet et la fin du xe siècle, par F. Lot. Avec une pl. 20 fr.
148. L'introduction topographique à l'histoire de Bagdâdh d'Abou Bakr Ahmad ibn Thâbit-al-Khatib al-Bagdâdhi (392-463 H. = 1002-1071 J.-C.). Texte arabe et trad. franç. par G. Salmon. 12 fr.
149. La vida de Santo Domingo de Silos, par G. de Berceo, pub. par J. D. Fitz-Gérald, avec 2 pl. 8 fr.
150. La province romaine proconsulaire d'Asie, depuis ses origines jusqu'à la fin du haut-empire par Victor Chapot. 15 fr.
151. Vie d'Al-Hadjdjâdj Ibn Yousof, 41-95 de l'Hégire = 661-714 de J.-C. d'après les sources arabes, par Jean Périer. 13 fr.
152. L'origine des Ossalois, par J. Passy, ouvrage revu et complété par P. Passy (6 cartes). 10 fr.
153. La bibliothèque du marquis de Santillane, par Mario Schiff. 15 fr.
154. Les assemblées du clergé de France. Origines, organisation (1561-1615), par Louis Serbat. 12 fr.
155. Les origines chrétiennes dans la province romaine de Dalmatie, par Jacques Zeiller. 6 fr.
156. Les Lombards dans les Deux-Bourgognes, par Léon Gauthier. 12 fr.
157. Habitations gauloises et villas latines dans la cité des Mediomatrices. Etude sur le développement de la civilisation gallo-romaine dans une province gauloise, par Albert Grenier. 5 fr.
158. Place du pronom personnel sujet en latin, par J. Marouzeau. 2 fr. 50
159. Asanga. Mahayana-Sutralamkara. Exposé de la doctrine du grand véhicule selon le système Yogacara. Edité et traduit d'après un manuscrit rapporté du Népal, par Sylvain Lévi. 30 fr.
160. La translation des saints Marcellin et Pierre (Etude sur Einhard et sa vie politique de 827 à 834), par Mlle Marguerite Bondois. 4 fr.
161. Catalogue des actes de Henri Ier, roi de France (1031-1060), par Frédéric Sœhnée. 6 fr.
162. Etudes sur l'humanisme français. Guillaume Budé (1468-1540). — Les origines, les débuts, les idées maîtresses, par Louis Delaruelle, avec 2 fac-similés. 7 fr. 50
163. Annales de l'histoire de France à l'époque carolingienne. Le royaume de Bourgogne (888-1038). Etude sur les origines du royaume d'Arles, par René Poupardin. 1 fac-similé. 18 fr.
164. Essai sur les rapports de Pascal II avec Philippe Ier (1099-1108), par Bernard Monod. 6 fr.
165. Etudes tironiennes. Commentaire sur la 6e églogue de Virgile tiré d'un manuscrit de Chartres avec divers appendices, par Paul Legendre. Avec un fac-similé. 5 fr.
166. Etude sur l'administration de Rome au moyen âge (751-1252), par Louis Halphen. 7 fr.
167. La commune de Soissons, par G. Bourgin. 18 fr.
168. Morphologie des aspects du verbe russe, par André Mazon. 6 fr.
169. Priscillien et le Priscillianisme, par E.-Ch. Babut. 8 fr.
170. Les monuments romains d'Orange, par Louis Chatelain, avec planches et figures. 12 fr.
171. La presqu'île du Sinaï. Etude de géographie et d'histoire, par Raymond Weill, avec cartes. 15 fr.
172. Oppien d'Apamée, La chasse. Edition critique, par Pierre Boudreaux. 7 fr.
173. Classification des dialectes arméniens, par H. Adjarian. Avec une carte. 5 fr.
174. Le comté de la Marche et le parlement de Poitiers (1418-1436). Recueil de documents inédits précédé d'une étude sur la géographie historique de la Marche aux xive et xve siècles, par Antoine Thomas, membre de l'Institut. Avec une carte en couleurs. 12 fr.
175. Annales de l'histoire de France à l'époque carolingienne. Le règne de Charles le Chauve (840-877). 1re partie (840-851), par Ferdinand Lot et Louis Halphen. 1 plan dans le texte. 8 fr. 50
176-177. Jean Calvin. Institution de la religion chrétienne, texte de la 1re édition française (1541), réimprimé sous la direction d'Abel Lefranc, par H. Chatelain et J. Pannier, 1 tome en 2 fasc. de 57* 9 p. de fac-similés, XLII-432; 433 à 841. 25 fr.
178. Annales de Tukulti-Ninip II, roi d'Assyrie (889-884), par V. Scheil, de l'Institut, avec collaboration de J. Et. Gauthier. 2 héliogravures, 8 planches. 7 fr. 50
179. Lettres néo-babyloniennes. Introduction, transcription et traduction, par François Martin. 7 fr. 50
180. Hygini astronomica. Texte du manuscrit tironien de Milan, publié par Emile Chatelain, de l'Institut, et Paul Legendre, avec 8 héliogravures. 8 fr.
181. La Chronographie d'Élie Bar Sinaya, métropolitain de Nisibe, trad. pour la première fois d'après le manuscrit ADD. 7197 du Musée britannique, par L. Delaporte. 13 fr.
182. D'Ansse de Villoison et l'Hellénisme en France pendant le dernier tiers du xviiie siècle, par Ch. Joret, de l'Institut. Avec portrait et fac-similé. 18 fr.
183. Histoire du Comté du Maine pendant le xe et le xie siècle, par R. Latouche, avec un plan. 6 fr.
184. Le budget communal de Besançon au début du xviiie siècle, par Marius Pouchenot. Avec un plan, une vue et une carte. 4 fr. 50

## BIBLIOTHÈQUE DE L'ÉCOLE DES HAUTES ÉTUDES

*Section des sciences historiques et philologiques*

185. Essai économique sur les mutations des monnaies dans l'ancienne France, de Philippe le Bel à Charles VII, par Adolphe Landry. 7 fr.
186. Études de diplomatique sur les actes des notaires du Châtelet de Paris, par A. de Boüard.
187. Les jongleurs en France au moyen âge, par Edmond Faral. 7 fr. 50
188. Annales de l'histoire de France à l'époque carolingienne. Robert Ier et Raoul de Bourgogne, rois de France (923-936), par Ph. Lauer. 4 fr.
189. Les comtes de Savoie et les rois de France pendant la guerre de Cent-Ans (1329-1391), par J. Cordey, avec deux planches. 10 fr.
190. Asanga. Mahayana-Sutralamkara, etc. T. II. Edité et traduit par Sylvain Lévi. 24 fr.
191. Les Secrétaires athéniens, par Maurice Brillant. 4 fr.
192. Mélanges d'histoire de Cornouaille (v-xie siècle), par Robert Latouche, avec 2 planches. 5 fr.
193. Le rôle politique du cardinal de Bourbon (Charles X), 1523-1590, par E. Saulnier (2 pl.) 7 fr. 50
194. Auzias March et ses prédécesseurs. Essai sur la poésie amoureuse et philosophique en Catalogne aux xive et xve siècles, par Amédée Pagès, avec 1 pl. col. 10 fr. 50
195. Essai sur la chaîne de l'Octateuque avec une édition des Commentaires de Diodore de Tarse, par Joseph Deconinck. 6 fr.
196. La France et le Saint Empire romain germanique depuis la paix de Westphalie jusqu'à la Révolution française, par Auerbach, avec 8 planches. 15 fr.
197. La Vie de saint Sanson. Essai de critique hagiographique, par Robert Fawtier. 4 fr.
198. La Congrégation de Montaigu (1490-1580), par Marcel Godet, avec planches. 6 fr.
199. Le temps des rois d'Ur. Recherches sur la société antique d'après des textes nouveaux, par L. Legrain, album de 57 planches et 1 carte, 30 fr. L'album seul. 25 fr.
200. Catalogue de la Bibliothèque Gaston Paris, par L. Barrau-Dihigo. Fasc. 1. 3 fr.
201. Organisation militaire de l'Egypte byzantine, par Jean Maspero. 4 fr.
202. Historiographie de Charles-Quint. 1re partie, suivie des Mémoires de Charles-Quint. Texte portugais et traduct. française, par Alfred Morel-Fatio, de l'Institut. 10 fr.
203. Jean de l'Espine, moraliste et théologien (1505-1597). Sa vie, son œuvre, ses idées, par Louis Hogu, avec un portrait. 4 fr. 50
204. Etude critique sur l'abbaye de Saint-Wandrille, par F. Lot, avec 9 pl. en phototypie. 15 fr.
205. La préservation de la propriété funéraire dans l'ancienne Egypte, H. Soltas. 7 fr. 50
206. L'Inquisition en Dauphiné. Etude sur le développement et la répression de l'hérésie et de la sorcellerie, du xive siècle au début du règne de François Ier, par Jean Marx. 7 fr.
207. Enquête linguistique sur les patois d'Ardenne, par Charles Bruneau. T. I, A-L. 30 fr.
208. Le prisme S d'Assaraddon, roi d'Assyrie (681-668), avec 7 pl., par le P. Scheil. 5 fr.
209. Etude sur la phonétique historique du Bantou, par L. Homburger. 30 fr.
210. Etude sur Mazarin et ses démêlés avec le Pape Innocent X (1664-1648), par Coville, avec 1 pl. 5 fr.
211. Le roman de Renard, par Lucien Foulet. 13 fr.
212. Les aires morphologiques dans les parlers populaires du Nord-Ouest de l'Angoumois, par A.-L. Terracher. 90 fr.
213. Le bailliage de Vermandois aux xiiie et xive siècles, par Waquet. 25 fr.
214. Notes critiques sur Festus, par L. Havet. 10 fr.
215. La formation de la langue marathe, par Jules Bloch. épuisé.
216. Aristote, Constitution d'Athènes. Essai sur la méthode suivie par Aristote dans la discussion des textes, par G. Mathieu. 20 fr.
217. Études sur la littérature pythagoricienne, par A. Delatte. 40 fr.
218. Histoire du texte de Platon, par H. Alline. 30 fr.
219. Contribution à l'histoire économique d'Umma, par G. Contenau. 30 fr.
220. Notes critiques sur Properce, par Louis Havet. 20 fr.
221. Le premier Divorce de Henri VIII et le Schisme d'Angleterre, par Ch. Bémont. 15 fr.
222. Traité entre Delphes et Pellana, par Bernard Haussoullier. 30 fr.
223. Les Argots de métiers Franco-Provençaux, par Albert Dauzat. 30 fr.
224. Les jeux partis d'Adam de la Halle, par L. Nicod. 15 fr.
225. Généalogie des mots qui ont désigné l'abeille, par J. Gilliéron. 35 fr.
226. Etude sur le Lancelot en prose, par F. Lot. 35 fr.
227. Ronsard et l'humanisme, par P. de Nolhac. Portrait et autographe de Ronsard. Épuisé. Ex. sur grand papier. 150 fr.
228. La table hypothécaire de Velleia. Etude sur la propriété foncière dans l'Apennin de Plaisance, par F. G. de Pachtère. 12 fr.
229. Recherches sur l'Ephébie attique et sur la date de l'institution, par Alice Brenot. 12 fr.
230. Cinquantenaire de l'Ecole pratique des Hautes-Etudes. Mélanges publiés par les directeurs d'Etudes des sciences historiques et philologiques, 1921, 2 pl. 158 et 360 pages. 60 fr.
231. Célébration du Cinquantenaire de l'École pratique des Hautes-Etudes. Discours prononcés par M. L. Havet, B. Haussoullier, A. Meillet, F. Lot. Adresses. 10 fr
232. La pénétration du français dans les parlers des Vosges méridionales, par Oscar Bloch. 15 fr.
233. La légation du cardinal Morone et le Concile de Trente par G. Constant. 50 fr.
234. Recueil d'études égyptologiques dédié à la mémoire de J. F. Champollion, avec 16 planches 100 fr
235 et 236. La Vie et la Pensée de Jules Michelet (1798-1852), par Gabriel Monod. 2 vol. 55 fr.
237. Histoire des Patriarches d'Alexandrie, par Jean Maspero. 45 fr.
238. Les Arts poétiques du xiie siècle, par E. Faral. 42 fr.
239. Les mots et groupes iambiques réduits dans le théâtre latin Plaute-Térence, par A. Brenot. 12 fr.
240. Etude sur le rhotacisme en roumain, par A. Rosetti, avec 6 cartes. 15 fr
241. Tibulle et les auteurs du Corpus Tibullianum, par L. Pichard. 25 fr.
242. La date, la composition et les sources de la lettre d'Aristée à Philocrate, par G. Février. 10 fr.
243. Une commune normande au Moyen Age, la ville d'Eu, son histoire, ses institutions (1191-1475), par Suzanne Deck. 35 fr.
244. Traces de la place du ton en gothique, par M. Kurylowicz. 6 fr.
245. Vijinaptimatratasiddhi. Deux traités de Vasubandhu : Vimsatika et Trimsatika, publiés par Sylvain Lévi. 20 fr.
246. Les mots de la famille de φύω en grec ancien, par A. Burger. 22 fr.
247. Commentaire sur les poésies d'Auzias March, par Pagès. 30 fr.
248. Enquête linguistique sur les patois d'Ardenne, par Charles Bruneau. Tome II (et dernier) avec une carte en couleur. 80 fr
249. Syntaxe du Participe Présent et du Gérondif en vieil italien, par Stanko Skerlj. 45 fr.
250. La légende de Pythagore en Grèce et en Palestine, par I. Levy. 75 fr.
251. Le latin des diplômes royaux de l'époque mérovingienne, par S. Vielliard. 50 fr.
252. Notes critiques sur Isée et l'Orator, par L. Havet. 12 fr.
253. L'impôt foncier et la capitation sous le Bas Empire, par F. Lot. 35 fr.

MACON, PROTAT FRÈRES, IMPRIMEURS. — MCMXXIX.

www.ingramcontent.com/pod-product-compliance
Lightning Source LLC
LaVergne TN
LVHW021631060726
842527LV00003B/611

* 9 7 8 2 3 2 9 0 3 4 9 0 4 *